हॉस्टल के पन्नों से

मनोज सिंह

राजकमल पेपरबैक्स

पहला पुस्तकालय संस्करण
राजकमल प्रकाशन प्राइवेट लिमिटेड द्वारा
2011 में प्रकाशित

राजकमल पेपरबैक्स में
पहला संस्करण : 2011
This book is printed on **Print on Demand** Technology : 2026

राजकमल पेपरबैक्स : उत्कृष्ट साहित्य के जनसुलभ संस्करण

राजकमल प्रकाशन प्रा. लि.
1-बी, नेताजी सुभाष मार्ग, दरियागंज
नई दिल्ली-110 002
द्वारा प्रकाशित

शाखाएँ : अशोक राजपथ, साइंस कॉलेज के सामने, पटना-800 006
पहली मंजिल, दरबारी बिल्डिंग, महात्मा गांधी मार्ग, प्रयागराज-211 001
1, अनमोल सोराबजी सन्तुक लेन, धोबी तलाव, मरीन लाइंस, मुम्बई-400 002

वेबसाइट : www.rajkamalprakashan.com
ई-मेल : info@rajkamalprakashan.com

मूल्य : ₹450

HOSTEL KE PANNON SE
Novel by Manoj Singh

ISBN : 978-81-267-2015-6

मनोज सिंह

मनोज सिंह का जन्म 1 सितम्बर, 1964 को आगरा, उत्तर प्रदेश में हुआ। उन्होंने बी.ई. (इलेक्ट्रॉनिक्स), एम.बी.ए. (मानव संसाधन विकास) की डिग्री प्राप्त की। उनकी प्रमुख कृतियाँ हैं—'चन्द्रिकोत्सव' (खंड-काव्य); 'बन्धन', 'कशमकश', 'हॉस्टल के पन्नों से' (उपन्यास); 'मेरी पहचान' (कहानी-संग्रह); 'व्यक्तित्व का प्रभाव' (आलेख-संग्रह); 'स्वर्ग-यात्रा' (यात्रा-वृत्तान्त)।

समाचार-पत्रों व पत्रिकाओं में लेखों का नियमित प्रकाशन। पत्रिकाओं का सम्पादन भी किया। कई हिन्दी वेबसाइटों पर नियमित साप्ताहिक कॉलम का लेखन। विभिन्न विश्वविद्यालयों, इंजीनियरिंग कॉलेज, मैनेजमेंट कोर्स एवं मास-कम्युनिकेशन से सम्बन्धित शिक्षण संस्थानों में विशेषज्ञ व्याख्यान। 'चन्द्रिकोत्सव' पर आधारित नृत्यनाटिका का दूरदर्शन पर प्रसारण। उपन्यासों एवं लेखों का कई भाषाओं में अनुवाद तथा 'बन्धन' उपन्यास का प्रकाशन वेबसाइट पर, प्रतिदिन एक अध्याय सीरियल के रूप में। राष्ट्रीय स्तर पर विभिन्न पुरस्कारों से सम्मानित।

विजीलेंस एवं टेलीकॉम मॉनिटरिंग (पंजाब व चंडीगढ़), दूरसंचार मंत्रालय के उपमहानिदेशक रहे।

स्कूल–कॉलेज के
सभी सहपाठियों को समर्पित...

...उनकी याद में
जो फिर कभी नहीं मिले

प्राक्कथन

मनुस्मृति में आदिकाल से जीवन को चार आश्रम में बाँटा जाता रहा है। ब्रह्मचर्य, गृहस्थ, वानप्रस्थ एवं संन्यास। लेकिन पिछली शताब्दी में जीवन का स्वरूप बदला है। उसमें विविधताएँ बढ़ी हैं। समाज में मूलभूत परिवर्तन हुए हैं। विज्ञान ने सब कुछ उलटा-पुलटा कर दिया है। ऐसे में उपरोक्त वर्गीकरण पर भी पुनर्विचार होना चाहिए। जीवन को और अधिक खण्डों व उपखण्डों में बाँटा जाना चाहिए। नये ज़माने की नयी परिभाषाएँ गढ़नी होंगी।

वर्तमान शिक्षा-पद्धति लंबी चलती है। ऐसे में ब्रह्मचर्य का पालन संपूर्ण छात्र जीवन में संभव नहीं। ठीक इसी तरह से नौकरी लगने के उपरांत एवं शादी के पूर्व का समय अन्य काल से भिन्न और कई मामलों में यादगार बन पड़ता है। आर्थिक रूप से स्वतंत्र मगर नौकरी की जिम्मेदारियाँ प्रारंभ हो जाती हैं। छात्र जीवन को भी, स्कूल व कॉलेज के समयकाल के अंतर्गत दो अलग-अलग भागों में बाँटा जाना चाहिए। जो हॉस्टल में रहकर स्कूली शिक्षा प्राप्त करते हैं, उनकी संख्या नगण्य होने के कारण उन्हें अपवाद मानकर छोड़ा जा सकता है। मगर उच्च शिक्षा प्राप्त करने के लिए घर से बाहर जाना ही पड़ता है। आज के युग में यह संख्या निरन्तर बढ़ रही है। यही छात्र भविष्य में इंजीनियर, डॉक्टर, मैनेजर व प्रशासनिक एवं अन्य सेवाओं में जाते हैं। अर्थात प्रबुद्ध वर्ग या यूँ कहें उच्च वर्ग, जो समाज को नेतृत्व भी प्रदान करता है, हॉस्टल-कॉलेज से होकर निकलता है। इसीलिए हॉस्टल का जीवन सीधे-सीधे महत्त्वपूर्ण हुआ। गुरु का आश्रम गुरुकुल, कालांतर में विश्वविद्यालय बना तो अंग्रेजों के शासनकाल में भी रहने का स्थान 'छात्रावास' बना रहा, लेकिन स्वतंत्र भारत में यह कब 'हॉस्टल' कहा जाने लगा, पता ही नहीं चला। बहरहाल, कई बिंदु इस दौरान अपने चरम पर होते हैं। शरीर में ऊर्जा होती है। जोश, जुनून, सपने, महत्त्वाकांक्षा

सब कुछ सातवें आसमान पर। सेक्स की भूख 'कामेच्छा' सर्वाधिक तो करियर की दृष्टि से अत्यधिक महत्त्वपूर्ण। अर्थात व्यक्तिगत दृष्टिकोण से भी देखें तो यह जीवन का उल्लेखनीय काल होता है।

हॉस्टल में रहकर पढ़ने वाले युवा छात्र-छात्राओं के बीच यौन आकर्षण का चरम पर होना प्राकृतिक है। ऐसे में प्यार के लिए कुछ भी करेगा वाला सिद्धांत प्रिय होना स्वाभाविक है। परिपक्वता कितनी आती है, यह एक तर्क-वितर्क का विषय है। बहरहाल, भारतीय संविधान के अनुसार इस दौरान राजनीतिक अधिकारों का प्रयोग करने योग्य मान लिया जाता है। विदेशों में, विशेष रूप से पश्चिमी देशों में, एक उम्र के बाद माँ-बाप का तथाकथित नियंत्रण समाप्त माना जाता है। शराब और सिगरेट भी खरीदी जा सकती है। खुला सेक्स तो पहले से ही वहाँ उपलब्ध है। लेकिन पूर्णतः स्वतंत्रता इसी दिन मिलती है। इसीलिए कई लोग अठारह वर्ष के जन्मदिवस को 'ग्रेट फ्रीडम-डे' के रूप में मनाते हैं। भारतीय युवा परिवर्तन के दौर से गुजर रहा है। वह पश्चिम की राह पर चलते हुए स्वतंत्र होने की नयी परिभाषा रच रहा है। मगर फिर भी अभी सभ्यता और संस्कृति की पकड़ महसूस की जा सकती है। ये मजबूत बेड़ियाँ टूटने के कगार पर हैं। अच्छा है या बुरा, यह दीगर बात है। लेकिन मूल में कहीं-कहीं यही प्रश्न उभरता है।

कुछ समय पूर्व को देखें तो इस उम्र में आते-आते भारतीय समाज में अधिकांश लड़के-लड़कियों की शादी हो जाती थी; अर्थात् सेक्स का सामाजिक इंतजाम हो जाया करता था। छात्र पढ़ाई के दौरान अपनी पत्नियों को प्रेमपत्र लिखा करते थे। युवतियाँ पढ़ने के लिए कम आगे आ पाती थीं और कई इस उम्र तक आते-आते बच्चों की माँ बन चुकी होती थीं। तो क्या यह मान लिया जाए कि कम से कम स्त्री-पुरुष संबंध के लिए, पश्चिमी संस्कृति पारंपरिक भारतीय सभ्यता का अनुसरण करती प्रतीत होती है? बहुत हद तक। यह ज़रूर कहा जा सकता है कि भारत में इस पर बाकायदा सामाजिक मोहर लगी हुई थी। वैसे तो पश्चिम में भी उनके खुले संबंधों को मान्यता प्राप्त है। फर्क सिर्फ इतना है कि यहाँ के संबंधों में बंधन थे तो पश्चिमी रिश्ते बहुत हद तक बंधन-मुक्त। बहरहाल, दोनों ही स्वरूप में अपनी-अपनी अच्छाइयाँ थीं, और हैं, और कमियाँ भी, जिसका भुगतान समकालीन पीढ़ी को करना होता है।

भारत ने पश्चिम के औद्योगिकीकरण का अनुसरण किया। व्यावसायिकता बढ़ी है। विज्ञान पढ़ाया जाने लगा। खेती के अतिरिक्त भी संसाधन विकसित हुए। नौकरी की तलाश और एक घर का इंतजाम कर लेने के चक्कर में शादी की तारीखें खिसकने लगीं और पश्चिम की तरह नौकरी लगने के बाद ही परिवार बसाने की प्रथा प्रारंभ हुई। धीरे-धीरे उच्च शिक्षा प्राप्त करने के दौरान अधिकांश छात्र-छात्राएँ अविवाहित पाये जाने लगे। पूर्व ने पश्चिम से बाकी सब तो सीख लिया लेकिन व्यक्तिगत संबंधों में जो स्वतंत्रता वहाँ है, यहाँ नहीं आ पाई। समाज ने अपने शिकंजे को बनाए रखा। परिणामस्वरूप भारतीय युवावर्ग सेक्स के क्षेत्र में भूखा रह गया। यहाँ के हॉस्टल जीवन को ध्यान से देखें तो यौन विकृति कई रूपों में मिलेगी। आज भी अधिकांश लड़के और लड़कियों के हॉस्टल अलग-अलग ही नहीं, दूर-दूर भी होते हैं जहाँ लड़के तो स्वतंत्र और लड़कियों को पहरेदारी व किलेनुमा हॉस्टलों में बंद कर रखा जाता है।

उपरोक्त परिस्थिति भी अब धीरे-धीरे अपने स्वरूप को स्वयं ही बदल रही है। विगत दो दशकों में भारतीय समाज की सोच में भी परिवर्तन आया है। छात्राओं की संख्या बढ़ने, घर से बाहर निकलने, नौकरी में बराबर से प्रतिस्पर्द्धा के कारण वे और अधिक स्वतंत्र हुई हैं। लड़के-लड़कियों के आपस में मिलने की संभावनाएँ बढ़ी हैं। इस दौरान हॉस्टल के जीवन में भी एक बहुत बढ़ा अंतर महसूस किया जा सकता है। अब यह बहुत कुछ पश्चिमी सभ्यता के नजदीक दिखाई देता है। लड़के-लड़कियाँ, स्वतंत्र रूप से घूमते हुए दिखाई दे सकते हैं। उनकी अपनी कहानियाँ है, अपने दर्द हैं, अपना अहसास है, अपना जीवन।

विडम्बना है कि जीवन के इसी पड़ाव पर करियर सुनिश्चित होता है। अभी की गई मेहनत का फल तमाम उम्र बैठकर खाया जाता है। एक तरह से समाज की व्यवस्था प्रकृति के ठीक सामने आ जाती है। एक तरफ यौन-इच्छा प्रबल होती है तो दूसरी ओर भविष्य की नींव इसी दौरान रखी जाती है।

इस उम्र में भरपूर शारीरिक शक्ति और अतिरिक्त ऊर्जा होती है। ऊपर से कुछ नया करने का जोश। मानसिक परिपक्वता कितनी आ पाती है, एक अलग मुद्दा है। मगर राजनीतिक शक्ति और स्वतंत्रता

मिल जाने से यह वर्ग राजनीति में सबसे अहम हो जाता है। जुझारू सक्रिय कार्यकता यहीं से मिलते हैं। आंदोलन के लिए भी युवा वर्ग ही चाहिए; अर्थात् ये राजनीतिज्ञों की निगाह में होते हैं।

यही सब कारण है जो यह जीवन का अमूल्य काल बन जाता है। इस दौरान संतुलन की आवश्यकता होती है। अधिक सतर्क रहने की ज़रूरत होती है। जो इसे बनाए रखते हैं वे सफल हो जाते हैं। जिस समाज में ये वर्ग विकसित और उन्नत होगा वही राष्ट्र अग्रणी होता है। इस उम्र में शारीरिक और मानसिक ऊर्जा ही नहीं भावनाएँ भी पूरे वेग और अपने तीव्रतम रूप में होती हैं। घर से बच्चा नया-नया निकलता है इसीलिए खुले आकाश में विचरण का आनंद ही कुछ और होता है। कल्पनाओं की ऊँची उड़ान, चाहतों का अनंत सागर, अंतहीन इच्छाएँ, महत्त्वाकांक्षा की मृगतृष्णा, ऐसे में कई पंछी आकाश में भटक जाते हैं तो कई अपनी मंज़िल पर भी पहुँचते हैं। यह जीवन की सबसे कठिन परीक्षा का समय भी है। बढ़ती जनसंख्या से उपजी प्रतिस्पर्द्धाओं एवं सब को सब कुछ चाहिए, ने इसे और मुश्किल बना दिया है। आधुनिक काल में गति महत्त्वपूर्ण हो गयी है। खाने-पीने से लेकर सफलता, लोकप्रियता, पॉवर, पैसा तुरंत चाहिए। रातोंरात चाँद पर पहुँचना है। आनंद नहीं, मस्ती चाहिए। ये पूरी न होने पर अवसाद, क्रोध, पीड़ा व आक्रोश की तीव्रता भी तेज़ होती है। प्रतिशोधात्मक हिंसा में दूसरों को हानि पहुँचाने के साथ-साथ स्वयं को भुलाने व मिटाने वाली नशे की तीव्रता भी बढ़ी है। लड़कियाँ भी अब इससे बची नहीं। आज का युवा वर्ग 'स्पीड' की चपेट में है और वह अकेला हुआ है। मुश्किल इस बात की है कि स्वयं के जीवन के साथ-साथ समाज के जीवन की रूपरेखा भी इस युवा वर्ग के द्वारा ही खींची जाती है।

'हॉस्टल के पन्नें' जीवन के अनमोल पल हैं। यह जीवन का घटना प्रधान काल है। अति सक्रिय जीवन खंड। ये यादें जीवनपर्यंत उद्वेलित करती रहती हैं। कुछ यादगार लम्हें स्वर्णिम अक्षरों से अंकित होते हैं तो कुछेक से इंसान सदैव पीछा छुड़ाने के चक्कर में रहता है। विडंबना है कि भूतकाल को मिटाया नहीं जा सकता। इस उम्र की बनी हुई दोस्ती भी निश्छल और निःस्वार्थ, और शायद इसीलिए स्थायी और मजबूत होती है। आदमी एक-दूसरे को बहुत नजदीक से, उसके मूल

रूप में कह सकते हैं, देखता है। कोई आडम्बर नहीं, आवरण नहीं। यही कारण है जो ये रिश्ते सरल और सहज होते हैं।

इस काल्पनिक उपन्यास को लिखने में कॉलेज के न जाने कितने सहपाठियों ने मदद की। पुरानी यादों को ताज़ा करते ही जीवन ठहर जाता है और आप अपने आपसे तर्क-वितर्क करने लग पड़ते हैं। समय इस पर धूल की मोटी परत जमा देता है जिसे हटाने पर चित्र धुँधले पड़ जाते हैं। यह कभी मन को कचोटती है तो कभी ठंडी हवा के झोंकों-सी निकल जाती है और दे जाती है एक मुस्कुराहट। कहीं-कहीं आँसू की बूँद भी, जिनकी अपनी कहानी है। मैं दोस्तों का शुक्रगुजार तो नहीं हो सकता क्योंकि यह हमारे अपरिभाषित प्रेमपूर्वक संबंधों में रुकावट पैदा करेगा। और फिर इसी बहाने वे स्वयं भी पीछे मुड़कर, अपने सुनहरे पलों को एक बार फिर देख पाएँ होंगे, यह क्या कम है ? कइयों ने रुककर पुराने दिनों को याद किया। अधिकांश के चेहरे पर गर्व था तो कुछ एक ने पश्चात्ताप के भाव को दबाया होगा। कुछ एक के मन में ख्याल आया होगा कि काश! वो ये कर पाते... । मगर जीवन की गाड़ी में बैक गियर नहीं होता। यह हॉस्टल के पन्नें जो एक बार लिख दिए गए, सिर्फ पढ़े जा सकते हैं। उन्हें ठीक नहीं किया जा सकता। हाँ, आने वाली पीढ़ी इसमें से अपने रास्ते ज़रूर चुन सकती है।

युवा वर्ग मूल रूप से विद्रोही होता है। पारंपरिक व्यवस्था का विरोध उसका नैसर्गिक स्वभाव बन जाता है। वह स्वयं परिवर्तन का प्रतीक है और उसका माध्यम और कारक दोनों बनने के लिए उत्साही रहता है। उसके विद्रोह को दिशा न दी जाए तो वह विध्वंसकारी और आत्मघाती भी हो सकता है। प्रोत्साहित न किया जाए तो निष्क्रिय भी हो सकता है। लेकिन इसी विद्रोह की ऊर्जा को क्रांति में परिवर्तन करने के लिए विचार, नेतृत्व और प्रेरणा की आवश्यकता होती है।

आज भारतीय समाज संक्रमण काल से गुजर रहा है। सपने और हकीकत के बीच खाई गहरी हुई है। असंतोष अपने चरम पर है। व्यवस्था की जड़ता युवाओं को तंग करती है तो तथाकथित विकास जनित परिवर्तन उसे भ्रमित कर रहा है। उसका मौन मुखर नहीं हो पा रहा और वह कुंठित होकर भटक रहा है। नयी पीढ़ी को उच्छृंखल व संस्कारविहीन करार देने वाली पुरानी पीढ़ी इसके लिए खुद जिम्मेदार है। समय का कालखंड तोप के मुहाने पर बैठा है। जरा-सी चूक

सर्वनाश कर देगी। हमें एक संपूर्ण क्रांति की आवश्यकता है और वह युवा वर्ग ही ला सकता है। ऐसे में अनुभवी लोगों को आगे आना होगा। अगली पीढ़ी के पास पहुँचना होगा। उन्हें रास्ता और मंज़िल दोनों दिखाना होगा। और फिर बुजुर्गों को इन्हीं रास्तों पर प्रकाश की व्यवस्था करनी चाहिए। उन्हें हर मोड़ पर साइनबोर्ड बनकर लटक जाना चाहिए। यह उनका कर्तव्य है और शायद अधिकार क्षेत्र भी।

—मनोज सिंह

विजयी हो जीवन,
लड़ा जा रहा हूँ, लड़ा जा...
दिल में उमंग है,
जोश है, तूफान है,
बुलंद हैं इरादे,
न कोई अभिमान है।
विजयी है जीवन,
चला जा रहा हूँ, चला जा...
अब न खत्म होगी,
मेरी भी पहचान,
समय के पदचिह्नों पर,
मेरा एक निशान।
विजयी था जीवन,
पढ़ा जा रहा हूँ, पढ़ा जा...।

—**मनोज सिंह**

हॉस्टल के पन्नों से

प्रथम खंड

1

''थर्ड बटन...मुर्गो, सुना नहीं क्या? एक बार में आदेश का पालन होना चाहिए, समझे? थर्ड बटन...'' हमारे ठीक सामने, कोई चीख रहा था। छोटे कद का था,...तो क्या हुआ, सीनियर छात्र होना चाहिए।

''गुप्ता, पहले इन मुर्गों को एक लाइन में ठीक से खड़ा होना तो सिखाओ।'' आवाज़ पीछे से आई थी।

''जी बॉस।'' बोलकर गुप्ता मुड़ा तो मेरे सामने था। उसके हाथ में एक पतली-सी लकड़ी थी। किसी पेड़ की डंडी होगी।

''एक कतार में...एक कतार में...'' बोलता हुआ वह तेज़ी से आगे बढ़ा था। जो भी कतार में नहीं होता उसके पैर पर उसी लकड़ी से मारता। एक मिनट के लिए हलचल हुई और फिर सब एक लाइन में खड़े थे।

''ये हुई न बात, लगता है इनमें से तो कइयों को यह भी नहीं पता कि फर्स्ट ईयर में ये हमारे मुर्गे हैं।...कॉलेज वालों ने रैगिंग से बचाने के लिए, तुमको सालो... इस साल एक ही हॉस्टल में किला बनाकर बंद कर दिया...मगर हम लोग तो फिर भी आ गए...अब क्या रात को कुकड़ू कू, कुकड़ू कू करोगे... ?'' कोई पीछे से बोला तो दूसरा जोर से ताली मारकर हँसा था। वहाँ कुछ सीनियर ग्रुप में बैठे लग रहे थे।

''तब तो इसको कुक्कुट भवन नाम दे देना चाहिए। अब इन सबको रोज एक अंडा देना होगा, क्यूँ... ?'' उन्हीं में से कोई बोला था। सुनकर सारे जोर से हँसे थे।

''भाई मेरे, पहले इनको यह तो बता दो कि थर्ड बटन क्या है?'' इस आवाज़ में व्यंग्य था। वह गुप्ता के साथ ही खड़ा था।

''क्यों!! बता तो रखा है। ऊपर से गिनकर, तीसरे बटन को देखते हुए सीधे खड़ा होना है। यही थर्ड बटन है...'' गुप्ता घूम-घूमकर चिल्ला-चिल्लाकर विस्तार से बता रहा था।

''गुप्ता, समझा करो। कहीं ये पैंट का थर्ड बटन न देखने लगें।'' इस बात को सुनकर सभी सीनियर जोर से ठहाका लगाकर हँसे थे। मुझे अजीब लग रहा था। मैं

कतार के अंत में खड़ा था, सीढ़ियों के पास, हॉस्टल की छत पर।

''बॉस आप भी...'' गुप्ता ने आधा झुकते हुए ताली मारी और जोर से हँसा था। पीछे के सीनियर, इस गुप्ता से भी सीनियर हैं, धीरे-धीरे समझ आ रहा था।

''...क्यों रे मुर्गों? तुम में से कोई बटन वाली पैंट, अब भी पहनता है क्या? सालो, इंजीनियर बनने जा रहे हो। वीएनआईटी की इज्जत का फलूदा बनाओगे क्या?'' सुनकर कतार में खड़े लड़कों में थोड़ी सुगबुगाहट और हलचल हुई थी। शायद किसी ने अपने हाथ से पैंट की जिप को ठीक किया या देखने की कोशिश की थी। उस व्यंग्यकार सीनियर की निगाह तेज़ थी, एक चुटिला कमेंट फिर आया था, ''देख-देख, उस मुर्गे को देख...वो छठवें नंबर पे, चश्मेवाला...देख, कैसे हाथ लगाकर देख रहा है।...क्यों बे साले, तेरे को पता नहीं कि पैंट में जिप है कि बटन?'' एक बार फिर सीनियरों ने मिलकर ठहाका लगाया था। और फिर उनका मज़ाक थोड़ी देर चलता रहा।...कुछ देर बाद गुप्ता ने बोलना फिर शुरू किया था,

''अब तुम सभी लोग पहले अपनी शर्ट उतारो और फिर पैंट।...तुरंत।...सुना नहीं क्या?'' इस बात को सुनकर अटपटा लगा था। बोलते-बोलते वही गुप्ता मेरे सामने पहुँच चुका था। लंबाई-चौड़ाई में मुझसे उन्नीस ही था, मगर एकदम सामने रुका तो मेरे हाथ तुरंत शर्ट के बटन को खोलने लग पड़े थे और वह देखकर आगे बढ़ गया था।

यह हॉस्टल में हमारी दूसरी रात थी। पहली रात तो कुछ प्रोफेसर आकर रैगिंग के बारे में बता गए थे। '...डरने की ज़रूरत नहीं है। यहाँ चौकीदार है और गेट अंदर से बंद कर दिया जाएगा। कोई भी रैगिंग करने आए तो हमें बताइएगा...सख्त कार्यवाही की जाएगी। किसी भी तरह की रैगिंग, चाहे फिर वो नाम ही पूछना क्यूँ न हो, गैर-कानूनी है...।' बहुत कुछ बताया गया था। सुनकर ठंडी साँस ली थी। वरना बहुत कुछ सुन रखा था।...वार्डन आए तो आज भी थे। उस समय हम मैस में खाना खा रहे थे।...दिन में आते-जाते छिटपुट घटना सुनी थी। रोककर नाम पूछना और मजाक उड़ाना।...इतना तो चल जाएगा...दूसरे दिन थोड़ी हिम्मत बंधी तो पता नहीं इतने सारे सीनियर अचानक अंदर कहाँ से आ गए? जबकि रात के दस बज चुके थे। सभी को कमरे से निकाल-निकालकर, जो जिस हाल में था उसी तरह, छत पर इकट्ठा किया गया था। वहाँ अँधेरा ज़रूर था, पर ध्यान से देखने पर इतना दिखाई दे जाता कि शर्म आ जाए। यूँ तो हम लोग पैंट नीची करके धार लगाने, सड़क किनारे, कहीं भी खड़े हो सकते हैं, मगर इस तरह भीड़ में, वो भी अनजान लोगों के बीच, इस तरह नंगा हो जाना,...सोचकर शरम आ रही थी...तभी तमाचे की एक जोरदार आवाज़ सुनाई दी थी।...और उसके बाद एक और, फिर एक और...

“क्यों ? तुम लोगों को सुनाई नहीं देता ? आदेश का पालन तुरंत होना चाहिए।” एक और जोरदार तमाचे की आवाज़ आई थी। और मैंने महसूस किया कि बगल वाले शर्ट उतार चुके हैं। इससे पहले की कोई सीनियर मुझ तक भी पहुँचता मैंने भी सिर नीचे किये हुए शर्ट को तुरंत उतारा, बगल में रखा और फिर पैंट भी उतारकर झट सीधा खड़ा हो गया था। जाने-अनजाने ही उत्सुकतावश बगल में खड़े साथियों की ओर निगाह जा रही थी...सभी पैंट उतार रहे थे।

“अब बनियान उतारो...और उसके बाद अंडरवियर।”

“ओए चड्डी बोल, देख नहीं रहा, कई हमारे सूरमा, अपने पिताजी का धारीदार लट्ठे वाला कच्छा पहनकर आए हैं।” उस व्यंग्यकार सीनियर की आवाज़ में इतना मजाक घुला होता कि सभी सुनकर हँस देते। डर के मारे मुझे हँसी तो नहीं आई, मगर उत्सुकता जागी थी कि देखूँ कौन ऐसी ढीली-ढाली नाड़े वाली चड्डी पहनकर आया है। मुझे याद नहीं पड़ता कि मैंने कभी पहनी थी। हाँ, लेकिन बाबा को पहनते हुए ज़रूर देखता हूँ।...बनियान तक तो ठीक था मगर अंडरवियर उतारने में हाथ रुक रहे थे। और तभी कई सारे तमाचों की आवाज़ धड़ाधड़ आने लगी थी। मैं एक किनारे होने के कारण शायद अब तक बच रहा था कि देखता हूँ पड़ोसी अंडरवियर उतारकर खड़ा हो चुका है।...धीरे से मैंने भी उतारी...लेकिन जैसे ही सीधे खड़ा हुआ, हाथ अनायास ही सामने की ओर आ गए थे।

2

हल्की-हल्की हवा में ठंडक थी। नग्न अवस्था में खड़े हुए अभी दो-चार मिनट ही हुए कि शर्म कम होने लगी थी। शायद कुछ लड़के अब भी शरमा रहे थे और कपड़े उतारने में हिचकिचा रहे थे, तभी तो तमाचों की आवाज़ आ रही थी। रैगिंग के बारे में सुना तो था मगर अनुभव...भिन्न होता है। इस वक्त मेरे सामने कोई भी सीनियर नहीं था। पड़ोसी छात्र अपने बगल वाले से खुसर-फुसर कर रहा था। थोड़ी-सी नज़र ऊपर करके मैंने भी देखा तो बाकी के हॉस्टल दिखाई दिये थे। सभी में कमरों की लाइटों से पता चल रहा था कि अभी लड़के जगे हुए हैं। कह सकते हैं चारों ओर जगमग रात जवान थी मगर हमारी काली हो रही थी।

“अब तुम लोगों को फैंट्म बनना है...फैंट्म पता है ? देखा है उस कार्टून को ?”

“गुप्ता जी, समझा दो, पता नहीं है इन मुर्गों को।” साथ वाला बोला था।

“...बोला था न यार, नाम नहीं लेना...”

“बॉस, चिंता क्यूँ करते हो, सारा कॉलेज आपके साथ खड़ा है...”

''डरता कौन है साला, डीन की इतनी हिम्मत...बोल के तो देखे...पाँच लड़के देखकर तो साले की शू-शू निकल आती है...''

''अरे गुप्ता जी, छोड़ो न, गुस्सा क्यूँ खाते हो, आप तो वैसे भी मथुरा वाले हो...क्यूँ... ?'' वही व्यंग्यकार सीनियर पीछे से बोला था। सभी हँसे थे। गुप्ता ?...अब पता नहीं ये उसका असली नाम है या नकली... ? ये पक्का किसी और का नाम ले रहे हैं...हमें बेवकूफ बनाने के लिए...क्या पता ? हो सकता है।...बहरहाल, इस बार वही गुप्ता सीनियर एक बार फिर मेरे सामने था और बोल रहा था...

''सबसे पहले अपनी शर्ट उल्टी करो, उसे पहनो और उसके ऊपर उल्टी बनियान...जैसे बोलते जाऊँ, फटाफट करो, नहीं तो सालों रातभर यहाँ मुर्गा बनाकर रखूँगा। उसके बाद पैंट उलटी करो, उसे पहनो। उसके ऊपर उलटी अंडरवियर पहनो। एक मिनट में। आर्मी में जवानों को देखा है, कैसे तुरंत तैयार हो जाते हैं। यहाँ लड़कियों की तरह सजना-सँवरना नहीं है...''

वह घूम-घूमकर बोलता जा रहा था। और मैं एक अनुशासनबद्ध छात्र के रूप में कही गई बातों का तुरंत पालन कर रहा था।

''...अब तुम लोगों को तुरंत जूता-मोजा पहनना है।''

सुनते के साथ ही लड़कों ने जूता पहनना शुरू कर दिया था। ये आसान था...

''आगे मेरी बात ध्यान से सुनो। आज के बाद रात दो बजे तक कोई लड़का सोएगा नहीं। दिनभर शर्ट इन और रात तक जूता-मोजा नहीं उतारेगा। डेली क्लीन शेव, सुबह-सुबह...समझे। जब भी कोई सीनियर दिखाई दे उसे विश करना है। गुड मार्निंग, ऑफ्टर नून और इवीनिंग बोलते समय.. आँखें और चेहरा हमेशा नीचे।...समझ में आया ? समझ में आया तो बोलते क्यों नहीं ? जोर से बोलो, जी सर...!''

कुछ लड़कों ने मिलकर आवाज़ निकाली थी 'जी सर'। मैं भी धीरे से बुदबुदा गया था।

''अब तुम सब लोग बारी-बारी से अपना परिचय दो...नाम और शहर...बस...तेज़ आवाज़ में...हाँ, शुरू करो...''

मेरी ओर इशारा हुआ था...

''सर, मैं प्रणव दास, लखनऊ से...''

''बंगाली बाबू...नवाबों के शहर से...'' एक सीनियर बोला था। तभी पीछे से आवाज़ आई,

''क्यूँ ? कुछ खाया नहीं क्या... ? जोर से बोल...''

और मैं चीखा था...''प्रणव दास...लखनऊ से।''

आगे यही सिलसिला चल पड़ा था...'विष्णुदत्त शर्मा...पटना से, लल्लन सिंह... बलिया से, देवधर...कानपुर से' कुछ शहरों के नाम परिचित थे। वो नाम आते ही थोड़ी दिलचस्पी जागती। अभी ये क्रम चल ही रहा था कि...तभी पीछे सीढ़ियों पर से कुछ लोगों के चढ़कर ऊपर आने की आवाज़ आई थी। कनखियों से देखा तो कुछ छात्र मुँह झुकाए चले आ रहे थे। पीछे-पीछे दो सीनियर थे।

3

"अरे! धनकर बॉस!!! आइए, आइए, ये मुर्गे कहाँ से मिल गए?"

"बाथरूम के बाहर, वॉश बेसिन वाली जगह पर छिपे हुए थे।"

"अच्छा! अभी से इतने होशियार हो गए! एक दिन में ही!...लाइन से खड़े हो जाओ रे।" गुप्ता जी ने कमान सँभाल ली थी..."एक, दो...पूरे छह हो।...ये पाँच तो हॉफ टिकट हैं...और साथ में तू!...क्या इनका चाचा है?" मेरे बगल में आकर खड़े हुए लड़के से पूछा जा रहा था। कोई जवाब न आया था।

"चलो, पहले अपना नाम बताओ?"

सभी धीरे बोल रहे थे। शायद तभी एक को छोड़कर अगले का नाम भी सुनाई नहीं दिया था...जबकि मेरे बगल से ही खड़े हुए थे।

"तुम पाँचों, कहीं टॉप फाइव रैंक वाले तो नहीं... ? इस साल के अपने हरित प्रदेश के टॉपर! पढ़ने वाले?" शायद उन पाँचों ने सिर हिलाया था।

"देखा, कैसे पकड़ लिया मैंने...लेकिन तू क्या कर रहा है इन लोगों के साथ?" मेरे बगल वाले से अभी फिर पूछा ही गया था और तभी एक जोरदार तमाचे की आवाज़ आई थी। गुप्ता ने उछलकर उसे मारा था मगर डर मैं गया था।

"तूने ही इन सबको आइडिया दिया होगा? क्या नाम बताया तूने?" ये दूसरा सीनियर था।

"दुष्यंत राठौर..." उसकी आवाज़ भारी थी।

"कितने साल फेल हुआ?"

"..."

"बोर्ड में कितने परसेंट थे? पीईटी में रेंक कौन-सी थी?" वही सीनियर लगा हुआ था।

"नौवीं..."

फिर एक जोरदार तमाचा उसी गाल पर...फिर वही गुप्ता था..."सर नहीं बोल सकता...।"

कनखियों से मैंने देखा था।

''किसकी नकल मारी थी ? झूठ बोलता है साला। अभी समझ में आ जाएगी... और तुम पाँचों कलियुगी पांडवों...एल्युमीनियम के ढक्कन...कुछ खाते-पीते हो की नहीं रे? ऐसे मरियल बने रहोगे तो कैसे इंजीनियर बनोगे ?...ठेकेदार और यूनियन लीडर हड़काएगा तो साला एक बार में ही शू-शू निकल आएगी।''

ये बातें सुनकर पीछे मुंडेर पर बैठे सभी सीनियर हँसे थे।

''बहुत सही गुप्ता, सही जा रहे हो, आज से तेरा नाम गुप्ता दादा...नहीं-नहीं 'जी' दादा...यानी की ग्रेट दादा...''

''छोड़िए न बॉस, क्यूँ छेड़ते हैं ?''

''अरे गुप्ता, अवधेश बॉस के चक्कर में मत पड़ना, 'जी' से मतलब 'गाँऽऽऽ' भी होता है।'' सुनकर सब हँसे थे।

''अबे पॉल, तुम साले गड़बड़ी फैलाते हो। अपने इतने डेयरिंग दादा का मज़ाक उड़ाते हो ? ग़लत बात है...गुप्ता, तुम लगे रहो, ये पॉल की जुबान चर्बी की है, फिसलती रहती है...'' गुप्ता अभी भी हँस रहा था। वह अपने सीनियर की नोकझोंक का मजा ले रहा था। मगर मुझे अटपटा लगा था।

''अच्छा चलो, नो कनफ्यूजन, ई-दादा रखते हैं...ई फॉर इलेक्ट्रॉन...है न इलेक्ट्रॉन बम की तरह पॉवरफुल... ? देखन में छोटन लगे घाव करे गंभीर...। सब लोग जोर से बोलो...जय ई-दादा की...।''

हम लोग चिल्लाए थे, 'जय ई-दादा की।' मगर आवाज़ कमजोर रह गयी थी।

''गुप्ता जी, सही कह रहे हो। ये ऐसे नहीं मानेंगे, देखो, कैसे मिमियाते हैं...इन सालों की ठुकाई कर-करके तगड़ा बनाना पड़ेगा...नहीं तो ये साले हमारा नाम डुबोएँगे।...तुम पाँचों ये बताओ कि इस कंस मामा ने ही तुम लोगों को छिपने के लिए कहा था कि नहीं ?''

एक और सीनियर सामने पहुँच गया था। जवाब में पाँचों में से किसी ने कुछ भी नहीं कहा था। शायद किसी एक के द्वारा नकारात्मक कहने के लिए मुँह हिलाता देख गुप्ता बॉस भड़के थे।

''क्यों बे साले, तो क्या हम लोग झूठ बोलते हैं ?'' थोड़ी गर्दन टेढ़ी करके मैंने देखा कि तभी हाथ हवा में जोरदार घूमा लेकिन थप्पड़ में आवाज़ कम निकली थी। और वह लड़का, शायद आखिरी में खड़ा था, एक ही तमाचे में मुँह पकड़कर आधा झुक-सा गया था। चश्मा उसने हाथ में पकड़ लिया था।

''साले, एक तमाचे में तेरा ये हाल है तो समझो कि भौजाई भाग जाएगी।''

सुनकर सभी सीनियर हँसे थे। "ये तो पक्का कागज का इंजीनियर बनेगा...चल आगे आ...और अपने इस साथी को दो तमाचे लगा।"

मैंने फिर कनखियों से देखा, वह बड़ी मुश्किल से सीधा खड़ा हो पाया था।

"देख, सोच ले तू, अगर इसको नहीं मारेगा तो साले मैं तेरी वो पिटाई करूँगा... तमाचा याद है कि नहीं..." और उस लड़के ने दुष्यंत राठौर नाम के अपने साथी को दो तमाचे लगाए थे। मगर कोई आवाज़ नहीं आई थी।

"अबे, क्या गुलाब का फूल फेंक रहा है? मर्दों के जैसे मार...इस राक्षस को तो पता ही नहीं चला होगा..." ये धनकर बॉस थे।

चश्मे वाला लड़का परेशान लग रहा था। कभी अपने गाल को हाथ से दबाता, कभी चश्मा उतारता, आँखों को पोंछता, फिर चश्मा पहनता। बड़ी मुश्किल से उसने इस बार हाथ कुछ तेज़ी से घुमाया था लेकिन फिर उसी हाथ को दूसरे हाथ से दबाता हुआ मुँह नीचे करके खड़ा हो गया था। यकीनन चश्मे वाले की लंबाई दुष्यंत के सामने काफी छोटी और शरीर कमजोर था। वे पाँचों छात्र तकरीबन एकसे ही थे। शायद उम्र में भी एकाध वर्ष छोटे ही लग रहे थे। दुष्यंत नाम के उस लड़के को मैंने थोड़ा ध्यान से देखा, वह मुझ जैसा ही लंबा लेकिन थोड़ा चौड़ा और गठीले बदन का लग रहा था। इस दौरान बाकी चारों से भी उसको तमाचा पड़वाया गया था। मगर सभी उसी तरह से धीरे-धीरे मारकर खड़े हो गए थे।

"तुम लोगों को ऐसे समझ नहीं आएगा। अब ये, तुम पाँचों को मारेगा।...और तूने, इन पाँचों को ढंग से नहीं मारा तो ये सब बाकी लड़के, जो कतार से खड़े हैं, ये सब बारी-बारी से दो-दो तमाचा तेरे को मारेंगे।" सुनकर मैं तो सहम गया था। फिर भी देखता हूँ कि दुष्यंत ने पाँचों को बहुत आराम से तमाचा लगाया था,...इसे तो थप्पी कह सकते हैं।

"अच्छा तो बेटा, तुम छह की मंडली है...तुम लोग ऐसे नहीं मानोगे...तुम्हारे रिंग लीडर की बजानी ज़रूरी है।" उस सीनियर बॉस धनकर ने अबकी बार मेरी ओर इशारा किया था, "...तुम दोनों।" मैं और मेरे बगल के विष्णुदत्त को कतार से बाहर निकाला गया था।

"तुम दोनों, इसको, दो-दो जोरदार तमाचे जरा ढंग से लगाओ।...नहीं तो आगे सोच लो।" और मैंने तुरंत बिना सोचे हुए, उसे दो तमाचे लगा दिए थे। थप्पड़ ठीक-ठाक थे। मेरे पड़ोसी की बारी आई तो उसे शायद अपनी पहलवानी दिखानी थी। उसके तमाचे की आवाज़ जोरदार थी। दुष्यंत के हाथ अनायास ही अपने गाल पर पहुँच गए थे...लगा कि उसे दर्द हुआ है।

"क्यों बे! मज़ा आया? अब तू इन दोनों को मार...देख, इन सालों ने तो तुझे

छोड़ा नहीं...तू भी मत छोड़ना।''

अगले ही पल दुष्यंत मेरे सामने खड़ा था और उसका तमाचा जैसे ही एक गाल पर पड़ा तो पूरा चेहरा हिल गया था। और दूसरे के पड़ते ही दिमाग़ घूम गया था। उफ़! इतना करारा तमाचा...साले का हाथ है कि...!! अगले ही क्षण उसने मेरे पड़ोसी को दो तमाचे लगाए थे। उसके हाथों की तेज़ी और फिर आवाज़ से लगा कि थप्पड़ जोरदार होना चाहिए।

''ये हुई न बात। अब तुम छह के छह तुरंत कपड़े उतारो और बाकी लोगों की तरह फैंटम बन जाओ...''

...वही प्रक्रिया और लेक्चर एक बार फिर शुरू हुआ था।...एक-दो ने तो बहुत समय लगाया था।...मेरे गाल का दर्द अब भी था। किसी तरह से कतार में खड़ा रहा। लेकिन एक-एक बात सुनने व करने की कोशिश करता। मगर दर्द के कारण ध्यान बंट रहा था।

देर रात, शायद दो बज रहे थे...वापस नीचे अपने कमरे में जाने लगे तो प्रथम तल के बी खंड की ओर जाने वालों में वो छह लड़के भी शामिल थे। कतार में खड़े मेरे दोनों-तीनों पड़ोसी तो मेरे आगे-आगे ही थे। विष्णुदत्त को अपने दोनों गाल अपने हाथों से सहलाते हुए देखा तो अपना दर्द कम हुआ था।

''अबे, तू आदमी है कि पायजामा, हथौड़े जैसा हाथ है तेरा, का नाम बताये थे?''

''दुष्यंत राठौर।''

''और हम विष्णुदत्त। भई राठौर साहब, कौनू राणा प्रताप के खानदान के हो का? साला एक ही झापड़ में बत्तीसी हिला दिये हो। एक बात बताओ, ई नौवां रैंक झापड़ दिखाकर तो नहीं लिये थे?''

''वैसे मेरे पैर का साइज भी नौ नंबर है...दिखाऊँ क्या... ?'' दुष्यंत मुस्कुराते हुए बोल रहा था।

''नहीं रे, हाथ ही काफी है...भाई पंजा लड़ाने में मज़ा आएगा...''

उसने अपनी उंगली, होंठों के बगल में किनारे लगाई तो देखता है कि हल्का-सा खून वहाँ आ चुका था।

''साला...'' मैंने उसे मुस्कुराकर मज़ाक में बुदबुदाते हुए अपने कमरे में जाते हुए देखा था। वह मेरे बगल के कमरे में घुसा था और दुष्यंत उसके सामने वाले में। मैं अपने कमरे में घुसकर बिस्तर पर जैसे ही लेटा, गालों में एक बार फिर दर्द हुआ था। उठकर शीशे में जाकर देखा तो उसकी उंगलियों के निशान मेरे चेहरे पर थे।

4

सुबह नींद नहीं खुल रही थी। लेटे-लेटे देखा तो बाकी दोनों रूम पार्टनर तैयार हो रहे थे। राजेश ने कमर पर तौलिया लपेट रखी थी और उसी पर पैंट चढ़ाने की कोशिश में था। दीवान अंडरवियर में बेधड़क खड़ा शर्ट के बटन लगा रहा था। हड़बड़ाकर उठा तो आँखें भारी थीं, ''मेरे को तुम लोगों ने उठाया नहीं... ।''

''कितनी आवाज़ लगाई मगर तुम तो हिल भी नहीं रहे थे... ।''

''तो हिलाना था न... ।'' बोलते हुए मैं टॉवल और टुथपेस्ट लेकर बॉथरूम की ओर भागा तो वहाँ लाइन लगी हुई थी। सोचा पहले ब्रश कर लेता हूँ। शीशे में चेहरे को देखा तो आँखें लाल थीं। ब्रश दाँतों में घुमाया तो अभी भी वहाँ हल्का-हल्का दर्द था। पूरे पन्द्रह मिनट बाद शौचालय खाली मिला था। मगर तब तक अंदर गंदगी का साम्राज्य फैल चुका था। मन तो हुआ कि अंदर जाना ही नहीं, नीचे बैठना असंभव लग रहा था...लेकिन प्रैशर पूरा था...और फिर मरता क्या न करता किसी तरह से निपटकर बाहर निकला तो नहाने का वक्त नहीं था। सिर्फ मुँह धोया और भागते-भागते शर्ट-पैंट पहनकर कमरे से बाहर निकला तो सामने से दुष्यंत और विष्णुदत्त भी निकल रहे थे। ''...हाय!'' दुष्यंत ने कहा तो मैं भी मुस्कुराया था। हम तीनों सीढ़ियों से उतरकर पीछे मैस की ओर जाने लगे तो देखा...कुछ लड़के मुँह नीचा करके थर्ड बटन की मुद्रा में वहाँ खड़े हुए हैं... । दो सीनियर रैगिंग कर रहे थे। इस रास्ते पर जाना मतलब...अचानक मुझे रात का थप्पड़ याद आया था। विष्णुदत्त और दुष्यंत के कदम भी मेरी तरह ही सामने की तरफ से हॉस्टल से बाहर निकलने के लिए आगे बढ़े थे। सहज रूप से।

''छोड़ यार, कौन भोरे-भोरे झापड़ का नाश्ता करेगा।'' विष्णुदत्त बोला था।

''ठीक है...कॉलेज की कैंटीन में कुछ खा लेंगे।'' तेज़ कदमों से चलते हुए दुष्यंत बोल रहा था। कक्षा में पहुँचे तो लेट तो थे ही। पीछे बैठ गए। पढ़ाई क्या करनी थी, पेट में चूहे कूद रहे थे। दूसरे पीरियड के बाद कैंटीन की ओर जाने लगे तो रास्ते में एक लड़का वापस आता हुआ मिला था। हमारी क्लास में ही आगे वाली सीट पर बैठा था...अभी-अभी तो निकला था...!!

''उधर मत जाना, कैंटीन में तो रैगिंग चल रही है।'' वह अपने आप ही बोल गया था।

''क्या कर रहे हैं... ?'' दुष्यंत ने उत्सुकता दिखाई थी।

''अभी देखा तो दो लड़के टेबल पर नाच रहे थे...शायद डे-स्कॉलर हैं...''

''चलो, हम भी नाच लेंगे, खाने को तो मिलेगा।'' दुष्यंत जाने को तैयार था।

"ओ, हेलन के आशिक, कउन बारात में नाचने जा रहे हो का, ससुर के नाती घंटों नचवाएँगे...नाचोगे?" विष्णुदत्त की बोली सुनकर सब मुस्कुराये थे।

"क्या दिक्कत है...नाच लेंगे, एक्सरसाइज़ हो जाएगी..."

"तू तो सचमुच दिमाग से पैदल है साला...सांड है।"

"अबे चुपकर, भूख लगी है यार।" दुष्यंत वास्तव में सपाट था।

"सच यार, बहुत तेज़ भूख लगी है। रात भी ठीक से नहीं खा पाया था।" मुझे भी बोलने में कोई शर्म नहीं थी।

"...अच्छा!! चलो, एक काम करो, तुम लोग मेरे टिफिन से कुछ खा लो।"

वह समीर था। डे-स्कॉलर। उसका घर उसी शहर में, कॉलेज से थोड़ा दूर ज़रूर था, मगर रोज़ आया जा सकता था। क्लास में जाकर बड़ी आसानी से टिफिन ले आया था। वह कुछ कहता इससे पहले ही हम तीनों खाने पर टूट पड़े थे। एक-एक परांठा ही हाथ आया था। अंडे की बुर्जी में स्वाद था। मगर लगा कि सिर्फ मुँह झूठा हुआ है।

"एक काम करूँगा, तुम लोगों के लिए कल कुछ एक्स्ट्रा बनवाकर लेता हुआ आऊँगा। यहीं बैठकर चुपचाप खा लेंगे। क्यों ठीक है न?"

"डे स्कॉलर की रैगिंग नहीं होती क्या?" मैंने पूछ लिया था।

"हाँ, कॉलेज बस में आते-जाते हो जाती है...मगर मुझे पापा की गाड़ी छोड़ जाती है...बस, कॉरिडोर में थोड़ा बचना पड़ता है...इसलिए तो यहाँ मैं तुम लोगों को ले आया..." समीर की स्मार्टनेस झलक रही थी। तेज़ और मस्त।

थर्ड फ्लोर के ऊपर, खुली छत पर जाने वाली सीढ़ियाँ आगे बंद थीं। वहीं छिपकर हम लोग आराम से खा रहे थे। यह सुरक्षित जगह लगी थी। यहाँ कोई क्यूँकर आएगा? अगले दिन उसी स्थान पर दो पीरियड के बाद पहुँचा तो दुष्यंत अपने साथ उमेश और अरुण को भी ले आया था। हम लोग फिर भूखे ही रह गए थे। मैस में सुबह-सुबह जाने की हिम्मत ही नहीं होती थी...कॉलेज जाते-जाते भी सीनियर, हमारी मैस में से दो-चार को पकड़कर रैगिंग कर देते। इससे बचा जा सकता था। फिर यहाँ खाने का इंतजाम भी हो रहा था...वो भी बेहतर...। मगर शाम के बाद ही टेंशन शुरू हो जाती...इस बार दुष्यंत के साथ विष्णुदत्त व देवधर ने बचने के लिए छिपने की कोशिश की थी, हथकंडे तो अपनाए, लेकिन पकड़े जाने पर ज़्यादा पिटाई हुई थी...और फिर वो सभी मार से डर कर अगले दिन नया रास्ता ढूंढ़ने की कोशिश में लग गए थे...। लंबे-चौड़े तो थे ही, सब की निगाह में चढ़ रहे थे...। मैंने रैगिंग अब तक झेलने की कोशिश की थी...पिछली रात थप्पड़ खाने की जगह नौटंकी ज़्यादा करनी पड़ी थी। दो घंटा नचाया था...कभी वेस्टर्न तो कभी कत्थक, कभी

भरतनाट्यम...राजेश का कमर मटकाना देख तो मैं भी हँस दिया था। और फिर ऐसे थके कि गहरी नींद में सोये। उसके अगले दिन समीर ने बैग खोला तो उसमें एक ब्रेड का बड़ा पैकेट था। साथ में समोसे और जलेबी।

"सुबह-सुबह गर्म-गर्म यही मिल रही थी।...घर में इतना कहाँ बनवा पाता... ?"

"अरे नहीं, ये ज़्यादा बढ़िया किया।" मुझे उसके इस व्यवहार पर अचरज हुआ था। कमाल का ज़िंदादिल इंसान है।

हम लोगों ने ब्रेड के बीच में समोसा लगाया तो वो अनोखा सेंडविच बन गया था। दुष्यंत ने दो ब्रेड के बीच में जलेबी रखी और खाते ही बोल पड़ा "...अरे, मीठा सेंडविच भी अच्छा लग रहा है...खा के देखो।"

"जलेबी बड़ी करारी और रसभरी है, मस्त।" अरुण खाते-खाते बोल रहा था। सचमुच भूख में सब कुछ स्वाद लग रहा था।

"अच्छा, अब ये बात किसी को ज़्यादा बताने की नहीं। नहीं तो यहाँ भी लाइन लग जाएगी।" विष्णुदत्त जैसे ही बोला तो दुष्यंत तुरंत बीच में बोल पड़ा था, "यार, हमारे तीन दोस्त और भी हैं, उन्होंने भी नाश्ता नहीं किया है, भूखे हैं। मैं उनके लिए ये दो समोसे तीन ब्रेड पीस ले जा रहा हूँ। कल थोड़ा ज़्यादा ले आना।"

"अब तुम्हारी छह की टीम का यहाँ आना भी ज़रूरी है क्या...ओए, कलियुगी कर्ण...पाँचों नकली पांडव का साथ छोड़ो...साला, पूरी क्लास का ठेका लिये हो... ?" विष्णुदत्त खाना छोड़ झुँझलाया था।

"तुम चुप रहो दुर्योधन...अच्छा यार, समीर इसके पैसे ले लेना...कोई दिक्कत तो नहीं... ?" और दुष्यंत ने अपनी जेब से पैसा निकालकर समीर को देना चाहा तो उसने मना किया था।

"अरे नहीं यार, इतने पैसे तो मेरे पास होते हैं। खत्म हो जाएँगे तो बता दूँगा।"

"ये फोटो किसकी है ?" विष्णुदत्त की निगाह दुष्यंत के पर्स में लगी फोटो पर गयी थी।

"माँ की।" दुष्यंत ने बड़े प्यार से कहा था। सुनते ही विष्णुदत्त ने दोनों हाथ जोड़कर पर्स को देखकर प्रणाम किया और धीरे से बोल पड़ा, "यकीन नहीं होता...इतनी सुंदर माँ का ऐसा नालायक बेटा!!" सुनकर हम सबके मुँह से हँसी छूट पड़ी थी। दुष्यंत ने भी मज़ाक में विष्णुदत्त के ऊपर तमाचा दिखाया तो उसने भी मुस्कुराते हुए उसे प्रणाम किया था। थोड़ी आवाज़ हुई थी। हलचल भी।

"...यार, धीरे बोलो। किसी ने सुन लिया तो मुश्किल हो जाएगी।" मैंने देखा समीर ने आगाह ज़रूर किया मगर उसके चेहरे पर मस्ती खेल रही थी।

"...शाम को पिक्चर चलें, श्रीदेवी की आई है..." उसी ने कहा था।

"और फिर रात वापस कैसे आएँगे...।" विष्णुदत्त था।

"अबे, लड़की हो क्या, ऑटो से आ जाना...।" वह फुसफुसाया था।

"नहीं रे यार, साला सीनियर देख लिया तो चटनी बना देगा।" विष्णुदत्त अपने अंदाज़ में था।

"ऐसा करो, मेरे घर पर ही सो जाना, मेरे साथ सुबह आ जाना..."

"हाँ, ये ठीक है..." दुष्यंत तुरंत तैयार हो गया था। मैंने और बाकी ने मना किया था। मगर विष्णुदत्त ने हाँ कर दी तो दोनों का प्लान फाइनल हो गया था।

कमाल का लड़का है समीर...मैं सोच रहा था...हमेशा मुस्कुराता रहता, चलता तो हाथी की तरह...। अभी हम लोग सीढ़ियों से उतरे ही थे कि हमारी ही क्लास का एक लड़का उसको ढूँढ़ रहा था।

"...समीर...तू कहाँ है?...वो सेकेंड ईयर के अग्रवाल सर, अपने सीनियर, तुझे ढूँढ़ते हुए क्लास में आ गए थे...कह रहे थे आज भी बाप की गाड़ी से आया है?...तू मिल क्यूँ नहीं लेता..."

"छोड़ यार, रैगिंग करेगा...जब पकड़ेगा तब देखा जाएगा, कमल, तू परेशान मत हो...शाम को पिक्चर देखना है तो बोल, हम जा रहे हैं..."

"क्या नाम है तेरा?" देर रात दो सीनियरों ने कमरे में घुसकर पूछा था।

"सर, प्रणव!" सिर पूरी तरह झुका हुआ, आँखें थर्ड बटन थीं। कमरे में हम तीनों रूम-पार्टनर के अलावा अरुण और उमेश भी बैठे थे। दुष्यंत समीर के साथ पिक्चर गया हुआ था। हम लोग यही बातें कर रहे थे।

"क्यूँ, तेरा वो रूम-पार्टनर कहाँ है?" अरुण से पूछा गया था।

"पता नहीं सर, शायद लोकल गार्जियन के घर गया होगा..."

"साले का आज एक नया बहाना...ख़ैर, तुम लोग एक काम करो...पहले अंताक्षरी खेलो...एक्शन के साथ...फिर एक-एक सवाल-जवाब चटपटा..."

मैं और अरुण एक तरफ तो राजेश, दीवान और उमेश दूसरी तरफ थे। अंताक्षरी में राजेश बाजी मार ले गया था। उसके पास गानों का खजाना था। फिर भी अरुण आखिरी गाने पर खूब नाचा था। सवाल की बारी आई तो मैंने पहले पूछा था...

"जद्दन बाई और जोहरा बाई को जानते हो...?"

तीनों बहुत देर सोचते रहे। बहुत देर बाद दीवान बोला था, "नहीं। कौन हैं ये?"

"छोटे बच्चे कोठों पर नहीं जाते। तुम लोगों को कैसे पता होगा? जाओ, अभी

माँ का दूध पिओ...'' मेरा कहनाभर था कि दोनों सीनियर खूब हँसे थे। दीवान ठसिया गया था। अगली बारी उनकी थी...।

''अच्छा, ये बताओ राखी और हेमा में कौन ज़्यादा नमकीन है... ?'' दीवान ने पूछा था। उसके चेहरे पर कुटिल मुस्कान थी। मैं और अरुण थोड़ी देर के लिए चुप और दो बार एक-दूसरे की ओर देखा था। फिर मैंने ही नाटकीयता के साथ कहा, ''ये शरीफ औरतें किसी की बीवियाँ हैं, कोई खाने का सामान नहीं, जिसे टेस्ट किया जाए...'' और बुरा-सा मुँह बनाया था। दोनों सीनियर ताली मारकर हँसे थे। ''वैसे तुम लोगों का क्या जवाब था?'' दीवान से पूछा गया तो उसने मायूस होकर कहा था, ''ये जिसका भी नाम लेते हम कहते...क्यूँ टेस्ट किया है क्या... ?''

''अच्छा चल, अब मुँह मत बना...राखी और हेमा बूढ़ा गई हैं, नया-नया माल ढूँढ़...'' और फिर मुझे देखकर कहने लगे, ''ये लौंडा, साला बहुत उस्ताद है...''

उन लोगों ने जाते-जाते मेरे गाल पर एक थप्पी मारी थी, प्यार वाली, ''और जद्दन बाई के दामाद...और जोहरा बाई के लौंडे...।''

''तुम, इस कमरे में रहते हो?'' शनिवार की रात थी। कुछ सीनियर अचानक चले आए थे।

''नहीं सर, सामने वाले में।'' तब मैं दुष्यंत के कमरे में था। हम दोनों तुरंत खड़े हुए थे।

''तो ये तीसरा कहाँ गया?'' अरुण कमरे में नहीं था...कहीं गपिया रहा होगा।

''क्या पता सर।'' मैंने धीरे से कहा था, थर्ड बटन की मुद्रा में।

''हॉस्टल में है या बाहर?'' सीनियर थोड़ा आगे बढ़े थे।

''पता नहीं।'' दुष्यंत का सिर तो झुका था मगर आवाज़ में भारीपन था।

''क्यों बे साले, सर बोलने में जुबान घिसती है क्या?'' साथ ही जोरदार दो तमाचे लगाए गए थे। मैं एक बार फिर सहम गया था। आज छुट्टी का दिन था। प्रत्येक सप्ताह इसी दिन मैस शाम को बंद होती है। हम लोग मार्केट से खाना खाकर वापस लौटे थे। कल इतवार है यही सोचकर सोने से पहले गप्पें मार रहे थे। रात के एक बज चुके थे। लगा था कि अब रैगिंग नहीं होगी। हॉस्टल में आए दो हफ्तों से ऊपर हो चुका था। रैगिंग के नियम पता चल चुके थे।

उमेश सोते-सोते हड़-बड़ाकर उठा ज़रूर था फिर भी आँखों में नींद थी। खड़े-खड़े हिलने लगा तो एक सीनियर ने कहा था, ''क्यूँ, तुम वही हो न, इस बैच के स्टेट टॉपर?...सुना है तबीयत ख़राब हो गई है...घबराकर घर जा रहे थे...ऐसे कैसे

काम चलेगा...कहाँ-कहाँ से भागोगे...ख़ैर, चलो तुम तो जाओ, पलँग पर लेट जाओ, नहीं तो गिर जाओगे। मगर...कल सुबह रूम नंबर 1205, हॉस्टल नंबर एक में आ जाना, हमारे बैच के टॉपर सुमित तेरे से मिलना चाहते हैं...ठीक?...कुछ दूध-दही खाया-पिया करो, नहीं तो हवा-हवाई बने रहोगे... ।...और नहीं तो दो-चार चम्मच रम के रोज पिओ, दम आ जाएगा।'' बोलकर वह मुस्कुराया था।

''...अच्छा, सोने से पहले आज के अखबार की टॉप टेन हेडलाइन सुनाओ...'' पीछे दीवार से टिके हुए सीनियर ने पूछा तो उमेश वहीं रुक गया था। बहुत देर यूँ ही मुँह लटकाए खड़ा रहा।

''नहीं पता!! कोर्स की किताब घोटने का कोई फ़ायदा नहीं...थोड़ा एक्स्ट्रा पढ़ा करो, कल से याद रखना, जाओ लेट जाओ...'' और फिर वह सीनियर मुड़ा था, ''...मगर इस साले को ठीक करना है।''

उमेश झट से मुँह छिपाकर बिस्तर पर लेट गया था। इस बार सभी सीनियर दुष्यंत के सामने थे। ''सुना है, बहुत ऐंठता है साला...डरता ही नहीं...क्यूँ बे?''

''ऐसे ही दो-तीन और भी हैं साले। गायब हो जाते हैं...इधर-उधर...दोनों तीनों बिहार, यूपी के हैं...उन्हीं के साथ ये भी घूमता है...'' यह आवाज़ मुझे जानी-पहचानी लगी थी।

''सब साले ठीक हो जाएँगे...मगर ये तो रामपुर, अपने हरित प्रदेश का बता रहा था।'' वही सीनियर आगे था। लगता है थर्ड या फाइनल का होगा।''

''पता नहीं, साला कहाँ से है? ...ए, अपनी छाती चौड़ी करके क्यों खड़ा है? साले...बहन चोऽऽऽ बॉडी दिखाता है क्या... ?''

और फिर कई तमाचे गाल पर मारे जाने की आवाज़ आई थी। मैंने धीरे से तिरछी निगाह से देखा तो दुष्यंत राठौर गुस्से में आकर कभी-कभी ऊपर देख लेता था। उसकी आँखें लाल हो रही थीं।

''देख साला, घूरता है। खायेगा क्या?''

''ऐसे ही बॉस, इसका जोड़ीदार वो विष्णुदत्त नाम का लौंडा...कल दो नंबर वाले राजबीर के साथ घूम रहा था...हमें देखकर ऐसे घूरने लगा कि साला हमारा बाप है...ये उसी के साथ रहता है...वहीं से रंगबाजी सीख रहा है... ।''

''अच्छा!!!''

और एक जबरदस्त मुक्का सामने से, एक सीनियर का उसकी छाती पर पड़ा था और पीछे से दूसरे सीनियर ने जोरदार लात से प्रहार किया तो दुष्यंत बिस्तर पर जा गिरा था।

''अब क्या बिस्तर पर सोया रहेगा, खड़े हो जा, मर्द की तरह और तुरंत थर्ड

बटन...।'' मैं डर कर घबराते हुए भी आँख के कोने से सब देख रहा था। तीनों सीनियर दुष्यंत के चारों ओर खड़े थे। वह धीरे से ही उठ पाया था। बाल बिखर गए थे। चेहरा नीचे लेकिन महसूस हो रहा था कि उसे गुस्सा आ रहा है और तकलीफ भी हो रही है। बहुत देर मुँह नीचे करके जब वह खड़ा रहा तो उसी सीनियर ने उसे तमाचे को दिखाते हुए कहा था, ''सीना झुका के बात करना, अगली बार से। और हाँ, उस बिहारी के साथ दिखा तो साले दाँत तोड़ देंगे।''

जाते-जाते तीनों ने दुष्यंत राठौर को घूरा और फिर मेरे गाल पर हाथ सहलाते हुए बाहर निकल गए थे, ''...ये लखनवी ठीक है...।''

उनके जाते ही उमेश उठकर बैठ चुका था। चश्मा उसकी नाक पर लटक रहा था। मैंने राहत की साँस ली थी। दरवाजे पर जाकर झाँका तो पाया कि पास वाले कमरे से गाने की आवाज़ आ रही थी। वहाँ रैगिंग चल रही थी। विष्णुदत्त का कमरा लॉक था। पट्ठा आज भी गायब था। इधर दुष्यंत अब भी खड़ा था, साँसें उसकी तेज़ थीं।

यह हर रात का किस्सा था। रात दो बजे तक रैगिंग हो सकती है और इसमें कुछ भी हो सकता है...एक-दो बार थोड़ा मजा आया था मगर डर तो बराबर बना रहता। सीनियर्स के आदेशों का पालन हो रहा था...कोई अपने जूते नहीं उतारता, कपड़े नहीं बदलता, लाइट नहीं बंद करता। मगर आदत पड़ने में वक्त लग रहा था। हाँ, इतना ज़रूर था कि अब भय के मारे रात दो बजे तक नींद ही नहीं आती।

कइयों ने बचने की कोशिश की थी मगर जब भी पकड़े जाते, ज़्यादा पिटते। मगर दुष्यंत हिट-लिस्ट में आ चुका था। वैसे भी उसके कमरे में उमेश देखने में कमजोर, छोटा-सा, भोला और अरुण पतला-दुबला था। दोनों बच जाते। हाँ, इनकी क़ीमत पर वह ज़्यादा मार खाता। ऐसे ही कुछ और कमरों में भी दो-चार की पिटाई अधिक होती। एक बार उमेश ने दुष्यंत से पूछ ही लिया...''ये इंजीनियर बनने के लिए तगड़ा होना ज़रूरी है क्या! और अगर हाँ तो तुझे ये क्यूँ मारते हैं?''

दुष्यंत चुप ही रहा था।

5

दुष्यंत और अरुण ने सात टिकट खरीद ली थीं। कॉलेज के छूटते ही दोनों समीर के साथ शहर चले गए थे। मुझे बाकी चार को उमेश, मिलिंद , रवि और रजत के साथ बाद में पहुँचना था। आखिरी वक्त में चारों ने मना किया तो मैं अकेला गया था। मुझे दुष्यंत का साथ अच्छा लगने लगा था। '...वे चारों तो नहीं आएँगे।' बताया तो

उसने पहले तो कुछ नहीं कहा मगर फिर अगले ही पल मज़ाक में कहने लगा...'चलो टिकट ब्लैक करते हैं।' और बिना कुछ ज़्यादा सोचे '...पाँच वाली दस में...पाँच वाली दस में, टिकट...टिकट...' बोलता हुआ वह बाहर लगी लंबी लाइन के किनारे-किनारे चल पड़ा था। धीरे-धीरे बुदबुदाता। हम दोनों भी उसके पीछे-पीछे थे। हमें हँसी छूट रही थी और उसका मजाक निरंतर जारी था। तभी दो आवारा किस्म के लड़कों ने पास आकर दुष्यंत को टिकट देने के लिए किनारे चलने को कहा था।

"कहाँ से आया भाई लोग...मेरे एरिया में धँधा करने ?"

"नहीं, धँधा नहीं कर रहे। चार टिकट फालतू हैं इसलिए बेच रहे हैं।"

"ऐ भाई...तो फिर ब्लैक में क्यों बेच रहा है ?" दूसरे लड़के ने दुष्यंत के कँधे पर हाथ रखा था।

"तुम्हारा रेट ख़राब नहीं करना है न, इसीलिए।" मैं बीच में बोला था।

"अच्छा चल, ज़्यादा होशियारी नहीं, ला टिकट और फुट यहाँ से... ।" दोनों लड़कों ने टिकट छीनने की कोशिश की थी।

इस पर दुष्यंत ने एक का हाथ पकड़ लिया था, "देख भाई, हमसे जबरदस्ती मत करना... ।" वह गुर्राया था।

"नहीं तो... ?"

"नहीं तो, तू क्या करेगा ? पहले तू बता, फिर मैं बताता हूँ... ।" और दुष्यंत ने छाती तानकर उसकी आँखों में घूरा था। सामने वाले ने दूसरे हाथ से दुष्यंत को धक्का दिया तो उसने उसका कॉलर पकड़ कर हिला दिया था। दूसरे बदमाश ने कुछ करने की सोची तो जाने कैसे मैं बीच में खड़ा हो गया था। इतने में भीड़ इकट्ठी होती देख, दोनों भाग गए थे। टिकट बेचना अब ठीक नहीं लगा था और हम चुपचाप फिल्म देखने अंदर जा पहुँचे थे।

...पता नहीं, फिल्म के बीच में मुझे खटका लगा था...वो लड़के अपने दोस्तों को इकट्ठा कर फिल्म के बाद गड़बड़ी कर सकते हैं। यही सोचकर पिक्चर खत्म होने से कुछ देर पहले ही उठकर सामने के गेट से मैं सब को निकाल लाया था। दुष्यंत तैयार नहीं था। मगर शायद मेरा अंदेशा ठीक था। बाहर अगले शो की भीड़ थी। उसी के बीच में से हम लोग निकल रहे थे तभी मेरी निगाह बगल में एग्ज़िट वाले गेट पर गई थी। वे दोनों लड़के अपने ग्रुप में वहीं खड़े थे। बहरहाल, हम भीड़ के कारण निकल गए थे। यह मेरी दुष्यंत के आक्रोश से पहली मुलाकात थी। उसका बेखौफ चेहरा अच्छी तरह मुझे याद हो गया था। उसके बाद तो हम तीनों ने और भी कई पिक्चर देख मारी। शहर में दर्जनों टॉकीज थीं। और रैगिंग से बचने का यह बेहतर उपाय लगा था।

हम तीनों के साथ आज मिलिंद भी था। पिक्चर देखकर इस बार हम लोग भारत सिनेमा से निकले थे। यह दिन की दूसरी फिल्म थी। शनिवार, छुट्टी का दिन था। दिन की रैगिंग से बचने के नाम पर मैंने ही प्लान बनाया था कि इस बार एक साथ चार पिक्चरें देखेंगे। बारह से तीन, तीन से छह, छह से नौ और नौ से बारह। तीन सिनेमा हॉल तो साथ-साथ थे। चौथा थोड़ी दूरी पर था। सोच रखा था...उसके लिए ऑटो कर लेंगे। पिछले शनिवार बागीचे और तालाब के किनारे-किनारे घूमते-घूमते थक गए थे। और फिर रात बारह बजे तक घूमने की कोई ऐसी जगह नहीं थी। सुनसान सड़कों पर कहाँ जाते? हॉस्टल पहुँचे तो जबरदस्त मार खायी थी। रैगिंग से बचने का और कोई तरीका समझ नहीं आ रहा था। कुछ लोग रेलवे स्टेशन और बस स्टैंड पर बैठकर समय बिताते तो कुछ देर रात तक हॉस्टल के सामने की झाड़ियों में छुपकर बैठे रहने की कोशिश करते। मगर इसमें डर लगता, अँधेरे से, कीड़ों और जानवरों से। तभी मुझे फिल्म वाला नायाब तरीका सूझा था। इससे समय भी कट जाएगा, आराम से बैठने की एक जगह भी मिल जाएगी और बारह बजे रात को छूटने के बाद सिनेमा हॉल से हॉस्टल पैदल आने पर घंटा लगता है...धीरे-धीरे चलो तो किसी तरह से समय गुजार कर रात दो बजे पहुँचा जा सकता है।...सभी को यह आइडिया अच्छा लगा था। हफ्ते के दिनों में तो शाम की दो फिल्म देखने का कार्यक्रम कई लोग बना लेते। आज भी रवि, उमेश और रजत ने मना कर दिया था। उन्हें वैसे भी सीनियर लोगों से कम दिक्कत थी। शायद पैसों की भी बात हो...? टिकट में ख़र्चा लगता...मगर वो तो अरुण के पास भी कम थे।...हो सकता है इन सबको पढ़ना हो? वो तो फिर मिलिंद भी पढ़ाकू है!! हाँ, अरुण की दिलचस्पी पढ़ाई में कम दिखती जबकि वह भी टॉपर था। और दुष्यंत के हाव-भाव से तो लगता ही नहीं कि वह भी टॉप टेन में होगा...। ख़ैर...हम चारों, अबकी बार तीसरी पिक्चर 'दिल एक मंदिर है' में घुसे थे।...मीना कुमारी की राजकुमार-राजेंद्र कुमार के साथ एक पुरानी फिल्म।

'...पता नहीं कैसी होगी?'

'...चलो, चाहे जैसी हो, ज़्यादा बोर करेगी तो सो जाएँगे।...इससे ज़्यादा क्या होगा।'

ऐसी ही कुछ बात करते हुए हमने पिक्चर हॉल में प्रवेश किया था। मगर फिर कुछ देर बाद ही मीना कुमारी की एक्टिंग ने हम सब को बाँध लिया था। इतना ज़्यादा कि हम सभी फिल्म में रूआँसे हो रहे थे। राजेंद्र कुमार की मौत पर तो दुष्यंत सिसक पड़ा था। हमारे लिये यह अविश्वसनीय था। मज़बूत शरीर वाले दुष्यंत ने आँसुओं को छुपाते हुए जल्दी से रूमाल से मुँह पोंछा था।...हम स्वीकार ही नहीं कर पा रहे

थे कि पुराने ज़माने में इतनी अच्छी फिल्में भी बन सकती हैं। बाहर निकले तो सबसे पहले मैं ही बोला था, "क्या स्टोरी है यार, मज़ा आ गया।"

"बिलकुल..." मिलिंद तपाक् से बोला था।

"गाने और एक्टिंग देखो। ऐसी फिल्में तो अब बनती ही नहीं। आजकल की हीरोइनें तो सिर्फ मेकअप दिखाती हैं। वैसे मीना कुमारी ने कुछ ज़्यादा कपड़े नहीं पहन रखे थे?" अरुण की बातों में मजाक था या व्यंग्य, पता लगाना मुश्किल था।

"उसकी एक्टिंग में इतना दम है कि उसके कपड़ों पर ध्यान जाता ही नहीं।" दुष्यंत की इस अंतिम लाइन ने उसको चुप करा दिया था। और हम सब भावुक मन से दिन की आखिरी और चौथी फिल्म 'पाकीजा' देखने घुसे थे।...उत्साह दुगुना था।...क्यों न हो, इसमें एक बार फिर मीना कुमारी और राजकुमार ही तो थे। राजकुमार ने जैसे ही यह डॉयलाग बोला 'आपके पाँव देखे, बहुत हसीन हैं, इन्हें ज़मीन पर मत उतारियेगा, मैले हो जाएँगे।' सुनते के साथ ही हम चारों ने खूब तालियाँ बजाई थीं।...नृत्य और गाने ऐसे कि हमको लग रहा था कि लखनऊ के नवाबों की गलियों में वास्तव में मुजरा देख रहे हों। कहानी ने कई जगह हमको झकझोर कर रख दिया था।...और वापसी में पूरे रास्ते मीना कुमारी की बदकिस्मती की दास्तां को समझते-बूझते रहे थे। ठंडी हवा चेहरे पर पड़ती तो ताज़गी महसूस होती।

"...नयी पीढ़ी को भी पुरानी फिल्में पसंद आ सकती हैं! सच में, कमाल का रोमांटिज़्म है।...असल में उत्कृष्ट कला कभी नहीं मरती, ज़माना फिर कोई भी हो।"...अरुण की बातें अच्छी लगी थीं।

"तो फिर लखनऊ, अपने शहर में तो तू ये मुजरा देखने जाता रहता होगा?" मिलिंद मुझसे अचानक बोला था।

"नहीं यार...।" मैं सकपकाया था।

"क्या पता...भाई...।" दुष्यंत ने आँख मारी तो हम सब हँसे थे।

6

महीने से ऊपर हो चुका था। रैगिंग से कुछेक को राहत थी तो कुछ अब भी परेशान थे। उमेश इस बीच दो बार सुमित सर से मिल आया था। फाइनल ईयर के बाद विदेश जाने की तैयारी में थे। एक दिन लौटा तो उसके साथ ढेर सारी किताबें, नोट्स थे...पता चला कि हॉस्टल में उन्होंने बढ़िया खाना भी खिलाया था...दूसरी बार वह उसे मार्केट ले गए थे...ब्रज मिष्ठान की स्पेशल रबड़ी खिलाई थी...पैसा भी नहीं देने

दिया था...कहने लगे...सीनियर के सामने जूनियर पैसा नहीं देते...उमेश खुश हुआ था...रैगिंग के बड़े फायदे भी हैं...उन्होंने बताया तो उसे राहत मिली थी।

...मगर पता नहीं उस रात ऐसा क्या हुआ था?...सुना है सीनियर के एक ग्रुप ने बहुत जलील किया था, रोशनी में सभी को नंगा कर दिया गया था। फैंटम, मुर्गा बनाने के बाद, अरुण और उमेश के कपड़ों पर विशेष रूप से मजाक उड़ाया तो रजत और रवि के गोरे रंग पर ऐसे कमेंट्स मारे कि सभी के चेहरे लाल थे...उस रात वे बड़े शर्मिंदा हुए थे...छह के छह हिल गए थे। कोई भी सो न सका था...उमेश तो एक बार फिर रोया भी था...। रहा न गया तो उन सभी ने अचानक योजना बनाई कि अपने-अपने घर जाएँगे। अगले हफ्ते दो दिन छुट्टी थी। उन सभी का घर हरित प्रदेश में ही कुछ घंटे के फासले पर नजदीक था। समय काटने के लिए मैं सबको स्टेशन छोड़ने गया तो देखा दुष्यंत भी घर जाने के नाम से खुश था। वह अपनी माँ से बहुत ज़्यादा अटैच लगता...दिन में कई बार याद कर लेता। हाँ, पिता के प्रति आक्रोश कभी-कभी दिखाई दे जाता। पता नहीं क्यूँ, मन में कड़वाहट लगती।...कारण नहीं बताता।...इस उम्र में बाप के साथ बेटों की पटती नहीं है, यह आम बात है...मुझे तो यही लगता।

"दुष्यंत तेरा और कोई भाई-बहन?"

"अरे, मेरे माँ-बाप से मैं ही नहीं सँभलता...।"

"और तू अरुण?"

"मेरी एक छोटी बहन है...।"

"और तेरा उमेश?" इस ऑटों में हम चार थे। दूसरे ऑटो में बाकी तीन के साथ राजेश भी था। वापसी में मैं अकेला हो जाऊँगा इसलिए उसको कहा तो वह साथ चल पड़ा था।

"मेरी दो बहनें और एक भाई है...बड़ी बहन डॉक्टर, दूसरी प्रोफेसर और भाई आईएएस हैं..."

"रियली!!"

"और तेरे घर में?" अरुण ने मेरे से पूछा था।

"हम दो भाई हैं। बड़ा वाला अमेरिका में है।"

"ओके...।"

...रात दस बजे दुष्यंत की ट्रेन थी। घर जाने वालों में वह अंतिम था। सबको छोड़कर मैं और राजेश माडर्न मार्केट चौराहे तक ऑटो से और फिर वहाँ से पैदल हॉस्टल तक आने वाले थे। पूरे डेढ़ घंटे लगेंगे। अर्थात तकरीबन बारह बज जाएँगे।...यह ठीक नहीं होगा।...यही कारण है जो हम दोनों ने घंटा स्टेशन पर गुजारा

और चाय के दो प्याले पीते-पीते रात के ग्यारह बजा दिये थे। धीरे-धीरे हॉस्टल पहुँचे तो रात का डेढ़ बज चुके थे। दीवान कमरे में नहीं था। शाम में बता रहा था कि हॉस्टल नंबर एक जाएगा। वह लौटा नहीं था। बहरहाल, उस रात हम बच गए थे।

अगले दिन कॉलेज से आने के तुरंत बाद राजेश के साथ ही पास वाले तालाब फिर पुराने शहर में जाकर घूमने का मन बनाया था। घूमते-घूमते देर हो गई थी तो सोचा कि बाज़ार में ही खाना खाकर हॉस्टल वापस जाएँगे...किसी तरह समय गुजारना था। राजेश ने आनाकानी की थी। फिर धीरे से बोल ही गया, "...पैसे नहीं हैं यार...।"

"कोई बात नहीं, तो क्या हुआ, मेरे पास हैं न...।"

"अभी जूते के पैसे तो दिये नहीं, पता नहीं, कब दे पाऊँगा...ऊपर से...।"

"देख...उसके पैसे धीरे-धीरे दे देना...बाकी ये खाने-पीने का हिसाब नहीं करते दोस्तों में...आज मेरे पास हैं तो खा लेते हैं, जब नहीं होंगे तो नहीं खाएँगे...और फिर साथ खाने में ज़्यादा नहीं लगते...।"

"अच्छा, ये बता प्रणव कि इंजीनियर बनने के लिए जूता पहनना ज़रूरी है क्या...इंजीनियर बनकर भी तो पहन सकते हैं...अब अगर तू नहीं होता तो मेरा क्या होता...मेरी चप्पल देखकर तो ये रैगिंग में अब तक मेरी चटनी बना देते...।"

"चलो, सब का कुछ न कुछ इंतजाम हो ही जाता है...।"

"नहीं यार, जबरदस्ती नहीं करनी चाहिए...कुछ ग़लत भी तो हो सकता है...या तो मैं छोड़कर भाग जाता या फिर चोरी...।"

"नहीं-नहीं, कई लड़के तो दोस्त का जूता पहन लेते हैं...कइयों के पास दो जोड़ी होते हैं...।"

"और फिर हमेशा के लिए काम्प्लेक्स में जियो...इसी चक्कर में तो मुझे उस मार्शल सीनियर के पास जाना पड़ा...जबकि वो ठीक आदमी नहीं है।"

"क्यूँ, क्या हुआ?"

"बस, साला ठीक नहीं है। ग़लत टाइप का बंदा है...एक बार मैं उसकी बॉलकनी से हराभरा जंगल का दृश्य देख रहा था तो बात करते-करते मुझे पीछे से आकर धीरे से पकड़ा फिर धीरे-धीरे अपने हाथ से मेरी छाती को सहलाने लगा...मुझे अटपटा लगा तो मैं किसी तरह से बचकर भाग आया...उसके बाद से कई बार बुला चुका है, प्यार से...फुसलाकर...।"

"तो मत जाना साले के पास...।"

"उसके बाद तो नहीं गया...मगर फटती है यार, सीनियर है।"

"क्या कर लेगा, ज़्यादा से ज़्यादा...अच्छा, चल ज़्यादा नहीं सोचते...।" और

हम नुक्कड़ के होटल में घुसे थे। वहाँ किसी सीनियर को जाते नहीं देखा था। दो-चार बार पहले भी मैं वहाँ जा चुका था। मटन-करी अच्छी बनाता है। एक प्लेट में दो आराम से खा सकते हैं...अलग से रोटी जितनी मर्जी ले लो...। हम दोनों ने भरपेट खाया था। थक तो रहे थे, नींद आने लगी थी। खाते-खाते समय हो रहा था। रात दस बजे हॉस्टल के लिए अंतिम बस थी...सोचा ट्राई मारते हैं...वहाँ पहुँचे तो सीनियरों का आना बस स्टैंड पर लगा हुआ था। माडर्न मार्केट के आखिरी चौराहे पर, जहाँ से हमारे कॉलेज की बस चलती...एक किनारे थोड़ी झाड़ियाँ थीं...साथ बैठने के लिए चबूतरा-सा था...हम दोनों अँधेरे में छिपकर स्थिति को भाँपने की कोशिश में लगे थे कि बस में चढ़ा जाए या नहीं ? तभी स्टेशन की तरफ से आने वाली एक बस से उतरते हुए, थोड़ी दूरी पर, दुष्यंत को मैंने अचानक देखा। वह कॉलेज जाने वाली बस की ओर बैग लटकाए बढ़ रहा था... !!

...इतनी जल्दी वापस ?! यकीन ही नहीं हो रहा था।...दुष्यंत राठौर ही है या कोई और?...और बिना कुछ सोचे मैंने आवाज़ लगाई थी। दुष्यंत तेज़ी में लग रहा था। उसे देखकर मेरा हैरान होना स्वाभाविक था।...अभी कल ही तो गया है। ऊपर से बस में इस तरह से जाना...और फिर मैं दौड़ पड़ा था। कोई दस मीटर की दूरी पर मैंने पीछे से फिर आवाज़ लगाई...मगर लग रहा था कि वह सुनने को तैयार नहीं था। फुर्ती से उसके पीछे पहुँच कर मैंने कँधे पर हाथ रखा तो वह पहले बौखलाया, पीछे मुड़कर देखा, मगर कुछ बोला नहीं।

"दुष्यंत!" उसके चेहरे पर क्रोध के साथ वितृष्णा थी। आँखे लाल और बाल बिखरे हुए थे। वह आगे बढ़ा तो मैंने हाथ पकड़ कर फिर से पूछना चाहा था,

"क्या हुआ ? सब ठीक तो है ?"

"कुछ नहीं।" और वह हाथ झटककर आगे बढ़ गया था। आवाज़ में झुँझलाहट, आँखों में उतर रहे आक्रोश से लग रहा था कि शायद किसी का कत्ल कर देगा। उसको परेशान देख हम भी साथ हो लिये थे। आज बस में भीड़ कम थी। हम तीनों पीछे खड़े थे। मैंने और राजेश ने दुष्यंत के सामने खड़े होकर बाकी की तरफ अपनी पीठ की थी। हम दोनों ने मुँह झुकाया हुआ था। दुष्यंत नज़रे, नहीं मिला रहा था। इधर-उधर देखता रहा। उस दिन बस में हमसे कोई पूछताछ नहीं हुई थी। शायद फाइनल ईयर के स्टूडेंट ज़्यादा थे। उन्हें रैगिंग से कम मतलब होता। हाँ, नमस्कार मैंने सभी को किया था।

दुष्यंत हॉस्टल पहुँचा और बिस्तर पर लेट गया था।...अभी तो हॉस्टल में रात की शुरुआत थी, रैगिंग का टाइम है।...ऐसे में हॉस्टल में रहना खतरे से खाली नहीं। हम दोनों कुछ सोच पाते कि इतने में नीचे के फ्लोर से आवाज़ आनी शुरू हुई थी...

पता चला कि ई–दादा का एक ग्रुप रैगिंग लेने आया हुआ है। दुष्यंत की तबीयत ठीक नहीं...ऐसा सोचकर, हमने तुरंत उसका दरवाजा बंद कर बाहर से ताला लगा दिया था। अपने कमरे में अभी घुसे ही थे कि सीनियर पहुँच चुके थे।...साथ के कमरों के बारे में पूछा तो मैंने साफ–साफ बता दिया था कि...सब घर गए हैं। तमाचे का डर आज मुझ पर बिलकुल नहीं था। मेरी निगाह नीचे थीं। कोई चार फुट के उस सीनियर ने...मुझे और राजेश, दोनों को, बारी–बारी से चेहरा उठाकर आँखों से झाँका, मगर हम टस से मस न हुए। मेरे हाथ की मुट्ठियाँ न जाने क्यूँ कस रही थीं। मगर राजेश शांत था। सभी को बाहर कॉरिडोर में इकट्ठा किया गया था फिर अंडरवियर–बनियान में छुक–छुक ट्रेन की तरह रेलगाड़ी बनाकर पहले दौड़ाया गया फिर नीचे के हॉल में टेबल पर भारतीय शास्त्रीय नृत्य करवाया गया था। थका तो मैं पहले ही था। इतनी दौड़ और नाच से थक कर चूर हो गया और फिर जो सोया तो सुबह थोड़ा देर से ही उठा था। अचानक दुष्यंत की याद आयी तो भागकर उसके कमरे को खोला था। वह अभी सो रहा था।...उठाया और मैंने उससे फिर पूछा...मगर उसने एक गहरी चुप्पी साध ली थी। गहरा तो वह पहले भी लगता था मगर फर्क इतना था कि इस बार चुप्पी के साथ कुछ और भी चेहरे पर था।...क्या हुआ है?...न बोलता न सुनता...तो हम कैसे जान पाते? उसी दिन से वह थोड़ा बदल गया था। उसकी खामोशी हर वक्त कुछ कहने के लिए आतुर लगती। और तभी हम और नजदीक आए थे।

7

''ऐ भाई, थोड़ा चाय देना, इधर भी...।'' हम दोनों पहले ही लेट हो रहे थे। दुष्यंत ने पास से गुज़र रहे मैस ब्वॉय को एक बार फिर कहा था। दो बार पहले भी बोल चुका था। मगर मैस ब्वॉय सुन ही नहीं रहा था। अबकी बार भी नहीं सुना तो दुष्यंत उखड़ गया था। ''...क्या, इधर चाय देनी नहीं है क्या... ? घंटे से माँग रहा हूँ।'' वह बहुत जोर से चीखा था।

''कौन चिल्ला रहा है?'' आवाज़ सुनकर मैनेजर ने तेज़ आवाज़ में पूछा था। वह इस वक्त बटलर के साथ काउंटर पर ही था।

''मैं चिल्ला नहीं रहा।...घंटे से चाय माँग रहा हूँ...।'' दुष्यंत अपनी कुर्सी से खड़ा हो चुका था। सभी लड़के अब भी ब्रेड और बटर तो कोई चाय लेने की कोशिश में लगे हुए थे। मैस में शोर था। रात–रात भर रैगिंग में जागी आँखें पहले ही लाल और सूजी हुई थीं।

''तो चिल्ला क्यूँ रहा है...बाकी भी तो इंतज़ार कर रहे हैं...यहाँ क्या तुम्हारा घर है...हॉस्टल है समझे, तमीज से बात करो...।''

''इसमें बदतमीजी क्या है... ?''

''बताऊँ क्या? क्या रूम नंबर है तेरा?''

''4105...दुष्यंत राठौर नाम भी लिख ले।'' और उसने कप को उठाया और जोर से दीवार पर दे मारा था। ''...जिससे बोलना है बोल देना।'' उसने नजदीक जाकर पहले उसे घूरा, फिर कँधे पर हाथ रखा और फिर बोलता हुआ मैस से बाहर निकल गया था। अगले ही पल मैस में सन्नाटा था।

''अब क्या होगा?'' मेरी आँखों में प्रश्न था।

''उसे थोड़ा धीरज रखना चाहिए।'' राजेश ने दबी आवाज़ में कहा था। मैं मैस से बाहर निकलने लगा तो वह तेज़ी से पीछे आया था।

''आज रात इसकी पिटाई होगी...पक्का...ऐसा करते हैं, इसको आज दोपहर बाद से पिक्चर दिखाने ले चलते हैं। सभी तीन शो देखकर, रात बारह बजे स्टेशन जाकर, चाय पीकर, हॉस्टल पैदल आएँगे, तीन तो बज ही जाएँगे...तब तक सब सो जाएँगे।''

क्लास में पहुँचे तो सब यही चर्चा कर रहे थे। दुष्यंत दो पीरियड बाद पहुँचा तो सब उसी को देखने लगे थे। पता नहीं, कहाँ चला गया था? तीसरा पीरियड ह्यूमेनिटिस लेंग्वेज़ का था। प्रोफेसर अमूमन आराम से आते। उनका बच्चों पर नियंत्रण नहीं था। न ही पढ़ाई में कोई दिलचस्पी। सिर्फ खानापूर्ति। यूँ लगता कि मानो इंजीनियर को ह्यूमेनिटिस और लेंग्वेज़ दोनों की आवश्यकता नहीं है!!! उसी दौरान दो सीनियर अंदर क्लास में आए थे। दरवाजे के पास बैठे लड़कों से पूछा तो सभी ने हमारी ओर इशारा किया था।

''दुष्यंत राठौर...तेरा ही नाम है?'' पास आकर उस सीनियर ने कहा था।

''जी...।'' दुष्यंत ने खड़े होकर जवाब दिया था। उसकी आँखें थोड़ी चौंकन्नी लगी थीं। आवाज़ भी शायद किसी अनहोनी के लिए तैयार हो रही थीं।

''बाहर कैंटीन में राजबीर भाई बुला रहे हैं...।'' वही सीनियर धीरे से फुसफुसाया था।

''अरे, डर नहीं, चाय पीने के लिए बुला रहे हैं...'' दूसरे ने बोला तो वह चुपचाप उनके साथ हो लिया था। हमने तो सोचा था कि आज तो इसकी ख़ैर नहीं। तीसरे पीरियड के बाद मैं और राजेश भी हॉस्टल जाने लगे थे। बाकी दो पीरियड में लैब थी। यहाँ से गायब हुआ जा सकता है, इस बात की जानकारी होने लगी थी। जाने से पहले कैंटीन की ओर देखा तो वहाँ दुष्यंत कुछ सीनियर के साथ बैठा था।

दूर से देखकर लग नहीं रहा था कि उसकी रैगिंग हो रही है। फिर बाद में आकर जो उसने टुकड़ों में सुनाया, वो थोड़ा अप्रत्याशित था।

''का नाम है बबुआ?''

''दुष्यंत राठौर...''

''कौन जात... ?'' दुष्यंत को यह सवाल थोड़ा अटपटा लगा था। जाति पूछने की क्या ज़रूरत? और फिर उसके साथ ऐसा सवाल पहले कभी पूछा भी तो नहीं गया था। वह चुप खड़ा रहा था, बड़ी मुश्किल से मुँह नीचे किए हुए।

''राजपूत... ?''

''हाँ... !!'' दुष्यंत के लिए यह स्वाभाविक उत्तर था। राठौर का मतलब ही क्षत्रिय...तभी तो उसे पूछने पर हैरानी हो रही थी।

''तभी गुस्सा खाता है।...बैठ जा, बैठ जा। डर मत...आराम से बैठ... । देख ले, प्रफुल्लवा, हम बोले थे न...यह अपनी तरफ का है। इसका ख्याल रखा कर।...ओ बिहारी बाबू, यहाँ डरने का नहीं है। यहाँ अपना शासन चलता है। कोई कुछ बोले तो सूत देना...प्रफुल्ल समझा देना इसको... ।''

'बिहारी!' दुष्यंत को सुनकर अजीब लगा था। हाँ, उसके कुछ रिश्तेदार बिहार में ज़रूर रहते हैं, मगर वह खुद तो बिहारी नहीं। वह सवाल में उलझ रहा था।

''ऐ छोटू सुन...साहब के लिए मस्त चाय ला।...और नाश्ते में क्या है?''

''समोसा।''

''ठीक है, चार-पाँच ले आ...और सुन, मेरे लिए एक खाली गिलास भी लाना।''

दुष्यंत ने देखा उस बॉसनुमा लड़के ने गिलास में, पैंट की जेब में पीछे फँसी बोतल में से शराब उड़ेली थी।

''क्यों, लेगा क्या?''

न कहने के उद्देश्य से दुष्यंत ने सिर हिलाया था।

''कोई नहीं बच्चुआ, सब सीख जाएगा।'' और उसने एक झटके में गिलास खाली किया था। ''अरे, राजपूत लोग तो ऐश करने के लिए होते हैं। क्यों रे, प्रफुल्लवा? राज हो या राजनीति।...सत्ता तो आज भी आपके कब्जे में है ठाकुर साहब। राजपूत आदमी डर कैसे सकता है?...देख, महीनाभर भी नहीं हुआ और छोरा गर्मी खा गया। तभी तो बोलूँ मैं,...मैंने तेरे से ठीक ही कहा था। इसको साथ रखना।'' राजबीर नशे में वही-वही बोले जा रहा था। उसका दिमाग शातिर राजनीति खेलने

लग पड़ा था। उधर, दुष्यंत समझ नहीं पा रहा था...उसके घर से तो कोई सत्ता में नहीं है...दूर-दूर तक भी कोई दिखाई नहीं देता...राज्य के बड़े नेताओं को उसने एक झटके में याद करने की कोशिश की थी...मुख्यमंत्री भी आदिवासी है...फिर ये क्या बोल रहा है? वह उसकी बातों में उलझ रहा था। मगर शब्दों में अपनापन और स्वयं की बड़ाई सुनकर दिमाग़ में खून दौड़ने लगा था। यहाँ उसे थोड़ी इज्जत क्या मिली, वह भरा हुआ महसूस कर रहा था। प्यार से बोले गए शब्द उसे अच्छे लगे थे।

8

"ये दुष्यंत को क्या होता जा रहा है?" दीवान देर शाम राजेश से पूछ रहा था। "...अपने हरित प्रदेश का होकर दूसरे ग्रुप से मिलता है, मैस में गुंडागर्दी करता है...।"

"क्या मतलब... ?" राजेश कॉलेज की राजनीति से अनजान था।

"गंगा-जमुना ग्रुप वाले, ये यूपी-बिहार के लड़के गुंडे हैं...।"

"कौन? ये दो नंबर वाले...मगर मैंने तो इन लोगों को रैगिंग करते या मारते-पीटते कभी देखा नहीं...!"

"तुझे क्या मालूम, ये पहले कितनी गुंडागर्दी करते थे, आजकल पॉवर में नहीं हैं तो चुप हैं...और ये जो रैगिंग है न, ये तो लड़कों की आदत ठीक करने के लिए है...वैसे तुमको तो कुछ नहीं किया किसी ने... ?"

"तो दुष्यंत ने क्या किया है? उसे तो बेवजह मारते हैं।"

"बेवजह नहीं, अपना होकर दूसरों से मिलेगा तो क्या करेंगे...और फिर कितना अकड़ता है...आज देखना उसकी क्या गत बनाएँगे...हो सके तो तू उसको समझा...।"

"अकड़ता है!!! ये क्या बात हुई...।" राजेश को ठीक नहीं लगा और उसने चिंतित होकर देर शाम मुझे बताया था।

उस वक्त दुष्यंत कमरे में अकेला था। पहले मैंने और राजेश ने उसे समझाने की कोशिश की थी। मगर सुनकर वह और अधिक क्रोधित हुआ था और फिर आज तो उसने दरवाजा बाहर से बंद तक करने के लिए मना कर दिया था। गुस्से में उसने खाना भी नहीं खाया था। मैं मैस से वापस लौटा तो रात के सिर्फ दस बजे थे...उसके कमरे की तीन में से एक लाइट जल रही थी। दरवाजा हल्का-सा खुला हुआ था सो अंदर की रोशनी बाहर कॉरिडोर में भी आ रही थी। कमरे में अंदर घुसते के साथ सामने वाली दीवार से लगा बिस्तर उसका था और वह उसी पर बैठा था। दरवाजे

के ठीक सामने। देखकर लग रहा था कि आज वह चाहता है कि कोई आए और उसे देखे। उसका चेहरा गुस्से में तप रहा था।...हम तो मैस वाले सुबह के हादसे से पहले ही चिंतित थे। ऊपर से दीवान की बात सुनकर परेशान हो उठे थे। जब दुष्यंत नहीं माना तो राजेश तो इतना डर गया था कि डिनर से ठीक पहले ही हॉस्टल छोड़कर किसी जान-पहचान वाले के पास चला गया। मैंने देखा दुष्यंत का पारा चढ़ रहा था। कुछ भी कहो बड़बड़ाने लगता.. 'मैं क्या उनकी जागीर हूँ...जैसा वो चाहेंगे वैसा मैं क्यूँ करूँगा...आने दो हरामजादों को, आज छोड़ूँगा नहीं...रैगिंग के नाम पर, साले अपनी कमजोरी छिपाते हैं, काम्प्लेक्सड हैं...।'

मैंने एक बार फिर समझाने की कोशिश की थी। मगर फिर जब वह नहीं माना तो मैं भी पता नहीं कैसे और क्यूँ चुपचाप उसके कमरे में साथ ही बैठ गया था। कमरे में दरवाजे वाली दीवार में एक तरफ एक और दूसरी तरफ दो अलमारी बनी थीं। बायीं ओर की अलमारी बायीं दीवार से सटकर रखे गए बिस्तर वाले की थी। ये अरुण का बिस्तर था। दरवाजे के दायीं ओर दो अलमारी, दीवार के अंदर, बनायी गई थीं। बीच वाली दुष्यंत की थी। उसके बिस्तर के ठीक सामने। सबसे आखिरी वाली उमेश की और उसी दायीं दीवार से लगा उसका बिस्तर। सभी बिस्तर के बगल में दीवार के साथ एक टेबल और कुर्सी। बीच में थोड़ी जगह छूट जाती थी। दुष्यंत की अलमारी थोड़ी खुली रह गयी थी। मैं उमेश के बिस्तर पर था। बीच की अलमारी के खुले होने से घुसने वाले को मैं तुरंत दिखाई नहीं दे सकता था। सब कुछ जानते और समझते भी, न जाने कहाँ से मुझमें भी हिम्मत आ गयी थी।...शायद दुष्यंत की दबंगता और युवा आक्रोश से अंदर ही अंदर प्रभावित होने लगा था...हो सकता है, मेरे मन में भी मर्दानगी का जुनून चढ़ रहा हो...उम्र की जवानी जोर मार रही थी।

एक घंटा बीत चुका था। रात ग्यारह बजने को आए थे। हॉस्टल में शांति थी। कोई आवाज़ नहीं। ये थोड़ा अटपटा लग रहा था। ये मेरे चौकन्ने और शंकाग्रस्त मन का भ्रम भी हो सकता है। मैंने कुछ बात करने की कोशिश की थी मगर वह चुप ही रहा। दोनों हाथ पैरों के ऊपर, दोनों मुट्ठियाँ कसी हुईं, वह ज़मीन को घूर रहा था।...कॉरिडोर में किसी के कदमों की आहट आयी थी। यह कई पैरों के चलने की थी। सुनकर धड़कनें तेज़ हुई थीं और तभी चार सीनियर दरवाजे पर जोर से लात मारकर अंदर घुसे थे। दुष्यंत बिस्तर पर फिर भी बैठा रहा था, धीरे से उसने नज़रे उठाईं तो मैंने देखा उसकी आँखें लाल हो रही थीं। मैं थोड़ा अचकचाकर खड़ा हो गया था। सभी सीनियर के चेहरे आज रूमाल से ढके हुए थे। एक ने आगे बढ़कर कमर पर हाथ रखा और क्रोध में दाँत पीसते हुए गुर्राया था, "क्यों बे साले, आते के साथ ही गर्मी चढ़ गई। क्यूँ, खड़ा भी नहीं होगा... ?" उसने तमाचा मारने के लिए

जैसे ही हाथ घुमाया तो दुष्यंत ने उसका हाथ पकड़ लिया था, मज़बूती से।

"अच्छा...! साला गुंडागर्दी करेगा...मैस वाले को हड़कायेगा...आते के साथ पॉलिटिक्स शुरू कर दी...बिहारी लोग से मिलकर दादागिरी करेगा... ? अभी बताता हूँ तेरे को साले...बहन चोऽऽऽ।" और उसी सीनियर ने दूसरा हाथ उसकी गर्दन की ओर बढ़ाया ही था कि दुष्यंत ने दूसरे हाथ से उसको भी पकड़कर, तेज़ी से पहले खड़ा हुआ और फिर उसके दोनों हाथ झटके से छोड़कर, एक हाथ से उसकी गर्दन पकड़ ली थी। अगले ही सेकेंड फिर जोर से पीछे धक्का भी दिया था।...यह सब के लिए अप्रत्याशित था। पल भर में बगल में खड़े दूसरे सीनियर ने हाथ उठाया तो उसने लात से उस पर प्रहार किया था। यह देखकर तो फिर चारों उस पर टूट पड़े थे। दुष्यंत पागल हो चुका था और बीच में घुसकर सबसे अकेला ही भिड़ गया। यह सब कुछ सेकेंड में ही, इतना तेज़ हुआ था कि एक पल तो मैं समझ नहीं पाया। लेकिन फिर अगले ही पल मैंने अपनी तरफ सामने खड़े सीनियर को पीछे से पकड़ लिया था और फिर खींचकर किनारे धक्का दिया और जोर से घूँसा लगाया तो सीधे उसकी छाती पर लगा था। वह पीछे गिरा तो मैं दूसरे की ओर बढ़ा था तभी पहले वाला मुझे पीछे से खींचने लगा था...बगल से दो घूँसे भी मारे थे...इसी बीच, शायद आवाज़ सुनकर, विष्णुदत्त शर्मा ने कमरे में प्रवेश किया था। उसके साथ लल्लन सिंह भी था, देवधर उर्फ डीडी, नया नामकरण हो चुका था, गेट पर खड़ा दिखाई दे रहा था।

"अरे साला, ई का? दो के सामने इतनी पार्टी।...हमार बिहारी बाबू को अकेले मत समझिये।...हम आ गए हैं, देखिए, अब इनका बैंड बजाते हैं। लल्लन मार साले को, डीडी तनिक देखना ये लोग भागने न पाएँ।" और दोनों ने मिलकर एक को पकड़ा और जो दो-चार लगाये तो वह धक्का देकर बाहर निकला था...दुष्यंत ने उसी सीनियर की अच्छी धुनाई करनी शुरू कर दी थी, लात-घूँसा-हाथ-कोहनी-सिर सब चल रहे थे...हाथ से बात निकलती देख बाकी बचे सीनियर भी किसी तरह भागने में सफल हुए थे। दुष्यंत के सिर और हाथ में चोट आई थी, खून निकल रहा था। मेरे भी अँगूठे से खून निकल आया था। मैंने तुरंत कसकर रूमाल बाँध लिया और दुष्यंत को भी ऐसा करने के लिए कहने लगा। दो मिनट के लिए सभी शांत हुए और बैठ गए थे। डीडी गेट पर ही खड़ा बाहर नज़र रखे हुए था। दुष्यंत की साँसें अभी भी तेज़ थीं। विष्णुदत्त ने पहले कुछ सोचा और फिर तुरंत खड़े होकर कहने लगा, "अब चल, यहाँ से निकल ले। यहाँ रुकना ठीक नहीं।" उसने हाथ पकड़कर दुष्यंत को कमरे से बाहर खींचा था। बरामदे में सन्नाटा था। दुष्यंत अब भी गुस्से में फनफना रहा था। लल्लन दरवाजा बंद कर रहा था। विष्णुदत्त बाहर हमें ले जाने लगा तो मैंने उसे रोका था।

''बंगाली बाबू, ई कलकत्ता नहीं है। न ही लखनऊ है। अपने गाँव से हज़ार किलोमीटर दूर हैं। अब ई भड़ुवा लोग कोई आरती उतारने तो गए नहीं हैं। देखना, पलट कर आएँगे। होशियारी इसी में हैं कि इस वक्त निकल लें।''

''तेरे को जाना है तो जा, मैं यहीं देखता हूँ सालों को।'' दुष्यंत गुस्से में पागल हो रहा था।

''कितने को देखेगा? अब की बार 25-30 आएँगे। अकेले किस-किस से लड़ेगा? हाथ के साथ दिमाग़ भी चलाया कर...दादा समझा इसको।...सुबह मैस वाली बात सुनी तभी से मेरे को शक था...अभी अगर ये अकेला होता तो साला चोखा बन गया होता... ।'' और उसने मेरी ओर देखकर कहा था। मुझे बात ठीक लगी थी। मैंने ही दुष्यंत को समझाया था, ''अब हम दिमाग़ से लड़ेंगे।'' और फिर मैं विष्णुदत्त से पूछ बैठा, ''...मगर जाएँगे कहाँ?''

''वो तुम मुझ पर छोड़ दो... ।'' विष्णुदत्त की आवाज़ में आत्मविश्वास था। हम सब नीचे उतरे तो पोर्च में चौकीदार खड़ा था।

''क्यूँ बे साले...क्या देखा? कुछ नहीं...ठीक है... ।'' ये विष्णुदत्त था। उसने मैस वाला रास्ता लिया था। मैस ब्वॉयज़ डाइनिंग हॉल की धुलाई-सफाई कर रहे थे। हमें ऐसी हालत में देखकर सकुचाए और फिर खुद पीछे जाने का रास्ता खोल दिया था। पीछे के बागीचे में पहुँचकर हमने उस रोड को पार किया जो कॉलेज जाने का शॉटकट रास्ता था, और फिर झाड़ियों के अंदर घुस गए थे। उबड़-खाबड़ रास्ता, चारों तरफ हमारी ऊँचाइयों से ऊँची झाड़ियाँ, और गहरा पसरा अँधेरा। हाँ, चाँद की चाँदनी ने थोड़ी रोशनी ज़रूर बिखेर रखी थी...बाकी सब सरसराहट सरसराहट...कुछ तो झाड़ियों की हवा के साथ हिलने से और कुछ हमारे शरीर से टकराने से...मगर ये आवाज़ भयावह थी। विष्णुदत्त आगे-आगे दुष्यंत पीछे-पीछे और मैं, लल्लन-डीडी आराम से धीरे-धीरे थोड़ा पीछे थे। अब तक तो मुझे कुछ पता नहीं चला था, एकाएक घबराहट-सी हुई थी, मगर फिर भागता चला गया, तेज़, और तेज़ और...साँसे तेज़ थीं... ।

द्वितीय खंड

9

मैं झाड़ियों के बीच में से भागा चला जा रहा था, तभी किसी ने मुझे झकझोरने की कोशिश की थी। मैं तो और तेज़ भागने की कोशिश में लगा था। एक बार फिर किसी ने हिलाया तो मैं हड़बड़ाकर जागा था। चौंककर देखा तो काव्याश्री थी...।

"पापा! क्या हुआ? आपकी साँसे इतनी तेज़ क्यों चल रही हैं? आप कुछ बड़बड़ा भी रहे थे...बहुत गहरी नींद में थे...लगता है कोई सपना देखा?"

"हाँ हाँ...नहीं नहीं...बस ऐ...से ही।" और फिर मैं अपने आप को सँभालने लगा था। चेहरे पर रूमाल पोंछा तो पसीना था।

"अब आप उठ जाइए। हम आपके दोस्तों से मिलने जा रहे हैं, और आप सो रहे हैं...वैसे शाम की पार्टी में आपके कितने दोस्त होंगे? कोई क्लोज़ फ्रेंड भी आ रहा है...?" काव्याश्री ने मेरी ओर देख कर पूछा था।

"कुछ भी मालूम नहीं बेटा। बस, इतना पता है कि विनय अंकल सब कुछ कर रहे हैं...।"

"विनय अंकल...! ये भी क्या आपके खास दोस्त थे...?"

"अ...खास क्या होता है...हाँ, दोस्त तो थे ही...।"

"तो फिर इतनी लंबी-चौड़ी पार्टी...?"

"लंबी-चौड़ी जैसी तो कोई बात नहीं, पुराने दोस्त सब एक जगह इकट्ठा होंगे, बस इसी बहाने...कई तो बीस-बाइस साल बाद मिल रहे होंगे...।"

"हाँ हाँ...आप तो कॉलेज में वैसे भी सबसे पॉपुलर थे। नेता जी!! क्यों?" उसकी आँखों में व्यंग्यात्मक शरारत और चेहरे पर मुस्कान उभरी थी।

"नहीं, नहीं, मैंने ऐसा तो कभी नहीं कहा। हाँ, कुछ खास लड़कों का खास दोस्त ज़रूर रहा हूँ। और फिर मेरी किसी से कभी दुश्मनी नहीं हुई।"

"यू मीन कैरेक्टर रोल...सपोर्टिंग हीरो! क्यों माँ?" काव्याश्री ने पहले मेरी ओर देखा फिर दूसरी ओर बैठी अपनी माँ को देखते हुए एक बार फिर मुझे छेड़ा था।

"बेटा, ज़्यादा नहीं छेड़ते, नहीं तो अभी संटी हो जाएँगे...दोस्तों के मामले में

ये थोड़ा पसेसिव हैं...।'' किनारे बैठी कविता बीच में बैठी बेटी की बात पर पहले मुस्कुराई फिर आगे झुककर मेरी ओर देखकर बोली थी।

''अच्छा छोड़ो माँ, हम लोग भी पापा के साथ विराटनगर चलेंगे...मेरी बहुत इच्छा है कि मैं विराटनगर इंस्टिच्यूट ऑफ टेक्नोलॉजी, वीएनआईटी और उसके हॉस्टल को देखूँ, खास दोस्तों से मिलूँ...इतना सुना है कि मैं बता नहीं सकती...।''

''ठीक है, तुम्हारे पापा ने प्रॉमिस कर तो रखा है।''

मैंने दोनों की ओर प्यार से देखा था। तभी उद्‍घोषणा हुई थी, '...कुर्सी की पेटी के बाँधने के संकेत हो चुके हैं...कृपया अपनी जगह पर बैठे रहें। हमारा विमान अब कुछ ही देर में दिल्ली के इंदिरा गांधी अंतर्राष्ट्रीय हवाई अड्डे पर उतरने वाला है...बाहर का तापमान...।'

''प्रणव, पार्टी शाम कितने बजे है?'' कविता ने सेफ्टी बेल्ट बाँधते हुए मुझसे प्रश्न किया था।

''सात बजे।''

''तो क्या इस बीच हम कनाट प्लेस जा सकते हैं? कितना दूर होगा गेस्ट हाउस से...?''

''पन्द्रह मिनट का रास्ता तो होना चाहिए...बाकी ट्रैफिक पर है।''

''चलो अभी तो सिर्फ दो ही बजे हैं। खाना खा ही चुके हैं। सामान रखकर सीधे मार्केट चलते हैं। बाबूजी के लिए कुछ लेना है। काव्याश्री कनाट प्लेस भी देख लेगी। मुझे इम्पोरियम से अपने और अम्मा जी के लिए साड़ियाँ भी लेनी हैं, सामने हनुमान मंदिर भी हो लेंगे। मिठाई तो फिर कल ले लेंगे।''

''ठीक है।''

हवाई जहाज ने जैसे ही लैंडिंग शुरू की काव्याश्री की निगाहें मेरी ओर से खिसककर खिड़की से बाहर की ओर ही बनी रहीं। रन-वे से टर्मिनल तक प्लेन की टैक्सिंग और हवाई जहाज से निकलकर लगेज़ वापस लेने तक भी वह एयरपोर्ट को अंदर से, चारों ओर मुड़-मुड़कर देख रही थी। कौतूहलता का होना स्वाभाविक था। होश सँभालने के बाद दिल्ली वह पहली बार आ रही थी। और फिर सब कुछ ठीक रहा और उसे पसंद आया तो कुछ साल यहाँ रहना भी पड़ सकता है।

हवाई जहाज से बाहर निकलते ही मैंने मोबाइल ऑन किया तो कई एसएमएस थे। विनय के मैसेज में गाड़ी नंबर और ड्राइवर का मोबाइल नंबर था। एयरपोर्ट से बाहर निकलते ही ड्राइवर मेरे नाम की पट्टी लेकर खड़ा था। ढूँढ़ने में आसानी हुई थी। काली एम्बेसडर, काले शीशे। अशोक, रजत, आरपी, पी.के., महावीर, सुरेश ने वेलकम का मैसेज भेजा था। अशोक शर्मा देहरादून से आ रहा था। उसको जल्दी

मिलने की उत्सुकता थी तभी तो दिल्ली उतरने के साथ फोन करने के लिए लिखा था।...शायद गेस्ट हाउस में दिन में आकर ही मिल ले।...सोच रहा था कि गेस्ट हाउस पहुँचकर फोन करूँगा।

काव्याश्री पीछे की सीट में बैठी तो साथ कविता थी। मुझे आगे ड्राइवर के साथ बैठना उचित लगा था। तीनों खिड़की के बगल में बैठकर आराम से दिल्ली देख सकते थे। दिल्ली एयरपोर्ट अभी बन रहा था। अस्त-व्यस्तता थी। बाहर भी ट्रैफिक था। मुख्य मार्ग पर पहुँच कर ही गाड़ी कुछ स्पीड पकड़ पाई थी और दिल्ली का विकसित क्षेत्र रोड के दोनों ओर तैरने लगा था।

''दिल्ली ने काफी प्रगति की है। यह तो काफी साफ-सुथरा और प्लान्ड लग रहा है। मुंबई के आसपास तो बहुत झुग्गी-झोपड़ी थीं।'' काव्याश्री ने बाहर देखते हुए कहा था।

''चिंता न करो, यहाँ भी दिख जाएगी। हो सकता है यहाँ एयरपोर्ट के आसपास इसे हटा दिया गया हो...या फिर पीछे कर दिया हो...और मुंबई में हटा नहीं पाए होंगे।'' मैंने धीरे से जवाब में कहा था।

''हिन्दुस्तान में इतनी असमानता क्यूँ है? इतनी अमीरी और इतनी ग़रीबी...एक साथ...!!'' काव्याश्री की आँखें अब भी बाहर ही थीं।

''चलो, अब तुम यहाँ रहकर समाजशास्त्र को पढ़कर समझना, यहाँ की भाषा से जानना और फिर हमें भी समझाना...।'' कविता ने बेटी को उत्साहित किया था।

''और फिर इस असमानता को बढ़ाने में मदद करना...!!'' पता नहीं, मैं क्यूँ और कैसे बोल गया?

''पापा! आप ऐसे नहीं बोल सकते...।'' काव्याश्री एकाएक बहस के मूड में आ चुकी थी।

''क्यूँ!! तुम यहाँ की भाषा में यहाँ के समाज पर शोध करोगी और यहाँ की कमजोरियों को उजागर करोगी...।''

''तो, ये तो अच्छी बात है न...।'' उसका चेहरा सपाट हो रहा था।

''हाँ हाँ क्यूँ नहीं, यहाँ की ग़रीबी को विश्लेषित कर तुम दुनिया को दिखाना और नाम कमाना...फिर उसी ज्ञान को कई मल्टीनेशनल कंपनी यहाँ सामान बेचने में उपयोग करेंगी...ये पश्चिम वाले बड़े चालाक हैं...।'' मैं उसे उकसा रहा था।

''तो ठीक तो है बाज़ार की प्रक्रिया से सभी का विकास होगा...।''

''सामान के खरीदने-बेचने से विकास नहीं होता...उपभोग के बढ़ने से पूँजीपतियों को लाभ मिलता है...यहाँ के अमीर-गरीब इसी बाज़ार की देन हैं...।''

''तो आपके कम्युनिस्टों ने कौन-सा स्वर्ग दिखा दिया। आप ही तो बताते हो

कि यूनियन वालों ने, सारी इंडस्ट्री बर्बाद कर दी थी, और फिर खुद राजा बन बैठे थे...मगर बैठकर कब तक खा पाते...अब वही नेता कारखाने लगाने के लिए दुनिया में मारे-मारे फिर रहे हैं... ।''

''अच्छा अब तुम दोनों बाप-बेटी राजनीति का शास्त्रार्थ इसी गाड़ी में मत शुरू कर देना। प्रणव, पता है न...काव्याश्री का मूड उखड़ गया तो फिर रात की पार्टी में मनाते रहना... ।'' कविता ने टोका था।

''अरे नहीं, मेरी बेटी समझदार है। मुझे उसके साथ बात करने में मजा आता है...असल में बेटा, ये जो भीड़ है न, बुद्धिहीन, दिशाहीन, इसका कोई चरित्र नहीं है...ये सबसे बड़ी समस्या है...विडंबना है...मुसीबत है, यहाँ के लिए ही नहीं, पूरी दुनिया के लिए...और हमारे राजनेताओं की चालाकी देखो, उन्होंने इसे भी शक्ति नाम दे दिया...अब वे भविष्य की विश्वशक्ति बनने का ख्वाब इस भीड़ को दिखा रहे हैं... ।'' गाड़ी ने हॉर्न बजाया था। कुछ लोग सड़क पार कर रहे थे। बगल में एक ठेले वाला भी बढ़ने की कोशिश में था। पीछे कई स्कूटर थे। रास्ते में ऑटो की रेलम-पेल थी। यह दिल्ली की मुख्य सड़क थी। जैसे-जैसे हम आगे बढ़ते गए चारों ओर गाड़ियों, बसों और आदमियों की भीड़ ही भीड़ दिखाई दी थी।

10

गेस्ट हाउस पहुँचकर सबसे पहले काव्याश्री मुँह-हाथ धोने गई थी, कविता कपड़े निकाल रही थी। मैंने कुर्सी पर बैठकर अभी पैर सीधे किए ही थे कि दरवाजे पर घंटी बजी थी। उठकर दरवाजा खोला तो सामने एक स्मार्ट-सा आदमी पीछे एक मोटी औरत और दो बड़े बच्चे थे।

''अशोक शर्मा!!'' मेरे मुँह से अनायास ही निकल पड़ा था। कुछ खास नहीं बदला था। हाँ, बाल थोड़े छोटे रखने लगा था। कपड़े फिटफाट और आँखों में वही चमक व चेहरे पर मस्ती।

''और क्या... ।'' और वे सब अंदर आ चुके थे।

''...बदला तो तू भी खास नहीं...बस थोड़े गाल लाल हो गए हैं... ।'' उसने मुझे गौर से देखा और गले से लिपट गया। अगले ही पल अलग होकर एक बार फिर ध्यान से देखने लगा तो मैं मुस्कुरा दिया था।

''अच्छा, इनसे मिलो...कविता, मेरी पत्नी।''

''नमस्कार भाभी जी...और ये मेरी धर्मपत्नी सुलेखा और ये बेटा मनुज और बेटी मानसी... ।''सभी ने एक-दूसरे को बारी-बारी से प्रणाम किया और कुर्सियों

को व्यवस्थित कर बैठ गए थे। मेरी निगाह एक-दो बार सुलेखा भाभी की ओर गयी फिर कविता की ओर। वह भी वहीं देख रही थी।

"और कैसा है तू...।" मैंने ही पूछ लिया था।

"बिलकुल फिट हूँ...और तू सुना...।"

"सब ठीक है...?"

"विनय नहीं आया?" उसने यूँ ही पूछा था।

"नहीं, वो शाम जल्दी आएगा, अभी उसकी कोई ज़रूरी मीटिंग है...।"

"यार उसने हिम्मत की, वरना इतनी बड़ी पार्टी दिल्ली में करना...ये आर्मी वालों का इंतजाम बढ़िया होता है...। और सुनाओ...।"

तभी काव्याश्री कमरे में आई तो उसने मेहमानों को देखते ही सभी को नमस्कार किया था।

"तो ये है हमारी बिटिया, जिसके हिन्दुस्तान में एडमिशन की बात हो रही है। प्रणव मुझे तो यकीन नहीं होता।"

...विदेश से, वो भी अमेरिका से, बिटिया का दाखिला करवाने आ रहा हूँ, हिन्दुस्तान के कॉलेज में, सुनकर सभी को अटपटा लगा था। इसलिए याहू ग्रुप पर मित्रों के बीच खूब चर्चा भी हुई थी। हरेक का अपना-अपना दृष्टिकोण अपने-अपने तर्क। मगर मैं चुप ही रहा था। दोस्तों को यकीन न था कि प्रणव ऐसा फैसला कर सकता है। उसी बात को अशोक को विस्तार में बताना ज़रूरी नहीं लगा।

काव्याश्री अशोक की बात सुनकर सिर्फ मुस्कुराई थी।

"अच्छा बच्चो, आप लोग कुछ लोगे...।" कविता ने बच्चों की ओर इशारा करके बड़े प्यार से पूछा था।

"नहीं-नहीं, हम खा-पीकर आए हैं।" जवाब सुलेखा ने दिया था।

"कोई बात नहीं...बच्चे हैं...काव्याश्री, ऐसा करो इनको चॉकलेट निकाल कर दो...।"

महिलाओं-बच्चों के बीच वार्तालाप शुरू होते ही मैंने अशोक से फिर पूछा था, "रात पार्टी में कौन-कौन आ रहा है?" जानने की उत्सुकता थी।

"राहुल, महावीर, सुरेश और हाँ, अतुल का तो पक्का है, शायद महेंद्र भी आ रहा है...विनय तो होगा ही, रजत भी विद फैमिली आ रहा है। हाँ, सेरिल भी आ सकती है...सोलह-सत्रह दोस्त...फैमिली मिलाकर टोटल पचास हो जाना चाहिए।"

यह सुनकर अच्छा लगा था कि दिल्ली के आसपास चंडीगढ़, नोएडा, गाजियाबाद और हरिद्वार से भी कुछ दोस्त पार्टी में आ रहे थे। इन बीस-बाईस वर्षों में अधिकांश अपने-अपने क्षेत्र के उच्चवर्ग में प्रवेश करने लगे थे। इसीलिए तकरीबन सभी

अपनी-अपनी राज्यों की राजधानियाँ या प्रमुख शहरों में पदस्थ थे। दिल्ली में अच्छी खासी संख्या थी। कुछ व्यापार में थे...यहाँ तो फिर कोई सीमा ही नहीं होती। कुछ एक जो सरकारी नौकरियों के ग़लत विभाग में थे, वे ही अब तक धक्के खा रहे थे। खासकर राज्य सरकार के सिविल विभाग वाले। हाँ, किस्मत के मारों की भी कमी नहीं, वो भी हैं कुछ एक...। कई दोस्तों की जानकारी अशोक से मिली थी और मैं उन्हीं सबके बारे में सोचता हुआ दिनभर बाज़ार में घूमता रहा था। अशोक भी परिवार सहित किसी रिश्तेदार के घर चला गया था। शाम वापस आने में देर हो गई तो हम तीनों जल्दी-जल्दी तैयार होकर कार्यक्रम में जाने के लिए भागे थे।

"प्रणव...।" अभी मैंने हॉल में प्रवेश किया ही था कि एक अधेड़ उम्र का आदमी उछलकर लिपट गया था।

"राहुल...!!" थोड़ा वक्त लगा था पहचानने में।

"यस...प्रणव दा, तुम तो बिलकुल भी नहीं बदले।"

"बदलना भी नहीं चाहिए...और आरपी उर्फ राहुल पांडे...।" मैंने उसे फिर गौर से देखा था।

"नहीं-नहीं, यहाँ तो बहुत कुछ बदल गया है...देख हमारी कमर कमरा बन चुकी है। सिर पर खेती गायब है। हाँ, हमारा रजत बिलकुल नहीं बदला...वैसा ही है...क्यूँ रजत... ?"

रजत ने आगे बढ़कर हाथ मिलाया था, "ये तो ऐसे ही बोलता रहता है।"

सच, रजत के चेहरे पर वही मासूमियत थी। बिलकुल साधारण, बड़े अफसर वाली कोई बात नहीं...हाँ, कुछ बाल ज़रूर सफेद हुए थे। वो भी दो-चार ही होंगे, कलम के पास। बस।

"इनसे मिलो, ये है प्रणव और ये है रजत...और ये मेरी धर्मपत्नी सविता...डॉक्टर सविता...।" राहुल अपने साथ खड़ी एक महिला, जिसने सलीके से साड़ी लपेट रखी थी, से पहचान करवा रहा था। कविता-काव्याश्री मेरे साथ ही थे, सभी आपस में मिल रहे थे। एक-दूसरे को हाथ जोड़कर अभिवादन किया जा रहा था। तभी अशोक भी परिवार सहित पहुँच गया था।...श्रीमती अशोक को देखकर एक बार फिर विचार उभरा था। कॉलेज के ज़माने में हर लड़की की सुंदरता पर नाम रखने वाला अशोक, देखने में बेहद स्मार्ट, उसकी बीवी ऐसी कैसे हो सकती है... ?...चलो...फिर भी खुश है...तभी तो बीवी को सभी से मिला रहा है।

"हम से नहीं मिलवाएगा भौजाई को ?" पीछे से आवाज़ आई थी।

"तुम ? पीके... !!" मैंने देखने के साथ अंदाज़ लगाया था।

"हाँ...बहन चोऽऽऽ।" गले मिलते हुए वह कान में बुदबुदाया था।

"सच यार, तेरा गाली वाला अंदाज़ नहीं बदला।"

"अबे, इंजीनियर कभी गाली देना नहीं छोड़ सकता। ये तो उसकी पहचान है। मेरा लौंडा इंजीनियरिंग में जाते ही शुरू हो गया।"

"अच्छा... ! और क्या शुरू कर दिया उसने... ?" मैंने छेड़ा था।

"साला लड़कियों के सामने शरीफ बन जाता है, गाली निकलती ही नहीं। एक बात और, कॉलेज में पहुँचने के साथ ही पढ़ना-लिखना भूल गया।"

"देख ले, 'प्रमोद', मैं तेरा नाम भी नहीं भूला।" मैंने छेड़ा था।

"चिंता मत कर, मुझे भी हॉस्टल की बातें याद हैं, भाभी को बताने के लिए... ।"

"क्यूँ नहीं...वैसे एक बात बता कि तू अपनी कितनी उधारी छोड़ आया था पप्पू कैंटीन वाले की ?"

"अबे क्यूँ मज़ाक कर रहा है, उसकी तो नहीं, हाँ टिंकू चाय वाले की एक सौ बीस की उधारी थी...वैसे क्यूँ, तेरे से माँग रहा था क्या... ? किसी को बताना मत यार, इज्जत का फलूदा निकल जाएगा।" उसने आँख मारी तो सब हँस दिए थे।

"मज़ा आ गया यार... ।" अशोक ने ताली मारी थी।

"ये सब का क्रेडिट विनय भाई को जाता है।" पीके हाजिर-जवाब था।

"बिलकुल... ।" और साथ खड़े विनय को मैंने गले लगाया था। कुछ देर तक हम यूँ ही खड़े रहे थे। अपनों से मिलकर समय ठहर-सा जाता है। बगल में शायद महावीर गुप्ता था...हाँ, वही होना चाहिए... ।

"महावीर...अब तबीयत कैसी है ?" गले मिलते हुए मैंने पूछा था।

"बढ़िया है, एकदम फिट हूँ।"

"महावीर भाई ने ज़िंदगीभर दारू-सिगरेट नहीं पी, मगर कैंसर के कीड़े पैर में गाँठ बनकर, पता नहीं, कैसे पैदा हो गए ? यहाँ विनय, अशोक, आरपी, साले पिछले पच्चीस साल से पी रहे हैं मगर कुछ नहीं होता।" पीके का बोलना चालू था।

"कीड़े, दारू से पेट में ही मर जाते हैं।" किसी ने पीके को जवाब देते हुए मुझे गले लगाया था।...थोड़ी देर मैंने कोशिश की, लेकिन पहचानने में मुश्किल हो रही थी।...कुछ देर में, उसी ने मुस्कुराते हुए धीरे से कहा था...'सुरेश'। सुनकर मैंने पहचान जाने का नाटक ज़रूर किया मगर याद अभी भी नहीं आ रहा था।

"और चिकने, तूने भी तो शुरू कर दी मारवाड़ी होते हुए भी... ।" पीके कमर पर हाथ रखकर सुरेश से बोल रहा था।

"ओए लाल चड्डी, भूल गया कि बताऊँ भाभीजी के सामने...कैसे बाथरूम से

लाल निक्कर पहनकर बाहर आता था, काला भूत बनकर।''...सुरेश की बात सुनकर पीके भी हँस दिया था। और फिर उसने सुरेश को गले लगा लिया था।

''इसमें कोई शक नहीं यार, याहू ग्रुप पर अपने बैच का ग्रुप बन जाने से एक बार फिर हम सब आपस में जुड़ गए हैं। वर्ना बीस साल तक तो पता ही नहीं चला था। कौन कहाँ, क्या कर रहा है? वैसे कितने लोग रजिस्टर्ड हो गए?'' सुरेश सबकी ओर सवाल फेंक चुका था।

''करीब एक सौ बीस, मगर एक्टिव पचास ही हैं।...उसमें भी सुपर एक्टिव तो सात-आठ ही हैं...'' महावीर ने विवरण देना शुरू किया तो धीरे-धीरे लोग इधर-उधर फैलने लगे थे।

''समीर कहाँ है?'' अशोक की उत्सुकता झलक रही थी।

''वो टेक्सास में है।'' बोलते-बोलते मेरी निगाह चारों ओर घूम रही थी।

''सुना है, बड़ा आदमी हो गया है, कई कंपनी और होटल का मालिक है?''

''हाँ...।''

''...और रवि?'' अशोक शर्मा कॉलेज से ही जिज्ञासु और ख़बरी है।

''वो एक्स मल्टीनेशनल में नंबर दो हो गया है।...बिग बॉस जेट पर चलता है...बहुत बड़ा आदमी है ये भी।'' पूछने से पहले ही मैंने बता दिया था।

''और अपने उमेश पंडित जी?''

''वो हार्वर्ड में प्रोफेसरी कर रहे हैं, अच्छी रेपुटेशन है, कई प्रोजेक्ट में लीडिंग साइंटिस्ट हैं।'' मैं इस वक्त आगे के सवालों से बचना चाहता था।

''ये लोग बड़े हैं तो क्या हुआ, ग्रुप में आकर ईमेल तो करना चाहिए।'' पीके शायद ठीक था। तभी तो सुरेश ने समर्थन में 'और क्या' कहा तो अशोक ने भी सिर हिलाया था। महावीर चुप ही रहा। ''डीडी भी तो अमेरिका में है...'' पीके को अचानक याद आई थी।

''है मतलब...वहाँ का ग्रीन कार्ड होल्डर है भाई...जुगाड़ु है साला...उसको देखकर समझ में आता है कि वहाँ कोई भी जा सकता है...'' अशोक ने पता नहीं क्यूँ कहा था?

''उसकी छोड़ यार, वो तो शुरू से डबल डुप्लीकेट है...लेकिन उससे भी बड़े-बड़े ढक्कन बाहर गए हुए हैं। किसका-किसका नाम बताऊँ...इनमें से प्रणव दा टाइप के दो-चार का नाम हटा दो तो बाकी ने याहू ग्रुप पर भी फिरंगी ग्रुप अलग से बना रखा है...।'' ये आरपी था।

''और रजत, अपना मिलिंद कहाँ है?'' मैंने जान-बूझकर बात बदली थी।

''वहीं विराटनगर में आईजी बन गया है। आईजी इंटेलिजेंस...।''

"अच्छा...! और श्रवण उपाध्याय?" मुझे सिविल सर्विस वाला ग्रुप याद आ रहा था। पुरानी यादों को टटोलने की कोशिश की गयी थी।

"वो भी वहीं है, अपने स्टेट में एजुकेशन सेक्रेटरी।"

"फिर तो विराटनगर में सब मिलते रहते होंगे?" मेरे मन में अपने शहर की जिज्ञासा बढ़ रही थी।

"पता नहीं...।" रजत आज भी कम बोलता है।

"सुना है, मिलिंद तो नहीं बदला, रजत जैसा ही है, मगर श्रवण हवा खा गया। किसी को पहचानता भी नहीं।" पीके के हाथ में अब ड्रिंक्स आ चुकी थी।

"अच्छा!!" मैंने भी बेयरे के ट्रे से एक स्माल पैग उठाया था। "...और दुष्यंत की क्या ख़बर है?"

"दुष्यंत राठौर!! कुछ पता नहीं।" रजत ने भी स्कॉच का गिलास उठाया था।

"ये तो तुझे पता होना चाहिए...।"

सुनकर मुझे झेंप हुई थी, सच तो कह रहा है पीके।

"...सुना है वहीं पर कोई छोटी-मोटी ठेकेदारी कर रहा है। जबकि उसी के साथ का विष्णुदत्त करोड़पति बन गया है...बिग शॉट...क्या किस्मत है...।" पीके ने बात पूरी की थी।

"अच्छा...!" सुनकर मैंने एक लंबी साँस ली थी।

"सभी विष्णुदत्त वाला काम नहीं कर सकते।" ये आरपी था।

"...और क्या!! एक आईएएस और है अपने बैच का, आकाश। वहीं है...होम सेक्रेटरी, वो भी भयंकर खा रहा है...।" पीके ने रुककर एक घूँट लिया था, "...नहीं विश्वास हो रहा तो अतुल से पूछ लो, अपना सीबीआई वाला आदमी...क्यूँ अतुल...?"

नाम आते ही एक स्मार्ट बंदे ने बढ़कर हाथ मिलाया था। मैंने पहचानने की कोशिश की थी। ये भी पढ़ने-लिखने वाले ग्रुप का था। आखिरी-आखिरी में रजत और मिलिंद के साथ रहता। लेकिन पुराना चेहरा याद नहीं आ रहा था।

"और प्रणव दा...।" उसने कहा तो मैंने भी मुस्कुरा कर जवाब दिया था,

"मैं ठीक हूँ...।"

"विष्णुदत्त के बारे में पीके सही कह रहा है, मैंने तो सुना है कि उसके कई होटल और इंजीनियरिंग व मेडिकल कॉलेज हैं। एक प्राइवेट यूनिवर्सिटी भी है। शायद एमएलए भी रह चुका है और आजकल ए.बी. पार्टी का स्टेट प्रवक्ता है। अच्छे-अच्छे नहीं मिल सकते उससे। एक बार तो मिलिंद बता रहा था कि जब वो डीआईजी था तब उसका भी ट्रांसफर होने से उसी ने बचाया था। मुख्यमंत्री को सिर्फ एक फोन किया था।" अशोक ने विस्तार से बात रखी थी।

"हाँ, सुना तो मैंने भी है। इंजीनियर कॉलेज, विष्णुदत्त का!! क्या बात है!" रजत के चेहरे और आँखों में मासूमियत के साथ आश्चर्य उभरा था। चश्में के पीछे भी भावना छिप नहीं पायी थी।

"एक मज़ेदार बात और...उसी शहर में अरुण कोचिंग चलाता है। वही अरुण...याद आया?" पीके लंबे-लंबे घूँट ले रहा था।

"अरुण...जो दुष्यंत के साथ नेतागिरी करता था।" अशोक याद कर रहा था।

"वही, जिसके चक्कर में आकर हम सब हार गए थे...।" एक लंबे-चौड़े ने आकर बीच में मत दिया और सभी से हाथ मिला रहा था। घमंडी लगा था।

"अबे सतीश, तू उससे जलता क्यूँ है...?" पीके ने कमर पर हाथ रखा और उसकी उतारने लगा था, "...सही तो किया जो तेरे को इलेक्शन में खड़ा होने के लिए मना किया...तू मेल पर भी अपनी तरफ से फेंकता रहता है...।"

"तू मानेगा ही नहीं, मैं पक्का जीत जाता...।"

"अमा यार छोड़, तेरे को अपना वोट भी नहीं मिलता...अबे, कोई खुद के लिए बोलता है क्या...खुद ही उस रीना के बारे में भी शुरू हो गया...अबे कम लपेटा कर...।"

"अब तेरे को...यकीन नहीं तो मैं क्या करूँ...उसी से जाकर पूछ लेना...।"

"तो तेरे को क्या लगता है कि वो मान लेगी, तेरे से ज़्यादा मोटी और दो बच्चों की माँ हो गई है, चप्पल निकालकर मारेगी...अबे, तेरे दिमाग में शरीर की तरह हवा क्यूँ भर गई?"

"हवा नहीं बेटा, बीयर और मुर्गा है, तब मेरी ऐसी पर्सनेलिटी होती तो फिर बताता कि दादागिरी किसको कहते हैं, मैं तो पढ़ने में भी इन लोगों से आगे था...।" सतीश की आत्मप्रशंसा जारी थी।

"अरुण भी पढ़ने वाला टॉपर था...।" रजत ने धीमें मगर पुरजोर ढंग से कहा था। किसी और ने सतीश की ओर ध्यान नहीं दिया था।...ग़ज़ब आदमी है, मेल पर भी क्या-क्या लिखता रहता है? मुझे याद आ रहा था।

"ख़ैर, उसका कोचिंग इंस्टिच्यूट अच्छा चल रहा है...बहुत नाम है उसका वहाँ पर...लड़के उसको केजी सर बोलते हैं...।" पीके के पास पूरी ख़बर थी।

"केजी?" अशोक ने पूछा था।

"कोच एंड गाइड...यहाँ सी. वाले कोच को के. वाला बना दिया...अंग्रेजी है...अबे सुना है उसकी इतनी चलती है कि...भीड़ लगी रहती है। उसके सैकड़ों स्टूडेंट ने उसका फैन क्लब भी बनाया हुआ है...फेस बुक पर, आरकुट पर...सब जगह...देखना...मजा आएगा...।" पीके विस्तार से जानता था।

''एक काम करना, इन लोगों का नंबर है तो देना...शायद हम लोग विराटनगर जाएँ...।'' मैंने तुरंत कहा था।

''कहाँ कराया बेटी का एडमिशन?'' अतुल ने पूछा तो समझ आया कि वह भी याहू ग्रुप को पढ़ता रहता है। मगर कभी लिखते देखा नहीं।

''देख रहा हूँ। अभी फाइनल नहीं किया...।''

''लोग पढ़ने विदेश जाते हैं तुम स्वदेश लौट रहे हो...।'' यह सतीश था।

''बिलकुल ठीक, भारत विकास कर रहा है यार।'' मैंने बेवजह की बातों से बचने की कोशिश की थी।

''इधर तो बहुत गर्मी है। क्यूँ बेटा?''अशोक ने बगल में खड़ी काव्याश्री से पूछा था। वह एक चक्कर लगाकर वापस वहीं आ गई थी।

''नहीं अंकल, यहाँ एसी है न।'' काव्याश्री के जवाब से सब हँस दिए थे।

''देख लिया, आज की जनरेशन को...।'' पीके ने अशोक को छेड़ा था।

''यस बेटा, यू विल इनज्वॉय इन इंडिया।'' अशोक की सफाई आयी थी।

''...पता नहीं, हम लोगों ने ठीक निर्णय लिया या नहीं? ये तो समय ही बताएगा...'' सभी के सवालों का यही जवाब होता, मगर मैं चुप था।

''...अब वहाँ से कुछ मामले में तो बेहतर ही होगा। कम से कम यहाँ ऐसा छुट्टा माहौल नहीं है।'' महावीर की यह बात कुछ जंची नहीं थी। फिर भी वह आगे भी बोलता रहा...।''...सुनकर यकीन नहीं होता कि वहाँ बच्चे को कुछ बोल ही नहीं सकते। अब हमें भी उस उम्र में फ्री छोड़ दिया जाता तो क्या हम वो सब नहीं कर सकते थे? फ्रीडम के नाम पर सब पागल हो रहे हैं।'' पता नहीं, वह क्या कहना चाह रहा था।

''अरे नहीं भाई मेरे, यहाँ भी बुरा हाल है...कोई बता रहा था...अभी दो दिन पहले अपने कॉलेज में भी एक लड़की की कैंपस में ही मौत हो गयी...पता नहीं कैसे...कुछ चक्कर है...बड़ा बवाल मचा हुआ है...तुम लोगों ने सुना क्या...।'' ये सुरेश था।

''अच्छा...!!'' किसी ने इस बात पर खास तवोज्जह नहीं दी थी।

बातचीत बीच में ही रुक गई थी। कुछ लोग इधर-उधर हुए थे। काव्याश्री को यहाँ की बात शायद पसंद नहीं आ रही थी। वह एक बार फिर धीरे से खिसक ली थी। साथ उसके एक लड़की थी। हमउम्र। अभी समझ पाना मुश्किल हो रहा था कि कौन किसका बच्चा है?

मैं खुद तो नहीं चाहता था लेकिन कुछ लोग मुझे महत्त्वपूर्ण बना रहे थे। शायद विदेश में बसने का प्रभाव था। कुछ एक ऐसे भी थे जो इस बात को नज़रअंदाज़

करते हुए, कॉलेज की मित्रता को बरकरार रखते हुए, खुलकर मिल रहे थे।...वैसे असल में अंदर से क्या है, समझना मुश्किल था। मैंने दो घूँट हलक में उतारे और हॉल के चारों ओर नज़र डाली थी। ऊँची छत, बड़े-बड़े दरवाजे, उस पर लंबे-लंबे पर्दे, यकीनन पुराना हॉल लग रहा था। अंग्रेजों के ज़माने का होगा। उन्होंने इसी तरह की भव्य और बड़ी इमारतें खड़ी की थीं। क्यों?...शायद अपने वर्चस्व के प्रदर्शन का इससे बेहतर उपाय नहीं होता। अंग्रेजों के इन महलों को सेनाओं ने मेंटेन कर रखा है...किसी और के बस का कहाँ...मगर फिर भी दीवारों के ऊपर की परत अपनी उम्र बता देती...बुढ़ापा कई जगह से झलक जाता...ध्यान से देखने पर...वैसे पार्टी में रौनक थी।...अचानक पीछे से तेज़ आवाज़ आई थी और मेरा ध्यान भटका था, ये पीके ही था।

"ओए नेता जी।" मैंने मुड़कर देखा था। सामने से एक फैमिली चली आ रही थी। "...महेंद्र आहूजा, अपने प्रेसिडेंट साहब...।" पीके ने बोलना जारी रखा था। हाँ, इस तरह से पहचान में मुझे आसानी हुई थी। पास आकर उसने मेरे से हाथ मिलाया था। चेहरा सपाट, हल्की-सी मुस्कुराहट, आँखों में चमक...यकीनन उसमें आज भी आत्मीयता नहीं थी।

"क्या चल रहा है आजकल...।" मैंने ही बात छेड़ी थी।

"कुछ खास नहीं।" और फिर कुछ देर के लिए चुप्पी पसर गयी थी।

"तुमने एक बार ग्रुप मेल पर लिखा था कि पिछड़े इलाके में तुम कुछ कर रहे हो,...शायद कोई एनजीओ...।" मैंने ही पुनः बात छेड़ी थी।

"हाँ, कर तो रहा हूँ मगर ये राजनीतिक लोग गड़बड़ करते हैं...वैसे एक-दो मंत्रियों से बात चल रही है...।" उसने अपने अंदाज़ में कहा था, बात को महत्त्वपूर्ण बनाते हुए।

"...तो क्या राजनीतिक लोग सही काम करने के लिए होते हैं?...तेरे को क्या पता नहीं...! अमा यार, वो तो सिर्फ राज करने के लिए होते हैं...राज को प्राप्त करने की नीति...राजनीति...यही है न...!! वैसे तुम भी तो राजनीतिज्ञ रह चुके हो...हमारे कॉलेज के...।" पीके ने जिस ढंग से कहा था तकरीबन सब मुस्कुरा दिये थे। महेंद्र खिसिया तो गया था मगर चेहरे पर आने नहीं दिया।...यही तो गुण है उसमें।...वैसे पीके भी कमाल है...किसी को छोड़ता ही नहीं...सच...। कुछ देर की शांति के बाद सभी ने इधर-उधर की बातें शुरू कर दी थीं। मगर महेंद्र की बातें वही थीं। कुछ नया...अलग। सही ग़लत का कोई सवाल नहीं।...हाँ, वो जोश नहीं था। चेहरे और आवाज़ में ठंडापन आ चुका था।

धीरे-धीरे पार्टी में गहमा-गहमी बढ़ रही थी। सभी एक-दूसरे से गले मिलते

और फिर बातचीत शुरू होती। बीच-बीच में परिवार से मिलवाने की कोशिश भी होती। कई तो हिन्दुस्तान के एक ही शहर में रहते हुए भी एक-दूसरे से कभी नहीं मिले थे। ऐसे में परिवार का आपस में मिलने का सवाल ही नहीं। तभी तो कुछ उत्साही दोस्तों द्वारा महिलाओं के बीच पहुँचकर अपनी पत्नी को मिलवाया जाता। औरतें एक जगह इकट्ठा थीं तो आदमियों के छोटे-बड़े कई ग्रुप बन चुके थे। कबाब, पकोड़े, चीज़ रोल, मटन चाप और हराभरा पनीर परोसा जा रहा था। अधिकतर लड़कों के हाथ में स्कॉच थी तो कुछ बीयर वाले भी थे। हाँ, महावीर कोल्ड ड्रिंक के साथ था। एक बात ज़रूर थी...यहाँ सिगरेट पीने की इजाजत नहीं थी।

11

''नमस्कार, मैं, श्रीमती विनय... ।'' कविता ने देखा, अभिवादन करने वाली महिला न केवल सुंदर बल्कि व्यवस्थित और सुसंस्कृत भी लग रही थी। बाल खुले, हल्का श्रृंगार, हल्के-फुल्के आभूषण। साड़ी बहुत तरीके से पहनी गई थी। फिगर भी तो अच्छा था। कमर के ऊपर ठीक नाभी पर बाँधने से, नीचे का फॉल बढ़िया आया था, प्लेट्स ऊपर से नीचे तक एकदम सीधे-सीधे थीं। साड़ी का पल्ला कमर से वक्षस्थल को तकरीबन आधा ढकता कँधे से होता हुआ पीछे लटक रहा था, न कम न ज़्यादा। देखकर कहा जा सकता था कि साड़ी में भी बेहद खूबसूरत दिखा जा सकता है।

''मैंने आपको पहचान लिया था।'' कविता ने सभ्यता दिखाई थी।

''मुझे तुम विधि कह सकती हो।''

''जी क्यूँ नहीं... ।'' अबकी बार कविता मुस्कुरा दी थी।

''और बेटे, वेलकम टू इंडिया। कैसे हो... ? क्या नाम है आपका ?''

''काव्याश्री... ।'' बेटी ने नमस्कार के साथ कहा था।

''बहुत सुंदर सूट पहना हुआ है तुमने, बड़ी प्यारी लग रही हो... । अच्छा इससे मिलो, आँचल, मेरी बेटी। आँचल, ये काव्याश्री।...तुम लोग एक ही एज ग्रुप के लगते हो। बेटा तुम लोग अपना ग्रुप बना सकते हो, बच्चों का... । इनज्वॉय द पार्टी... ।...आओ, कविता मैं सबसे मिलाती हूँ। ये हैं सुमन, मिसेज रजत और ये हैं मिसेज अशोक-सुलेखा और आप...''

''हाँ, सुलेखा जी से तो मैं मिल चुकी हूँ... ।''

सभी का नाम एकदम से याद रखना तो मुश्किल था मगर धीरे-धीरे बातचीत शुरू हुई थी। पहली बार में ही समझ आने लगा था कि किसके साथ बात की जा सकती है। सुमन सहज और सरल लग रही थी। बात करते-करते हॉल के एक हिस्से

में औरतों ने अपना ग्रुप बना लिया था। गोला बनाकर सब बैठ गई थीं। एक तरफ सुमन तो दूसरी तरफ विधि। कविता को ये दोनों ही ठीक लग रही थीं।

''कविता तुम हार्ड ड्रिंक्स लेती हो... ?'' विधि ने पूछा था।

''नहीं।''

''फॉरेन में रहकर भी...कमाल है...।'' कविता ने पहचानने की कोशिश की थी...सुनीता, मिसेज महावीर गुप्ता होनी चाहिए।

''यकीन नहीं होता...।'' सुलेखा ने कहा था।

''नहीं, ऐसी कोई बात नहीं, बस मुझे शौक नहीं है। वैसे एक-दो बार शेम्पियन ली है।'' कविता को जवाब देना भारी पड़ रहा था।

''मैं भी कभी-कभी वाली हूँ। वाइन ले लेती हूँ...कोई फार्मेलिटी नहीं, आप लोगों में से कोई लेगा... ?'' विधि ने बड़ी सरलता से पूछा तो कुछ ने न कहने के लिए सिर हिलाया तो कइयों के चेहरे पर कई विचार उभर रहे थे।

''मैं कोई लाइट बियर ले लूँगी...।'' डॉ. सविता थी, श्रीमती राहुल पांडे।

''...सुमन तुम भी ले लो।'' विधि ने आग्रह किया था।

''नहीं, मूड नहीं है।...चलो, मैं थोड़ी-सी रेड वाइन ले लेती हूँ, विधि भाभी का साथ दे दूँगी...।'' सुमन ने धीरे से कहा था।

''ओके...।'' विधि ने बेयरे को आर्डर के लिए बुलाया था। कविता की आँखें बाकी औरतों पर घूम गई थी...तो अब इनमें से कुछ...विधि, सविता और सुमन के चरित्र पर कई सारे सवाल पैदा करेंगी। मगर विधि औरों की बातों से पूरी तरह बेख़बर थी। बस मेहमाननवाजी के लिए सतर्क।

''तो बाकी लोग सॉफ्ट ड्रिंक्स तो लेंगी? ओके...बाकी को लेमन व कोक पूछकर सर्व कर दीजिए।'' बगल में खड़े बेयरे को विधि ने बड़े तमीज से कहा था।

''तो फिर आपने बताया नहीं कि आप बेटी को इंडिया क्यूँ भेज रही हैं?'' सुलेखा ने सवाल पूछने के साथ-साथ आँखों को चमकाया भी था, ''...वैसे मैं इसलिए पूछ रही थी...वो जर्मनी वाले सरदार जी हैं न, इनके कॉलेज के मित्र, उन्होंने शादी करने के लिए, लड़के के चक्कर में अपनी बेटी को यहाँ भेजा था...।''

''नहीं-नहीं, ऐसा कोई चक्कर नहीं।'' कविता हँस दी थी।

''फिर भी...।'' मन की शंका को कई महिलाओं ने व्यक्त किया था।

''वो आप लोग अब काव्याश्री से ही पूछ लीजिएगा।'' कविता ने पीछा छुड़ाने के लिए कहा था।

''ये, आदमियों के बीच में, वो लेडी कौन है... ?'' किसी महिला ने, जिसका अभी तक परिचय नहीं हो पाया था, पूछा था। शब्दों में व्यंग्य अधिक था।

"खड़ी तो ऐसे है मानों कोई... ।" सुलेखा थी।

"भाभी जी, भाई साहब को सँभालकर रखियेगा... ।" सुनीता धीरे से बोलकर मुस्कुराई थी।

"मेरा ख्याल है, विनय की कोई बैच मेट होनी चाहिए।" विधि ने सामान्य होकर कहा था।

सभी औरतें उसी ओर देख रही थीं। कविता ने भी ध्यान से देखा, उस महिला ने पंजाबी सूट पहन रखा था। बाल खुले थे। रंग साँवला था। मगर बात करने के ढंग से आत्मविश्वास झलक रहा था। साथ ही एक पुरुष भी था। उसके साथ रजत भाई साहब बात कर रहे थे। वह महिला प्रणव से बड़ी आत्मीयता से बात कर रही थी। बाकी सभी घेरकर खड़े सुन रहे थे। कविता को एकाएक लगा कि...कहीं ये सेरिल तो नहीं ?

12

काव्याश्री के लिए यह नया अनुभव था। अधिकांश बच्चों की उम्र कम थी। कौन किसका बच्चा है ? नाम उसे न तो समझ आ पाए थे, न ही वह याद कर सकती थी, और न ही उसकी वैसी कोई इच्छा थी।...पापा के खास दोस्तों में से कोई भी तो नहीं आया था, नहीं तो उनके बच्चों की जानकारी ज़रूर लेती...दुष्यंत, अरुण, विष्णुदत्त, मिलिंद और भी बहुत थे, जिनका नाम वह अकसर लेते रहते...हाँ, रजत अंकल ज़रूर थे, मगर उनके बेटे भी नहीं आए थे। बड़े बच्चों में लड़का कोई नहीं दिख रहा था। कुछ लड़कियाँ ज़रूर थीं। आँचल से ज़रूर थोड़ा जान-पहचान ठीक-ठीक हो गई थी। विनय आंटी-अंकल होस्ट भी थे तो उनके संदर्भ में याद करना भी आसान था। फिर थोड़ा वे अलग भी थे। इम्प्रेस किया था उन दोनों ने।

लेडीज ग्रुप में उसे मजा नहीं आ रहा था। वो आंटियों के सवालों से परेशान हो गई थी...पता नहीं, मम्मी कैसे झेल रही होंगी ? उसने कुछ देर पापा के ग्रुप में बिताने की सोची थी...मगर उनके बीच में मजाक चल रहा था, जो उसके वहाँ जाते ही कुछ रुक जाता, इस बात का अहसास उसे हो जाता था। दो अंकल तो हर लाइन में एक गाली ज़रूर देते। सुनकर बाकी सब सामान्य रूप में लेते...ये हिन्दुस्तान में इतनी गाली क्यूँ ? और वह सोचते हुए वापस बच्चों के बीच आ गई थी। छोटे बच्चे भाग-भाग कर खेल रहे थे। बड़ी होती लड़कियाँ, तीन चार थीं, सभी किनारे खड़ी बातें कर रही थीं। हाँ, इस दौरान आँचल लगातार काव्याश्री के साथ थी।

"आपके तो वहाँ कई फॉरनेर फ्रेंड होंगे?" पूछने वाली लड़की की उम्र यही कोई चौदह-पन्द्रह साल होगी...लगती तो इतनी ही थी...हॉफ स्लीव का टॉप और टाइट स्कर्ट, बाल खुले थे। हाथ में मोबाइल था।

"हाँ, बहुत सारे फ्रेंड हैं, मगर वो वहाँ तो लोकल ही होंगे, आई मीन...।" काव्याश्री को जवाब देना अजीब लगा था। सवाल भी तो अजीब है।

"तो उनमें ब्वॉयस भी हैं...?"

"हाँ, हैं।"

"तो आप लोग रात-रातभर बाहर घूमते होंगे?"

"क्या मतलब,...ज़रूरत होती है तो जाते हैं। वरना क्यूँ सड़कों पर घूमेंगे।"

"सुना है, वहाँ अठारह वर्ष की उम्र वाली बर्थ-डे पार्टी बड़ी जोर-शोर से मनाते हैं, ग्रेट फ्रीडम नाम से...?"

"ऐसा तो कुछ नहीं...।" काव्याश्री को अब लड़की के सवालों से उसकी समझ का पता कुछ-कुछ लगने लगा था। तभी उस लड़की के मोबाइल पर घंटी बजी थी, "मेरे फ्रेंड का फोन है, एक्सक्यूज़ मी...।"

"हाँ-हाँ क्यूँ नहीं...।" काव्याश्री ने राहत की साँस ली थी।

आँचल अब तक चुप थी। लगता था कम बोलती है। वैसे तो पता चला था कि हॉस्टल में रहकर पढ़ती है। काव्याश्री को जानने की जिज्ञासा हुई थी। उसे भी तो इन हॉस्टलों में रहना पड़ सकता है। तभी तो उसी ने पूछा था, "और कैसा लग रहा है हॉस्टल में...?"

"बस, ठीक ही है...खाने की प्रॉब्लम है...माँ के हाथ के खाने की याद आती है...मैं अपने ब्रदर को भी मिस करती हूँ...।"

"आँटी बता रही थीं, घर आया हुआ है...पार्टी में नहीं आया?"

"ये लड़के जब कॉलेज पहुँच जाते हैं तो माँ-बाप के साथ इंज्वॉय नहीं करते...माँ को पटाकर भैया अपने दोस्त के साथ मस्ती करने गए हुए हैं।"

"तुम नहीं जातीं...फ्रेंड्स के साथ...?"

"नहीं, जाती हूँ...मगर पापा के साथ भी मजा आता है।"

"सुना है यहाँ गर्ल्स हॉस्टल अलग होते हैं...? और बड़ी सख्ती होती है।"

"हाँ, कह सकती हो। और वहाँ?"

"ज़्यादातर जगहों पर कॉमन होते हैं...हाँ, फ्लोर अलग-अलग होते हैं, कई जगह वो भी नहीं...ज़्यादा तो मुझे भी नहीं पता, मैं कभी हॉस्टल में रही नहीं...।"

"मगर यहाँ के हॉस्टल बड़े पकाओ होते हैं...।" साथ खड़ी एक लड़की ने कहा था।

"पकाओ!!!"

"आई मीन बोर...अच्छा दीदी, आपने लेटेस्ट फिल्म 'काइट्स' देखी?" उसी लड़की ने आँखें मटकाते हुए कहा था।

"नहीं।"

"ज़रूर देखिएगा, रितिक इज़ वैरी हॉट।"

"अच्छा!!!"

"हाँ, सारी बाहर की शूटिंग है...।"

ऐसा क्या है विदेश में, जिसके लिए ये बच्चे इतने...और उसके लिए बड़ा मुश्किल हो रहा था पार्टी में समय काटना...इस दौरान उसे अब तक हिन्दुस्तान के हॉस्टल और यहाँ के युवा वर्ग का प्रारंभिक अनुभव प्राप्त हो रहा था...और वह उसमें रहने के लिए मानसिक रूप से अपने आप को तैयार करने में जुट गई थी।

13

"दोस्तो, यहाँ हम करीब बाईस-तेइस वर्ष के बाद आपस में मिल रहे हैं। कई तो एक-दूसरे को पहचान भी नहीं पा रहे। खासकर परिवार के सदस्यों के बीच हम सब नये हैं। हर एक का दूसरे से मिलना संभव नहीं। इसीलिए हमने सोचा है कि प्रत्येक दोस्त बारी-बारी से अपने-अपने परिवार के साथ यहाँ सामने आएगा, अपना और अपने परिवार का संक्षिप्त परिचय देगा और कॉलेज से जुड़ी कोई छोटी-सी यादगार घटना सुनाएगा...हल्की-फुल्की बात भी हो सकती है... और अगर कुछ याद नहीं तो फिर इस डिब्बे में पड़ी हुई पर्चियों में से किसी एक को उठाकर, उसमें जो भी लिखा है वो करेगा। बच्चे और महिलाएँ कुछ कहना चाहें तो वे भी आमंत्रित हैं। मगर समय का विशेष रूप से ध्यान रखा जाए।"

आरपी अचानक महिलाओं के गोल घेरे के सामने आकर ऐलान कर रहा था। सुनकर चारों ओर की आवाज़ धीरे-धीरे थमने लगी थी और खुसर-फुसर शुरू हो चुकी थी। गोल घेरे के आसपास, दोस्त खड़े होने लगे थे। जो इधर-उधर थे उन्हें इकट्ठा किया जा रहा था। कुछ अभी भी छोटे-छोटे समूह में हॉल के दूसरे किनारे में गप्पें मारने में मशगूल थे। उन्हें जबरन बुलाया गया था। तकरीबन सभी के हाथों में गिलास था...किसी का दूसरा पैग तो किसी का तीसरा। स्नेक्स बेयरे द्वारा लगातार परोसा जा रहा था मगर अब उन्हें सामने आने से रोका गया था। छोटे बच्चे माँ की गोदी में चढ़ रहे थे कुछ सामने आकर उत्सुकतावश इधर-उधर देखने लगे थे।

सबसे पहले कौन जाए? इस बात पर सभी को थोड़ी झिझक थी। और उसे दूर करने के लिए विनय ने पहल की थी। अपनी पत्नी विधि और बेटी आँचल के साथ वह मुस्कुराता हुआ सामने आया था।

''मैं विनय, इस वक्त नेवी में कैप्टन हूँ। माय गुड लेडी विधि और हमारे दो बच्चे आँचल और अमन। बेटा आया नहीं है। मैं यहाँ प्रणव के हिन्दुस्तान आगमन की खुशी में आप सभी का स्वागत करता हूँ। और यह बताना चाहूँगा कि हम उन्हें प्रणव दा के नाम से भी पुकारते थे। शायद इसकी दो वजह थी, एक तो वो बंगाली हैं और दास से दा बन गए। वैसे भी दा बड़े भाई को बोला जाता है...। दूसरा शायद...इनका थोड़ा दादा जैसा होना भी कारण हो सकता है...फिलहाल ये मेरे बहुत अच्छे दोस्त थे और हैं...धन्यवाद।'' कहकर वह मुस्कुराया था।

विनय परिवार सहित वापस आने लगा तो पीछे से किसी ने कहा था, '...इतनी-सी बात से काम नहीं चलेगा...कुछ और सुनाना होगा।' जब माँग बढ़ने लगी तो विनय ने अंत में वापस जाकर डिब्बे में से चिट निकाली थी। लिखा हुआ पढ़कर उसके चेहरे पर मुस्कान थी। कहने लगा, ''हम सब तो इन शब्दों को जानते हैं लेकिन बच्चों को इसका अर्थ बताने से पहले आप लोग सोच लें...।''

पीछे से आवाज़ आई थी, '...कोई बात नहीं भाई, कोई बात नहीं, बच्चों को सब पता होना चाहिए।'

''दोस्तो इसमें दो शब्द लिखे हैं...जीटी और एमटी।'' कहकर उसने पर्ची को मोड़कर हाथ नीचे किया और फिर मुस्कुराया, ''...अब बताइए?''

पीछे से एक बार फिर वही आवाज़ थी, '...नहीं हमें समझाओ, हम भूल रहे हैं...हाँ, तुम तो इसके मास्टर थे।'

''चलो मान लेते हैं, तो दोस्तो, जीटी का मतलब था जनरल तड़ी, एमटी का था मास तड़ी।...हम लोगों को, जब पढ़ने का मन नहीं करता और छुट्टी मारनी होती या फिर किसी प्रोफेसर का टेस्ट नहीं देना होता तो पूरी क्लास को जबरदस्ती एबसेंट करा दिया जाता था। और इस तरह से क्लास के इकट्ठे गायब हो जाने को जनरल तड़ी कहते थे। जब यह और बड़े पैमाने पर लगाया जाता, एक ही बैच के सारे सेक्शन इनवोल्व होते, तो मास तड़ी कहते थे। जब कोई क्रिकेट-फुटबाल का मैच टीवी पर आना होता तब कुछ लोग हॉस्टल में अचानक यह निर्णय लेते और बाकी सभी को, विशेष कर पढ़ने वालों को रोक दिया जाता...कुछ एक-दो स्टूडेंट जो पढ़ाकू माने जाते, वो किसी न किसी तरह से क्लास में जाने के चक्कर में रहते...''

'ठीक है, ठीक है, ज़्यादा सफाई देने की ज़रूरत नहीं है जीटी मास्टर...।' पीछे भीड़ में से फिर आवाज़ आई थी। यह आरपी था...।

"अंकल, अंकल, पढ़ाकू अंकल कौन थे... ?" एक बच्चे ने आगे बढ़कर पूछा था। उसकी आवाज़ शोर में दब रही थी...मगर फिर भी सुन ली गई...।

"रजत अंकल थे...और हाँ, सेरिल आंटी भी थीं...।" कुछ देर ठहर कर विनय बोल गया था। सुनते ही चारों ओर शोर मच उठा, सीटी भी बजी थी। मैंने देखा सेरिल नकारात्मक ढंग से सिर हिला रही थी। मुस्कुराने के साथ-साथ हाथ हिलाकर मना भी कर रही थी। मुझे इतना तो दिख ही गया था कि वह इसे हल्के में ले रही थी। प्रयाग, उसका पति, उसकी ओर देखकर मुस्कुरा रहा था। सभी ने उसे कुछ कहने के लिए कहा तो उसने बस इतना ही कहा था, 'बाद में।'

"अब पीटी वाले का नाम आगे आने वाला केंडीडेट बताएगा...।" विनय ने अपना पल्ला झाड़ा था। जोर से कई नाम उछले थे। तभी रजत सामने आने के लिए आगे बढ़ा था। उसने इशारा किया तो भाभी जी भी साथ हो ली थीं।

"मैं, रजत और मेरी पत्नी सुमन। हमारे दो बच्चे हैं। मैं इलेक्ट्रॉनिक्स में था और कॉलेज से पास होने के बाद आईएएस में आ गया। आजकल कानून मंत्रालय, दिल्ली में पदस्थ हूँ।...लगता है मुझे पीटी के बारे में बताना होगा...तो इसे पर्सनल तड़ी कहते थे।...जब कोई स्टूडेंट चुपचाप क्लास से गायब हो जाए और उसकी अटेंडेंस कोई और लगा दे तो उसे प्रॉक्सी कहते थे।" कहकर वह कुछ देर के लिए चुप हुआ था।

'...क्यों तूने मारी थी क्या?...सच-सच बताना।...भाभीजी से डरना मत...तेरी प्रॉक्सी कौन लगाता था?' पीछे से चुहलबाजी हो रही थी। रजत मुस्कुराया था। "हाँ, एक बार मारी थी। उस रात 'उमराव जान' देख कर आया था। सुबह नींद नहीं खुली थी। अब क्या फिल्म का गाना भी सुना दूँ...तो सुनिए...दिल चीज़ क्या है आप मेरी जान लीजिए..."

"किसको-किसको देगा...चल भाई बैठ जा...।" पीके रुकता कहाँ है।

अगली बारी आरपी की थी।

"मैं आरपी, मेरी पत्नी एसपी और मेरे दो बच्चे, एमपी और यूपी।"

बगल से कोई बोला था, 'नाम है या हिन्दुस्तान की जागीर...अभी तो एपी बचा है भाई...यार जबरदस्त नाम रखा है इसने, आगे कुछ बताएगा भी।'

"ओके, तुम लोग चाहते हो तो बता देता हूँ, मैं राहुल पांडे और यह मेरी पत्नी डॉ. सविता पांडे। बच्चे मिहीर पांडे व उत्तरा पांडे। बस?" सुनकर जोरदार ताली बजी थी। उसने चिट निकाली तो पढ़कर बहुत देर तक मुस्कुराता रहा। चारों ओर शांति पसर गई थी। "देखो दोस्तो, मेरे पास ऐसी चिट आई है कि मैं तुम सब लोगों का पूरा कच्चा चिट्ठा खोल सकता हूँ। सोच लो?" राहुल के चेहरे पर बदमाशी टपक रही थी। मुँहफट तो कॉलेज में भी था। हाँ, पीके से कम।

"...कोई बात नहीं, कोई बात नहीं, चलेगा।"

"...तो फिर सुनो, इसमें पीएचए और पीएचएम दो शब्द हैं...बताओ, आगे बोलूँ... ? ओके..., तो दोस्तो पीएचए का मतलब 'पिटे हुए आशिक' होता था। और पीएचएम का मतलब 'पिटी हुई माशूका'। उदाहरण से समझाऊँ...हमारे बीच पीएचए क्लब का एक एक्टिव मैंबर है क्या आप उसका नाम जानना चाहोगे?"

सभी जानते थे आरपी बोल सकता है। वैसे भी मजाक की धुन और कॉलेज के दिनों की याद में सभी मस्ती में डूबे हुए थे।

"आरपी अभी बताया था न, सतीश होगा...।" पीके था।

"नहीं यार, वो तो जीए है...गुमनाम आशिक...।" सुनकर सब हँस पड़े थे। सतीश का चेहरा देखने लायक था।

"चल फिर तू ही बता, सबको पता लगना चाहिए...।"

"...तो दोस्तो, आप लोग ज़िद्द कर रहे हो तो बता देता हूँ कि हमारे धाँसू मित्र, अशोक, कॉलेज के चारों साल, पीएचए क्लब के मैंबर बने रहे।"

जोर से ठहाकों की आवाज़ आने लगी थी। अशोक भी मुस्कुरा दिया था। और उसी मस्ती के मूड में खुद जाकर सबके सामने खड़ा भी हो गया, झुककर सबको सलाम किया और फिर अपने परिवार को बुलाने लगा...।

"मैं अशोक और यह मेरी प्यारी-सी पत्नी सुलेखा। दो बच्चे...मनुज और मानसी।"

सभी ने यह नोटिस किया कि अशोक तो सामान्य था लेकिन सुलेखा के चेहरे से साफ लग रहा था कि उसका मिजाज अचानक बिगड़ गया है। और फिर अशोक द्वारा प्यारी बीबी कहने पर उसने अपने पति की ओर देखा था...नहीं-नहीं घूरा था। इस पर कोई प्रतिक्रिया नहीं हुई थी। उलटे शांति पसर गई थी। अशोक ने सफाई देते हुए आगे कहा कि "जो भी मेरे लिए कहा गया है वो सब मजाक है। अच्छा हुआ जो मुझे साफी...एसएएफआई...सक्सेसफुल आशिक फेडरेशन ऑफ इंडिया का मैंबर घोषित नहीं किया गया..." इस बात में व्यंग्य था। थोड़ी हूटिंग हुई थी...

"...चलिए, मैं आपको कॉलेज के ज़माने की छोटी-सी घटना सुनाता हूँ।...हमारा साथी लल्लन सिंह कई मामलों में मशहूर था। सिविल इंजीनियरिंग में एक वायवा के दौरान जब किसी भी सवाल का जवाब वह नहीं दे पाया तो एक्सटर्नल प्रोफेसर ने अंत में हारकर पूछा था कि चलिए बताइए कि इस घर के नक्शे में बेडरूम कौन-सा है? लल्लन चकराया था...उसे यही समझ नहीं आ रहा था कि यह आड़ी-टेढ़ी लकीरों से बना चित्र...घर कहाँ से कैसे हुआ?...थक कर प्रोफेसर ने आखिर में एक स्थान के ऊपर उँगली रखते हुए पूछा कि यह क्या है... ? लल्लन बोल पड़ा...ई! ई

तो चार लाइनों का बाक्स है... । प्रोफेसर सिर पर हाथ रख झल्ला कर बोला था...यही तो बेडरूम है... । सुनकर लल्लन चकराया था...ई बेडरूम कैसन हो सकत है...ई में तो हमार मूड़ी भी नहीं अटेगा।''

सुनकर जोर से हल्ला मचा था। ''अरे नहीं–नहीं, असली में तो उसने कुछ और शब्द कहा था...बेटा तुम छुपा गए।''

''मुझे पिटना नहीं है...मैं वो शब्द नहीं बोल सकता।'' अशोक बोलकर हँसता हुआ वापस भीड़ की ओर बढ़ने लगा तो देखता है कि सुलेखा तुनक कर पीछे की ओर चली गई थी। कुछ देर ठहरकर वह भी पीछे गया था। बाहर शायद दोनों बहस करने लग पड़े थे। धीरे–धीरे बात चारों तरफ फैल गई थी कि सुलेखा अशोक के पिटे हुए आशिक घोषित किए जाने से नाराज है।

कुछ तथाकथित सभ्य लोगों ने धीरे से यह भी कहना शुरू कर दिया था कि हम अब बड़े हो चुके हैं इस तरह की हरकते यहाँ नहीं होनी चाहिए। महावीर इनमें आगे था। मगर सबने अनसुनी कर दी थी। तभी पीके ने आरपी से धीरे से कहा था...''यार उसकी बीवी को तो खुश होना चाहिए कि वह पिटा हुआ आशिक था, तभी तो भाभी से शादी हुई...प्यार में कहीं सफल हो जाता तो कॉलेज की उसी लड़की से शादी नहीं कर लेता... !!'' आरपी को यह बात पसंद आई थी। यह बात जब उसने अपनी पत्नी सविता से कही तो उसे भी बात जंची थी। और फिर महिला मंडली द्वारा अशोक की बीवी को मनाने के लिए यही हथकंडा अपनाया गया था। कुछ देर रुकने के बाद बातचीत का सिलसिला फिर चालू हुआ था। अशोक के चेहरे पर सिकन नहीं थी। लेकिन उसकी बीवी अभी भी मुँह उतारकर बैठी हुई थी।

''यार, ये उसको झेलता कैसे है... ?'' आरपी धीरे से पीके से पूछ रहा था।

''मैंने एक बार पूछा था, कहने लगा...बीवी ज़्यादा सुंदर और दिमाग वाली नहीं होनी चाहिए...उसे बेवकूफ बनाना आसान होता है...तभी तो पट्ठा आज भी बाहर मजे उड़ाता रहता है।''

सुनकर मैं भी मुस्कुरा दिया। इसी बीच महावीर ने सामने पहुँचकर कहना शुरू किया था,

''मैं, महावीर गुप्ता, पत्नी सुनीता। मैं मैकेनिकल से पासआउट हूँ। हमारा एक छोटा–सा बिजनेस है। मैं भी यहाँ अपने दोस्त लल्लन सिंह की एक आपबीती सुनाना चाहूँगा। आपको जानकर आश्चर्य होगा कि लल्लन सिंह आजकल एक इंजीनियरिंग कॉलेज में पढ़ाता है।''

चारों तरफ से एक साथ शब्द फूटा था, ''क्या!!!''

''बिलकुल...''

“फिर तो छात्र भी...साथ में...मज़े लेते होंगे...।”

“जी हाँ। तो एक दिन हमारे लल्लन मियां द्वितीय वर्ष की कक्षा में पढ़ा रहे थे,...नहीं-नहीं, गप्पें मार रहे थे...छात्र अकसर उसकी क्लास में मस्ती करते...तीसरे और चौथे वर्ष की क्लास तो मिलती नहीं थी लल्लन जी को...एक छात्र को एक दिन मजाक सूझा...और वह एक सवाल पूछ बैठा...हमारे लल्लन को समझ कहाँ से आना था। पहले तो कहने लगे ‘हम बाद में बताएँगे’।...स्टूडेंट ने ज़िद्द की तो झल्लाकर पहले तो विरोध किया फिर पूछा कि ‘कौन ईयर में हो...’ लड़कों ने बोला...सेकेंड ईयर। लल्लन ने फिर पूछा, ‘के साल का कोर्स है...?’ छात्रों ने कहा...‘चार साल का।’ लल्लन ने फट कहा... ‘द्विये साल में चार साल पड़ लेगा, हमुओ पूरे चार साल पढ़े थे...।’

सुनकर हँसी का फव्वारा चारों ओर फूट पड़ा था।

“मगर एक बात बताओ यार, ये लल्लन कॉलेज कैसे पहुँचा?” आरपी था।

“कुछ सवाल सवाल ही बने रहने दो भाई...और ज़्यादा समझना है तो पहले ये पता लगाओ कि कैम्ब्रिज और हार्वर्ड में जो पढ़ने जाते हैं वो सब क्या बड़े पढ़ाकू होते हैं...? हमारे सारे नेताओं के बच्चे वहीं से पढ़े हैं...समझ लो, लल्लन भी देश का भावी मंत्री है या किसी मंत्री का बेटा...।” ये पीके था। सुनकर दोनों हँस पड़े थे।

बातचीत का सिलसिला जारी था। बीच में सुरेश गया था। फिर अचानक सेरिल ने वहाँ पहुँचकर बोलना शुरू किया, “मैं सेरिल, इलेक्ट्रॉनिक्स में डिग्री ली, भारतीय विदेश सेवा ज्वॉइन की, कई देशों में काम करने के बाद अब विदेश मंत्रालय में हूँ, मेरे पति प्रयाग शुक्ल आईएएस हैं, प्रधानमंत्री कार्यालय में...। मैं बताने की जगह आप लोगों से कुछ पूछना चाहूँगी कि हमारे कॉलेज का रियल हीरो कौन था? रील हीरो नहीं, रियल हीरो...प्रयाग जानते हैं इसलिए वो चुप रहेंगे...।”

कई नाम आने लगे थे। किसी ने कहा ‘विष्णुदत्त’...तभी आवाज़ आई थी ‘नहीं-नहीं’ और किसी ने कहा था ‘महेंद्र आहूजा होना चाहिए’ तो कुछ ने एक स्वर में कहा था ‘बिलकुल ठीक’...सुनकर सेरिल ने बुरा-सा मुँह बनाकर कहा था, “नहीं-नहीं, वो तो चॉकलेटी नेता था, मैं हीरो पूछ रही हूँ?”

महेंद्र की एक तरह से उसने उतार दी थी। मेरी निगाह उस पर पहुँची तो चेहरे से साफ झलक रहा था।...ठीक तो कह रही है सेरिल।...वह लड़कियों में पॉपुलर ज़रूर था मगर शायद हीरो नहीं...तो फिर कहीं अशोक तो नहीं? वही महेंद्र से ज़्यादा स्मार्ट था। मेरी बात आरपी ने कह डाली तो कई और से ‘न’ का स्वर उभरा था। सेरिल ने भी नकारात्मक सिर हिलाकर मुस्कुराहट बिखेरी थी।

''सतीश?''

''कौन सतीश?'' सेरिल ने कहा तो पीके जोर से हँसा था, ''देख ले भाई सतीश, तूझे तो लोग जानते भी नहीं...।''

''ख़ैर, मैं आपको क्लू देती हूँ, वो टफ था...।''

सुनकर कोई आवाज़ नहीं आई थी।

''वो डैशिंग और प्रिंसिपल वाला बंदा था...।''

मेरे लिये समझ पाना मुश्किल हो रहा था। बाकी सब भी चुप थे। तभी प्रयाग ने सेरिल से कुछ कान में कहा तो उसने एक बार फिर बोलना शुरू किया था, ''वो मेरा फेवरिट भी था...।''

''तब तो प्रयाग ही होगा...किसी और नाम से पढ़ता होगा। और हमें पता ही न हो...।'' पीके मस्ती में था। सेरिल को छेड़ने की कोशिश भी की थी।

''अरे नहीं रे बाबा...आप लोग हार गए हों तो मैं बताऊँ...।''

अब यह उत्सुकता का विषय बन चुका था। सब की निगाहें सेरिल की ओर थीं। खासकर औरतों की...शायद अपने-अपने पति का नाम सोच रही हों...मेरे लिये भी यह पहेली थी। तभी सेरिल ने बोलना शुरू किया था...''जो नाम मैं बताऊँगी उसे आप में से अधिकांश पसंद करते हैं, कुछ ईर्ष्या कर सकते हैं मगर नापसंद और इग्नोर तो बिलकुल भी नहीं कर सकते, और अंत में मेरी बात से सहमत होंगे।''

कानाफूसी बढ़ गई थी। दो-चार नाम और बोले गए, जिन्हें भीड़ द्वारा काट भी दिया गया था।

''...असल में बीच में एक बच्चे ने पढ़ाकू छात्रों के बारे में पूछा था तो मेरा नाम आया...ठीक बात है कि मैं पढ़ाकू थी...मैं यहाँ बच्चों को यह बताना चाहती हूँ कि कुछ पाने के लिए कुछ खोना पड़ता है और अच्छी जॉब के लिए खूब पढ़ना व मेहनत करनी पड़ती है। आज, आप क्या, मेरे अपने बच्चे भी उस अहसास, दर्द व मानसिक पीड़ा को नहीं समझ सकते जो उन दिनों मैंने भोगी थी। मैं एक गरीब घर से आदिवासी छात्रा थी और कुछ बनना चाहती थी...इसलिए ये ठीक है कि मैंने कभी पीटी नहीं मारी और जीटी का सपोर्ट नहीं किया...मगर इसी चक्कर में एक बार मैं मुश्किल में पड़ गई थी और फिर उसने मुझे बचाया था।...वह साहसी है, चरित्रवान है, दूसरों को बिना वजह तंग नहीं करता था...अपने फायदे के लिए किसी का नुकसान नहीं करता, झूठ नहीं बोलता...बुरे के साथ बुरा, अच्छे के साथ अच्छा और सबसे अच्छी बात की लड़कियों की बिना शर्त इज्जत करता...उसका नाम है दुष्यंत सिंह राठौर...।''

चारों ओर सन्नाटा पसर गया था। कोई हल्ला नहीं, शोर नहीं, सीटी नहीं।...यह अविश्वसनीय था।

"...मैं जानती हूँ कि आपको अटपटा लगा होगा। चूंकि वो कॉलेज में कुछ बदनाम भी था, मगर बेवजह...कभी ध्यान से सोचना...मैं तो जानती भी नहीं कि वो आजकल कहाँ है...लेकिन यकीनन हीरो ही होगा...चूँकि आदमी का मूल चरित्र कभी नहीं बदलता...।" कहकर उसने एक विशेष दृष्टि महेंद्र की ओर डाली थी।

सेरिल की बातें सुनकर पहले तो मुझे भी झटका लगा फिर गर्व हुआ था। बहुत-सी पुरानी यादें अचानक ताज़ा हो गई थीं। खासकर वो लाइब्रेरी वाली घटना जिसे मैं भूल चुका था। यकीनन किसी फिल्म जैसी थी। न जाने ऐसी कितनी ही घटनाएँ हैं, दुष्यंत की, जो समय के साथ धूमिल हो रही थीं...ठीक तो कह रही है सेरिल, मैं भी क्या बेवकूफ हूँ...अनायास ही मेरे हाथ से तालियाँ बजने लगी थीं। फिर देखा तो कविता और काव्याश्री ने भी साथ दिया था।...दुष्यंत मेरा खास दोस्त था, उन्हें पता था। मेरी नज़र उधर गई तो देखा कविता मेरी ओर ही देख रही थी, शायद मुझे पढ़ रही थी,...नहीं, मेरा साथ दे रही थी। बगल में खड़ा रजत जोर-जोर से ताली बजा रहा था फिर विनय, अशोक और फिर सभी ने साथ दिया था। पीके और आरपी ने सीटी मारी और जोर से 'डीआर भाई' पुकारा था। मेरी नज़र महेंद्र पर पड़ी तो देखा उसका चेहरा सामान्य नहीं था। कुछ झल्लाहट, कुछ असहमति, कुछ नापसंद, यह तो स्वाभाविक था...यकीनन मजबूरीवश ताली बजा रहा था। औरतों ने कानाफूसी शुरू कर दी थी...ये दुष्यंत कौन है?...यही सवाल रहा होगा।...क्या जवाब देंगे दोस्त?...यह भी एक प्रश्न हो सकता है।...उसकी पहचान एक छात्र नेता के रूप में ही तो थी। अधिकतर इसमें भी नकारात्मक छवि ही देख पाएँगे।...मगर फिर एक दादा टाइप छात्र के लिए एक औरत, वो भी सफल और शादीशुदा की ऐसी खुली स्वीकारोक्ति!!! सचमुच सेरिल ने वो किया जो अच्छे-अच्छे नहीं कर सकते।...और मैं उसे अचरज से देख रहा था। ऐसी सच्ची व अच्छी भावना, किसी के प्रति और फिर उसका इस तरह से प्रदर्शन, वो भी भारतीय पति के सामने!! यह मेरे लिये एक नया अनुभव था।

थोड़ी देर बाद ही लोग शांत हो पाए थे कि इसी बीच एक जोड़ा सामने पहुँच चुका था। चेहरे से मैं पहचान नहीं पा रहा था कि उसने बोलना शुरू किया...।

"...मैं प्रेमलाल हूँ, मैंने इलेक्ट्रिकल में इंजीनियरिंग की थी। मेरी पत्नी नीलम एक घरेलू महिला है। मैं प्रणव दा का हिन्दुस्तान में स्वागत करता हूँ...।"

प्रेमलाल की बातों का भीड़ पर कोई असर नहीं था। बातचीत फिर चालू हो चुकी थी। शोरगुल में बड़ी मुश्किल से मैं उसका नाम सुन पाया था और याद करने

की कोशिश कर रहा था कि यह किस हॉस्टल में रहकर पढ़ा है। वह एक सामान्य अनजान चेहरा था। लोगों की उसमें दिलचस्पी नहीं लग रही थी...मेरा नाम उसके द्वारा लिये जाने पर मैंने मुस्कुराहट से अपनी भावनाओं का प्रदर्शन, उसे दिखाने के लिए, करने की कोशिश की थी। और वह सामान्य ढंग से आगे बोलता चला गया।

"...कॉलेज के बारे में तो इतना कुछ बोला जा चुका है, मैं वर्तमान के बारे में बताना चाहूँगा। मैं इलेक्ट्रॉनिक्स पब्लिक सेक्टर में सीनियर मैनेजर के पद पर हूँ।...अपने रजत भाई जब डिपार्टमेंट ऑफ इलेक्ट्रॉनिक्स में डिप्टी सेक्रेटरी थे तो उनके साइन किये हुए आर्डर्स की कॉपी फैक्टरी में आती तो मुझे बहुत खुशी होती। मैं अपने साथियों को दिखाया भी करता था। मैंने एक-दो बार रजत जी को फोन भी किया था मगर बात हो नहीं पाई...।"

तभी कहीं से आवाज़ आई थी 'चल अब कर ले...बहुत हुआ...बैठ जा।'

और प्रेमलाल सबको नमस्कार करके मुस्कुराते हुए चुपचाप किनारे खड़ा हो गया था।...ऐसे भी तो लोग होते हैं...ऐसा ही कुछ सोच रहा था तभी अतुल सपरिवार सामने मंच पर पहुँचा था। और उसने पहुँचते के साथ सवाल दागा था,

"क्या आप लोग बता सकते हैं कि आज के हमारे कार्टून नेटवर्क के सभी सुपरमैन, स्पाइडरमैन और फैंटम, पैंट के ऊपर अंडरवियर, शुद्ध शब्दों में चड्डी, क्यूँ पहनते हैं... ?" एक मिनट तो सन्नाटा हुआ और फिर ताली पीटकर हँसने और चीखकर हूटिंग की आवाज़ें आने लगीं...लड़के हँसते हुए लोटपोट हो रहे थे। महिलाएँ समझ तो नहीं पाई थीं मगर चड्डी शब्द से शायद हँसने के लिए मजबूर हुई थीं...तभी पीके ने जोर से आवाज़ लगाई, "...क्योंकि सभी की रैगिंग हमारे कॉलेज में हो चुकी है।" सुनते ही फिर से हँसी का फव्वारा फूटा था। औरतों ने फिर इधर-उधर देखकर आपस में खुसर-फुसर की थी। एक ने तो पूछ ही लिया था, "भाई साहब, हम लोगों को कुछ समझ नहीं आया...।"

"असल में भाभी जी, हमारे कॉलेज की फर्स्ट ईयर की रैगिंग में, हॉस्टल में रात को सभी को फैंटम बनना पड़ता है, जिसमें हरेक को पहले उलटी पैंट पहननी पड़ती, ऊपर से अंडरवियर और फिर उलटी शर्ट ऊपर से उलटी बनियान...।"

"तो क्या आप लोग इसके लिए सबके सामने कपड़े भी उतार देते थे... ?"

"और क्या...।" एक झटके में अतुल बोल गया था, मगर फिर महिलाओं ने मुँह पकड़कर हँसना शुरू किया था। एक ने कह ही दिया, "तभी ये लोग इतने बेशर्म भी हैं...।"

"लगता है इसकी रैगिंग नहीं हुई थी, तभी हमारी पोल खोल रहा है, थर्ड बटन, हो जाओ मुर्गा...।" यह आरपी था।

"जी सर लीजिए... ।" और उसने एक मिनट के लिए अपना मुँह नीचे करके शर्ट के बटन की ओर देखा तो लोगों ने तालियाँ बजाई थीं। थोड़ी देर बाद ही फिर मुँह ऊपर करके उसने बोलना शुरू किया था... ।

"मैं आप लोगों को एक मजेदार किस्सा सुनाता हूँ...हमारा दोस्त विनीत विनीता बन गया था। सेक्स परिवर्तन के द्वारा नहीं, सिर्फ नाम से। पता है कैसे... ? उसका दिमाग़ कुछ ज़्यादा ही चलता था। एक दिन अचानक उसने अपने नाम की स्पैलिंग के अंत में 'ए' अक्षर जोड़ा और पेन फ्रेंड की लिस्ट में अपना नाम विनीत की जगह विनीता भेज दिया।...दोस्तो याद होगा... फिर हिन्दुस्तान के कोने-कोने से रोज़ दर्जनों खत आते।...कुछेक तो विदेशों से भी आने लगे थे।...आंकड़ा सैकड़ों में पहुँच गया तो पोस्टमैन परेशान होकर लड़ने लगा था। बड़ी मुश्किल से लड़कों ने उसे चुप कराया था। इन अनगिनत प्रेम-पत्रों में कई शायरियों से भरे हुए होते तो किसी ने खून से लिखने का दावा किया था। कई एक ने तो साथ में अपनी फोटो भी भेजी थी।...पत्रों को पढ़ने में मजा आता...कई बड़े रोचक होते थे।...तकरीबन सभी में प्रेम के वादे किये जाते। सभी दोस्त बनने के लिए लालायित होते। कइयों में सेक्स का चित्रण भी होता। कई ने मिलने की इच्छा जताई थी। एक तो उसी शहर का, पूछते-पूछते...हॉस्टल पहुँच गया था...याद है दोस्तो, उसकी सबने मिलकर क्या पैंट उतारी थी...बाप-बाप करता हुआ भागा था।...कुछ एक ने पत्र के साथ में...कुछ भेजा भी...था।" अतुल मुस्कुराया था। पीके धीरे से मेरे और आरपी के बीच में बुदबुदाया था..."याद है तुम लोगों को... ।"

"हाँ-हाँ, कई ब्रॉ व पेंटीस आई थीं... ।" आरपी फुसफुसाया था।

"एक ने तो लिखा था कि तुम गोरी हो, तुम पर काली अंडरगारमेंट्स अच्छी लगेगी...शीशे में देखना... ।" पीके ने धीरे से जवाब दिया था।

"अच्छा बस कर पीके...हाँ, अतुल भाई याद है तुम आगे चलो...नहीं तो पिटवाओगे... ।" आरपी ने पहले तो पीके का मुँह धीरे से बंद किया फिर जोर से बोला तो कई हँसे थे।

"...उनमें एक युवक ऐसा भी था जो शायद कई दिनों तक लिखता रहा। वह हर बार बड़ी मेहनत से चित्रकारी भी करता। बड़ी सुंदर लिखाई थी। अंतिम पत्र में लिखा गया था कि अगर इस पत्र का जवाब नहीं दिया गया तो वह आत्महत्या कर लेगा।...पता नहीं, उसने क्या किया ? लेकिन शायद विनीत ने इसके बाद ही एक पत्र संपादक को लिखकर अपनी दास्तान सुनाई थी। अंत में संपादक ने विनीत के पत्र को भी छाप दिया था...और फिर कुछ दिनों में पत्र आना बंद हो गए थे।...बाद में ये चिट्ठियाँ प्रेमपत्र लिखने के लिए कइयों के काम आने लगी थीं। जब यह ख़बर

गर्ल्स हॉस्टल पहुँची तो सुना कि कई लड़कियों के मन में ईर्ष्या भावना जागी थी।...पोस्टऑफिस में विनीता के नाम की चिट्ठी गायब भी होने लगी थीं। उनमें से कुछ एक चोर अभी यहाँ बैठे हैं...क्या मैं उनका नाम लूँ... ?''

''शेम शेम...तुझे कैसे मालूम...खुद चोर जो था...।''

''हाँ, एक-दो मैंने भी चुरायी थी...और उसी को देखकर बाद में अपनी पत्नी को पत्र लिखा था...।'' अतुल ने कहा तो उसकी श्रीमती ने शरारतभरी मुस्कान से उसे देखा और फिर दोनों वापस भीड़ में थे।

अंत में बारी मेरी थी। मैं जब तक सामने पहुँचता कविता और काव्याश्री भी उठकर वहाँ आ चुके थे। पहले मैंने चारों ओर देखा और फिर बोलना शुरू किया...।

''देवियो, बच्चो और यहाँ उपस्थित सभी पीद्रो, ढक्कनों, घिस्सू और झंडू...अब कौन किस उपनाम में अपने आप को ज़्यादा फिट महसूस करता है, वो उसी से खुद अपना नाम जोड़ ले...।''

'छा गए...छा गए...' आवाज़ आई थी। तालियाँ, सीटियाँ बजने लगी थीं।

''...आज भी आप में से कइयों ने कई गोले फेंके, ऊँची-ऊँची और लंबी-लंबी छोड़ी तो कइयों ने उसे ढील दी थी...इतने सालों बाद हिन्दुस्तान आकर मैंने आज भी इसको लपेटा है...।'' इतना कहने की देर थी कि लोगों ने पेट पकड़कर हँसना शुरू कर दिया था। महिलाएँ पुरुषों का हँसना देखकर हैरान-परेशान हो रही थीं।

''...आप लोग हैरान न हों, ये हमारे कॉलेज के ज़माने के जुमले हैं, जो सिर्फ हम लोग ही समझ सकते हैं, क्योंकि हम लोग इंजीनियर के साथ-साथ पीएचडी भी हैं...।'' एक मिनट के लिए शोर थोड़ा कम हुआ था और सभी मेरी ओर देखने लगे थे। शायद ये शब्द कइयों को याद नहीं आ रहा था...

''...पीएचडी मतलब...पास्ड हायर सेकेंडरी विद डिफिकल्टी...।'' और इतना भर कहना था कि अबकी बार महिलाएँ भी हँस पड़ी थीं। कविता ने भी मेरी ओर हाथों के इशारे से कहा था कि ये तो कमाल हो गया।

''...असल में दोस्तो, मैं यहाँ हिन्दुस्तान आया हूँ किसी खास मकसद से...बताना चाहूँगा कि मैं कभी कॉलेज के यूबीआई ग्रुप का सदस्य नहीं रहा। यूबीआई मतलब अनफॉरच्यूनेटली बार्न इन इंडिया...जैसे कि आज कौन यूबीआई आया है... ?'' और मैंने जैसे ही सबकी ओर निगाह डालना शुरू किया, शोर में कई नाम लिये जाने लगे थे। इसमें एक नाम जोर-शोर से लिया जा रहा था, 'महेंद्र महेंद्र...।' और महेंद्र मुस्कुरा कर लोगों की तरफ देखता, नकारात्मक मुँह हिलाता और फिर मेरी ओर देखता।

"...मैं उसका नाम नहीं लूँगा, नहीं तो आज उसका बैंड बज जाएगा।" मेरी निगाह अनायास ही महेंद्र की ओर चली गई तो देखा उसका चेहरा देखने लायक था।

"...बहरहाल, दोस्तो मैं तो यहाँ यूबीआई कभी नहीं बना, पक्का देसी कहलाने में गर्व करता रहा, मगर मेरी बेटी अमेरिका में एबीसीडी कहलाती है...।"

"अमेरिकी बार्न कनफ्यूज़्ड देसी।" सामने से कोई बोला था।

"जी हाँ, वैसे इसमें कोई कनफ्यूजन नहीं है, फिर भी उसे दूर करने के लिए ही मेरी बेटी भारतीय समाज और राजनीति का अध्ययन करना चाहती है तो उसके लिए जेएनयू या दिल्ली विश्वविद्यालय से बेहतर कोई जगह नहीं हो सकती। इसी के लिए हम यहाँ आये हैं...और इस तरह से सभी अफवाहों को मैं विराम लगाना चाहता हूँ।...अब आगे मैं भी एक मजेदार किस्सा सुनाना चाहता हूँ...

...एक बार देर शाम मैं हॉस्टल जाने के लिए माडर्न मार्केट के अपने बस स्टैंड पर खड़ा था तभी एक सीनियर अचानक आ टपका और पूछने लगा, 'फर्स्ट ईयर?'

'जी सर'

'थर्ड बटन।'

सुनते ही तुरंत सीधे खड़े होकर मेरी आँखें कमीज की तीसरी बटन पर केंद्रित हो गई थीं। सिर तो झुका था मगर जाने क्यूँ उस दिन हल्की-सी हँसी आ गयी।

'क्यों बे साले, बहुत होशियार बनता है? जा, वो जो लड़की जा रही है, अपनी माँ के साथ, उसका नाम पूछ कर आ, नहीं तो...।'

"मैं दौड़ते हुए माँ-बेटी के पास गया था। मैंने उस लड़की की माँ को चलते-चलते अपने बारे में जानकारी दी और फिर हाथ जोड़कर बड़ी मिन्नतें की थीं, 'माताजी अपनी बेटी का नाम बता दें, नहीं तो वो पीछे देख रही हैं न, मेरे सीनियर नहीं, राक्षस हैं, बहुत मारेंगे साले।...अच्छा, झूठ-मूठ का कोई भी नाम बता दो...' साथ-साथ चलते हुए मैं लगातार बोल रहा था। '...प्लीज़।' मगर माँ पर कोई असर नहीं था। लड़की ज़रूर थोड़ी शरमा रही थी।

"उस लड़की की माँ ने एक बार मेरी तरफ गुस्से से देखा और फिर अचानक चाल तेज़ कर दी थी। मैंने भी तेज़ी पकड़ी थी। लड़की कुछ सहमी थी। तिरछी निगाहों से देख लेती। मुझे आज भी याद है...उसकी एक चोटी, चेहरे पर कोई मेकअप नहीं था बस सादा-सा सलवार सूट...ठीक ही लग रही थी। वैसे तो वो भी तेज़ चलने की कोशिश कर रही थी। फिर भी थोड़ा पीछे होने लगी तो माँ ने बेटी से कहा था, 'चल ऋचा, ये गुंडे ऐसे ही होते हैं, तेज़ चल।'

"मैंने सुनकर तत्काल कूदते हुए कहा था, 'मुझे आपकी बेटी का नाम पता चल गया...ऋचा।' और फिर बीच सड़क पर आधा झुककर 'धन्यवाद' किया ही था कि

वो लड़की मुँह पर हाथ रखकर मुस्कुराई थी और दौड़कर माँ के साथ-साथ चल पड़ी...हाय! क्या हँसी थी...दोस्तो, हँसी मतलब... ?''

सुनते ही चारों ओर सीटियाँ और तालियाँ बजी थीं। कविता और काव्याश्री भी मुस्कुरा दी थीं।

''...दोस्तो, अंत में एक बात और...विदेश के बारे में दोस्तों ने कई सवाल किए...जिज्ञासा स्वाभाविक है...बस, मैं तो इतना कहना चाहता हूँ कि वहाँ पैसा कमाया, इज्जत भी कमाई, सुख-सुविधा सब मिली...लेकिन पता नहीं क्यूँ, एक खालीपन हमेशा रहा है...ऐसा लगता है कि मैं बिना जड़ का हवा में लटक रहा हूँ...कोई मकसद नहीं...कह सकते हैं जीवन तो है मगर आत्मा नहीं...अब आप लोगों के बीच आकर जो प्यार, अपनापन मिल रहा है वो वहाँ कहाँ...हमारे इस याहू ग्रुप के कारण हमारे बीच में मेलजोल बढ़ा है। हम लोग पूरे विश्व में फैले होने के बावजूद एक बार फिर एक-दूसरे से जुड़ने लगे हैं। हमारे बीच की न केवल दूरियाँ खत्म हुई हैं इसने समय को भी पीछे धकेला है। तभी तो हमारा बीता हुआ कल, यूँ लगता है मानो अभी-अभी तो यहीं था। ऐसा लगता ही नहीं कि इतने वर्ष हो गए। इसके कारण हमारे बीच में भाइचारे की भावना एक बार फिर जागी और कई तरह से यह आपस में एक-दूसरे को मददगार साबित हो रहा है। जैसे अब मुझे बेटी काव्याश्री को यहाँ दिल्ली में छोड़ने में कोई डर नहीं लग रहा, क्योंकि आप सब यहाँ उसको देखने के लिए हो... । विशेष रूप से एक बार फिर, मेरी, कविता व काव्याश्री की ओर से इस पार्टी के लिए धन्यवाद... ।''

इस बार जोरदार तालियाँ बजी थीं। पार्टी देर रात तक चली थी। बीच में सेरिल ने मुझसे आकर कुछ देर बात की थी। तभी शिष्टावश महेंद्र भी बातचीत के लिए आया था...''कहाँ हो और क्या कर रहे हो... ?''

''सॉफ्टवेयर कंपनी ई. सॉल्यूशन में हूँ... ।''

''मगर तुम राजनीति में क्यूँ नहीं गए...हम तो सोच रहे थे... ।''

''नहीं-नहीं, ये हमारे वश में नहीं... ।''

''तुम भी ऐसा सोचते हो...जबकि अच्छी राजनीति कर लेते थे... ।'' सेरिल की बात सुनकर महेंद्र थोड़ा सकपकाया था। सेरिल सपाट थी। और फिर वह टिक न सका था। मुझे सेरिल का यह व्यवहार बहुत उचित नहीं लगा था जबकि मैं समझ तो रहा था।

''पता है प्रणव, इतने सालों में भी, मैं उस बात को नहीं भुला पायी जब इन लोगों ने मुझे बेवजह बदनाम किया था...और शायद दुष्यंत भी इसी कारण हारा था... ।''

“चलो सेरिल, भूल जाना चाहिए...।”

“वो तो ठीक है प्रणव, लेकिन ग़लत चीज़ का विरोध होना चाहिए, फिर चाहे जैसे हो, नहीं तो वो सही होती चली जाती हैं...ख़ैर, दुष्यंत ने इसे बड़ी शालीनता से लिया था...वैसे, वो कैसा है...और क्या कर रहा है...।”

“कुछ खास तो मुझे भी नहीं पता...मगर अगले हफ्ते हम विराटनगर जा रहे हैं...तब उससे मुलाकात होगी...।”

“तो क्या इतने सालों से तुम लोगों का आपस में कोई संपर्क नहीं...तुम लोग तो बहुत खास दोस्त थे...।”

“बस ऐसे ही, उन दिनों किसी का भी आपस में संपर्क कहाँ रह पाता था...।”

“कमाल है...तुम लड़के लोग हॉस्टल में तो इतने करीब रहते हो फिर बाद में...विश्वास नहीं होता...।” उसके चेहरे पर हैरानी थी।

“तो आगे का क्या प्रोग्राम है?” इस बीच पीके और आरपी आ गए थे।

“परसों बाबा के पास घर जाऊँगा फिर अगले हफ्ते विराटनगर...।”

“जैसा भी है, बताते रहना और कोई भी चीज़ की ज़रूरत हो तो बेहिचक बताना...ठीक?” आरपी ने जाने से पहले कहा था। सभी बड़ी गर्मजोशी से मिले और विदा हुए। मुझे अच्छा लगा था।

14

सुबह के आठ बजे थे। कविता और काव्याश्री अंदर के कमरे में अभी भी सो रही थीं। बाथरूम से निकल कर कुछ और समझ न आया तो बैठक में कुछ देर यूँ ही बैठा रहा। कल रात के किस्से रह-रहकर याद आ रहे थे। कुछ एक बातें गुदगुदा रही थीं तो किसी पर अनायास ही हँसी आ जाती। ये यादगार शाम थी।...और तभी मैंने लैपटॉप पर इंटरनेट खोला था। सोचा कि कल के फंक्शन की जानकारी सभी दोस्तों को दे दूँ। मगर याहू ग्रुप पर पहले ही नये पच्चीस ई-मेल देखकर हैरानी हुई थी।

...अभी कल दोपहर में ही तो सभी ई-मेल देखा था।...अचानक बारह-चौदह घंटे में इतने नये ई-मेल? वो भी रातभर में...!! अच्छा! कल रात के फंक्शन के संबंध में होंगे...लोगों में इसको लेकर उत्सुकता है...। और इन ई-मेलों को खोलकर एक-एक कर पढ़ने से पूर्व उत्सुकतावश सरसरी निगाह से देखा तो आँखें एक मिनट के लिए ठहर गई थीं। नये मेल की सूची में सभी का शीर्षक एक ही था...

‘गंभीर रूप से घायल दुष्यंत राठौर पुलिस गिरफ्त में।’

पढ़ते ही आँखें हड़बड़ाकर तीव्रता से ई-मेल भेजने वाले सभी लोगों के नाम को स्कैन करने लगी थीं। हाथ अनायास ही लैपटॉप पर काँपने लगे थे।...ऐसा कैसे हो सकता है?...अभी कल ही शाम तो दुष्यंत की चर्चा हुई थी...। कल सुबह मैंने सपने में भी देखा था...न जाने कितनी आशंकाओं ने दिमाग़ पर तेज़ी से प्रहार किया था।

भावनाओं के तीव्र प्रभाव को रोक कर मैंने सबसे पहले मूल मेल की ओर ध्यान दिया था।...भेजने वाला अमन था। एक सेकेंड के लिए दिमाग़ ने ज़ोर डाला था...हाँ, यह वही है, अक्सर याहू ग्रुप पर मेल लिखता रहता है... सिविल में था, इस वक्त यह बात उतनी महत्त्वपूर्ण नहीं थी, फिर भी क्लिक करके मेल को खोलने के दौरान ये सब बातें अनायास ही आ रही थीं।

दोस्तो,

हमारे पड़ोस में रहने वाले, अपने ही कॉलेज के एक छात्र ने दोपहर ख़बर दी कि दुष्यंत राठौर नाम के किसी सीनियर को गंभीर रूप से घायल अवस्था में पुलिस ने पकड़ा है...शायद किसी से झगड़ा हुआ था। मैंने जानकारी हासिल करने के लिए दुष्यंत के घर फोन किया तो उसकी बेटी ने रोते हुए बताया कि हाँ, पापा के साथ कुछ हुआ है...। उसे भी ज़्यादा पता नहीं था...कहने लगी कि थाने से फोन आया था तो मम्मी भी गई हैं...। वो भी जा रही थी...। मैं पता करता हूँ...फिर ख़बर करूँगा...अमन।

मेल पढ़ते ही धड़कने साफ-साफ और तेज़ सुनाई देने लग पड़ी थीं और मैं एक मिनट के लिए शून्य में था। कुछ देर बाद ही निगाहें कंप्यूटर स्क्रीन पर पुनः केंद्रित हो पायी थीं और मस्तिष्क ने एक बार फिर से आगे देखना प्रारंभ किया था।...इस मेल को पढ़कर हिन्दुस्तान ही नहीं, दुनियाभर में फैले हुए कॉलेज के सहपाठियों ने दसियों मेल लिख डाले थे। मेल भेजने वालों के नाम पढ़े तो देखा उसमें से अधिकांश वही थे जो याहू ग्रुप पर अपनी प्रतिक्रिया निरंतर देते रहते थे।...आगे जानने के चक्कर में मैं फटाफट मेल पढ़ने लगा था...अधिकांश विदेश से थे, वहाँ दिन होगा...।

विनोद नीदरलैंड से, रॉबिन वाशिंगटन से, कमल न्यूयार्क से तो जसविन्द्र फ्रांस से नियमित लिखने वालों के मेल में कुछ खास नहीं था। हिन्दुस्तान से सुशांत ने भी लिखा था। जवाब में गीता, संगीता और अनूप के मेल देख ही रहा था कि चार नये मेल और आ चुके थे। सभी दुष्यंत राठौर के लिए। क्या अब भी इतना लोकप्रिय है दुष्यंत राठौर?...गीता के मेल पढ़ने से ऐसा लगता तो नहीं।

लिखा था...'मैं याद करने की कोशिश कर रही हूँ। चेहरा याद नहीं पड़ता,

किसी के पास पुरानी फोटो हो तो डालें। वैसे...इस उम्र में...पुलिस...गिरफ्तार...घायल... बात कुछ समझ नहीं आयी...बहरहाल, जो भी हुआ वो ठीक नहीं और हमारे मित्र जो उसी शहर में हैं उन्हें पता करना चाहिए कि ये चक्कर क्या है...गीता।'

जवाब में कई मेल थे...'दुष्यंत मैकेनिकल का था, रामपुर का रहने वाला था...हमारे बैच के दादाओं-नेताओं में से एक...उसकी कोई फोटो नहीं मिल रही...हम लोगों के ग्रुप के साथ रहता ही नहीं था...।' और भी पता नहीं क्या-क्या...। तो क्या बस, यही पहचान है दुष्यंत की...इनकी निगाहों में...? सोच-सोचकर मुझे थोड़ा गुस्सा आ रहा था...किसी पक्की ख़बर के न मिलने से वैसे ही अंदर घबराहट बढ़ रही थी। क्या सचमुच गीता दुष्यंत को पहचान नहीं पा रही?...क्या यह संभव है?...साली...बनती है।...बेशक बीस-बाईस वर्ष हो गए हों, मगर जीवन के उन महत्त्वपूर्ण चार-पाँच वर्षों को क्या इतनी आसानी से भूला जा सकता है? नहीं। यादें धुँधली हो सकती हैं, मगर गीता की बातें...!! यकीन नहीं होता।...मैंने एक लंबी साँस ली थी।...मारो गोली गीता को।...हुआ क्या है दुष्यंत को? अभी यह चिंता ज़्यादा बढ़ी थी।...किस को फोन करूँ...? क्या करूँ? दिमाग काम नहीं कर रहा था...निगाह अब भी कंप्यूटर स्क्रीन पर ही थी।

उधर, एक मेल पर बहस चल पड़ी थी...फाइनल ईयर में हॉस्टल में पुलिस रेड क्यूँ हुई थी...?...अप्रत्यक्ष रूप से तो पढ़कर लगा कि एक-दो लड़के कहना चाह रहे थे कि दुष्यंत ही जवाबदार था...। साले।...उसी में एक मेल सुरजीत का था...हम चुनाव हारे, शरीफ लड़के जेल गए, कॉलेज बंद हुआ...किसके चक्कर में...बहरहाल दुष्यंत की जगह डीडी बेहतर विकल्प होता, वो अधिक स्वीकार्य और स्मार्ट था...। जवाब में डीडी ने भी तुरंत अपनी शेखी बघार दी थी...लीव द पास्ट हिस्ट्री, हाऊ इज़ अवर बहादुरशाह जफर? मुझे साफ लगा कि अंग्रेजी में लपेटकर डीडी हम सब का माखौल उड़ा रहा था...इतिहास का पतन और बहादुरशाह जफर नाम में व्यंग्य छिपा था। साला हरामी डीडी...नहीं, इसका तो देशद्रोही नाम ही ठीक है...ये डबल ढक्कन, पता नहीं, कुछ लोगों को पसंद कैसे आता रहता है? आज भी दूसरों की बीवियों को ताकता रहता है...दारूबाज...नहीं, डबल दारूबाज। ऐसे समय में भी ये दो-चार लोग अपनी हरकतों से बाज नहीं आते...इनको दूसरे काटते क्यूँ नहीं? चुप क्यूँ रहते हैं...? पिछली बार सतीश एक लड़की के लिए बकवास लिख रहा था। वह तो सिंगलमैन आर्मी था...तब भी सब चुप थे...। अचानक गुस्सा आया था।

इसी बीच सुशांत का एक और मेल था, लिखा था...किसी तरह के मेडिकल एड की आवश्यकता है? तो तुरंत बताओ...राजेश तुम तो उसी शहर में हो...तुम कुछ बताओ। मेरे कुछ मित्र हैं, डॉक्टर, वहीं पर, मैं उन्हें कह सकता हूँ।...सुशांत।

अमन उसके बाद से नदारद था। इस बार राजेश ने कोई मेल क्यूँ नहीं लिखी... ? वो तो सक्रिय रहता है... ! और कुछ सोचकर मैंने तुरंत ग्रुप साइट के डाटा में ढूँढ़ा तो वहाँ राजेश का मोबाइल नंबर मिल गया था। फोन किया तो स्विच ऑफ था। और तभी अरुण की याद आई थी। उसका नंबर कल ही तो पार्टी में मिला था...तुरंत लगाया तो वो भी ऑफ ही था।...और मेरी चिंता बढ़ी थी।...पता नहीं, कैसा है दुष्यंत ? मेन प्वाइंट...असल में हुआ क्या है ?

हिन्दुस्तान में दिन चढ़ते ही...कई मेल आने लगे थे। अधिकांश यूँ ही थे। इंटरनेट पर चैटिंग करने के लिए कोई नया विषय होना चाहिए।...बस, और यह तो सबके लिए एक लाइव केस था। कई तरह के प्रश्न उभर रहे थे। उद्देश्य भिन्न-भिन्न थे। लिखने वालों के मन की बात जानना इतना आसान भी नहीं। मगर किसी-किसी की मानसिकता झलक ही जाती। मसलन...क्या वह अब भी गुंडागर्दी करता है ?...वैसे, क्या करता है दुष्यंत ?...कौन और किसके साथ दुश्मनी है ?...इतने सालों बाद भी वो कॉलेज में क्या कर रहा था ?...कुछ एक बीच में सांत्वना के लिए भी लिखते।...एक-दो ने भगवान से विनती भी कर डाली थी। यह अच्छा तरीका है।...हर जगह हर तरह के लोग होते हैं। ज़्यादातर बेफिजूल की बातें थीं। मगर कुछ एक सही राय भी दे जाते। तभी तो अनूप ने लिखा था '...वहीं पर मिलिंद भी तो पोस्टेड है, आईजी है, उससे मदद क्यों नहीं ली जाती ? उसे फोन किया जाना चाहिए।...अनूप।'

यह बात काम की थी। मैंने मिलिंद का फोन नंबर ढूँढ़ने की कोशिश की थी। असफल रहा था। कुछ नहीं सूझा तो उठकर चहलकदमी करने लगा था। फिर चाय के लिए रूम सर्विस में फोन किया था। कविता अब भी सो रही थी। काव्याश्री तो वैसे भी लेट उठती है।...दिल्ली वाले दोस्त भी सो रहे होंगे ? नहीं, अब तो उठ जाना चाहिए। सब को ऑफिस जाना होगा। एक-दो को फोन किया तो नो रिप्लाई हुआ था...सुबह-सुबह नहा-धो रहे होंगे। कुछ और मन नहीं किया तो मैं फिर इंटरनेट पर लौटा था। देखा कि मिलिंद का ईमेल है।...उसने भी ईमेल पढ़ा होगा, पढ़ता है।...हो सकता है, किसी ने उसे फोन किया हो। कई विचार घूम गए थे। अधिक उत्सुकता ईमेल में लिखी ख़बर से थी और मैंने तुरंत उसे खोला था।

...हाँ, दुष्यंत की हालत नाजुक और चिंताजनक...केस भी सीरियस है, पता चलते ही विस्तार से लिखूँगा।...मिलिंद।

यह पढ़कर चिंता और बढ़ गई थी। मैंने एक लंबी साँस ली थी। खिड़की से बाहर देखा, दोपहर तेज़ी से आ रही थी। सोच रहा था...मिलिंद खुद अस्पताल गया होगा...ठीक भी है...जाना भी चाहिए...इसी शहर में, मिलिंद की तबीयत जब द्वितीय वर्ष में बहुत ख़राब हुई थी तो देर रात दुष्यंत ही ऑटो से उसे सरकारी अस्पताल ले

गया था। कितनी दौड़भाग की थी उसने। तब जाकर डॉक्टर आया था। हम पूरी रात वहीं रहे थे।...अचानक दुष्यंत का चेहरा घूम गया था, धुँधला...।

क्या यही जीवन का सच है? मान लेना चाहिए। दुष्यंत के बारे में मुझे कोई विशेष जानकारी नहीं...कोई ख़बर नहीं...मैंने कभी ज़्यादा पूछताछ भी नहीं की...नहीं-नहीं, ऐसा नहीं है।...इतने वर्षों में मैंने कई बार पता लगाने की कोशिश की मगर हिन्दुस्तान में बैठे लोगों को भी उसके बारे में कोई विशेष जानकारी नहीं थी। उस ज़माने में फिर इंटरनेट-मोबाइल भी कहाँ था...और फिर मैं भी तो बाहर जाकर शुरू में, कितना संघर्ष करता रहा...फिर कुछ सैटल हुआ तो समय निकल गया था और फिर उससे सीधे बात करने में हिचकिचाहट होने लगी थी। सोचा था इस बार जाकर खुद मिलकर आऊँगा। लेकिन ऐसा कुछ हो जाएगा कभी सपने में भी नहीं सोचा था। मन विचारों में डूब रहा था...समय का पता ही नहीं चला...हाँ, शुरू-शुरू में इतना ज़रूर किसी ने बताया था कि कॉलेज में ही उसने कुछ काम लिया था।...और शादी?...हाँ, तभी तो एक बेटी है...कहीं पम्मी, वही झोपड़पट्टी वाली के साथ ही तो नहीं कर लिया? बहुत दीवाना था उस रंडी का।...नहीं-नहीं, ऐसा होना तो नहीं चाहिए।

सुबह जा रही थी। दुष्यंत पूरी तरह से दिलोदिमाग़ पर चढ़ रहा था।...अब दोस्तों को फोन किया जा सकता है और चिंतावश मैंने पहला फोन महावीर और फिर अशोक को मिलाया था। दोनों ख़बरों के सेंटर प्वाइंट हैं। मगर दोनों के पास कोई जानकारी नहीं थी। उलटे उन्हें पता ही नहीं था। जब मैंने ख़बर दी तो अशोक ज़रूर व्यथित हुआ था। लेकिन उतना नहीं, जितना हॉस्टल में होते थे। और फिर मैंने रजत को फोन लगाया था। सुनकर उसने हैरानी प्रकट की थी।

"अच्छा!! ऐसे कैसे हो सकता है? मैं मिलिंद से पूछता हूँ।"

"मुझे भी मिलिंद का नंबर चाहिए।"

"मैं अभी एसएमएस करता हूँ...और कुछ पता लगे तो मुझे भी बताना।"

एक घंटा बीत चुका था।...कमाल है, रजत एसएमएस तक करना भूल गया। इतनी बड़ी बात...शायद उसके लिए महत्त्वपूर्ण न हो...हो सकता है ऑफिस में काम हो...मगर ये क्या बात हुई!!...बेचैनी बढ़ रही थी। पलटकर किसी ने फोन नहीं किया था...वहाँ अरुण और राजेश का फोन अभी भी स्विच ऑफ ही था। इधर, दिल्ली में सभी से एक-एक बार बात कर ली थी...हाँ, रजत का नंबर इस बार नो रिप्लाई हुआ तो...गुस्सा आया था। हर पाँच मिनट में ईमेल चैक करता। मगर सभी बकवास

मेल होते। कइयों को दूसरी बार फोन किया मगर कहीं कोई जानकारी नहीं थी। कविता उठी तो सुनकर हैरान और फिर दु:खी हुई थी। एकदम चुप, बहुत देर तक पास ही बैठी रही। मेरी मन:स्थिति समझ रही थी। काव्याश्री उठी और उसने मुझे कइयों को लगातार फोन मिलाते देखा तो अपनी मम्मी से जानकारी ली थी। और फिर चुपचाप बगल की कुर्सी पर बैठकर मुझे देखती रही।

दोपहर हो चुकी थी। नाश्ता बेमन से किया था। इस बीच विनय का फोन आया था। उसने भी चिंता जाहिर की थी। बस। और फिर मेरा आगे का कार्यक्रम पूछने लगा...। मुझे कुछ भी ठीक नहीं लग रहा था, यह देखकर समझाने लगा...। ''आकाश और श्रवण, बैच के दो–दो आईएएस हैं उसी शहर में, डॉन्ट वरी...सब मदद कर रहे होंगे...।''

''करनी तो चाहिए।''...मैं इतनाभर बोलकर चुप हो गया था।

''ज़्यादा चिंता करने की ज़रूरत नहीं है, पुलिस की तो अब तक आदत पड़ चुकी होगी...हाँ, चोट कैसी है पता लगाते हैं...फिर भी फिकर नॉट, दादा लोग के साथ तो ये चलता रहता है...और फिर विष्णुदत्त वहीं पर इतना बड़ा नेता है।''

पीके का मज़ाक इस वक्त अच्छा नहीं लगा था। एक बार फिर ई–मेल चैक किया तो...अब कुछ लोगों ने रात की पार्टी व जोक्स के बारे में लिखना शुरू कर दिया था। मुझे बुरा लगा था। क्या यह समय है इन सब बातों का। तभी फोन पर एसएमएस था रजत का...'बात सीरियस है शाम को बताऊँगा।'

क्या?!!...पढ़कर चेहरे पर चिंता बढ़कर आँखों में उतरने लगी थी। घबराहट में विस्तार से जानने के लिए रजत को फोन किया तो नो रिप्लाई हुआ था। मैंने तुरंत एसएमएस भेजा था, 'क्या बात है? कुछ बताओ...कम से कम मिलिंद का मोबाइल नंबर तो दो, प्लीज़।'

अगले ही मिनट सॉरी के साथ मिलिंद का नंबर उसने भेजा था। उसको फोन किया तो स्विच ऑफ था। और मैंने सिर पीट लिया था। धीरे–धीरे चिंता घबराहट फिर व्याकुलता से होते हुए व्यग्रता फिर चिड़चिड़ाहट और फिर क्रोध में परिवर्तित हुई थी। ऑफिस के नंबर पर किया तो पता चला कि सुबह से किसी मीटिंग में है...बात नहीं हो सकती...सुनकर मिलिंद पर गुस्सा आया था...आईजी बन गया है तो क्या...दोस्त, वो भी खास के साथ ऐसा होने पर उसे दौड़ कर जाना चाहिए था...वो तो ऑफिस में है...!! क्या समय और पद इतनी दूरी बना देते हैं...? नहीं–नहीं, इतनी जल्दी नकारात्मक सोच ठीक नहीं...पता नहीं, क्या काम आ गया हो...? ऐसा भी क्या काम...उसी शहर में है!!!

यह पहला मौका था...शायद!...जब मिलिंद पर मेरा क्रोध इस रूप में प्रदर्शित

हो रहा था। कुछ बातें याद आ रही थीं, अकसर दोस्त कहते...वह सीधा-सरल पुलिस वाला है इसीलिए तो एसपी से लेकर आईजी बनने तक, फील्ड की पोस्टिंग नहीं ली।...राजनीतिज्ञ और गुंडों के साथ वह कभी न तो समझौता कर पाया, न ही चल पाया।...मगर फिर उन्हें ठीक भी तो नहीं कर पाया। हमेशा परेशानी से दूर रहा, बचता रहा। तो फिर पुलिस सेवा ज्वाइन ही क्यों की थी?...उमेश और रवि से जब भी कभी बात होती तो यही कहते...ग़लत काम न करना तो अच्छी बात है लेकिन ग़लत बात नज़रअंदाज़ करना ठीक नहीं। यह तो पलायन है। कमजोर लोगों की निशानी।...तो फिर उमेश और रवि ने कौन-सी पूछताछ की है, इनका तो कोई मेल भी नहीं, जबकि पाँचों अच्छे दोस्त थे-उमेश, अरुण, मिलिंद, रवि और रजत। और इन सबसे, विशेष रूप से जुड़ा हुआ था दुष्यंत। लेकिन आज...इस हालत में, मिलिंद मीटिंग में बैठा है।...और बाकी लोग का पता नहीं... ।

एक मिनट के लिए आश्चर्य हुआ था...। कैसे लिखेंगे? वक्त कहाँ है इनके पास? सारे के सारे अपने-अपने क्षेत्र के सूरमा...लेकिन फिर कॉलेज की दोस्ती किसलिए? सिर्फ अपने काम के लिए? ये सफल लोग स्वार्थी क्यूँ होते हैं?...शायद इसीलिए वे सफल होते हैं।...और अरुण... ? वो भी तो वहीं है...उसका भी मेल नहीं...कोई ख़बर नहीं... । ताज्जुब हो रहा था... । तभी अंदर से आवाज़ आयी थी...इसके पहले तुमने खुद कौन-सी खोज-ख़बर ली थी...वो तो ईमेल नहीं आता तो क्या पता चलना था...खाली बैठे-बैठे सबको ऐसे नाम रखने का क्या मतलब है...सोचकर मन में पहली बार आत्मग्लानि उभरी थी।

किसी भी दोस्त के साथ, कोई भयंकर जानलेवा घटना-दुर्घटना घटी हो, याद नहीं पड़ता। कभी कोई एक्सीडेंट तक नहीं सुना। और कोई खतरनाक बीमारी? नहीं,...अभी सब की उम्र ही क्या होगी? बयालीस-पैंतालीस। ये तो आज के युग में कुछ भी नहीं। हाँ, आधुनिकता का कुप्रभाव शरीर पर दिखने लगा है।...तो यकीनन, इस तरह की यह पहली घटना है। तभी तो आश्चर्य से भरे ईमेल अब भी छिटपुट आ रहे थे। कुछ ऐसे भी थे जो मदद करने के लिए तत्पर दिखाई दे रहे थे। मगर वो कुछ कर नहीं सकते। जो कर सकते थे वे चुप और नदारद थे। और यही कारण है जो इन सब में मेरी दिलचस्पी नहीं थी।...मेरी चिंता का बढ़ना स्वाभाविक था। जब तक कुछ न पता चले तब तक अपनों के लिए आदमी हमेशा ग़लत ही सोचता है।

इसी बीच महेंद्र का ई-मेल था...हद कर दी...उसे इसमें भी गैंगवार नज़र आ रहा था...उसी के चमचे सुनील रस्तोगी ने अप्रत्यक्ष रूप से जब लिखा कि... इन रास्तों पर ये तो एक न एक दिन होता ही है...पढ़कर ख़राब लगा था...वो दीगर बात

है कि...फिर मलहम लगाने के लिए लिख दिया था कि भगवान सब ठीक करेगा। दीवान के ई-मेल पर मुझे गुस्सा चढ़ा था और आगे पढ़ना बंद कर दिया था.. लिखा था...इस उम्र में झगड़ा...अब तो हमें बड़ों की तरह व्यवहार करना चाहिए...

मैं दुष्यंत के बारे में जल्द से जल्द जानना चाहता था। जो नंबर पता लगते, टेलीफोन घुमाता मगर कोई व्यवस्थित सूचना नहीं मिल पा रही थी। सभी अपने में व्यस्त लगे, हाँ, एक-दूसरे से पूछताछ ज़रूर कर लेते। कविता और काव्याश्री साथ ही बैठी रही, बहुत बोलने पर बाज़ार गई थीं। मेरा मन नहीं था और मैं चुपचाप कमरे में कभी मोबाइल करता तो कभी ई-मेल देखता। अब हर दस मिनट में कोई नई ख़बर तो होगी नहीं!! और सोच-सोचकर दिमाग़ी संतुलन बिगड़ रहा था। वही सवाल बार-बार उभरते...।

गंभीर रूप से घायल दुष्यंत ठीक तो है... ? वैसे वह करता क्या है ? उसके बारे में, कॉलेज से निकलने के बाद, कोई खास और पक्की खबर नहीं।...हाँ, बस इतना पता चला था कि कोई छोटी-मोटी ठेकेदारी करता है। मगर फिर इस उम्र में मारा-पीटी, लड़ाई-झगड़ा!!...ठीक तो लिखा है लोगों ने...यह क्या है ?...और यकायक मैं बेचैन हो उठा था।

इस बीच पता चला कि दुष्यंत की स्थिति आर्थिक रूप से भी बहुत अच्छी नहीं। कोई बता रहा था कि शरीर से अब बहुत कमजोर हो चुका है।...मगर वो तो हम सब में सबसे अधिक तंदुरुस्त हुआ करता था। क्या बॉडी थी...तो फिर अब यह सब कैसे ? यकीन ही नहीं हो रहा था। समय की मार इतनी गहरी हो सकती है...उठकर खिड़की से बाहर झाँका तो देखा दुनिया भाग रही थी। सड़कों पर वाहनों का आवागमन था। वापस बैठते ही आँखें बंद की तो दुष्यंत का चेहरा उभरा...दबंग, गर्व से भरा हुआ, अपनी चाल में मस्त। तो फिर कहाँ गड़बड़ हुई ? और मैंने कंप्यूटर पर तुरंत टाइप किया था- दोस्तो, कृपया विस्तार से बताएँ, दुष्यंत को असल में हुआ क्या है ? उसे हरसंभव मदद देने की कोशिश की जाए। भगवान उसकी रक्षा करे।...प्रणव।

15

इस दौरान विष्णुदत्त का लैंडलाइन नंबर ही मिल पाया था। पता चला कि मोबाइल नंबर मिलना मुश्किल है। उसी नंबर पर किया तो बहुत देर तक इंगेज मिला था। मिला तो ऑपरेटर ने पूछताछ करके फोन बाद में करने के लिए कहा था।...ज़्यादा पूछने पर कहने लगा...नेताजी नहीं हैं।...कब तक आएँगे ?...कुछ पता नहीं। हारकर

फोन काटना पड़ा था। कविता और काव्यश्री घर नहीं लौटी थीं। मेरा कुछ और करने का मन नहीं हो रहा था...पल-पल दुष्यंत के बारे में चिंता उभरती...अब तक कोई ख़बर नहीं, कोई अता-पता नहीं। क्या करे? अरुण और राजेश का मोबाइल अभी भी ऑफ था...विराटनगर के साथी अफसरों के घर का टेलीफोन नंबर बड़ी मुश्किल से मिला था। इसी बीच दबी जुबान में जो भी सुनाई देता...आधी-अधूरी बात से दिल अधिक घबराता।

दोपहर के खाने पर सब घर आते होंगे।...यही सोचकर पहले मिलिंद को किया तो नंबर व्यस्त मिला फिर श्रवण को फोन किया था। मगर उसने तो बात करने से भी इंकार कर दिया। कहलवाया दिया कि ऑफिस में बात करे। जबकि ऑफिस में तो कोई बात कराने को राजी नहीं। आकाश तो और ग़ज़ब निकला। उसने तो कहलवा दिया कि कह दो साहब घर पर नहीं हैं। जबकि ऑफिस से पता चला था कि साहब लंच के लिए घर पर हैं।

मिलिंद के घर एक बार फिर किया था। मोबाइल नहीं तो लैंडलाइन तो उठाना चाहिए।...तीसरी घंटी में दूसरी ओर से किसी ने फोन उठाया था...।

"श्रीमान, आईजी साहब के बंगले से हवलदार माताप्रसाद बोल रहा हूँ।"

"साहब हैं क्या?" मैंने थोड़ा तेज़ आवाज़ में कहा था। दिल और दिमाग़ का तारतम्य टूट रहा था। श्रवण और आकाश का कटु अनुभव भी था। उम्मीद थी कि मिलिंद ऐसा नहीं करेगा।

"श्रीमान, आप कौन बोल रहे हैं?"

"मैं, आपके साहब का बचपन का दोस्त, अमेरिका से बोल रहा हूँ।" शब्द व्यग्र हो रहे थे। अमेरिका जान-बूझकर कहा गया था।

"कहाँ से...?"

"विदेश से..."

"विदेश से बोल रहे हैं!! मगर साहब तो आराम कर रहे हैं...।"

"आराम कर रहे हैं...!! कोई बात नहीं, उन्हें उठाओ, कहना ज़रूरी बात करनी है।" आराम शब्द सुनते ही गुस्सा चढ़ा था और अब मैं चीखने लग पड़ा था।

"हुजूर, साहब को उठाना मुश्किल है।...रात देर से आए थे...कोई खास बात हो तो मुझे बताइए, मैं साहब को बता दूँगा।"

मन ही मन गाली देता तभी पीछे से दरवाज़े के खुलने की आवाज़ सुनाई दी थी। '...कौन है?' कोई पूछ रहा था और फिर आवाज़ आनी बंद हो गयी थी। लगता है टेलीफोन स्पीकर पर हाथ रख लिया गया था।...कुछ देर बाद टेलीफोन पर आवाज़ जम्हाई के साथ आई थी..."यस...मिलिंद स्पीकिंग।"

''मिलिंद, मैं प्रणव।'' थूक अंदर लेते हुए मैंने शांत होने की कोशिश की थी।

''प्रणव!! कहाँ से? तुम तो हिन्दुस्तान आए हुए हो न?''

''दुष्यंत के बारे में जानना था। बाकी बात बाद में करेंगे। पहले ये बता कि वो कैसा है? और ये मैं क्या सुन रहा हूँ? यह सब क्या है? क्या हुआ है?'' इतने सारे सवाल एक साथ, ये तो होना ही था, सुबह से भरा बैठा था।

कॉलेज से निकलने के बाद हम दोनों की यह पहली बातचीत थी। देखते ही देखते दो दशक बीत चुके थे। इस दौरान बहुत कुछ बदल गया। अब तो बच्चे भी बड़े हो चुके थे। एक पूरा काल घूम गया था। मगर एक मिनट में मेरे लिये, बीच का वक्त अचानक गायब हो चुका था और दुष्यंत केंद्र में था।

''हाँ, चोट गहरी है, उसकी हालत ठीक नहीं...कुछ कह नहीं सकते...।''

''क्या मतलब...!'' जिसकी आशंका थी वही सुनकर मन डूबने लगा था।

अचानक एक लंबी चुप्पी दोनों ओर से छा गई थी। मगर साँसें तेज़ सुनाई दे रही थीं। अंत में वह धीरे से बस इतना ही कह पाया था, ''...अब और क्या कहूँ?''

''मगर हुआ क्या है यार? और फिर अच्छे डॉक्टर से चैकअप तो करवा रहे हो न?'' आवाज़ में तेज़ी थी। यह टूटने से पूर्व का आक्रोश था।

''अब पुलिस हिरासत में, सरकारी अस्पताल का अपना तरीका होता है...।''

''तो क्या, तूने उसे मरने के लिए छोड़ दिया है?'' भावनाएँ बहने के लिए आतुर थीं तो मैंने अनायास ही अपनी नाक को पोंछा था।

''नहीं।''

''तो फिर तू कुछ करता क्यूँ नहीं?'' आँखों में आँसू उभर चुके थे। शब्द गीले हो रहे थे।

''कोशिश कर तो रहा हूँ...मेरे बस में भी ज़्यादा कुछ नहीं।'' एक लंबी चुप्पी के बाद बोला था मिलिंद।

''क्यूँ!! आईजी है तू। ऐसा कौन-सा महापाप कर दिया उसने। पुलिस इंक्वायरी तो फिर बाद में भी की जा सकती है। पहले उसे बचा तो लो। वैसे दूसरी पार्टी पकड़ में आई? कौन हैं वो लोग? और क्या लफड़ा है?'' कुछ सँभलने की कोशिश की थी मैंने। बड़े होने पर कमजोरी दिखाना शोभा नहीं देगा, मन के किसी कोने में विचार उभरा था। विस्तार से जानने की उत्सुकता भी जागी थी।

''इतना सब हो चुका है कि हम सोच भी नहीं सकते। मीडिया में देखेगा तब तुझे समझ आएगा कि...?'' मिलिंद उखड़ा-उखड़ा लग रहा था।

''अच्छा!'' बस इतना ही निकला था मेरे मुँह से।

''मामला ही कुछ ऐसा संगीन और टेढ़ा है कि...।''

"फिर भी...हुआ क्या है?"

"...दुष्यंत को यह सब नहीं करना चाहिए था।"

"क्या नहीं करना चाहिए था?"

"यही जो उसने किया..."

"अरे...ऐसा क्या कर दिया उसने...?" मैं झल्लाया था।

"तुम्हें नहीं पता...।"

"तो तू बताता क्यों नहीं?"

"अब क्या बताऊँ...मेरी कुछ समझ में नहीं आ रहा।"

"तू गया उसको देखने...?"

"नहीं...क्या करूँगा जाकर...एक तो ड्रग बेचने का मामला उभरा है...ऊपर से मर्डर केस भी है...।" कहते-कहते मिलिंद की आवाज़ भर्रा गई थी।

"क्या!!" कहकर मेरी आवाज़ उतरने लगी थी।

"तुझे यकीन नहीं होगा...शाम तीन बजे पुलिस कमिश्नर की प्रेस कान्फ्रेंस है, इसी मुद्दे पर...मीडिया का भारी प्रेशर है...चाहे तो खुद देख ले...।"

मैंने धीरे से फोन रख दिया था। मिलिंद की बातों से समझ आया था कि सब कुछ समाप्त है।...पहली बात तो दुष्यंत चोट से बचेगा ही मुश्किल से और अगर बच भी गया तो जीवन नरक है।...और शायद तभी सब एकदम चुप कर गए थे।...जानकर भी अनजान। अचानक मन डूब रहा था। बहुत देर तक चेहरे को हथेली के बीच रखा तो रोना छूटा था...ये क्या हो गया...? कैसे...? फिर दो मिनट बाद ही चारों ओर दीवारों को देखा...और बहुत देर तक सिर नीचे करके बैठा रहा...घड़ी की ओर देखा, दोपहर के तीन बजने में अभी वक्त था...और न जाने क्यूँ टेलीविजन की ओर कदम बढ़े थे।

16

फटी हुई आँखों से मैं देख रहा था। दुष्यंत और ड्रग की ख़बर कुछ एक टेलीविजन चैनलों पर छाई हुई थीं। अब तक यह एक बड़ी ख़बर बन चुकी थी। निरंतर प्रसारित किया जा रहा था कि...प्रदेश के प्रतिष्ठित संस्थान में सन्नाटा पसरा हुआ है।...छात्र आक्रोश में हैं...तो कुछ छात्र डर कर हॉस्टल छोड़ रहे हैं।...बार-बार कॉलेज के विशाल प्रांगण का दृश्य दिखाया जाता जिसमें हॉस्टल सुनसान दिखाई पड़ता। कैमरे पर आने वाले छात्र उत्तेजित लगते।...कहा जाता कि बाहरी असामाजिक तत्वों की आपसी लड़ाई से कॉलेज का वातावरण ख़राब हो रहा है, इन पर कॉलेज प्रशासन को

रोक लगानी चाहिए। कई स्थानीय छात्रों के अभिभावकों का वक्तव्य भी बार-बार प्रसारित किया जाता...सभी अपना गुस्सा जाहिर करते। कल रात की पार्टी का हीरो दुष्यंत, आज का खलनायक था।...नेताओं द्वारा भी यही बयान जारी किया जा रहा था कि सरकार को सख्त कार्रवाई करनी चाहिए...विरोधी खेमा इल्ज़ाम लगा रहा था कि राजधानी की कानून व्यवस्था पूरी तरह से चरमरा गई है। गृहमंत्री के इस्तीफे की माँग की जा रही थी।

उपरोक्त खबर किसी न किसी रूप में अब तकरीबन सभी चैनलों पर आने लगी थी। कम से कम स्क्रीन में नीचे चलने वाले निरंतर सूचना के कैप्शंस में यह सनसनी बार-बार दिखाई दे जाती '...देश व राज्य के प्रतिष्ठित तकनीकी संस्थान में दो किलो हेरोइन के साथ एक अपराधी गिरफ्तार...पैसों के लेन-देन के दौरान पुलिस का छापा...पकड़ा गया अपराधी घायल...संस्थान में आतंक का माहौल...एक ही हफ्ते में दूसरी बड़ी घटना...ड्रग सप्लाई का एक बहुत बड़ा जाल...पकड़े गए अपराधी के संबंध किसी बड़े गिरोह से हो सकते हैं...', इस तरह की संभावना व्यक्त की जा रही थी। मीडिया के द्वारा दुष्यंत एक अपराधी घोषित हो चुका था। इसी बीच यह प्रसारित किया गया कि पुलिस कमिश्नर कार्यालय में शाम तीन बजे प्रेस कान्फ्रेंस की जाने वाली है।...इन ख़बरों को देखकर मैं स्तब्ध था।

ठीक तीन बजे प्रेस कान्फ्रेंस का सीधा प्रसारण कुछ एक चैनलों पर आ रहा था। मैंने काँपते हाथों से उसे ट्यून किया था...बहुत कुछ जानकर भी...मन बेचैन था...कहीं न कहीं मन-मस्तिष्क के बीच भ्रम उत्पन्न होता...मानने न मानने के बीच घबराहट होती...इसी बीच मैंने फटी आँखों से देखा कि...अतिरिक्त पुलिस कमिश्नर ने हॉल में प्रवेश किया था जो कि खचाखच भरा हुआ था। सैकड़ों मीडिया कर्मी अपने कैमरे और माइक लेकर द्वंद्वयुद्ध करते हुए-से दिखाई दे रहे थे। सवाल-जवाब से पूर्व खाकी वर्दी पहने पुलिस अधिकारी ने लिखित वक्तव्य पढ़ा था।

'जैसा कि आप सभी को पता है कि विगत दिवस हमें एक अपराधी को पकड़ने में सफलता हासिल हुई है। दुष्यंत राठौर नाम का यह शख्स दो किलो हेरोइन के साथ विराटनगर तकनीकी संस्थान के प्रांगण में पकड़ा गया है। यह व्यक्ति अपराधी प्रवृत्ति का है। इसके कई केस पहले भी दर्ज हैं। इसके पकड़े जाने से शहर में पिछले कुछ दिनों से बढ़ रहे ड्रग व्यापार को रोकने में सहायता मिलेगी। ऐसा पता चला है कि इसका संबंध विगत दिवस इसी कॉलेज की एक छात्रा कैम उर्फ कामना की संदिग्ध अवस्था में हुई मौत से भी है। बहुत दिनों से इसकी तलाश थी। पुलिस के लिए यह बहुत बड़ी उपलब्धि है। आरोपी बेहोशी की हालत में तीन दिन की जूडिशियल कस्टडी में है। होश आते ही पूछताछ के लिए पुलिस रिमांड में लेने की कोशिश की

जाएगी। इस शख्स के विभिन्न अपराधों में संलग्न होने की संभावना व्यक्त की जा रही है, संपर्क सूत्रों के बारे में छानबीन अभी जारी है। समय-समय पर आपको इसकी सूचना दी जाएगी। यकीनन आम छात्रों के बीच बढ़ाए जा रहे नशे के रैकेट का भंडाफोड़ हुआ है और हम आशा करते हैं कि इससे बढ़ रही नशे की लत में रोकथाम होगी और पुराने कई केस सुलझ सकेंगे।'

'सुना है अपराधी घायल अवस्था में है? यह क्या आपसी रंजिश का मामला है या पुलिस कार्रवाई में वह घायल हुआ... ?' एक पत्रकार ने पूछा था।

'देखिए, अभी पुलिस तहकीकात कर रही है। संवेदनशील मामला है इस वक्त कुछ भी नहीं बताया जा सकता है।' पुलिस अधिकारी संतुलित था।

'यह काम कितने दिनों से किया जा रहा था?'

'इस बारे में ठीक-ठीक जानकारी तो नहीं लेकिन, हाँ, पिछले कुछ दिनों से यह अपराधी सक्रिय था।'

'तो पुलिस ने इसे पहले क्यों नहीं पकड़ा?'

'पुख्ता सबूत की तलाश थी।'

'सुना है, कुछ और मर्डर केस से भी इसका संबंध है?'

'इस बारे में पुलिस छानबीन करेगी।'

'यह तकरीबन कितने लाख का ड्रग होगा?'

'नारकोटिक विभाग की जानकारी के अनुसार लगभग दो करोड़ रुपये।'

'अपराधी कैसे आपरेट करता था?'

'इस पर पूछताछ होगी।'

'क्या नारकोटिक्स विभाग भी पूछताछ करेगा?'

'जी बिलकुल।'

'क्या अपराधी का संबंध विदेशी आतंकवादियों से भी है?'

'अभी कुछ भी नहीं कहा जा सकता, पुलिस हर पहलू पर जाँच कर रही है। वैसे किसी भी संभावना से इंकार नहीं किया जा सकता।'

'सुना है इसमें कुछ बड़े प्रभावशाली लोगों का भी हाथ है?'

'कानून अपना काम करेगा। कानून से ऊपर कोई भी नहीं।'

पुलिस की प्रेस-कान्फ्रेंस समाप्त हुई थी। चैनल के रिपोर्टर ने अपना वक्तव्य जारी किया था, '...हम अपने दर्शकों को बताना चाहते हैं कि पुलिस विभाग इसे एक बहुत बड़ी सफलता मान रहा है। आने वाले दिनों में शहर और आसपास के क्षेत्रों में ड्रग्स सप्लाई के प्रचलन में कितनी कमी आती है यह तो समय ही बताएगा...लेकिन हाँ, पिछले दिनों मीडिया में चर्चा में आया कैम की हत्या का केस सुलझने में आसानी

हो सकती है। दुष्यंत राठौर नाम का यह शख्स पिछले कई सालों से अपराध की दुनिया में सक्रिय है। ऐसी जानकारी प्राप्त हुई है कि इसके माध्यम से कई और भी केस सुलझेंगे। कई बड़े गैंगों के संपर्क सूत्र तक ले जाने में भी यह अपराधी काम आएगा। कैमरामैन अनु के साथ मैं मनु शर्मा...विराटनगर से।'

ये सब देखकर लगा कि सच में सब कुछ समाप्त हुआ।...कॉलेज जब आया था तो...पढ़ने-लिखने वाला एक होनहार छात्र...जो चार साल तक साथ रहा, पक्के दोस्त ही नहीं, भाई की तरह...बाद में यहाँ तक पहुँच जाएगा...विश्वास नहीं होता...मगर अब इसमें बचा क्या है... ? कैम का मामला, पता नहीं क्या है... ? कॉलेज की छात्रा...दुष्यंत के हाथों मर्डर...यकीन नहीं होता...वो मार नहीं सकता... क्यूँ नहीं ? गुस्सैल तो था ही... । क्या अजीब खेल है कि जिस झाड़ी में मैं उसके साथ फर्स्ट ईयर की रैगिंग में विद्रोह करके भागा था...आज उन्हीं झाड़ियों में दुष्यंत ड्रग्स के साथ पकड़ा गया... । सिगरेट-शराब तो वह पीता था मगर ड्रग्स का धंधा... !!!!

सिर घूमने लगा तो चद्दर ओढ़कर बिस्तर पर लेट गया था...मन-मस्तिष्क थोड़ा स्थिर हुआ तो घबराहट में एक बार फिर मैं झाड़ियों के बीच भाग रहा था... ।

तृतीय खंड

17

थोड़ी देर भागकर झाड़ियों में से बाहर निकले तो सामने दो नंबर सीनियर हॉस्टल था। आगे-आगे तेज़ चलने से साफ लग रहा था कि विष्णुदत्त इस रास्ते से आता-जाता रहता है। तभी तो कोने के एक कमरे में वह बेधड़क घुसता चला गया था।

"प्रणाम सिन्हा बॉस...।" कमरे में तीन-चार लोग पहले से बैठे थे। शायद शराब का दौर चल रहा था। वहाँ धुआँ भी भरा हुआ था।

"...बॉस, ये है दुष्यंत। आज तो ठोक ही आया, एक नंबरिया सबको।"

"क्या... ?" सिन्हा बॉस ने उसे ध्यान से देखा था ऊपर से नीचे तक। और फिर पास बिठा लिया। विष्णुदत्त अपनी लफ्फाजी में सबको बता रहा था। दुष्यंत चुप था। मैं भी बैठ गया था वहीं पर नीचे। लल्लन और डीडी अंदर-बाहर हो रहे थे...तभी एक किनारे बैठे उस दाढ़ी वाले सीनियर ने बोलना शुरू किया था...।

"मैंने बोला था न सिन्हा, कॉलेज अथॉरिटी बैच को अलग-अलग हॉस्टल में रख रही है, यह ठीक नहीं...मैंने राजबीर से भी बोला था...ऐसे में बैच के बीच क्लैश शुरू हो जाएगा...सीनियर जूनियर वाली बात नहीं रह जाएगी...।"

"बात किये तो थे राजबीर भाई प्रिंसिपल से...हाथ जोड़कर कहने लगा कि कोर्ट ने कहा है...।"

"अरे प्रफुल्ल, कोर्ट ने रैगिंग बंद करने के लिए कहा है, न कि अलग-अलग रखने के लिए...इससे रैगिंग तो रुकी नहीं उलटा बढ़ गयी, ऊपर से दूसरी परेशानी और आ गयी...।"

"आपके कहने पर ही तो राजबीर भाई ने दिन में इसको बुलाकर मुलाकात की थी...।" मैंने ध्यान से देखा, हाँ, यही आया था दुष्यंत को क्लास से बुलाने...।

"नहीं, वो तो ठीक किया, समझ लो एक नंबर वालों का सिंहासन हिल गया...उनके राज में विद्रोह हो चुका, क्रांति का बीज इस लड़के ने बो दिया है, सत्ता-परिवर्तन तो होगा ही...बस अब इसके द्वारा उस पूरे बैच में हमारी मज़बूत स्थिति करनी होगी और आगे भी ऐसा ही करते रहना होगा...यहाँ तक तो बात ठीक है...मगर

ये हमेशा फायदे का सौदा हो, ज़रूरी नहीं...।''

''और हम लोगन का अब का होगा गुरुजी?'' विष्णुदत्त उसी दाढ़ी वाले की ओर देखकर पूछ रहा था।

''अब बच्चा तो होना नहीं है जो गुरुजी ये बताएँगे कि लड़का होगा या लड़की...।'' प्रफुल्ल बॉस बोल गए थे।

''...काहे चुहलबाजी कर रहा है रे...तुम लोग चिंता मत करो...सब इंतजाम हो जाएगा...।'' सिन्हा बॉस आत्मविश्वास में थे।

''फिर भी पुलिस केस या कॉलेज में कम्प्लेंट...ई सबके लिए कुछ न कुछ करबे न करना पड़ेगा बॉस...।'' विष्णुदत्त पूछ रहा था।

''नहीं-नहीं...ये सब कुछ नहीं होगा...दोनों ही बात में उलटा वो ही लोग फँस जाएँगे...पहली बात तो आप रैगिंग के लिए गए ही क्यूँ थे... ? कोई भी पूछेगा..ऊपर से इतनी रात गए!। दूसरा सवाल उठेगा...। हाँ, वो लोग जोगेन्द्र के पास जा सकते हैं...जाएँगे तो खुद फँसेंगे...वो साला ऐसा घुमायेगा कि फिर निकलना मुश्किल है...। अच्छा, मैं चलता हूँ सिन्हा...राजबीर आए तो भेज देना... मेरे पास...।''

''जी बॉस।''

''अच्छा, क्या नाम बताया... ?''

''दुष्यंत राठौर।''

''हाँ तो दुष्यंत, जो आपने करना था कर चुके...पीछे मत पलटना नहीं तो बुरी तरह मार खाओगे और आगे ठंडे दिमाग से चलना तब लंबी दूर तक जाओगे...।'' बोलकर वो निकलने लगे तो सिन्हा बॉस कमरे से बाहर तक छोड़ने गए थे।

''प्रफुल्ल बॉस...ये गुरुजी... ?'' विष्णुदत्त पूछ रहा था।

''तेरे को पता नहीं!! एम.टेक. कर रहे हैं...तीन साल से...आईएएस क्वालीफाई कर लिया था, इंटरव्यू में बोर्ड से जवाब में बहस कर लिये और बोल आए मुझे तुम्हारी नौकरी नहीं करनी, इससे अच्छा तो गुलामी कर लूँगा...विरोधी पार्टी के चाणक्य थे...। जोगेंद्र...जो कि अपने कॉलेज से निकलकर एमएलए का इलेक्शन लड़े थे...इनको बहुत मानते थे...किसी बात पर नहीं बनी तो छोड़ आए वो ग्रुप...और आजकल यहाँ पर हैं...राजबीर भाई भी बहुत मानते हैं...एकदम फक्कड़ किस्म के हैं...।'' मैं हैरान था ऐसे लोग भी होते हैं!! क्यूँ नहीं? बिलकुल। दिमाग पर झटका लगा था। सिन्हा बॉस कमरे में लौटे तो दुष्यंत को कँधे पर शाबाशी दी थी...''चिंता नहीं करने का अब...।''

सबके कहने पर मैंने भी जीवन का अपना पहला पैग लिया था। ये दौर सुबह तक चला था। और मैं पहली बार नशे में था।

ख़बर चारों ओर आग की तरह फैल गई थी। दुष्यंत को होशियार रहने के लिए और मैं, विष्णुदत्त, लल्लन, डीडी हमेशा उसके साथ रहेंगे...ऐसा कहा गया था। सुबह हॉस्टल पहुँचे तो सभी बैच मेट रास्ते में देखकर थोड़ा सकपकाये थे। इधर-उधर होकर रास्ता भी दे रहे थे। सामने पड़ते तो एक पहचान की कोशिश और मुस्कुराते। कुछ लड़के कमरे में आए थे और खुशी जाहिर की भी...रैगिंग अब कम से कम बंद हो जाएगी...कहते...हम सब तुम्हारे साथ हैं...भरोसा देते...सुनकर दुष्यंत सिर्फ मुस्कुराता।

मैस मैनेजर, चड्ढा...उसके बाद दिखाई नहीं पड़ रहा था। हम लोग मैस में जाते तो नाश्ता-खाना तुरंत आ जाता। रात को देर तक छत पर जागते...आते-जाते लड़कों को देखते रहते। साथ में चार रॉड भी रख ली गई थी। पलँग के पाये को तोड़कर बना ली थी। उसी बीच तो विष्णुदत्त को सामने वाले क्वार्टर के अंदर चलने वाली रंगीन फिल्म की लत पड़ी थी...हॉस्टल के कोने से सटे आठ क्वार्टर थे, जिसमें चतुर्थ श्रेणी के कर्मचारी रहते। उनमें से एक में जवान पति-पत्नी मद्धिम रोशनी में खिड़की खोलकर प्यार करते...दृश्य छत से काफी साफ दिखता...और विष्णुदत्त उसका भरपूर आनंद उठाता, साथ लल्लन और डीडी भी होते। हाँ, मैंने और दुष्यंत ने इसमें कोई दिलचस्पी नहीं दिखाई थी।

एक हफ्ते बाद अरुण और बाकी सब दोस्त घर से वापस आए तो सुनकर पहले तो घबरा गए थे। मगर फिर उमेश भी मन ही मन खुश हुआ था। मुझे दुष्यंत के साथ रहना ज़रूरी देख वह खुद ही कमरे से शिफ्ट होने के लिए कहने लगा और अदला-बदली करके मैं दुष्यंत के कमरे में स्थायी रूप से आ गया था। अगली रात हम सभी बैठे थे। इस बार अरुण भी साथ था। सिन्हा बॉस प्रफुल्ल बॉस के साथ ग्यारह बजे चक्कर लगा गए थे। एक पैग कमरे में ही लिया था। 'डरना नहीं...' बोल गए थे। थोड़ी देर में दो बॉस और आए थे।...नाम नहीं याद। अरुण ने देखा तो कुछ बोला नहीं था। हो न हो, हैरान ज़रूर हुआ होगा। मैंने पाया, धीरे-धीरे उसमें भी हिम्मत आई थी। सीनियर का कमरे में आना, गपशप मारना, अब रोज का सिलसिला था। रैगिंग तो खत्म हो गई थी मगर पता नहीं क्यूँ, हॉस्टल में तनाव महसूस होता। और आने वाले सीनियर दो ग्रुप के हैं, साफ समझ आता...एक वो जो दुष्यंत के कमरे में आकर हम सब से ज़रूर मिलते और दूसरे, जो नहीं मिलते।

दूसरे ग्रुप के सीनियर, पता चला कि कुछ खास जूनियर से ज़्यादा मिलने लगे थे। वहाँ लंबी मीटिंग होती। इनमें नितिन, दीवान, सुनील और महेंद्र कुछ गिने-चुने ही थे। जबकि हमसे मिलने वालों में हमारे अपने बैच के अधिकांश लड़के भी थे। इस बात का यह फ़ायदा हुआ कि बैच में एका हो गई थी। मगर सीनियर के बीच

राजनीति तेज़ हुई थी। एक बात जो मैंने नोट की थी कि दुष्यंत ज़्यादा चुप रहने लगा था और तकरीबन रोज पीने भी लगा था। इस काम में विष्णुदत्त उसका पूरा साथ देता।

एक दिन सुबह-सुबह विष्णुदत्त कमरे में आया तो हम तैयार हो रहे थे। अरुण भी अब तक इस ग्रुप से सक्रिय रूप से जुड़ चुका था। विष्णुदत्त कमरे में घुसते ही बोलने लगा, ''आज मैं जैसा बोलूँ वैसा ही करना है।''

उसने सुबह के नाश्ते में ब्रेड के बासी होने पर चिल्ला-चौंट मचाई थी। दुष्यंत को भी गुस्सा आया था और उसने मैनेजर को मैस में आने के लिए बुलवाया मगर वह आया नहीं।

''क्यूँ बे, साले की हल्दी चढ़ल है का? रातभर दारूबाजी करता है, बहरिया गुंडा सबके साथ और साला हम पर रोब जमाता है।'' विष्णुदत्त चिल्ला रहा था। उसने दुष्यंत से मैनेजर के कमरे में चलने को कहा था तो पीछे-पीछे मैं, लल्लन, डीडी और अरुण भी साथ हो लिये थे। घुसते के साथ चड्ढा ने चेहरा बनाने की कोशिश की तो दुष्यंत ने उसका कॉलर पकड़ लिया था। विष्णुदत्त गुर्रा रहा था। पीछे से लल्लन को भी गुस्सा आ रहा था। ऑफिस का कमरा छोटा था सो मैं और अरुण दरवाजे पर ही खड़े रहे। डीडी गैलरी में आगे-पीछे हो रहा था।

''ज़्यादा होशियारी दिखाई तो गर्दन दबा दूँगा, समझे...'' दुष्यंत ने आँखें निकालकर कहा तो वह घबरा गया था। और तभी एक जोरदार तमाचा पड़ा था। दुष्यंत से गुस्सा सँभाला नहीं गया तो उसने धर दिया था। और फिर बोलकर घूरते हुए निकल गया, ''अगली बार जो भी बोलूँ, ध्यान रखना, नहीं तो बेटा यह शुरुआत है।''

सच, दुष्यंत के नये जीवन की शुरुआत हो चुकी थी। उसका नाम चल पड़ा था। पता नहीं, मैस मैनेजर ने किससे क्या कहा, सीनियरों का हमारे हॉस्टल में आना-जाना बढ़ गया था। ग्रुपबाजी खुलकर होने लगी थी। दुष्यंत के कई दोस्त तो बन ही गए थे मगर उतने ही दुश्मन, और शुरू हुई थी गंदी राजनीति...।

18

ऐसी भी जीत हो सकती है, किसी ने सोचा था? और मैं इस तरह से सामने आ सकता हूँ? मैं खुद भी नहीं जानता था। विष्णुदत्त तो मुझे चाणक्य कहने लगा था...और दुष्यंत को चंद्रगुप्त। अगर यह सच है तो फिर बाद में इतनी बुरी हार कैसे?...और यह ग़लत है तो फिर उस वक्त ऐसी शानदार जीत कैसी...? असल में कुछ समय

भी होता है।...नहीं-नहीं, ऐसा कहकर टरकाया नहीं जा सकता...। जीत में चाणक्य का नाम आता है तो हार की जवाबदारी भी उसे लेनी होगी...। चंद्रगुप्त का अकेले दोष नहीं...हवा अनुकूल हो या प्रतिकूल...उसका फ़ायदा उठाना ही तो सफल रणनीति कहलाती है...बिलकुल...और क्या?...उस वक्त हम सब में जोश था और समय अनुकूल। वैसे यही चुनाव छह महीने बाद होता तो जीत तो फिर भी होती मगर शायद ऐसी नहीं। मगर फिर वही चंद्रगुप्त...कॉलेज के प्रथम वर्ष का नामी चेहरा...दुष्यंत राठौर...इसी जीवन में एक अपराधी के रूप में...यकीन नहीं होता...या तो वो ग़लत होना चाहिए या फिर ये...दोनों कैसे सच हो सकते हैं?...समय अनुसार सब संभव है...लेकिन एक ही आदमी के दो चेहरे...!! एकदम विपरीत...ये कैसे हो सकता है? दिमाग उलझ रहा था और पुराने चित्र साफ उभर रहे थे...।

रैगिंग अचानक बंद ज़रूर हो गयी थी। लेकिन प्रथम वर्ष के सारे छात्र बुरी तरह से चोट खाये हुए थे, दिल से आहत। दुष्यंत के साहस ने न केवल उन्हें इस कष्ट से मुक्ति दिलाई थी उसमें उन्हें एक नेतृत्व की क्षमता भी दिखाई दी थी। भावनाएं पूरे उफान पर थी तभी तो कॉलेज में जब चुनाव घोषित हुए तो हमारे कमरे में लड़कों का आवागमन बढ़ गया था। हर कोई दुष्यंत से सक्रिय भागीदारी की उम्मीद करता...दो नंबर हॉस्टल वाले गंगा-जुमना ग्रुप के सीनियर तो अधिकारपूर्वक आ रहे थे...एक नंबर हॉस्टल के नर्मदा ग्रुप वाले भी अपना संपर्क बढ़ा रहे थे...उस रात मैंने अरुण से जिक्र किया था...।

"तुझे क्या लगता है अब क्या होगा...?"

"एक नंबर हॉस्टल वाले नर्मदा ग्रुप की हार पक्की है। असल में हम लोग जिस ओर जाएँगे जीत उसकी होगी...पूरे पच्चीस प्रतिशत वोट हैं भाई...बाकी बैच में तो ये बंटे हुए हैं...तकरीबन बराबरी से..."

"तो क्या हमें गंगा-जमुना ग्रुप को मुफ्त में अपने वोट दे देना चाहिए?"

"मुफ्त का क्या मतलब?" अरुण चौंका था।

"मेरा मतलब है कि नर्मदा ग्रुप वाले इतने सालों से जीत रहे थे, ये अबकी बार दुष्यंत कांड नहीं होता तो...शायद फिर से जीत जाते...।"

"हाँ, बिलकुल, असल में हर साल ये लोग पहले सबको डराते फिर अपने-अपने शहर के लड़कों को सीनियर प्रोटेक्शन देकर अपने ग्रुप में शामिल कर लेते...इस बार वे ऐसा नहीं कर पाए...।"

"परंपरा के अनुसार तो तुम्हारे प्रदेश के लड़कों को नर्मदा ग्रुप में होना चाहिए...और मुझको...गंगा-जमुना ग्रुप में...।" मैंने बात आगे बढ़ाई थी।

"नहीं-नहीं, ज़रूरी नहीं, व्यक्तिगत संपर्कों पर भी निर्भर करता है...जैसे कि

अब दुष्यंत जहाँ जाएगा हम दोनों वहीं होंगे... ।''

''हाँ, वो तो ठीक है...मेरे कहने का मतलब है कि हमने नर्मदा वालों से पंगा लिया, इसीलिए तो गंगा-जुमना वाले आए...अपने आप तो नहीं आए थे...मेरा तो इतनाभर कहना है कि हमें अपनी शर्तों पर उनके साथ जाना चाहिए...न कि उनकी शर्तों पर...मैं सोच रहा था कि हमें अपना हिस्सा लेना चाहिए...एक नयी प्रथा, जहाँ फर्स्ट ईयर की भी सत्ता में भागीदारी हो, सिर्फ वोट बैंक न बनें... ।'' अरुण ने मेरी ओर ध्यान से देखा था हम बालकनी में थे। बाहर चारों ओर अँधेरा था। अंदर कमरे की बत्ती बंद थी। सामने स्ट्रीट लाइट की रोशनी हल्की-हल्की पहुँच रही थी।

''दुष्यंत से बात की... ?'' उसने धीरे से कहा था।

''नहीं।''

''विष्णुदत्त से ?''

''वो तो पक्का गंगा-जमुना वाला है उससे बात करने का मतलब ही नहीं...हाँ, उमेश से चर्चा कर चुका हूँ। रवि, रजत और मिलिंद भी ऐसा ही सोचते हैं।...अगर ठीक है तो बाकी लोगों से बात की जा सकती है... ।''

अरुण को बात जंची थी। हम दोनों ने मिलकर आगे की रणनीति बनाई थी। दुष्यंत को समझाने लगे तो उसने कोई प्रतिक्रिया व्यक्त नहीं की थी। हमने, अगली रात सभी को मैस के हॉल में इकट्ठा होने के लिए कहा था। एक सामान्य 'ड्राइंग सीट' पर, काले स्कैच पेन से इतनाभर ही तो लिखकर हॉस्टल नोटिस बोर्ड पर लगाया था, 'कॉलेज चुनाव विशेष...दुष्यंत राठौर को सुनने के लिए कृपया रात दस बजे मैस के हॉल में इकट्ठा हों...' और आश्चर्य से अधिक, उम्मीद से ज़्यादा, तकरीबन सारे लड़के इकट्ठा हो गए थे। दो-चार पाँच को छोड़ दीजिए। उनके भी खून में विरोधी गुट का रस अब तक नहीं पहुँचा था। फिर उनके पास कोई मुद्दा भी तो नहीं था।

अरुण ने मैस की टेबल के ऊपर खड़े होकर बोलना शुरू किया तो चारों तरफ शांति छा गई थी। वह इतना प्रभावशाली ढंग से बोल सकता है उम्मीद नहीं थी... ।

'...दोस्तो, अभी हमें कॉलेज में आए हुए मात्र कुछ हफ्ते ही हुए हैं। इस बीच हमें कई तरह के अनुभव हुए। जीवन के लिए अनुभव ज़रूरी है इससे परिपक्वता आती है... । कॉलेज में चुनाव घोषित कर दिए गए हैं। चुनाव का मतलब सिर्फ हमारी हिस्सेदारी, हमारी आवाज़, हमारी भागीदारी ही नहीं...हमारी जिम्मेदारी, जवाबदारी भी है...जो हमें निभानी चाहिए, और हम तैयार हैं... । मुझे इससे अधिक कुछ और कहने की आवश्यकता नहीं। साथियों, पिछले दिनों में जो कुछ भी हुआ उसे देखकर आपको लगता नहीं कि हमारे बीच में से दुष्यंत राठौर से बेहतर कोई और नाम नहीं हो सकता...जो हमारी ओर से इस महत्त्वपूर्ण कार्य को निभाये...'

मैंने देखा...चारों ओर चुप्पी थी। अरुण ने भी नज़र घुमाई और फिर अचानक कह गया, '...यह क्या!! आपको दुष्यंत राठौर के नाम से आपत्ति है?' उसका इतनाभर ही कहना था कि 'नहीं-नहीं' की कुछ एक आवाज़ आने लगी थी।

'...जो कुछ भी हुआ, वह अपने आप में एक मिसाल है। क्यूँ और कैसे? हमें पता है...। उसका अंजाम क्या हुआ! हम सब जानते हैं...। लड़ाई लड़ी दुष्यंत ने...फल हम सब खा रहे हैं...। इस कॉलेज के इतिहास में ऐसा पहले कभी नहीं हुआ। इसीलिए अब हम जो कुछ भी करना चाहते हैं वो भी ऐतिहासिक ही होना चाहिए। मैं चाहता हूँ कि हमारे बैच में से एक ही नाम आगे जाए, सर्वसम्मति से, और वो नाम हो सिर्फ और सिर्फ दुष्यंत राठौर का। अगर आपने खुलकर समर्थन नहीं दिखाया तो दुष्यंत को चुनाव में कोई दिलचस्पी नहीं है...वो तो हम कुछ दोस्तों ने उसे जबरदस्ती मनाया है...अगर आपने उसका स्वागत तालियों से नहीं किया तो वो...।'

अचानक 'नो-नो' का शोर तेज़ हुआ था और फिर तालियाँ बजने लगी थीं। बीच में किसी ने आवाज़ लगाई थी...'दुष्यंत भाई ज़िंदाबाद' तो हॉल ज़िंदाबाद से गूँज उठा...। और उसके बाद आगे की बात के लिए मुझे आमंत्रित किया गया था...दो-तीन अलग-अलग लोग बोलेंगे तो प्रभाव पड़ेगा...ऐसा विचार था।

'दोस्तो ये हुई न बात...मैं ऐसे ही नहीं कह रहा, किसी सत्य को ज़्यादा देर तक झुठलाया नहीं जा सकता। ऐसी जबरदस्त एकता पहले किसी बैच में नहीं रही होगी। फिर भी किसी के मन में कोई दुविधा न हो इसलिए बता दूँ कि हमें यहाँ सत्ता की राजनीति से मतलब नहीं, हम छात्र और कॉलेज की उन्नति चाहते हैं, शांति, विकास और सुरक्षा चाहते हैं, इस मुद्दे पर हम किसी ग्रुप से कोई समझौता नहीं करेंगे। इसके पहले कि दुष्यंत को आपके बीच में बोलने के लिए आमंत्रित करूँ, मेरा तो एक ही मत है कि हम उसी ग्रुप का समर्थन करें, जो दुष्यंत राठौर को ज्वाइंट सेक्रेटरी का पद देने को तैयार हो। हम स्टूडेंट काउंसिल के सिर्फ मैंबर बनने को तैयार नहीं। हमारे तकरीबन दो सौ वोट हैं और ये पक्के हैं। दुष्यंत को चाहने वाले कई वरिष्ठ छात्र भी हैं। ऐसे में हम सत्ता में भागीदारी की माँग, वो भी अपने उद्देश्य की प्राप्ति के लिए करते हैं तो क्या ग़लत करते हैं?...मैं कहता हूँ, कोई ग़लत नहीं करते...।'

चारों तरफ से तालियों और हिप-हित हुर्रे की आवाज़ आने लगी थी। लड़कों में जोश बढ़ता प्रतीत हो रहा था। बहुत देर तक मैं चारों ओर नज़र घुमाकर देख रहा था...माहौल हमारे पक्ष में था। '...मुझे खुशी है कि आप सब भी मेरी बातों से सहमत हैं...अब मैं आपके बीच में, दुष्यंत राठौर को बोलने के लिए आमंत्रित करता हूँ।' एक बार फिर शोर तेज़ हुआ था। मैं टेबल से नीचे उतरने लगा तो दुष्यंत को भीड़

द्वारा केंद्र में भेजा जा रहा था...टेबल पर चढ़ते हुए उसने मुझे भरपूर निगाहों से देखा था...उसकी आँखों में चमक थी...जिसे पढ़ना मुश्किल था...हाँ, चेहरे के भाव से लगा कि उसने मुझे आश्चर्य और प्रशंसा से भरकर देखा था।

'दोस्तो, मुझे राजनीति करनी नहीं आती। और न ही मैं राजनीतिज्ञ बनना चाहता हूँ। मैं तो आपके जैसा एक सीधा-सादा छात्र हूँ... ।' दुष्यंत का इतनाभर कहना था कि चारों तरफ से तालियों की बौछार हो गयी। लगा कि उसने भीड़ की नब्ज पकड़ ली। '...मैंने तो जो कुछ भी किया, किसी बदले की भावना से नहीं, किसी दुश्मनी से नहीं, गुंडागर्दी करने के लिए नहीं, सिर्फ अपने आत्मसम्मान की रक्षा करने के लिए किया। और इसमें मेरा ही नहीं, हम सब का सम्मान था...' इतना कहते ही तालियाँ एक बार फिर तेज़ी से बरस पड़ी थीं। पता नहीं, दुष्यंत नाटक कर रहा था या सच कह रहा था, पर मुझे उम्मीद नहीं थी कि वह ऐसा कुछ बोलेगा। '...दोस्तो, मेरे भाई, प्रणव दा ने..., मैं उन्हें प्रणव दा कहता हूँ, क्योंकि ये मेरे बड़े भाई के जैसे लगते हैं।' सुनते ही चारों तरफ हँसी का फव्वारा फूट चुका था। '...उन्होंने और अरुण ने मेरी तारीफ में जो कुछ भी कहा, पता नहीं कितना कुछ सच है। लेकिन हाँ, आपके प्रेम और समर्थन से मैं अभिभूत हूँ...पता नहीं, मैं जवाबदारी निभा पाऊँगा या नहीं ? नहीं जानता। लेकिन आप अगर मेरे कंधों पर यह कार्यभार सौंपेंगे तो मैं पूरी निष्ठा से निभाने की कोशिश करूँगा। यह कँधे आपको कभी भी कमजोर नहीं मिलेंगे, झुके हुए नहीं मिलेंगे...' इसके बाद तो जैसे कि भीड़ टूट पड़ी थी। सभी दुष्यंत को कँधे पर उठाने के लिए आगे बढ़ चुके थे। '...हमारा नेता दुष्यंत भाई,...दुष्यंत तुम आगे बढ़ो हम तुम्हारे साथ हैं।' ये नारे पता नहीं कहाँ से अचानक पैदा हुए और फिर पूरे हॉस्टल में गूँज उठे। जिसकी आवाज़ वरिष्ठ छात्रावास तक जानी ही थी।

नर्मदा ग्रुप के लिए यह नामुमकिन था कि दुष्यंत को ऐसा कोई पद देते, क्योंकि उनके एक सक्रिय दादा टाइप वरिष्ठ छात्र को दुष्यंत के हाथों मार खानी पड़ी थी। और फिर हमारा झुकाव गंगा-यमुना ग्रुप की तरफ हो भी चुका था। मगर इस ग्रुप के लिए भी इस बात को स्वीकार करना मुश्किल हो रहा था। उस तरफ से बहुत कोशिश की गई लेकिन हम सब अड़ गए थे। व्यक्तिगत संबंधों की खातिर विष्णुदत्त, लल्लन व डीडी चुप रहते...ये लोग शुरू से ही दो नंबर हॉस्टल वाले सीनियर से बनाकर चलते। लेकिन बैच में दोस्ती, हम सब के साथ थी। और उनका असमंजस समझ आता। और फिर वे कर भी क्या सकते थे, यह आम छात्रों की आवाज़ थी '...ज्वाइंट सेक्रेटरी का पद देते हो तो ठीक नहीं तो चुनाव से हमें कोई मतलब नहीं।' राजनीति में रणनीति और लेन-देन का हमारा यह पहला अनुभव था। बीस प्रतिशत वोट कौन

छोड़ सकता है? अंत में गंगा–यमुना ग्रुप को यह मानना पड़ा था।

विरोधी गुट ने भी कम हथकंडे नहीं अपनाये थे। बाद में उनके एक पोस्टर में लिखा गया था कि...क्या आप गुंडागर्दी बर्दाश्त कर सकते हैं?

दुष्यंत ने एक जगह इसका बड़ा अच्छा जवाब दिया था '...क्या आपको मैं गुंडा दिखाई देता हूँ? आप ही की तरह पढ़–लिखकर इस कॉलेज में पहुँचा हूँ। मेरे सहने की भी एक सीमा है, मैं भी एक इंसान हूँ, मुझे भी दर्द होता है, मेरे दिल को भी ठेस पहुँचती है। मेरा शरीर मज़बूत सही मगर चोट तो वहाँ भी लगती है। आत्मरक्षा के लिए तो देवताओं ने भी शस्त्र उठाये थे। प्रकृति के नियम में भी यह लिखा हुआ है। और अगर मैंने अपने भाइयों के लिए अपने अधिकार का प्रयोग किया और अगर इसे गुंडागर्दी कहा जाता है तो मुझे मंजूर है।' राजनीति में भावनाएँ काम देती हैं। आम लोगों से जुड़ जाने के बाद फिर उनके मत को बदल पाना बहुत मुश्किल है। और हर रात हर जगह दुष्यंत को सुनने के लिए भीड़ लग जाती। कुछ चार–छह, नये नये उभरते विरोधी ग्रुप के लड़कों ने, दो–चार पोस्टर और भी लगाने की कोशिश की, लेकिन उसे अगले दिन फाड़ दिया जाता। मगर यह इस बात को भी साबित करता है कि किसी भी व्यवस्था में, चाहे वे कितनी भी सकारात्मक रूप में काम कर रही हो, विरोधी ग्रुप अवश्य होता है। वहीं से शुरू होता है राजनीति का खेल, जो निरंतर चलता रहता है। दांव–पेंच के साथ, सिर्फ जीत और हार के लिए। बहरहाल, हम भारी मतों से जीते थे और दुष्यंत एक स्थापित नेता बन चुका था, रातों रात।

19

द्वितीय वर्ष में हम लोग हॉस्टल नंबर तीन आ गए थे। दुष्यंत का कॉलेज में दबदबा था। उसके साथ उन पुराने पाँच दोस्तों का संबंध कायम था। मुलाकात ज़रूर कम होती लेकिन आत्मीयता बनी हुई थी। सदैव साथ रहने के लिए वक्त भी नहीं था और फिर ज़रूरत भी नहीं थी।...कहीं ये डर तो नहीं था? बद अच्छा बदनाम बुरा?...पता नहीं। लगता तो नहीं था। कम से कम अरुण के लिए तो बिलकुल नहीं। हाँ, बाकी के लिए हो भी सकता है, और फिर क्यूँ न हो...दुष्यंत की शराब खुलेआम शुरू हो चुकी थी। वह रात–रात भर गायब रहने लगा था। उसे इस बात से कोई खास फर्क नहीं पड़ता कि लोग क्या कहेंगे...लेकिन सामान्य लड़कों के लिए यह एक चर्चा का विषय होता। यहाँ तक कि कौन रहेगा, नये साल में उसके साथ हॉस्टल के कमरे में...एक प्रश्न उभरा था...विष्णुदत्त ग्रुप के साथ दोस्ती बढ़ गई थी। उनमें से कोई रहता उसके पहले ही मैंने उसके साथ रहने का निर्णय किया था। मन तो अरुण का

भी था मगर मैंने कहा तो वह मिलिंद के साथ बगल के कमरे में चला गया था...बाकी भी आसपास थे, लेकिन दूसरी ओर विष्णुदत्त और लल्लन ही थे। साथ तो, हम सभी, हमेशा रहते मगर इतने नजदीक हो जाएँगे कभी सोचा न था।

छोटे के आते ही पहला बच्चा बड़ा हो जाता है। यही तो हुआ था। कॉलेज में नया बैच आया और हम सीनियर बन चुके थे। मुझे याद नहीं पड़ता कि हम लोगों ने किसी की रैगिंग की हो। हाँ, दुष्यंत कई बार बड़प्पन दिखाने की कोशिश करता। शायद दादा बनने का अभिमान था या अपने अनुभवों की कसक... ? तृतीय वर्ष वाले कमजोर और पढ़ाकू के बीच भी कई बार बड़े भाई का रोल अदा कर देता जो बड़ा अटपटा-सा लगता। उसका अधिकांश समय फाइनल ईयर के स्टूडेंट के साथ गुज़रता। कुछ तो पासआउट भी थे और जबरन हॉस्टल में रह रहे थे। वह कई बार रैगिंग होती देख जूनियर को बचा ले जाता। जूनियर तो धन्यवाद कहकर निकल जाते, लेकिन सीनियर महसूस कर जाते और दुष्यंत को नापसंद करने लगते।...सही बात कोई पसंद करता है क्या?

कई बार जूनियर ग़लत भी हो सकता है। और यही हुआ था। दुष्यंत की कहानी सुनकर एक और जूनियर ने सीनियर के साथ बात बढ़ा ली थी...जबकि हुआ कुछ नहीं था। दोनों तरफ से लड़के इकट्ठा हो गए और झगड़ा बहुत बढ़ गया था। कइयों के सिर फूटे और हाथ टूटे थे। कॉलेज प्रशासन ने चुनाव पर दो साल के लिए प्रतिबंध लगा दिया था। और जो नाम दुष्यंत ने कमाया था वह अविनाश ने अगले बैच में गंवा दिया था। दुष्यंत का आज भी नाम तो था मगर उसका शराब-सिगरेट और पढ़ाई में ध्यान न देना उसके व्यक्तित्व को धूमिल कर रहा था।...धीरे-धीरे वह कब एक बदमाश बिगड़ा छात्र माना जाने लगा, पता ही नहीं चला।

वो अँधेरी काली रात थी। देर रात दुष्यंत कमरे में कहीं से आया था।

"चल, चलते हैं, पीछे पहाड़ के नीचे, दो पैग मारकर आते हैं।"

"छोड़ न यार, इतनी रात गए। वहाँ क्या है? वो देसी मुझसे पी नहीं जाती...।"

"चल न, मुझे नींद नहीं आ रही।"

"विष्णुदत्त कहाँ है... ?"

"पता नहीं, वो तो शाम से कहीं गायब है...।"

"क्या बात है, कुछ डिस्टर्ब लग रहा है?"

"कुछ नहीं।"

"कुछ तो?"

दुष्यंत चुप ही रहा था। आँखों ने कुछ कहने की कोशिश की थी। यही तो इसकी खासियत है, बोलता कम है।...न जाने कितनी बातें, अपने अंदर छुपा लेता है!...कहाँ से आई इतनी शक्ति इसमें ?...नहीं-नहीं, समय सब सीखा देता है। बचपन से लेकर जवानी तक, कुछ बोल नहीं पाया। माँ-बाप को अपनी लड़ाई से फुर्सत नहीं तो बच्चा किससे कहता। बचपन की उत्सुक्ताएँ, अज्ञानता, लड़कपन, वो ज़िद्द, जो बच्चे किया करते हैं, किससे करता ?...चुप रहने की आदत पड़ गई। यह दीगर बात है कि ये दबी हुई ऊर्जा कहीं कभी तो बाहर निकलेगी... ? विस्फोट!!!

ऐसा नहीं कि उसने कुछ बताया था। वह तो शुरू से ही पिता के लिए कुछ-कुछ कहता। माँ से उसे प्यार था। मगर शुरू-शुरू में एक बार घर क्या गया तब से माँ का नाम भी आते ही उखड़ जाता था। माँ-बाप नाम से ही उसे चिढ़ हो गयी थी। प्रथम वर्ष की समाप्ति पर, गर्मी की छुट्टियों में घर भी नहीं गया था।...अरुण जबरदस्ती अपने घर कुछ दिनों के लिए ले गया था... । वैसे तो चिट्ठियाँ उसकी कम ही आती...मगर जब भी आती वो परेशान हो जाता...वो ज़्यादा पूछाताछी पसंद नहीं करता...लेकिन मैं कुछ-कुछ समझने की कोशिश करता...आज भी ज़रूर कुछ न कुछ हुआ होगा, यही सोचकर मैं देर रात उसके साथ चल पड़ा था। हॉस्टल से निकलने लगे तो नीचे के कॉरिडोर में सामने से महेंद्र, दीवान और उनका पूरा ग्रुप आ रहा था। अच्छे-खासे पिये हुए लग रहे थे।

"हाय डीआर बॉस।" सुनील ने माथे पर सैल्यूट अंदाज़ में हाथ उठाया था।

"डीआर नहीं...दुष्यंत राठौर बोलो...बॉस नहीं, भाई बोलो...लुक्स क्रेजी... ।" महेंद्र की बातों में व्यंग्य और चेहरे पर कुटिलता थी। अमूमन दुष्यंत चुपचाप मुस्कुरा कर निकल जाता। आज मूड ठीक नहीं था तो उसने रुककर एक नज़र डाली थी। मैंने तुरंत उसे आगे किया था। दुष्यंत कहीं रुक गया तो फिर बात बिगड़ सकती है। अभी हम दो कदम आगे ही निकले थे कि पीछे से कमेंट आया था..."ले जा, ले जा...बंगाली दादा ले जा...डर गया साला... ।" सुनकर दुष्यंत के पैर वहीं रुक गए थे। पिछली बार दोनों ग्रुप की बराबरी से लड़ाई क्या हुई सामने वालों की हिम्मत बढ़ गयी थी। मुझे भी गुस्सा तो आया था मगर मैंने दुष्यंत को कँधे से पकड़कर आगे चलने के लिए कहा था। सीढ़ियों से फिर कमेंट आया था, "...काय का दादा...मच्छीमार पहलवान बोल... ।" कहकर सब हँसे ही थे कि दुष्यंत पीछे मुड़कर दौड़ पड़ा था। बिजली की रफ्तार से वह सीढ़ी चढ़ रहे लड़कों तक पहुँचा और जब तक मैं पहुँच पाता उसने घुसकर दीवान को कॉलर से पकड़ लिया था। महेंद्र ने बीच-बचाव करने की कोशिश की तो उलटे हाथ से एक भरपूर वार उसके चेहरे पर पड़ा था। सब सकपका गए थे।

"क्या बोला तू... ।" दुष्यंत घूर कर दीवान से पूछ रहा था।

"मैंने तेरे को कुछ नहीं बोला दुष्यंत।" दीवान सफाई देने लग पड़ा था।

"मेरे भाई को बोला ?"

"नहीं।" दीवान की आवाज़ में घबराहट थी।

"चल छोड़, दुष्यंत... ।" मैंने दुष्यंत को कहा था।

"आइंदा कभी मेरे भाई को कुछ कहा तो जुबान खींच लूँगा... ।" कहकर दुष्यंत ने उसे छोड़ा था।

"...और तुम सब भी ध्यान रखना।" उसने उंगली के इशारे से सभी को घूरते हुए कहा था। दीवान कमीज ठीक करने लगा तो मैंने उसके गाल पर हाथ फेरा था,

"बच्चे, अगली बार बोलना फिर बताऊँगा...फटे निरोध की औलाद।" बोलता हुआ मैं दुष्यंत को लेकर सीढ़ी उतरा था। मगर हम दोनों का दिमाग ख़राब हो चुका था।

पहाड़ी के नीचे उतरे तो देसी शराब का ठेका बंद हो चुका था, देखकर तो वह और विचलित हो उठा।

"चल, पीडब्ल्यूडी ऑफिस चौराहा चलते हैं, वहाँ रात को सिगरेट मिल जाती है। वहीं से लेकर आते हैं। दो किलोमीटर ही तो है।" और इतनी रात गए, सुनसान रास्ते पर, साइकिल से मुझे ढोने के लिए वह तैयार हो चुका था। साइकिल ठेके के चौकीदार से ली थी। वहाँ पहुँचे तो दुकान बंद थी। उसके चेहरे पर आक्रोश चढ़ता और फिर निराशा में डूब जाता। वह पागल हो रहा था। शारीरिक व्यवहार और चेहरे से लगता कि उसने अपनी भावना दबा रखी थी।...ऊपर से ऐसी हालत में मारा-पीटी होते-होते बची थी...मैं तो अपने गुस्से को पी चुका था मगर वह अभी शांत नहीं हो पाया था। पास ही सड़क किनारे दो ऑटो रिक्शे वाले बीड़ी पी रहे थे। नशे में लग रहे थे।...कोई सामान्य सवारी होती तो डर जाती। दुष्यंत ने सीधा सवाल पूछा तो उन लोगों ने उसे ऊपर से नीचे तक घूरती निगाहों से देखा था।...अँधेरी रात में हर कोई डरावना क्यूँ हो जाता है? शायद तभी शरीफ लोग रात घर पर सोते हैं। मगर दुष्यंत में डर नाम की चीज़ कहाँ? वह तो अपने में नहीं था।

"भाई साहब, मैं आप ही से पूछ रहा हूँ...सिगरेट कहाँ मिलेगी ?"

"इतनी रात को... ! अब तो स्टेशन पर ही मिलेगी।"

सुनते ही दुष्यंत मुड़ा और कहने लगा, "चलते हैं यार, आज घूमकर आते हैं, स्टेशन...वैसे भी बहुत दिन हो गए वहाँ गए... ।" आक्रोश में बड़ी शक्ति होती है। और उसने मुझे साइकिल पर बिठाकर रेलवे स्टेशन पहुँचा दिया था। रात को पौने एक बज रहे थे, मगर वहाँ रौनक थी। रातभर ट्रेन जो आती-जाती है। सामने रोड पार चाय

की दुकानें खुली हुई थीं। वहाँ पर गाने बजे रहे थे। गायक की आवाज़ बारीक और संगीत अपनी सामान्य गति से अधिक तेज़ चल रहा था।...टेप-रिकार्डर होना चाहिए...जिसकी स्पीड हमेशा असामान्य होती है...तभी तो सुर और ताल यहाँ बदले होते हैं। फिर भी किशोर कुमार सचमुच एवरग्रीन है। एक से एक दर्दीले और रोमांटिक गानें,...फिर लता की तो बात ही निराली है। आवाज़ को टेप-रिकॉर्डर कितना भी बिगाड़ ले फिर भी गानों में इतना रस है कि सुनकर मजा आ रहा था। सड़क पर चहल-पहल कम मगर दुकानों के प्रकाश से उजाला था। थोड़ा किनारे हटकर सिगरेट की एक दुकान खुली हुई थी। अंदर खड़ा आदमी पान के पत्तों पर चूना या कत्था, या शायद दोनों लगा रहा था। अभी वहाँ ग्राहक कोई न था। फिर भी वह अपने काम में व्यस्त था।...शायद कल की बिक्री की तैयारी हो ? पता नहीं, ये पान वाले आराम से कभी नहीं बैठते।...उसके मुँह में पान था, धीरे-धीरे जुगाली की जा रही थी।...पीछे की दीवार से सटकर छह-सात लोग कुछ पी रहे थे। दुष्यंत ने सिगरेट की एक डिब्बी खरीदी थी।

''ब्रदर, कुछ और पीने को मिलेगा क्या ?''

''चाय !...वो बगल की दुकान में है।'' बिना ग्राहक की ओर देखे पान वाले ने धीरे से कहा था।

''नहीं-नहीं, कुछ और, देसी भी चलेगी।'' एक मिनट के लिए पानवाले ने निगाह ऊपर की, नज़र से भरपूर देखा, और फिर अपने चूना लगाने के कार्यक्रम के साथ बोल पड़ा, ''दारू तो यहाँ अब मिलेगी नहीं, हाँ गांजा पीना है तो बोल ?''

''गांजा !...चलेगा।''

''जा पीछे बैठ जा।'' और दुष्यंत पीछे की ओर बढ़ा था। मेरे लिये यह पूरी तरह अप्रत्याशित था। शराब-सिगरेट का तो दुष्यंत आदी हो रहा था मगर गांजा और इसी तरह के अन्य नशे से हमेशा दूर रहता, तो फिर आज... ? पता नहीं क्यों...चाहते हुए भी मैं उसे रोक नहीं पा रहा था। जबकि डर भी लग रहा था।

पीछे छह-सात लोग गोल घेरा बनाकर बैठे हुए थे। एक के हाथ में चिलम थी जिसके अंदर कोई मसाला जल रहा था। तम्बाकू और गांजे का मिश्रण होना चाहिए। हॉस्टल में एक-दो सीनियर के कमरे से इसी तरह की दुर्गंध आती है। चिलम को, एक हाथ की दो उँगलियों के बीच में फँसा कर मुट्ठी बंद कर अंगूठे और बगल वाली उँगली के बीच के स्थान से उस आदमी ने जोर से साँस ली और धुआँ अंदर खींच लिया था और फिर तुरंत चिलम बगल वाले अगले आदमी को बढ़ा दी थी। खाली जगह देख हम दोनों भी बैठ गये थे। हमारी बारी आने तक अभी तीन लोग थे। कुछ ही देर बाद, उसी आदमी ने एक लंबी साँस छोड़ी और ढेर सारा धुआँ बाहर फेंका

था।...इतना सारा धुआँ!! मुझे यकीन नहीं हुआ था। एक विशेष प्रकार की गंध चारों ओर फैल गई थी और मेरी बेचैनी बढ़ती जा रही थी। एक तो नये-नये नशे का डर था, बहुत कुछ सुन रखा था...ऊपर से अपनी बारी आएगी तो कैसे पिऊँगा ?...दुष्यंत की तरफ देखा तो उसने यूँ नज़र कर रखी थी कि मानो वह सब जानता है। अगले आदमी ने चिलम के मुहाने पर जलती हुए आग को उंगलियों से ठीक किया और फिर चिलम को नीचे से सभी उँगलियों के बीच अंगूठे के साथ इस तरह से पकड़ा कि उसका नीचे का छोटा छिद्र वाला छोर हथेलियों के कटोरी बन जाने की तरफ था। दूसरे हाथ से चिलम को पकड़ रही उँगलियों को चारों ओर से ढका और फिर पहले हाथ की उँगली व अँगूठे के बीच के बने एकमात्र दरार से एक लंबी साँस खींची थी।...चिलम पर आग भभक उठी थी। कश लेकर उसने भी चिलम आगे बढ़ा दी थी। मैंने झट चिलम पकड़ने की दोनों मुद्राओं को चुपचाप अँधेरे में सबसे छिपाते हुए खुद करने की कोशिश की थी, बिना मुँह से लगाए सिर्फ उंगलियों व हाथों को चलाकर। बाकी सभी ने दूसरे प्रकार की पद्धति को ही अपनाया था। शायद यह अधिक प्रचलन में हो...और तगड़ा कश भी, तभी तो धुएँ का लंबा-बड़ा गुब्बारा मुँह से बाहर निकलता। बगल वाले आदमी के पास चिलम पहुँची तो उसने एक जोरदार सुट्टा लगाया और फिर बिना पूछताछ किए दाएँ हाथ से आगे बढ़ा दिया। अबकी बारी दुष्यंत की थी। उसने चिलम को जिस तरह से पकड़ा, लगा कि अनुभवी है। पहले प्रकार की कोशिश में वह पूरी तरह सफल तो नहीं था मगर किसी और के लिए समझना भी मुश्किल था। और उसने चिलम आगे बढ़ा दी थी। चिलम पकड़ते ही मेरे हाथ काँपने लगे थे। मैंने दुष्यंत वाली मुद्रा को अपनाते हुए धीरे से साँस अंदर लेने की कोशिश की थी। उँगलियों के बीच चौड़ी जगह छूट जाने से शायद धुआँ ठीक से मुँह में अंदर नहीं जा पाया था। मगर थोड़े में ही मुझे जोर से झटका लगा और खाँसी का ठसका आया तो सभी ने मेरी ओर देखा था, 'कोई बात नहीं...भोले बाबा का प्रसाद समझ कर अगली बार लेना, फिर देखना मजा...।' उत्साह बढ़ाने के लिए सांत्वना से भरे ये शब्द अपनी मंडली में मिलाने के लिए काफी थे। और मैंने किसी तरह से चिलम को आगे बढ़ाया था।

यह सिलसिला आगे एक पूरा चक्कर घूम गया था। सभी एक सुट्टा लगाते और आगे बढ़ा देते। कुछ देर में ही घूमकर चिलम वापस आ गई थी। बीच में उसे फिर से भरा गया था। दूसरी बार में दुष्यंत अधिक चुस्त जान पड़ रहा था। उसमें आत्मविश्वास व तुरंत सीखने की कला कमाल की है। मैं हैरान था। अबकी बार मैंने भी अपनी तरफ से एक और प्रयास किया था। यह पहले से बेहतर था। धुआँ अंदर गया तो दिमाग़ के तार हिले थे। जबकि मैंने सीमित मात्रा में ही साँस अंदर ली थी।

डर अब भी बना हुआ था। अपने आप को मैं हर कश में रोकने की कोशिश करता और चुपचाप हल्का-सा पीकर आगे बढ़ा देता। मगर दुष्यंत हर बार बेधड़क था और पूरी तरह से इस घेरे के चक्रव्यूह में डूब चुका था। शायद वह डूबने ही आया था। रात के दो बजते-बजते उसको नशा चढ़ चुका था। फिर भी अभी होश था। मुझे भी सरूर तो आ रहा था मगर होने वाले नशे का अंदाज न था। और फिर सभी लोग उठ खड़े हुए थे। दुष्यंत ने सिगरेट वाले के पास पहुँचकर उसे पैसे देने की कोशिश की तो उसने मना किया था, ''हमारा भी उसूल है, बीच में बैठने वालों से पैसे नहीं लेते। मेहमान हो, पहली बार आए हो। अगली बार शुरू से बैठोगे तो चिलम तुम्हारी होगी।''

''बड़े भाई दिल जीत लिया। अभी थोड़ा भूख लगी है यहाँ खाने को क्या मिलेगा?''

''सुबह के लिए तैयार हो रही गर्म जलेबी और पोहा सेव-नमकीन के साथ...।'' और दुष्यंत ने अगली तीन दुकान छोड़कर एक नहीं दो-दो प्लेट पोहा और पूरे ढाई सौ ग्राम जलेबी खाकर लंबी डकार मारी थी। खाने में भी मैंने साथ दिया था। चाय पी और सिगरेट जलाई तो नशा सिर पर चढ़ने लगा था...और यह धीरे-धीरे बढ़ रहा है...महसूस होने लगा तो मैंने उसे चलने को कहा था। मुझे याद है मैं गंभीर और वह मदमस्त हो रहा था। हम सड़क पर पैदल झूमते हुए आगे बढ़ रहे थे। हमारा बस स्टैंड पूरे छह किलोमीटर दूर था। कुछ देर तक तो मुझे होश था फिर संतुलन बिगड़ने लगा तो मैं बीच-बीच में सड़क पर ही बैठ जाता। सारा डर व शर्म खत्म हो गया था और दिमाग़ हवा में उड़ रहा था। इसके पहले कि मैं पूरे नशे में आकर सड़क पर लेट जाता, उसने साइकिल पर मुझे बिठाया और तेज़ी से चल पड़ा। अगला तकरीबन पाँच किलोमीटर का सफर उसने कैसे तय किया, मुझे पता ही नहीं चला। हमारे माडर्न मार्केट वाले बस स्टैंड पर पहुँचकर उसने मुझे साइकिल से उतारकर नीचे बैठने के लिए कहा...तब तक मुझे हल्का-सा होश था। सुबह के शायद तीन या चार बज चुके थे। बस स्टैंड के साथ लगे बँगले की बाउंडरी वॉल, जिसके ऊपर हम लोग अक्सर बैठकर बस का इंतजार किया करते थे, एक मिनट के लिए वह पहले वहाँ बैठा और फिर सुस्ताते हुए अगले ही पल वहीं ऐसा लेटा कि तुरंत गहरी नींद में सो चुका था। मैंने भी उसे खर्राटे लेते हुए नशीली आँखों से देखा था। थोड़ा आराम करने की सोच, थोड़ा आगे मैं भी लेटा तो मुझे भी तुरंत नींद आ गई थी। आगे का होश नहीं। शायद सुबह-सुबह कॉलेज की ओर जाने वाली बस की पहली ट्रिप स्टैंड पर रुकी होगी। ड्राइवर ने, जो हम दोनों को जानता था, कंडक्टर के साथ मिलकर हमें हिला-डुला कर जबरदस्ती उठाने की कोशिश की थी। मैं तो उठ गया मगर वह अब भी सो रहा

था। मैं हड़बड़ा कर बस में चढ़कर सीट पर लेट गया था मगर ड्राइवर–कंडक्टर ने मिलकर, दुष्यंत को उठाकर, बस की सीट पर लिटाया था। हॉस्टल पहुँचकर दोस्तों को बुलाया गया था और हमें अपने कमरे तक पहुँचाकर बिस्तर पर लिटाया गया था। सुबह कॉलेज जाने की भगदड़ शुरू हो चुकी थी। उसके बीच में यह एक नई चर्चा का विषय था। मात्र एक नयी कहानी...बस...कि दुष्यंत भाई स्टेशन गांजा पीने गए थे। हम पूरा दिन नहीं उठे थे। कुछ एक के लिए यह एक नयी मर्दानगी का प्रतीक बन रहा था लेकिन मेरे दिल में कहीं न कहीं एक डर बैठ गया था। और फिर यह बात घर कर गई थी कि यह ठीक नहीं। मैंने तो गांजा फिर कभी नहीं पिया मगर दुष्यंत कभी–कभी इधर–उधर ले ही लेता।

...शायद यही आदत बाद में इस हद तक पहुँच गई लगता है? नहीं, ऐसा कभी लगा नहीं। खासकर ड्रग्स तो उसने कभी छुआ तक नहीं...और फिर गाँजा–भाँग देसी नशे से क्या होता है... ? पीते तो कई हैं। क्यूँ नहीं होता ?...हो सकता है...तो क्या आज की घटना उसी की परिणति है... ? नहीं–नहीं, वो तो बहुत पुरानी बातें हैं...उसका अंत तो कॉलेज में ही हो गया था...और फिर उसने कोई गैर–कानूनी काम कॉलेज में भी किया हो, याद नहीं पड़ता...वह गुस्सैल ज़रूर था मगर शैतान नहीं...वह तो साधारण इंसान था मगर हाँ, बदनाम हो चुका था...तो फिर यही तो धीरे–धीरे आगे बढ़ता चला गया होगा...ओफ!...मैंने उसे तब ही क्यूँ नहीं रोका...कैसे रोकता ?...उसके दुःख और विपन्नता भी तो विशिष्ट थीं...और क्या...तभी तो बाद में...उस दिन जो कुछ हुआ, वो तो...सोचने के लिए मजबूर करने वाला था...।

20

"दुष्यंत, तेरे पिताजी आये हुए हैं।" मैंने उठाने की कोशिश की थी।

वह हड़बड़ाकर उठा था। आँखें लाल, बाल बिखरे हुए और मुँह से लार निकली हुई थी। सुबह–सुबह उसका ऐसा ही कुछ रूप होता। आँखें मलते हुए उसने अपने कमरे में पिता को सामने खड़ा पाया तो झटके में उठ खड़ा हुआ था।

"आप... ?"

"बस, सोचा कि यूँ ही तुमसे मिलता चलूँ। बहुत दिन हो गए थे।" पीछे–पीछे अरुण और मिलिंद भी आ गए थे। एक ने तुरंत अंकल के लिए कुर्सी लगाई तो दूसरे ने पानी पीने के लिए दिया था और फिर पास बैठते हुए पूछने लगे, "अंकल चाय लेंगे ?" औपचारिकताएँ शुरू हो चुकी थीं। कमरे तक छोड़ने के लिए आने वाले मंजुनाथ व जॉर्ज कमरे में खड़े रहे और कुछ देर बाद ही वापस हुए थे।

किसी के पिता का हॉस्टल आना, एक बड़ी ख़बर होती थी। पूरा हॉस्टल अतिथि सत्कार में जुट जाता। खाने-पीने और रहने की ऐसी व्यवस्था की जाती, मानो हॉस्टल का कोई सामूहिक मेहमान आया हो। सभी सज्जन बनने की कोशिश में लग जाते। कॉरिडोर में आते-जाते मुँह नीचा करके निकलते। सामने पड़ जाने पर अक्सर सभी नमस्कार करते।

कभी-कभी ऐसा भी हो जाता कि लड़कों को पता नहीं चल पाता और अर्द्धनग्न अवस्था में अपनी धुन में बाथरूम आते-जाते किसी और के माता-पिता से सामना हो जाता। स्थिति को बयान करने का शब्दों में सामर्थ्य कहाँ...कई बार गाना गाते और सीटी बजाते हुए पकड़ लिये जाते। इसलिए कम से कम आसपास के कमरों में यह ख़बर तेज़ी से फैला दी जाती कि अमुक-अमुक के पिता आये हुए हैं। किसी की माँ के आने पर तो अफरातफरी मच जाती। इसका एक फ़ायदा तो होता कॉरिडोर में आते-जाते, प्यार से दी जाने वाली गालियाँ अचानक रुक जातीं। वरना किसी कमरे के सामने से निकलते हुए, कोई कह सकता है 'क्यों बे बहन चोऽऽऽ, क्या कर रहा है?' पीके और आरपी तो इसके लिए बदनाम थे। अंदर बैठा लड़का भी बिना देखे बाहर की आवाज़ सुनकर पूछ सकता है 'क्यों बे मादर चोऽऽऽ, कहाँ जा रहा है?'

दुष्यंत के पिता की दिनभर आवभगत होती रही। बाप-बेटे के बीच कोई बातचीत नहीं हो पाई थी। दोनों अकेले में मिल नहीं पाए थे। दुष्यंत कॉलेज का अब एक स्थापित नाम था। कई दोस्त थे। सब बारी-बारी से हाजिरी लगाने आते। दो-चार तो बैठे ही रहे थे। विष्णुदत्त ने तो खूब मज़ा लगाया था। बार-बार आँख मारकर धीरे से कहता, "बताऊँ बाबूजी को, तेरी रंगबाजी के बारे में...।" उसका छेड़ना दुष्यंत अनदेखा कर देता। मगर मैंने बाप-बेटे में तनाव महसूस किया था। शाम ढलते-ढलते वह बाहर बालकनी में खड़े दुष्यंत के पास पहुँचे थे। मैं अंदर खिड़की के पास बिस्तर पर बैठा हुआ था।

"बेटा, कहीं हम बाहर चलें? मुझे तुमसे कुछ ज़रूरी बातें करनी हैं। "

"हाँ, क्यों नहीं।" इन शब्दों में आत्मीयता कम आक्रोश ज़्यादा था।

...ठीक तो है...दुष्यंत भी अकेले में कुछ बात करना चाहता होगा? सुनकर मैंने यही सोचा था।

"प्रणव घंटे बाद तुम मुझे कॉफी हाउस में मिलना...।" बोलकर दुष्यंत अपने पिता के साथ तैयार होकर बाहर निकला तो सब कुछ सामान्य नहीं लग रहा था।

दोनों पूरे रास्ते चुप थे। माडर्न मार्केट बस से पहुँचकर उसने ऑटो किया था, टेरिस रेस्टोरेंट तक का। वहाँ भी बहुत देर तक दोनों एक-दूसरे की नज़रों से बचने की कोशिश में थे।

''क्या लोगे?'' दुष्यंत से पूछा गया तो उसने कुछ नहीं कहा था। अंत में पिता ने अपने लिये एक स्कॉच का पैग मँगाया तो दुष्यंत ने भी एक बीयर मँगवाई थी।

''कब से पीना शुरू कर दिया है?''

''याद नहीं।''

''पिता के सामने?''

''आप भी तो बेटे के सामने पी रहे हैं। और फिर क्या फर्क पड़ता है...मैं छुपकर तो नहीं कर रहा।'' दोनों बातों का सार ढूँढ़ने की एक बाप ने कोशिश की थी। और फिर मौन। बीच में दोनों ने अपने-अपने गिलास से दो-चार घूँट लिये थे।

''तुम्हारी माँ और मैंने अलग-अलग होने का फैसला कर लिया है।'' एक मिनट के लिए दुष्यंत के हृदय ने स्पंदन करना बंद कर दिया था। मगर फिर आवाज़ आई थी...कमजोर नहीं पड़ना दुष्यंत...और वह चुप रहा था। हाँ, बीयर का एक लंबा घूँट ज़रूर गुटक गया था।

''यह नहीं पूछोगे क्यों... ?''

''...'' दुष्यंत अभी भी चुप था।

''अब तो तुम भी सब जानते हो, कम से कम मुझे तो ग़लत नहीं समझोगे। ख़ैर, मैं तुम्हें यह बताने आया हूँ कि तुम मेरे साथ जुड़े रहोगे।''

''नो थैंक्स... ।''

''और अपनी माँ से संबंध रखोगे... ?''

''वो मेरे लिये मर चुकी हैं... ।''

''इतनी नफरत?''

''इससे अच्छा तो... ।''

''गुस्से में बोल रहे हो... ?''

''नहीं, सत्य कड़वा होता है।''

''यह नहीं पूछोगे कि मैं कहाँ और क्या करने जा रहा हूँ?''

''जिस रास्ते जाना नहीं उसके बारे में पूछने से क्या फ़ायदा... ।''

''बड़े फिल्मी अंदाज़ में बातें करने लगे हो। हॉस्टल के एक साल में ही... ।''

''मेरा जीवन किसी फिल्म से कम नहीं। वैसे, इस पर बनाई जाये तो अच्छी चलेगी, क्यों?'' दुष्यंत पहली बार मुस्कुराया था।

''मुझे खुशी है कि तुम आत्मनिर्भर होते जा रहे हो और अपने निर्णय खुद ले सकते हो। बस, मैं तुम्हें इतना बताना चाहता हूँ कि यह निर्णय...तुम्हारी माँ से अलग होने का...जो मैंने अब लिया है...इतने वर्षों तक तुम्हारे कारण नहीं ले पाया था। ऐसा नहीं कि तुम मेरी कमजोरी थे, हाँ,...एक जिम्मेवारी का अहसास था। ख़ैर, अब जब

तुम्हें अपनी माँ के बारे में सब कुछ पता चल चुका तो मुझे भी निर्णय लेने में आसानी हुई...जहाँ तक रही बात तुम्हारी ज़रूरतों की वो मैं आज भी समझता हूँ। समय-समय पर तुम्हारे बैंक अकाउंट में पैसे पहुँचते रहेंगे। जिस वक्त तुम्हें लगे कि तुमको मेरी आवश्यकता है तो मुझे फोन कर देना। मैं अपना नया फोन नंबर और पता तुम्हें भेज दूँगा। गर्मियों की छुट्टियों में घर आओगे तो अच्छा लगेगा।''

''थैंक्स।''

''अब जब तुम समझ गए हो कि इसमें मेरी कोई ग़लती नहीं थी...फिर मेरे साथ ऐसे रूखेपन का कारण... ?''

दुष्यंत बहुत देर तक दूसरी ओर देखता रहा था। और फिर धीरे से बोल पड़ा, ''सामने वाले की ग़लती सिद्ध हो जाने पर अपनी ग़लती सही नहीं हो जाती।''

''तो क्या करता... ?''

''अब क्या कर रहे हैं... ?''

''कह तो चुका हूँ कि तुम्हारे कारण... ।''

''आपको क्या लगता है, इसका फ़ायदा हुआ ?''

''...'' अब की बार वह मौन थे।

''आप, ये क्यों नहीं कहते कि आप खुद निर्णय लेने की हिम्मत नहीं जुटा पा रहे थे।''

''कह सकते हो...मगर जीवन ऐसे नहीं चलता।''

''मगर फिर यूँ भी तो नहीं चलता, जैसे आप चला रहे थे। मैं कमजोर आदमी की औलाद बनने से अच्छा अनाथ जीना पसंद करता। ग़लत बात तो ग़लत है। और उसे तुरंत स्वीकार करना चाहिए। फिर चाहे उसकी कोई भी क़ीमत चुकानी पड़े। नहीं तो छोटी बीमारी बड़ी बन जाती है और फिर बड़े होने पर बड़ी क़ीमत चुकानी पड़ती है... ।''

दुष्यंत के पिता अपने बेटे को पहली बार अवाक् होकर देख रहे थे।

'' ...मैं चलता हूँ। आपकी ट्रेन रात की है, प्रणव छोड़ आएगा। अभी आप यहीं रुको, प्रणव को भेजता हूँ, उसके साथ सामान लेने हॉस्टल चले जाना, मुझे कहीं जाना है।...गुडबॉय एंड टेक केयर।'' कहते हुए दुष्यंत अपनी जगह से अचानक खड़ा हो चुका था। हाथ बढ़ाया तो पिता को यकीन न था कि बेटा इतना कठोर और दृढ़निश्चयी हो सकता है। अनायास ही उनके हाथ भी आगे बढ़े थे। दुष्यंत ने मज़बूती से हाथ पकड़ा, पिता की आँखों में झाँका और तेज़ी से बाहर के लिए निकल पड़ा।

दुष्यंत कॉफी हाउस आया तो बड़ी जल्दी में लग रहा था। अपने पिता के पास

जाने के लिए कहने लगा तो मुझे अटपटा लगना ही था।

"तू, कहाँ जा रहा है?"

"काम है।"

"ऐसा भी क्या काम... ?"

"कह दिया न...करता है तो ठीक, नहीं तो अपने आप चले जाएँगे...।" दो मिनट रुक कर वह तो चला गया और मैं देखता रह गया था। कुछ समझ न आया तो टेरिस रेस्टोरेंट पहुँचा था। अंकल मानो इंतजार ही कर रहे थे। खाने के लिए पूछा तो उन्होंने मना किया था और बिल चुकाकर चुपचाप बाहर निकल आए थे। हमने ऑटो किया था। पहले हॉस्टल फिर सामान पैक कर उसी से वापस स्टेशन। रास्तेभर कुछ विशेष बात नहीं हुई थी।

"दुष्यंत का ध्यान रखना...।" यही तो उनके आखिरी शब्द थे। बाकी तो सिर्फ बीच में यही कहते रहे थे कि उसमें बचपना है, ज़िद्द में कहीं चला गया। ट्रेन में बैठते ही उनकी आँखों में आँसू निकलने को बेताब दीखे थे और मैं बस इतना समझ पा रहा था कि यहाँ सब सामान्य नहीं है। बहुत देर प्लेटफार्म पर यूँ ही खड़ा रहा था। हॉस्टल वापस जाने से पहले उसी सिगरेट की दुकान पर जाने क्यूँ पहुँच गया। डिब्बी ली तो देखा पीछे मंडली जमी हुई थी। पास जाकर देखा तो दुष्यंत बीच में बैठा हुआ था। नशे में धुत्त। मैं हैरान हुआ था। उसके कँधे पर धीरे से हाथ रखा तो उसने मेरी ओर देखा था और फिर पहचानने के थोड़ी देर बाद ही खड़ा हुआ था। मैंने उसे चलने के लिए कहा तो उसने प्रतिरोध नहीं किया था...हॉस्टल पहुँचकर सिर्फ इतना ही मैंने कहा कि...'मैं उन्हें छोड़ आया...' तो उसके चेहरे पर उदासी गहरी हुई थी।

"हाँ, मैंने उन्हें जाते हुए दूर से देखा था।" कहकर वह बॉलकानी की ओर जाने लगा तो मैंने उसके कँधे पर पीछे से हाथ रखा था। वह मुड़ा था। मैंने उसकी आँखों में झाँका और फिर बिना कुछ पूछे गले लगा लिया। बस...फिर वह लिपटकर जो रोया तो चुप नहीं हुआ था और फिर शाम अपने पिता के साथ किए गए बदसलूकी को याद करके स्वयं को कोसता रहा।...क्या वह पहली बार रोया था...? पता नहीं...शायद...मगर यह अंतिम ज़रूर होना चाहिए...फिर वह बदल गया था...तब से...और अधिक अंतर्मुखी...।

...वो दृश्य याद आते ही आज भी आँखों में आँसू उतर आए थे-ऐसी हालत में, मैं कैसे उसे रोकता... ? नहीं, रोकना चाहिए था...लड़ना सिखाना चाहिए था...वह लड़ तो रहा था बाहरी दुनिया से और अपने आप से...इसे लड़ना नहीं पलायन कहेंगे...कहना बहुत आसान है मगर जिस पर गुज़रती है वही बता सकता है...तो क्या

हुआ, तब रुक जाता तो आज ये हालत तो न होते...इतनी बदनामी...सर्वनाश...।

...ओफ! मैंने करवट ली थी...लेकिन ये लड़की की हत्या का मामला गले से नहीं उतर रहा था...इस मामले में तो वह पक्का पुरुष था...और क्या...कभी ऐसा लगा नहीं...आदर्शवादी सिद्धांत वाला लगता था...क्या कह सकते हैं...क्रोध में इस तरह की वारदात हो जाती है...नहीं-नहीं...वह ऐसा नहीं कर सकता...दसियों किस्से याद हैं...और मैंने फिर करवट ली थी।

21

द्वितीय वर्ष, सबसे अधिक मस्ती वाला समय...कुछ न कुछ नौटंकी होती रहती... छुट्टी का दिन था। हम दोनों लेट उठे और नहाने के लिए बाथरूम गए तो पाया पानी नहीं था। लौटते में देखा कि मैस की छत पर करीब दर्जनभर लड़के टंकी के पानी से वहीं नहा रहे हैं...अरुण, पीके, आरपी टंकी पर चढ़कर बाल्टी से पानी निकाल रहे थे...हमें देखा तो बुलाने लगे। हम दोनों भी टॉवेल लपेटकर वहीं पहुँच गए थे। पानी का खेल हो रहा था, मस्ती और हुड़दंग का माहौल था। तभी अरुण और पीके ने एक-दूसरे से कुछ बात की और टंकी के अंदर ही कूद पड़े...टंकी काफी बड़ी थी...शायद दोनों तैर पा रहे हों...थोड़ी-थोड़ी देर में दोनों बाहर हल्का-सा आते, चेहरा निकालते और फिर वापस कूद जाते...बाकी भी इनकी चुहलकदमी का मज़ा ले रहे थे, आरपी ने आवाज़ लगाई तो अरुण बाहर निकला था...पीछे-पीछे पीके भी था...।

"मजा आया?" आरपी पूछ रहा था।

"बहुत।" अरुण ने अपने बाल पीछे किए थे।

"साला, मेरे को तो शू-शू लगा था तेज़, मैं तो अंदर ही कर आया...।" पीके ने मुँह को हथेली से रगड़कर पानी पोंछते हुए कहा था।

"क्या...!!" अरुण चौंका था।

"और क्या, नदी और तालाब में भी मैं तो नहाते-नहाते कर देता हूँ...साला, कौन जाएगा...।"

"अबे तेरी तो...ये तो थोड़ा-सा पानी है...ये तो मुँह में भी चला जाता है, साले, अपना मूत पिला दिया...।" वो झपटा तो पीके हँसता हुआ दौड़ पड़ा था, पीछे-पीछे अरुण दौड़ते-दौड़ते बोल गया, "...इस पानी से नहाना मत...साले ने इसमें मूत दिया है...।" और फिर वहाँ नहा रहे सभी में हड़कंप मच गया था। मैंने सिर पीट लिया था। दुष्यंत अरुण और पीके की चुहलबाजी देख हँस रहा था। थोड़ी देर में पीके को

पकड़ लिया गया था। सभी उस पर चढ़ गए थे। किसी तरह वह बचकर बाहर निकला और अंडरवियर उतारकर खड़ा हो गया...''लो, अब जो करना है कर लो...यार, जोर से लगी थी, रोकी नहीं गई...।''

एक-दो ने पीछे से उसके चूतड़ पर दो लातें मारी थीं, धीरे से ही सही...मगर देखकर अंत में सभी हँस पड़े थे...। हॉस्टल में बात फैली तो यही मज़ाक का नया केंद्र बिंदु बन चुका था...कोई चिल्ला रहा था...टंकी खाली करो और साफ करो...। हमारे नहाने का कार्यक्रम रुक गया तो पीके को सज़ा सुनाई गई थी...बीयर लेकर आएगा। और फिर हम सबने मिलकर उस दिन भरी दोपहरी में बीयर पी थी। क्या दिन थे, पूरे दिन इसी बात की धमालचौकड़ी मची रही।

देर शाम पीके और आरपी कमरे में आए तो दुष्यंत और मैं लेटे-लेटे बतिया रहे थे। अरुण साथ था। कहने लगे...''मिलिंद ने बड़े शर्माते हुए आज वो मस्तराम वाली सेक्स की किताब माँगी हैं...दरवाजा अंदर से बंद है...हम दो बार खटखटा चुके हैं...अरुण, अब की बार तू अपने कमरे में एक बार जा...बिना बात के...देख कैसे गुस्साता है...।''

''छोड़ न यार...।''

''अरे, देख तो, मजा आएगा...।''

अंत में अरुण मान गया था। धीरे से जाकर दरवाजे को खटखटाया तो अंदर से आवाज़ आई थी...''कौन?''

''मैं अरुण, खोल...।''

''थोड़ी देर बाद आना...।''

''क्यूँ? क्या हुआ...?''

''कहा न, बाद में आना...।''

''अच्छा...।'' अरुण ने बोल तो दिया मगर हम सब धीरे से मुस्कुराये थे। फिर थोड़ी देर बाद मुझे बोला गया था। मैंने अभी एक ही बार दरवाजा खटखटाया था कि वह अंदर से चीख पड़ा...।

''कौन है बे...?''

''मैं प्रणव हूँ, पीके बता रहा था वो नीली मस्तराम की किताब तेरे पास है, मुझे चाहिए थी...।''

''नहीं-नहीं, ये झूठ बोल रहा है। हम तो सिर्फ पूछ रहे हैं कि तेरे साथ श्रीदेवी है या जयाप्रदा?'' ये साथ खड़ा पीके था। कुछ ही देर में उसने गुस्से में दरवाजा खोला तो हम सब कॉरिडोर में ही थे...देखा तो वह सबसे पहले झल्लाता हुआ पीके के पीछे दौड़ा था...और हम सब ताली बजा रहे थे।

इसी तरह की बातों से कब साल बीत गया, पता ही नहीं चला और फिर... द्वितीय वर्ष की परीक्षा शुरू होने में कुछ ही दिन रह गए थे। हॉस्टल में रात-रात भर पढ़ने के साथ-साथ जागने के तमाम नुस्खे प्रयोग में आ रहे थे। हर एक अपनी तरह से कोशिश करता। देर रात, शर्मा टी-स्टाल में भीड़ मच जाती। रात एक बजे भी चहल-पहल रहती। समझदार और सीधे लड़के कमरे में ही इलेक्ट्रिक हीटर रखने लगे थे। हर शाम दूध की एक थैली खरीद ली जाती। चाय का बाकी सामान तो पहले ही इकट्ठे ले लिया जाता। इस तरह से नींद भगाने के लिए चाय-कॉफी का इंतजाम हो जाता। धूम्रपान के शौकीन पैसा बचाने के लिए पाउच वाली सिगरेट का इस्तेमाल करते। ग्रुप स्टडी का भी भरपूर प्रयोग किया जा रहा था।

उम्र का तकाजा कहना चाहिए, जवानी पूरे शबाब पर थी। एक रात अचानक पवन ने आकर ख़बर दी थी। उस वक्त रजत, रवि और उमेश सभी अरुण और मिलिंद के कमरे में थे। दुष्यंत कहीं गया हुआ था तो मैं भी चाय पीने चला आया था।

"शुक्ला वीसीआर लाया है...।"

"अच्छा!! कौन-सी फिल्म है?" अरुण था।

"शाहरुख़ खान की है...।"

"छोड़ यार, ये नया लौंडा अपने को तो जमा नहीं, बंदर की तरह उछलते-कूदते एक्टिंग करता है।" अरुण ने बुरा-सा मुँह बनाया था।

"साथ में वो,...ब्लू फिल्म भी है...।" पवन मेरी ओर देखकर बोला था।

"इंडियन या अंग्रेजी...।" मैंने पूछा था।

"इंगलिश है...कालों की...मस्त...नया प्रिंट है, फोर एक्स...बता रहा था ग्रुप सेक्स भी है।"

"मेरे को मजा नहीं आता यार। साले दो मिनट में ही नंगे होकर शुरू हो जाते हैं...फिर घंटों साले चाटेंगे। इंडियन हो तो बता...कुछ स्टोरी हो तो मजा भी आता है...धीरे-धीरे बात बनती है।" मैंने अपना मत रखा था।

"हाँ यार, वो तो ठीक है मैंने भी उसको बोला था। मगर इंडियन मुश्किल से मिलती है। ऊपर से कैसेट भी ख़राब होती है। रिकार्डिंग और एंगल भी ठीक नहीं होता। कुछ दिखता ही नहीं। इसमें सब क्लीन शेव...मस्त माहौल तो बनता है।...चल एक शॉट देख कर आ जाएँगे।"

"नहीं यार, आधे घंटे के बाद फिर पूरी रात दिमाग़ ख़राब रहता है।"

"तो विष्णुदत्त और लल्लन के साथ तू भी हाथ साफ कर ले...।"

"अरे नहीं यार, अपनी तो फटती है, कोई साली बीमारी लग गई तो...।"

''अरे कंडोम यूज़ कर लेना।'' पवन पीछे पड़ गया लगता था।

''क्या कंडोम से पूरा सेफ रहता है?'' दिल दिमाग से पूछ रहा था।

''पता नहीं, बोलते तो हैं...।''

''अच्छा लल्लन की तो कहीं सैटिंग भी है, फिर वो क्यूँ देखता है?'' अरुण ने ही पूछ लिया था।

''मैंने भी पूछा था, बोल रहा था साली हिन्दुस्तानी लड़की पूरा मजा नहीं देती, खुलकर नहीं खेलती...वहीं। देखने के लिए लाता है...।'' मिलिंद की उत्सुकता दिख रही थी।

''अच्छा, आज उमेश भाई को दिखाते हैं...।'' मैंने जान-बूझकर कहा था।

''नहीं यार, अपन तो एक पत्नीव्रता ही बनेंगे।'' उमेश तो उठ खड़ा हुआ था।

''अरे, इससे कुछ नहीं होता...।'' पवन ने समझाने की कोशिश की थी।

''तभी इतनी सारी नंगी फोटो और दिन-रात मस्तराम की स्टोरी पढ़ते रहते हो?'' उमेश का प्रवचन चालू होने वाला था।

''प्रैक्टिस है यार, नेट प्रैक्टिस...फाइनल मैच के लिए ज़रूरी है।'' पवन बोलकर जोर से हँसा था। बात बिगड़ती देख उमेश जाने लगा तो बाकी ने पीछे से छेड़ने की कोशिश की थी।

''अमा यार, दुष्यंत को भी रील देखने में मज़ा नहीं आता, कहीं वो भी रियल करने के लिए तो नहीं जाता... ?'' उमेश के जाते ही पवन ने पूछा था।

''क्या पता...अभी तक सुना तो नहीं।'' मैंने सफाई दी थी।

''अपना भाई भी ओल्ड मूवी का हीरो है...सच।'' अरुण के कमेंट थे।

पवन ने जाते-जाते फिर पूछा तो गर्मी चढ़ी थी...सोचते ही एक तरह का इलेक्ट्रिक करंट बहने लगता...सेक्स के प्रति उतावलापन था...कई बार सोचकर अजीब लगता...नहीं यार, यह स्वाभाविक है...कई समझाते भी थे।

...कभी-कभी किसी-किसी को देखकर तो मन ललचा ही जाता।...पता नहीं, क्या ठीक है? सेक्स किसी भी तरह से कभी अप्राकृतिक नहीं...जिसका जैसा गुज़र जाये...ज़्यादा सोचना किसी काम का नहीं...हॉस्टल में यही फिलॉस्फी चलती...और फिर मैं, मिलिंद, साथ रवि और रजत भी तैयार हुए तो एक पल के लिए लगा ये तो पढ़ने वाले बंदे हैं, ''...तो क्या हुआ आदमी तो हैं न...।'' अरुण का जवाब था... बोलकर वो सोने चला गया था...हम सब थोड़ी देर के लिए शुक्ला के कमरे में रंगीन फिल्म देखने चले गये थे, दो के कमरे में दस होंगे...सभी नज़रें गड़ा कर एकटक देख रहे थे...और हम भी उसमें घुस गये थे।

ऐसा दृश्य हॉस्टल में अमूमन हो जाता...क्या पढ़ाकू, क्या सीधे, क्या

बदमाश...सब पहुँच जाते। मगर दुष्यंत सदैव रूखा ही क्यों रहता... ? साले को दारू से मतलब होता बस...या रंगबाजी से। कभी चाव से ब्लू फिल्म नहीं देखता...औरतों से अक्सर वह बचने की कोशिश करता...जबकि मैं भी फिसल ही जाता...तभी तो, उस रात...तो कमाल ही हो गया...।

"दुष्यंत कहाँ है?" राजीव कमरे में आया था।

"क्यूँ, क्या हुआ?"

"कुछ नहीं, बस ऐसे ही...विनीत के कमरे में एक स्मार्ट लड़की आई है, जबरदस्त माल है, भयंकर सेक्सी...अपने सारे खास दोस्त मिल चुके हैं, चल एक बार तू भी...।"

हॉस्टल में लड़की!! मैं देखने के लोभ को रोक न सका और उसके साथ हो लिया था।...रात के एक बज रहे थे। हॉस्टल में चारों ओर शांति थी...विनीत के कमरे के बाहर पहुँचा तो दरवाजा भिड़ा हुआ था। राजीव ने धीरे से अंदर जाने के लिए कहा तो मैं आहिस्ता-आहिस्ता आगे बढ़ा था। बहुत हल्के से दरवाजा खोलकर अंदर हुआ था...कमरे में मद्धिम गुलाबी रोशनी थी। शायद ज़ीरो वॉट का रंगीन बल्ब लगाया गया था। किनारे के बिस्तर पर कोई लेटा हुआ था। पास गया तो पैर का निचला हिस्सा दिखाई दिया था...गोरा, चिकना। दूसरे पैर पर चद्दर थोड़ी ऊपर थी जाँघ तक...माँसल।...लड़की ने हाफ पैंट और टी-शर्ट पहन रखी थी। औंधे मुँह थी। दरवाजे की ओर पीठ। पास पहुँचने तक तो मैं पूरे नशे में आ चुका था। अतिरिक्त ऊर्जा भरने लगी थी। कमरे में घुसने के बाद उत्सुकता अनियंत्रित हो चुकी थी। पास पहुँचा तो आवाज़ सुनकर वह पहले मुड़ी और फिर उठ बैठी थी। वक्षस्थल भारी और बाल चेहरे पर गिरे हुए थे। उसने मुझे देखने के साथ थोड़ी अंगड़ाई ली थी। रोशनी कम और रंगीन होने से चेहरा साफ नहीं दिख रहा था। ऊपर से शरीर का आकर्षण आँखों पर परदा डाल रहा था। पेट के नीचे एकत्रित हो उठी ऊर्जा ने बाकी इंद्रियों को निष्क्रिय कर दिया था...मैं बहुत देर तक यूँ ही खड़ा रहा और फिर धीरे-धीरे नजदीक गया और यंत्रवत पास बैठ गया था। बड़ी मुश्किल से इतना ही पूछ पाया था...क्या नाम है आपका... ? जब कोई जवाब नहीं मिला और उसने मोहक अदाओं से मुझे देखा तो मैं पागल होने लगा था। साँसों के साथ उसके वक्षस्थल का उतार-चढ़ाव परेशान कर रहा था तो मन नियंत्रण से बाहर हुआ जा रहा था। मगर न जाने क्यूँ हिम्मत नहीं हो पा रही थी।...अचानक याद आया कि दरवाजा खुला है अंदर से लॉक भी तो नहीं कर पाया था...पहले दरवाजा बंद करूँ या कुछ बोलूँ...क्या बोलूँ, क्या करूँ...इसी कशमकश में इतना ही बोल पाया था कि आप बड़ी सुंदर हैं...और वह धीरे-धीरे आगे खिसकी तो मैं डूबने लगा था और उसने जब पास आकर मेरे

गालों पर उँगलियाँ फेरी तो मुझे लगा कि मैं किसी सपने में हूँ...तभी एक जोरदार झटका उसने मेरे कँधे को दिया था...फिर देखता हूँ कि वह अपनी जगह से खड़ी हो गई थी...और फिर ये क्या... ? अचानक वह अपना बाल सिर से उतार रही है!!...अरे, ये तो विग है...!! और ये तो विनीत है...!!

तभी पलँग के नीचे से पवन निकला था और फिर दोनों सीटी बजाने लगे थे...मैं उठ खड़ा हुआ था...झेंप आ रही थी...समझ ही नहीं पाया कि मेरे साथ इतना बड़ा मज़ाक भी हो सकता है। तब तक आवाज़ सुनकर राजीव भी अंदर आ चुका था... साथ ही अरुण, अशोक व मिलिंद भी था।...पता चला कि उस रात कई इस तरह से बेवकूफ बने थे, कइयों ने लड़की समझकर अजीब-अजीब हरकत भी की थी...। इसी दौरान पता लगा कि दुष्यंत हॉस्टल पहुँच चुका है...और फिर उसको भी फँसाने की योजना बनी थी...राजीव, मैं और अरुण गए तो जूते पहने पहने वह बिस्तर पर लेटा हुआ था...बात राजीव ने छेड़ी थी...''अंग्रेजी सामान आया है...मस्त है...कॉलेज में पढ़ती है।''

''अच्छा... ? तो मैं क्या करूँ ?''

''जा, तू भी हो ले...।''

''नहीं यार, अपना कोई इरादा नहीं है...।''

''पैसा पूरी रात का दिया है...वो थकावट दूर कर देगी...।''

''तो तुम लोग क्यूँ नहीं हो लेते...।''

''हम सब तो हो लिये...।''

''अरुण, प्रणव तू भी...!!!'' दुष्यंत झटका खाते हुए उठ बैठा और हमें देखने लगा था।

''हाँ यार, मस्त है, मगर हमारे कब्जे में नहीं आ रही। '' अरुण सीरियस था।

''तो विष्णुदत्त या लल्लन को ले जाओ...।''

''वही तो लाये हैं...।''

''अबे, क्या मारोगे उसको...हॉस्टल में बात फैल गई तो भगदड़ मच जाएगी...।''

''तभी तो तेरे को भेज रहे हैं, आखिरी में, वहीं सो जाना।'' राजीव बोला था।

''तो तुम लोग मेरे को फँसाओगे, साले...।''

''नहीं यार, दोस्त हैं न, नहीं तो बाद में बोलेगा कि बताया नहीं...अच्छा जा एक बार देख तो ले...।''

''और कोई रुकने को तैयार नहीं, विष्णुदत्त-लल्लन करके कहीं भाग गए, तू दोस्तों की इतनी मदद नहीं कर सकता...।'' मेरा ब्रह्मास्त्र था।

फिर भी बहुत ना-नुकर के बाद दुष्यंत तैयार हुआ था...कमरे में पहुँचा तो थोड़ी देर उसने चारों ओर देखा था। एक नज़र बिस्तर पर डाली तो लड़की थोड़ी हिली थी। दुष्यंत को सामने वाले बिस्तर पर बैठता देख लड़की उठकर बैठी तो दुष्यंत बोल पड़ा...।

"सो जा, छह-छह चढ़ चुके हैं...अब मरने का इरादा है क्या...चुपचाप सो जा, नहीं तो ये लड़के यूँ ही आते रहेंगे...।" और वह दूसरे बिस्तर पर लेट गया था...ये क्या!!! नीचे छिप अशोक और मिलिंद ने बाहर निकलकर सिर पीट लिया था...दुष्यंत तो बहुत देर समझ नहीं पाया...और फिर मजाक में विनीत की गर्दन जो दबायी तो मुश्किल से छोड़ी थी...।

ये किस्सा दोस्तों के बीच बहुत दिनों तक चर्चा का विषय रहा।...आज यह सोचकर कैसा लगता है? मगर सच है। उस ज़माने में लड़के लड़कियों की एक झलक के लिए कितने पागल होते थे...ऐसे में कोई सोच सकता था कि दुष्यंत ऐसा करेगा...? नहीं...बिलकुल नहीं। और फिर उस ज़माने की लड़कियाँ भी तो डरपोक थीं...नहीं-नहीं, सब नहीं...कुछ एक जब खुलती थीं तो लड़कों से कहीं आगे निकल जाती थीं।...क्यूँ? तीसरे वर्ष में अलमारी कांड,...क्या तो नाम था उस लड़के का जो गर्ल्स हॉस्टल के कमरे में छिपा मिला था और फिर एक लड़की का शहर में बाहरी लड़के के साथ पकड़े जाना...वही, जिसके कारण दुष्यंत का लफड़ा भी हुआ था...पुलिस केस भी बना था, उसका भी याद नहीं आ रहा नाम...वही गीता के साथ जो रहती थी...सोचकर अचानक बेचैनी हुई थी।

22

दुष्यंत राठौर के माता-पिता के अलग होने की कहानी, नजदीक के सभी दोस्तों को पता थी। क्यूँ हुए थे? कोई नहीं जानता था। उसे अपने माँ-बाप की कमी, कहीं न कहीं एक खालीपन बनकर मस्तिष्क में स्थायी रूप से रहने लगी थी। स्वाभाविक भी था। कई बार ये बात मुझे सोचने के लिए मजबूर करती...आदमी अपने दुःखों को,...सभी नहीं, कई...कितनी आसानी से छिपा ले जाते हैं। फिर भी ये जीवन और जीवन-दर्शन में कहीं न कहीं प्रभाव डालते हैं...शायद...हो सकता है। तभी वह अपने से बड़ी उम्र की औरतों की तरफ ही अक्सर आकर्षित होता। मगर कभी भी कोई ओछी हरकत नहीं करता। कई बार अगली औरत को पता ही नहीं चल पाता होगा। तभी तो लतिका की क्लास की बातें आज अनायास ही याद आ रही थीं।...भगवान द्वारा फुर्सत में बनाई गई इतनी खूबसूरत लड़कियाँ कम ही होती हैं।

और फिर सुंदर के साथ ही नजाकत और सरलता भी हो, ऐसा सम्मिश्रण कम ही दिखाई देता है। लतिका कॉलेज की सबसे अधिक चर्चित लड़की होनी चाहिए। बेहद आकर्षक, ऊपर से घमंड बिलकुल भी नहीं, आवाज़ ऐसी थी कि लगता मधुरता घोलकर बोलती है। अच्छे घर की लड़की थी और पढ़ने में भी तेज़। हद तो तब हो गई कि जब उसका एक भी चक्कर कॉलेज में सुनाई नहीं देता। सैकड़ों आशिक थे उसके। मगर छेड़छाड़ का किस्सा नहीं सुना।...अनुपम सौंदर्य में सकारात्मक भाव हो तो अलौकिक आभा प्रकट होती है जिस पर कोई भी आदमी मोहित तो हो सकता है मगर पागल नहीं। लोग उसके सौंदर्य को पहले देखते फिर निहारते और अभिभूत हो जाते। सुना है कि जब फर्स्ट ईयर में आई थी तो तब के फाइनल ईयर के कई लड़कों ने कोशिश की थी। कई असफल हुए थे मगर दीवानगी कभी कम नहीं होती। उलटे आशिकों की संख्या हर बैच में बढ़ती चली गई। और यह सिलसिला चलता रहा। जब वह फाइनल ईयर में पहुँची तो हम फर्स्ट ईयर में थे। हमारे बीच भी उसके उतने ही दीवाने थे। ड्राइंग क्लास से लेकर ब्लैक स्मिथ की क्लास, क्लास-रूम की हर डेस्क से लेकर लड़कों के बाथरूम तक में, कॉलेज का कोई ऐसा हिस्सा नहीं था, जहाँ उसका नाम पेंसिल, पेन या नुकीली चीज़ से गोदकर न लिखा गया हो। थी तो वह इलेक्ट्रिकल ब्रांच की मगर इलेक्ट्रॉनिक्स, सिविल, मैकेनिकल की हर लैब में दो-चार टेबलों पर उसका नाम ज़रूर गुदा हुआ होता। यहाँ तक कि आर्किटेक्ट में भी, जहाँ लड़कियों की संख्या अच्छी-खासी थी। वहाँ भी उसके चाहने वाले लड़के मिल जाते। पता नहीं क्यों? हमारे लिये समझना मुश्किल था। हाँ, दूर से देखी उसकी सुंदरता के हम भी दीवाने तो थे ही।

कॉलेज से निकलकर वह पढ़ाने लगी थी। और हमारे बेसिक इलेक्ट्रिकल की क्लास में टीचर बनकर आई थी। दुष्यंत अक्सर क्लास नहीं आता था। दूसरे-तीसरे दिन ही लतिका मैडम ने उसके बारे में पूछा तो ख़बर हॉस्टल तक पहुँची थी, ''यार, डियर भाई...तेरा तो वो नाम भी जानती है, तुझे पूछ रही थी।''

अगले ही दिन दुष्यंत कक्षा में था। हमेशा की तरह चुपचाप मुँह नीचे करके। और जब यह सिलसिला कई दिनों तक चला तो कुछ एक नजदीक के दोस्तों ने छेड़ा भी था कि, 'दुष्यंत भाई लतिका मैडम की क्लास में ही क्यों आते हैं?'

'अरे भाई चीज़ ही ऐसी है, क्या करोगे, कहा जाता है कि ऋषि-मुनि भी पिघल जाते थे।'

एक दिन अचानक मैडम ने सामने से उसे पुकारा था।

''दुष्यंत राठौर, तुम सुन रहे हो... ?''

''जी मैडम।'' हड़बड़ाकर दुष्यंत ने जवाब दिया था।

"अच्छा, तुम कुछ नोट्स बनाते हो?"

"जी... !...जी, जी नहीं।"

इस बीच मैडम उसके बैंच तक पहुँच गई थीं। जिस दुष्यंत से अच्छे-अच्छे डरते थे, लड़कियाँ तो दूर ही रहतीं, कई प्रोफेसर भी कुछ नहीं कहते, उसके सामने एक नाजुक-सी औरत खड़ी थी। हड़बड़ाकर दुष्यंत भी खड़ा हो गया था। अच्छी पर्सनेलिटी थी उसकी। उसके सामने मैडम बच्ची-सी लग रही थी।

"तुम नोट बुक क्यों नहीं लाते?"

इतने सवाल दुष्यंत से पूछने की किसी ने शायद कभी सोचा भी न हो। यहाँ किसी भी प्रोफेसर के लिए अपने छात्र से डर की बात कम, उनके लिए शायद यह महत्त्वपूर्ण नहीं। या फिर पता नहीं...किसी को किसी की इतनी चिंता क्यूँ होने लगी? कॉलेज में ऐसा कम देखा जाता है। स्कूल तक तो होता है।...नहीं, अब वहाँ भी नहीं बचा। बहरहाल, दुष्यंत ने अपना मुँह नीचे किया और चुपचाप खड़ा रहा। कोई और प्रोफेसर होता तो शायद वह अब तक क्लास छोड़कर चला गया होता। परीक्षा हाल में भी उसे कोई कुछ नहीं कहता था। आँखों की शर्म बचाई जाती। मगर आज दुष्यंत को इस तरह से देखकर सभी छात्र हैरान थे और उसी की ओर ताक रहे थे।

"अच्छा, मैं तुम्हारे लिए कल एक नोटबुक लाऊँगी।" कहकर लतिका मैडम पीछे मुड़ी और धीरे-धीरे वापस ब्लैकबोर्ड तक पढ़ाते हुए पहुँची थीं। अंत में, क्लास में से बाहर जाने से पहले एक बार फिर पूछा, "क्यों दुष्यंत, समझ में आया?"

"जी...।"

क्लास खत्म होते ही कुछ साथ वालों ने उसे छेड़ा था, 'क्या बात है बॉस, आज तो बहुत पढ़ाई हो रही है?' दुष्यंत ने इस बात पर कोई तवज्जह नहीं दी थी। चुप ही रहा। मगर अगले दिन वह एक नोट पैड लेकर पहुँचा था। जब वह अंदर आने लगा तो लतिका मैडम पहले से ही क्लास में थी। उसको देख वह तुरंत बोल उठीं, "दुष्यंत, मैं तुम्हारे लिये एक रजिस्टर लाई हूँ, ये लो...।"

दुष्यंत ने झिझकते हुए अपने नोड पैड को धीरे से दूर से दिखाया था।

"अच्छा, तुम भी ले आये, वैरी गुड। चलो, अब ये मेरी तरफ से रख लो।"

दुष्यंत न नहीं कर पाया था और चुपचाप रजिस्टर लेकर पीछे बैठ गया था। शाम को यह पूरे हॉस्टल में चर्चा का विषय था। होना भी था...हर बार मैडम दुष्यंत के पास पहुँचकर ज़रूर पूछती, 'समझ में आया...तुमने लिखा' और दुष्यंत कुछ ज़्यादा ही सतर्क रहने लगा था।...पढ़ने भी लगा था। यह बात जब धीरे-धीरे फैलने लगी तो दादाओं के कान में भी पड़ी थी। एक रात शराब के नशे में लल्लन ने छेड़ ही दिया था 'सुना है तेरा चक्कर चल रहा है, सही यार, सही माल फँसाया है, ई हुई न बात,

जिसको किसी ने नहीं फँसाया उसको अपने भाई ने फँसाया।'

सुनते ही गुस्से में दुष्यंत अपने दाँत पीस रहा था। मैं तुरंत समझ गया था। लेकिन लल्लन की आदत ख़राब थी, हर चीज़ को हल्के में लेना और उसके इस बात ने आग में घी का काम किया था।

''पटाने के बाद भूल मत जाना। मिल बाँटकर खाएँगे, मलाईदार मक्खन है...।''

''लल्लन इसके आगे एक लाइन मत बोलना, नहीं तो...।''

''नहीं तो, क्या?'' लल्लन अभी भी मस्ती में था।

''नहीं तो फोड़ दूँगा।''

''फोड़ दूँगा!! मेरे को!! एक लड़की के लिए...अबे, खा-पीकर आ, जा...।''

''तू खा के आ साले, दलाल, एक चींटी नहीं मारी कभी और साला रंगबाजी करता है, रंडीबाज...।''

''तेरा जैसा नहीं हूँ, मर्द हूँ, औरतों को टाँग के नीचे रखता हूँ...।''

सुनते ही दुष्यंत भड़क गया था। उठकर कॉलर पकड़ कर लल्लन को दीवार की ओर घसीटता, इसके पहले मैंने और विष्णुदत्त ने उसे पकड़ा था।

''एक लौंडिया के लिए तूने साले मेरे ऊपर हाथ उठाया, उसकी तो मैं बजा दूँगा...वो कोई सती-सावित्री है क्या?...सरेआम चूँची दिखाती है...।''

''अबे साले, तेरे जैसों से बात भी नहीं करती लड़कियाँ, सब को एक जैसा समझता है...छू कर देख मैडम को, मार-मारकर नपुंसक नहीं बना दिया तो मेरा नाम दुष्यंत राठौर नहीं...।'' और वह फिर उसकी ओर बढ़ा तो मैंने सँभाला था,

''तुम लोग तो आपस में उलझ गए।...लल्लन, तेरी ग़लती है। देख, तुझे ऐसा नहीं बोलना चाहिए।''

''अरे, हमको क्या पता कि अपना बबुआ सीरियस है...।''

और वह आँख मारकर मुस्कुराया था। इतनी जल्दी लल्लन माहौल हल्का कर देगा, यकीन नहीं हो रहा था। बात और बढ़ जाती इसके पहले ही उसने सँभाली थी। लेकिन इसने यह बात तो साबित कर ही दी थी कि दुष्यंत के दिमाग में कुछ चल रहा है।...वहाँ बैठे सभी इस बात का मज़ा लेने लगे थे कि कुछ न कुछ चक्कर है...वो उम्र ही तो ऐसी थी...वैसे यह कितना सही था या नहीं? पता नहीं। लेकिन अगले दिन से दुष्यंत ने कॉलेज जाना फिर से छोड़ दिया था।

''प्रणव एक चीज़ बताऊँ...लल्लन ठीक बोल रहा है...लतिका कोई इतनी भी शरीफ नहीं...।'' डीडी उस रात हॉस्टल में अकेले में बोल रहा था।

''वो कैसे...?''

"...मैंने खुद कई बार देखा है, सुना तो था...वो किसी-किसी लड़कों के पास आकर कभी-कभी लैब में जान-बूझकर इतना झुक जाती है कि फिर क्या कहूँ...।"

"तो फिर लड़कों ने अब तक कुछ किया क्यूँ नहीं...।"

"क्या करेंगे...कुछ करने नहीं देती, बस साली ललचाती है...फिर यार, ये इंजीनियरिंग कॉलेज है, यहाँ इस तरह का माहौल नहीं...तेरे को विश्वास नहीं तो कल लैब में ध्यान देना...हो सकता है...।"

अगले दिन अरुण के साथ मैं भी था...और सचमुच लतिका, थोड़ा झुककर कोहनी पर वजन रखकर कुछ यूँ लैब के टेबल के साथ खड़ी रही कि छाती के उभार का भरपूर दृश्य दिख रहा था। उसने देखा भी कि मेरी निगाहें वहाँ छिप-छिप कर जा रही हैं मगर वह उसी तरह खड़ी रही...तो कहीं वह लड़कों को यूँ ही दूर से मोहित...या...भ्रमित तो नहीं करती है? चेहरे से कितनी भोली, नादान लगती है...इस पर भी क्या कहा जा सकता है...? उफ़! इन औरतों को समझना...!! नहीं, ये पुरुषों के ख्यालात हैं...ऐसा ही कुछ औरतें भी तो मर्दों के लिए कह सकती हैं...!! लेकिन फिर दुष्यंत का विश्वास...? इस तरह के लोग आँख मूँदकर विश्वास करते हैं...और फिर जब कुछ भी ग़लत देख लें तो सर्वनाश कर देते हैं...और मैं उस दिन बड़ा भ्रमित होकर रातभर करवटें बदलता रहा था। बार-बार वही दृश्य आँखों के आगे तैर जाता। दो दिन बाद मैं एक बार फिर लैब में था। लतिका मैडम किसी और टेबल पर थीं। उसी तरह। मगर आज मुझे अल्हड़ और अनजान लगी थीं...और फिर मुझे गुस्सा आया था...अपने आप पर।

लेकिन कुछ दिन बाद जब दुष्यंत ने मुझसे अचानक पूछा तो तब तक मेरा मन पूरी तरह स्थिर हो चुका था, "मैडम, मेरे बारे में कुछ पूछ तो नहीं रही थीं...?"

"नहीं।"

"कुछ भी नहीं पूछा...!"

मैंने उसकी ओर देखा, वह गंभीर था। अर्थात इसे आज भी उम्मीद और अहसास है।...तो फिर क्या हुआ? रखे रहो। इस बेवकूफ का क्या हो सकता है...?

"नहीं भाई...वो अपना पढ़ाने में लगी हुई हैं...।"

"अच्छा...!!" दुष्यंत उठ खड़ा हुआ था। और फिर सोचने की मुद्रा में बाहर बॉलकनी में जा खड़ा हुआ।

"तू हर बात को इतना सीरियसली मत लिया कर...आपस में लड़ने से पहले सोचा तो कर...वैसे भी, मैडम इतनी कमजोर लड़की नहीं हैं। इसी कॉलेज से पढ़ी हैं।...पहले भी कई उनके लिए बोलते होंगे। ये तो चलता रहता है...तुझे क्या लगता है...किसी की इतनी हिम्मत हो सकती है? और फिर वैसे भी वो हमारा दोस्त

है...मजाक ही तो कर रहा था।''

सुनकर दुष्यंत शांत ही रहा मगर मैं जानता था कुछ देर के लिए विचलित हुआ होगा। मैंने असली बात छिपायी थी वरना...।

...आज एक बार फिर मैं बेचैन था और बिस्तर पर सोच-सोचकर करवट बदल रहा था कि दुष्यंत लड़कियों के मामले में कितना संवेदनशील था...ऐसा दुष्यंत अपनी बेटी की उम्र की लड़की की हत्या में संदिग्ध... ? ओफ़! और उसके और भी किस्से याद आकर तंग कर रहे थे...।

23

लतिका कॉलेज छोड़कर जा चुकी थी। बहुत खोज ख़बर लेने की कोशिश की गई थी। सभी को उत्सुकता थी। कोई कहता शादी पक्की हो गई है। किसी ने कहा, विदेश चली गई। मगर कुछ पक्की जानकारी नहीं मिल पा रही थी। कुछ हमदर्द जवान लेक्चरारों से भी जानने की कोशिश की गई थी। इनमें भी तो कुछ उसके आशिक थे। हाँ, कुछ दिनों से मॉडर्न मार्केट के चौराहे पर घूमते भी दिखाई नहीं दी थी। वरना जींस-टॉप में अकसर दिख जाती और बाज़ार में भी गरमाहट आ जाती...। शहर में नहीं है, इतना पक्का हो गया था। एक और अध्याय दुष्यंत ने सीने में दबा लिया था। उसमें क्या था, किसी को नहीं मालूम। लेकिन यकीनन वह भावुक था। यहाँ भी उसका कुछ अपना था। जहाँ भी प्यार मिले वह मक्खन की तरह पिघल जाता।...घर की कमी को बाहर से भरने की कोशिश करता...जैसे कि वो मौसमी, अच्छी पढ़ने-लिखने वाली...जो बहन बनी थी...अब इस कहानी को क्या कहा जाए...।

...उस रात छह से नौ पिक्चर देखकर इलेक्ट्रोनिक्स ब्रांच का सारा ग्रुप लौट रहा था। शनिवार था और हॉस्टल की मैस बंद थी। इसलिए मॉडर्न मार्केट में खाने के लिए सभी पहुँचे थे। क्लास की सभी आठ लड़कियाँ भी साथ थीं। वो लोग कॉफी हाउस में घुसे तो मैं और दुष्यंत किसी बाहरी नेता के साथ किनारे बैठे गप्पिया रहे थे। अशोक ने हम लोगों को देखा तो हाय किया था। अपने ग्रुप में असर दिखाने के चक्कर में हमेशा ऐसे ही करता था। कुछ देर बाद हम दोनों जाने लगे तो उसने आवाज़ दी थी, ''दुष्यंत रुक, साथ चलेंगे...आ हमारे साथ भी कुछ खा ले।''

दुष्यंत कभी किसी को मना नहीं कर पाता था। और हम भी साथ बैठ गए थे।

''पता है, क्या बात हो रही है? परसों रक्षाबंधन है न, उसकी।''

''अच्छा!'' मैंने कहा था। कॉलेज के लड़कों के बीच यह अटपटी बात थी।

"सभी लड़कियाँ अपने भाइयों के लिए राखी भेज चुकी हैं। लेकिन मौसमी दुखी है।"

"क्यों क्या हुआ?" मैंने यू हीं पूछ लिया था।

"असल में मौसमी का कोई भाई नहीं है न, अकेली है...।"

"अच्छा!"

"अब वो किसी को भाई बनाना चाहती है।"

"एक काम कर मौसमी, दुष्यंत को अपना भाई बना ले। उसकी भी कोई बहन नहीं है। और फिर वैसे भी हम सभी इसको दुष्यंत भाई ही तो कहते हैं।"

मिलिंद यह सब कैसे कह गया, पता नहीं। मगर सभी का चेहरा खुला के खुला रह गया था। कॉलेज में उम्र ही ऐसी होती है। इन नाजुक रिश्तों में कोई नहीं पड़ना चाहता। मिलिंद ने दुष्यंत का मुँह देखा तो दुष्यंत ने मेरी ओर देखा था। कोई प्रतिक्रिया न देख अशोक की हिम्मत बड़ी थी, "क्यों मौसमी, बोल, ऐसा भाई मिलेगा तेरे को?" मौसमी ने बड़े जोश में आकर सिर हिलाया था।

"तो फिर बढ़ा हाथ, मिला अपने भाई से।" मौसमी बिना रुके झटके में खड़ी हुई और एक हाथ आगे बढ़ाया था।

"हैलो, दुष्यंत राठौर भाई।"

दुष्यंत इस बात के लिए तैयार न था। हड़बड़ाकर खड़ा हुआ था। उसने भी हाथ आगे बढ़ा तो दिया लेकिन फिर एक सेकेंड में मिलाकर तुरंत हटा भी लिया था। मगर अगले ही पल उसी हाथ को मौसमी के सिर पर रखा तो सबकी आँखें खुली रह गई थीं। और फिर सबकी तरफ देखकर बोल उठा, "मेरी एक शर्त है, ये छोटी और मैं बड़ा भाई कहलाऊँगा।"

जोर से तालियाँ बजी थीं और मौसमी कूदकर दुष्यंत से जा लिपटी थी। दुष्यंत के लिए यह थोड़ा अप्रत्याशित था और वह वहाँ खड़ा रह गया। एक सेकेंड में ही मौसमी की चंचलता चारों ओर दिख रही थी तो दुष्यंत के चेहरे पर अनायास ही जवाबदारी का अहसास आ गया था।

"दुष्यंत भाई, इस खुशी में मिठाई खिलाई जाये।"

"क्यों नहीं।" कॉफी हाउस वाले की तरफ उसने देखाभर था कि काउंटर से उठकर मैनेजर खुद आ गया था। सबके लिए आईसक्रीम का आर्डर दे दिया गया था। साधारण लड़कों के बीच में दुष्यंत की मार्केट में बॉस वाली धाक की यह पहली झलक थी। यह सब देख मौसमी की छाती चौड़ी हो रही थी। तभी मौसमी की पक्की सहेली झरना ने कहा था, "दुष्यंत भाई, रात की आखिरी बस तो गई अब ऑटो का पता नहीं मिले न मिले। पैदल नहीं चलेंगे, कुछ करो।" सुनकर दुष्यंत ने इशारे में

कहा था, 'चिंता मत करो।'

"...दुष्यंत के साथ, परसों हम लोग भी आ रहे हैं, रक्षाबंधन के दिन। सबके लिए मिठाई खरीद कर रखना।" लड़कों की तरफ से आवाज़ आई थी।

"हाँ-हाँ क्यूँ, नहीं...।" लड़कियों की ओर से जवाब था। और फिर इसी पर बात चल पड़ी थी।

दुष्यंत कॉफ़ी हाउस से बाहर निकला तो सारा ग्रुप पीछे था। रात बढ़ रही थी, रास्ते सुनसान और दुकानें बंद हो चली थीं। देर रात ऑटो भी मुश्किल से मिलता था। वो भी कॉलेज जाने से कतराते थे। कॉलेज दूर है और वापसी में खाली लौटना पड़ता। गर्ल्स हॉस्टल में रात दस बजे तक लौटना होता है, लड़कियों के चेहरे पर इस बात का तनाव देखा जा सकता था। निगाहें बार-बार कलाई में बंधी घड़ी की ओर चली जाती। इस बीच, पान की दुकान में खड़े कुछ लफंगे किस्म के लोगों के बीच जाकर दुष्यंत ने कुछ कहा था। तभी वहाँ खड़ा एक लड़का दौड़ता हुआ कहीं गया और दस मिनट में ही एक मिनी बस लेकर आ गया था। वैसे तो शहर में लोकल बस बंद होने का टाइम हो चुका था, लेकिन मिनी बस एसोसिएशन में दुष्यंत राठौर की धाक थी। कॉलेज में हड़ताल होने पर कई बार कई बसें तोड़ चुका है। कई बार नेतागिरी के लिए कई बसों का जबरन प्रयोग भी कर चुका है। नेताओं और गाड़ी का धँधा करने वालों से जान-पहचान हो गई थी। सभी जानते थे। एक मिनी बस भेजना क्या बड़ी बात है...सबको मिनी बस में बैठाकर कॉलेज कैम्पस की ओर भेजकर हम दोनों मोटरसाइकिल पर निकल गए थे...बाद में पता चला था कि...उस दिन बस में मौसमी की धाक थी। 'अब तो कोई भी काम कराना हो तो मौसमी से कहना होगा।' कइयों ने छेड़ा तो कई लड़कियों में ईर्ष्या झलकने लगी थी।

हॉस्टल में किसी को यकीन नहीं था कि दुष्यंत दो दिन बाद गर्ल्स हॉस्टल जाएगा, राखी बँधवाने। बात आई गई हो गई थी। लेकिन मुझको पता था। और जब दुष्यंत ने सुबह-सुबह कहा कि, "मैं उसके लिए एक ड्रेस लेकर आया हूँ। पता नहीं कैसी लगेगी?"

तब सभी ने हमारे कमरे में आकर देखा था। वो एक महँगा और बहुत सुंदर सलवार-सूट था। किसी को विश्वास ही नहीं हो पा रहा था कि दुष्यंत की पसंद और सोच इतनी अच्छी हो सकती है। लोग उसे अनाड़ी ही समझते थे।

आज वह जल्दी उठा था। दाढ़ी भी बनाई थी। साफ-सुथरे कपड़े पहने थे। नहा-धोकर पहले तैयार होता देख मैं थोड़ा हैरान था। मुझे तैयार होने में अभी टाइम

था। मैंने भी नहाना ज़रूरी समझ उसे इंतजार करने के लिए कहा तो वह थोड़ा अधीर लगा था। जल्दी-जल्दी करके, कोई नौ बजे हम दोनों गर्ल्स हॉस्टल पहुँच गए थे। वहाँ जाने का हमारा यह पहला अनुभव था। बाहर चौकीदार ने सलाम मारा था। हम लोगों को जानता ही होगा तभी तो उसके चेहरे पर हैरानी उभरी थी।... पूछताछ तो कर नहीं सकता था...मगर किससे मिलना है, यह तो हमें बताना ही होगा।...अंदर जाकर उसने कमरे तक जाने वाली बाई को जब बताया कि दुष्यंत सर मौसमी मैडम को पूछ रहे हैं, तो सुनकर सबसे पहले झरना दौड़कर बाहर लॉबी में आई थी।

''हाय! मौसमी नहा रही है। आप लोग बैठिये, बस वो पाँच मिनट में आ जाएगी।''

थोड़ी देर बाद मौसमी जब अंदर के गलियारे से बाहर निकली तो उसके हाथ में थाली और उसमें एक दीया, छोटी-सी राखी और दो-चार मिठाइयाँ भी थीं। उसके साथ झरना के अलावा दो लड़कियाँ और भी थीं। नाम नहीं जानता था मैं। मौसमी के बाल खुले और गीले, सादे ड्रेस में वह गुड़िया लग रही थी। बड़े प्यार से उसने दुष्यंत को टीका लगाया और राखी बाँधी थी। मिठाई खिलाई तो बदले में दुष्यंत ने उसे वही सूट दिया था।

कॉलेज के लिए यह बहुत बड़ी ख़बर थी। मुझे याद है...बाद में सोचने से कुछ-कुछ फिल्मी लगता...लेकिन वास्तविकता कल्पना से कई बार आगे होती है। और फिर फिल्म भी तो जीवन से ही बनती है। लेकिन फिर उसके आगे जो कुछ हुआ वो भी किसी फिल्म से कम नहीं था। जब मौसमी ने दुष्यंत के साथ वो व्यवहार किया जिसकी कल्पना भी नहीं की जा सकती।

सोचकर अनायास ही आँखों में आँसू उभर आए थे।...ये बंदा, दुष्यंत राठौर कितनी बार टूटा है...किस-किस लोगों ने उसे किस-किस रूप में नहीं तोड़ा? दुनिया का ऐसा कौन-सा संबंध है जिसने उसे प्रताड़ित नहीं किया? ऐसा कौन-सा रिश्ता है जिससे उसे कुछ मिला? यह मज़बूत छाती वाला आदमी झूठे कठोर आवरण में कब तक जीता?...इसे तो टूटना ही था।...इसीलिए टूटा।...और फिर ऐसा टूटा कि आज वह...सूखा चेहरा, गाल पिचके हुए, आँखें धँसी हुईं, आधे बाल उड़े हुए, बाकी खिचड़ी, छाती के नाम पर कुछ भी नहीं, पैर यूँ लगता मानो दो बांस के डंडे हों। ऐसा ही कुछ टीवी पर उसका चित्र दिखाया गया था...क्या यह वही दुष्यंत राठौर है? समय किसी के साथ इतना जालीम हो सकता है? और हड़बड़ाकर मैं उठ खड़ा हुआ था। मन अशांत था।...देखा चारों ओर शांति थी...कमरे में कोई न था...आँसुओं को पोंछा और फिर खुली आँखों से दीवार के पार आगे देखने लगा।

24

वो हमारा शायद तीसरा वर्ष था। न जाने क्यूँ दुष्यंत छात्र नेता कम बल्कि एक गुंडे के रूप में स्थापित हो चुका था। यहाँ भी तो बद अच्छा बदनाम बुरा ही सिद्ध हो रहा था। लेकिन मैं जानता था कि अंदर से वह क्या है। कुछ-कुछ उमेश भी समझता था। अरुण तो फिर पक्का यार था। और बाकी दोस्त? दावे से नहीं कहा जा सकता लेकिन हाँ, कहीं न कहीं अहसास तो था ही। दुष्यंत सभी के लिए हर वक्त तैयार। उसे तो हर एक से अपनापन था। तभी तो उस शाम बस स्टैंड पर बाहरी लड़कों के द्वारा कॉलेज की एक छात्रा को छेड़ता हुआ देखकर वह उलझ गया था। बिना कुछ पूछे या जाने। बात बहुत बढ़ गई थी। वे सिर्फ चार थे जबकि कॉलेज के दसियों लड़के वहाँ मौजूद थे। मगर किसी ने बढ़कर रोका नहीं था। तभी तो वे उसे अकेला देख पिल पड़े थे। दो-चार मुक्के लात तो उसने भी चलाए थे मगर उसे पीछे हटना पड़ा था। ये सब इतना जल्दी हुआ कि मैं अपने आप को तैयार नहीं कर पाया था। कुछ समझ न आया तो मैंने एक को पीछे से पकड़कर मारने की कोशिश की थी मगर वह मुझे धक्का देकर फिर दुष्यंत पर ही टूट पड़ा था। दुष्यंत के चेहरे से खून निकल पड़ा था। उसने अपनी नाक को पोंछा था...और फिर खून देखकर तो उसका गुस्सा सातवें आसमान पर था। जबकि...खून देखकर सामने वाले लड़के रुके थे। यह सोचकर कि साले को पीट दिया, वे बड़ी शान से वापस जाने लगे। जाते-जाते बाकी खड़ी लड़कियों का मज़ाक भी उड़ाया था। वो लड़की सहम कर वहीं खड़ी थी।...पता नहीं, दुष्यंत की निगाह कहाँ से बगल के पान की दुकान के सामने लगे बांस के डंडे पर गई और उसे खींचकर उसने उन चारों को जो मारना शुरू किया तो अंत में लड़के तो भाग खड़े हुए थे लेकिन एक को चोट ज़्यादा आई थी। वही ज़्यादा हीरो बन भी रहा था। दुष्यंत ने आव देखा न ताव उसके पैर की हड्डी तोड़ दी थी। मैं न होता तो बात और बढ़ जाती। भीड़ ने दुष्यंत और उस लड़के को अस्पताल पहुँचाया था। दोनों ओर से लड़के इकट्ठे हो गए थे। तनाव बढ़ गया था। आनन-फानन में पुलिस केस बन गया था।...वो किसी स्थानीय बड़े बाप का बेटा था। लोकल पॉलीटिक्स हावी होने लगी थी। इस दौरान ही तो हम लोगों को राजनीति का स्वाद चखने को मिला था।...विष्णुदत्त का तभी कइयों से संपर्क हुआ था। लड़के जोगेन्द्र प्रसाद जी के पास भी गए थे। कॉलेज से निकलकर वह युवा नेता बन चुके थे लेकिन विरोधी ग्रुप के थे, मदद क्या करते...उनका फ़ायदा नहीं हुआ था...वो तो सीएम के लड़के से थोड़ी दोस्ती सिन्हा बॉस की थी...वही काम आई...मगर पुलिस केस तो चलना ही था। पेपरबाजी भी हुई थी।...सो यही

समझाया गया था कि कुछ दिनों बाद केस रफा-दफा कर देंगे। दूसरी पार्टी भी अभी समझौते के लिए तैयार न थी। तीन महीने के लिए उस लड़के को तो प्लास्टर चढ़ गया था।

मगर इस दौरान उस लड़की का रुख देखने लायक था।...क्या तो नाम था... याद नहीं आ रहा...जब अगले दिन उसने आकर धन्यवाद की जगह यह कहा कि ''आपको लड़ने की क्या आवश्यकता थी। अब मैं तो पुलिस के चक्कर में पड़ जाऊँगी।'' कहते-कहते वह रोने लगी थी। दुष्यंत अस्पताल के बिस्तर पर था।

सुनकर हम सब भी एक मिनट के लिए अवाक् रह गये थे। मगर जब दुष्यंत ने कहा कि ''आप चिंता न करें, आपका नाम कहीं नहीं आएगा। मैं यह कह दूँगा कि इन लड़कों के साथ मेरा झगड़ा हुआ था।''...पहले मैं हैरान हुआ था और फिर गुस्सा भी आया था। लड़की है या क्या है... ? केस तो चलना ही था...लंबा चलता रहा...मगर इस बीच कॉलेज की कई लड़कियों ने जब उस लड़की के चरित्र पर शंका जाहिर की तो पहले पहल तो यकीन नहीं हुआ था। लड़कों ने तो ये तक कहा था, तभी तो कुछ लड़के उस शाम उसकी मदद के लिए आगे नहीं आए थे।

''...ये क्या बात हुई यार...अपने कॉलेज की लड़की है...उसे कोई तंग कर रहा है तो क्या पहले यह देखेंगे कि वो किस टाइप की है...छोड़ यार, अपना फर्ज है मदद करना...बस...।'' डीडी की बात का एक रात दुष्यंत ने जवाब दिया था।

साल के आखिरी में उसी लड़के के साथ एक बार देर रात उसी लड़की को बस स्टैंड पर कार से उतरते हुए देखा तो दुष्यंत अंदर तक हिल गया था। बाद में जो कुछ पता लगा वो शर्मनाक था। लड़का रईस था। विष्णुदत्त ने मजाक भी उड़ाया था। ''इस औरत-जात को भगवान नहीं समझ पाया, तू क्यूँ चक्कर में पड़ता है...देख लिया...ज़्यादा हीरो मत बना कर।''

वो हॉस्टल की पहली लड़की थी जो रात-रात भर बाहर के लड़कों के साथ गायब रहती।...उफ्फ!...मैंने कान को हाथ लगाया था।

''...चल छड दे यार...जो हुआ सो हुआ...'' दुष्यंत ने एक बार बोला और फिर ऐसे शांत हुआ मानो कुछ हुआ ही न हो।

मैंने सिर को जोर से रगड़ा और फिर बालों को पीछे किया था...हर कहानी याद करने के बाद मन का अंतर्द्वंद्व बढ़ जाता...टीवी पर इतना सब देखने के बाद भी...अजीब-सा लगता...अटपटा-सा लगता। क्यूँ न हो... ? कॉलेज तक तो वह था ही यारों का यार...हर किसी के लिए हमेशा तैयार...दोस्तों के लिए तो जान हाजिर...छोटी-छोटी बातों के लिए तो कुछ कहने की ज़रूरत ही नहीं...।

25

"अरे मिलिंद, आज हवा महल में 'मेरा नाम जोकर' दिखाई जा रही है, चलेगा?" रजत और रवि ने पलँग पर बैठते हुए पूछा था। अरुण पहले से ही लेटा हुआ था।

"यार, वो सेशनल्स के बारह पन्नें लिखने अभी बाकी हैं। लगता है, तुम लोगों का हो गया है... ?" मिलिंद तेज़ी से किताब से उतारने में जुटा हुआ था।

"और क्या, तभी तो निकले हैं...फार चेंज़...मनोरंजन के लिए...क्यूँ फ्यूचर के आईएएस और आईआईएम।" अरुण यदाकदा अपने ही साथ के पढ़ने वालों को छेड़ देता। रजत और रवि सिर्फ मुस्कुराए थे।

"बाकी लोग तो चलो, तुम लोगों की कॉपी मारते हैं मगर तुम लोग भी तो किताब से सारा इधर-उधर का इकट्ठा करके सैट करते हो...बोर नहीं हो जाते?"

"अब तू अपनी क्रांतिकारी बातें छोड़ और चल मूवी देखकर आते हैं...।" रजत बहस में कभी नहीं पड़ता।

"वैसे यार, मस्त मूवी है।" अरुण ने कहा तो रवि कह उठा था, "अच्छा!!"

"यार, वो राजकपूर तो मेरे को सही में जोकर लगता है।" मिलिंद ने टालने की कोशिश की थी।

"तो उसको देखने थोड़े ही जाना है, इसमें एक तो रशियन माल है और दूसरा सुना है सिम्मी ने बहुत दिखाया है।" अरुण की आँखों में चमक थी। वह पहले ही देखने को तैयार लग रहा था।

"अबे छोड़ यार, इंडियन ब्ल्यू फिल्म लल्लन लाने वाला है, कल रात। वहीं देख लेंगे। फिर लिख नहीं पाऊँगा। तुम लोगों का हो गया क्या...।"

"तेरा भी हो जाएगा, अभी दो दिन हैं...अच्छा चल, एक काम करते हैं, थोड़ा लेट जाएँगे। रिपीट करा देंगे, और क्या। प्रणव दा को भी साथ ले जाएँगे।"

मैंने सुनकर भी कोई जवाब नहीं दिया था। सेशनल्स की कॉपी मारना मैंने अभी शुरू ही किया था। सेशनल्स का यह सीजन था। उसी कमरे में बिस्तर पर बैठकर लिख रहा था। पूरे पचास पन्नें लिखने थे।

"दुष्यंत कहाँ है?" रजत ने पूछा था।

" पता नहीं।" मैंने टालने की कोशिश की थी।

" उसको नहीं लिखना है क्या?" अरुण ने मज़ाक में कहा था।

"किसी मुर्गे से लिखवाएगा और क्या...।" मिलिंद का जवाब था।

" प्रणव दा...पता है, पिछली बार क्या हुआ...वो केपी सिंह है न, अप्लाइड मैकेनिक्स वाला...उसका एक सेशनल्स मेरा लेट हो गया था...कॉपी मारने के लिए

कोई भी नहीं मिल रहा था...सबने जमा कर दी थी...एकदिन के लिए कोई भी सेट माँगने गया तो आनाकानी करने लगा था। दुष्यंत के साथ गया तो बोलता है '...जा उस गट्ठर में से उठा ले...।' मेरे को समझ नहीं आया, इतनी सारी फाइल थी कि क्या बताऊँ...मैंने भी बोल दिया था, '...सर, अब मदद कर रहे हो तो पूरी कर दो, ढूँढ़ भी दो...।' पता है, क्या बोलता है वो चिरकुट पीद्रो प्रोफेसर...'अब मेरे को लिखने को मत बोल देना...।'...सुनकर दुष्यंत भी हँस दिया था।''

''अच्छा!''

''और क्या...पता नहीं साले, कचरा क्यूँ लिखवाते हैं...फिर इकट्ठा क्यूँ करते हैं जब कोई काम का नहीं तो...तभी तो मैं भी मुर्गों से ही लिखवाता हूँ। तुम भी किसी से लिखा लेना। क्यूँ हाथ तोड़ते हो...।'' अरुण अब भी लेटा था। इसी बीच रजत मेरे पास आया था, ''छोड़ न यार, चलते हैं...।''

''चल ठीक है। दुष्यंत को भी आने दो।'' मुझको भी अचानक जोश आ गया था। सच तो है सेशनल की कॉपी...साला किसी काम का नहीं। हॉस्टल में सभी एक-दो होशियार बच्चों की टोपो मारते हैं...। टोपो... ? कॉपी करना भी तो कला है।

ग्यारह बजे दुष्यंत मोटरसाइकिल से घुसा तो पूरा हॉस्टल थर्रा गया था। पुरानी फटफटिया...राजवीर भाई जाते-जाते दे गए थे। दुष्यंत को बहुत चाहते थे।...चौकीदार भागकर आया था, बताने लगा कि कमरे में आप के दोस्त मिलिंद और प्रणव आपको याद कर रहे हैं।

''अच्छा जा, दो अंडे की बुर्जी के साथ, वो...मद्रासी को बोलना, दाल फ्राई करके कमरे में भिजवाएगा।''

''जी साहब।''

दुष्यंत कमरे में आया तो मिलिंद जल्दी-जल्दी लिख रहा था। अभी वह माना नहीं था। सभी कोशिश में लगे थे।

''मेरा नाम जोकर देखना है?'' मिलिंद ने दुष्यंत से घुसते के साथ पूछा तो मैं हैरान हुआ था।

''मेरा नाम तो दुष्यंत राठौर है।'' वह मूड में था।

''चल, गड्ढे में दिखाई जा रही है, देखकर आते हैं। लिखते-लिखते मैं भी बोर हो गया हूँ। रजत-रवि सभी चलने के मूड में हैं।''

''तुम लोग देखकर आओ यार, मेरा मन नहीं।''

''तो मन बना ले...।'' मैंने बोला तो सुनकर उसने पीछे की जेब से एक बोतल निकाली थी। पास रखे गिलास में उड़ेलकर जग में से पानी डाला था।

''तू भी लेगा?''

"हाँ बना। मूड बनाते हैं।" मैंने अँगड़ाई ली थी।

तभी मद्रासी दरवाज़े में घुसा था। और चुपचाप किनारे खड़ा हो गया था।

"और तू अरुण?" दुष्यंत ने अरुण की ओर देखकर पूछा था।

"उसी में दो घूँट मार लूँगा...।"

"मिलिंद भाई आप लोग...?" दुष्यंत ने मिलिंद से पूछा था।

"...नहीं-नहीं।" रजत ने बोला था।

"क्यूँ बिगाड़ रहा है पढ़ने वालों को...।" अरुण था।

"क्यूँ, तू पढ़ने वाला नहीं है क्या...? हमसे ज़्यादा होशियार है...बिना पढ़े नंबर ले आता है...।" ये रजत था।

"अमा छोड़ यार...।" अरुण ने दो घूँट मारे थे।

"बॉस चिकन भिजवाऊँ क्या?" मद्रासी ने धीरे से पूछा था।

"आज चिकन बना है क्या!" दुष्यंत ने कुर्सी पर बैठते हुए घूँट लिया था।

"जी।"

"तो एक काम कर, वो अपनी वाली कलेजी फ्राई ले आ, रखी है कि नहीं? मिलिंद और रजत को भी पसंद है।" दुष्यंत में यही तो खास बात थी। सबका ख्याल रखता।

"वो तो लाया ही हूँ।...थापा ले के आ अंदर।" मद्रासी ने आवाज़ लगाई थी।

एक प्लेट में मुर्गियों की कलेजियों के छोटे-छोटे टुकड़े फ्राइड थे। ऊपर न्यूज़ पेपर से ढका गया था। जानते तो हॉस्टल में सभी थे कि जिस दिन चिकन बनता है उस दिन पचास साठ मुर्गे तो कटते ही होंगे। उनकी कलेजी काटकर अलग से रख ली जाती है। फेंकी नहीं जाती। उसको फ्राई करके खास लोगों को परोसा जाता। हॉस्टल के दादा ग्रुप का विशेषाधिकार क्षेत्र है यह। बरसों से प्रथा चली आ रही है, बटलर बताता है। मैस मैनेजर भी साथ बैठ जाता। अक्सर दारू का ख़र्चा भी उसकी तरफ से होता। दुष्यंत ग्रुप का अब तक हॉस्टल पर एकाधिकार था। विष्णुदत्त, लल्लन, डीडी तो अक्सर मजा करते। बाकी कोई खास दोस्त ही साथ बैठता था।

"अब तो मिलिंद भी चलेगा?" अरुण ने एक बार फिर पूछा था।

"अरे फिल्म तो चालू हो चुकी है, रिपीट कराना पड़ेगा...अभी तुम लोगों को खाने-पीने में भी टाइम लगेगा।" मिलिंद साथ में लिखते जा रहा था।

"तो फिर क्या हुआ, करा लेंगे रिपीट।" रजत ताव में बोला था।

"नहीं-नहीं। आजकल, कुछ लड़के चिल्लाते हैं। एक ही फिल्म का सीन चार-चार, पाँच-पाँच बार रिपीट कराने से ढ़ाई घंटे की पिक्चर चार-चार घंटे में खत्म होती है। एग्ज़ाम के टाइम में तो उलटे जल्दी खत्म होनी चाहिए। और फिर यहाँ तो

फिल्म एक घंटे की हो चुकी होगी।'' मिलिंद ने सरलता से कहा था।

दुष्यंत ने जेब से सिगरेट निकालकर सुलगाई और कहा था, ''अभी आधा घंटा तो लग ही जाएगा, देख लो...तुम सबका ही मूड है।''

''अब बोल दिया न सभी ने...चलना है मत चलता है...क्यूँ प्रणव दा ?'' रजत ज़िद्द पर था तो फिर दुष्यंत न कैसे करता...मैंने भी सिर हिलाया था।

''ठीक है...चलो, अच्छा है, इंटरवल हो जाने दो, पूरी फिल्म फिर से रिपीट करवाएँगे।''

रात साढ़े ग्यारह बजे थे। मुझे भी हल्का-सा नशा हो रहा था। हम लोगों के साथ, साहू और अमित भी आ गए थे। चार ने शॉल ओढ़ रखी थी तो दो ने चादर ले ली थी। दुष्यंत ने जैकेट पहन रखी थी। उसे इस तरीके से शॉल या चादर लेकर हवा महल में जाना पसंद न था। शायद उसके शान के खिलाफ था। हवा महल भी ग़ज़ब की जगह है...जिसने भी बनाई होगी, उसका दिमाग कमाल का होगा...सभी हॉस्टल के बीचों-बीच एक छोटी-सी खाई है, जहाँ तीन तरफ से पहाड़ी है, उसी ढलान को काट-काट कर सीढ़ियाँ बना दी गई थीं। थोड़ा नीचे जाने पर थोड़ी-सी समतल ज़मीन पर प्रोजेक्टर और उसके ठीक सामने दो पोल लगाकर उस पर सफेद परदा लगा दिया गया था। शुक्रवार की रात यहाँ कोई पुरानी पिक्चर दिखाई जाती। लड़के नाइट सूट में भी पहुँच जाते। कोई सीढ़ियों में बैठ जाता तो कई ढलान पर कहीं भी लेट जाते। जहाँ से भी परदा दिख जाए। चूँकि यहाँ हवा अक्सर तेज़ होती, शायद हवा महल नाम इसीलिए पड़ा हो। बीचों-बीच शर्मा का टी-काउंटर था। मिलने को तो यहाँ ब्रेड पकोड़ा, वेजिटेबल पकोड़ा, बिस्कुट और चाय ही मिलती, लेकिन खास लोगों के लिए खास रेट पर कभी-कभी सिगरेट भी मिल जाती। कुछ लोग जेब में बोतल रखकर ले आते और शर्मा से गिलास लेकर वहीं पीते। यहाँ कोई मनाही तो नहीं थी लेकिन फिर भी शरीफ लोगों के लिए बदनामी का डर तो बना ही रहता है। आवारा किस्म के लड़कों द्वारा भी छुपकर ही पिया जाता। यहाँ से थोड़ा दूर पर ही सामने वाली पहाड़ी पर वार्डन के चार क्वार्टर थे। कब कोई पागल प्रोफेसर पहुँच जाएगा, पता नहीं। वैसे तो आज तक हुआ नहीं। किस प्रोफेसर की हिम्मत है कि रात को सैकड़ों स्टूडेंट के बीच में अकेले पहुँच जाए। और क्या ज़रूरत है ? क्या पता, कितनों ने उसमें पी रखी हो ? हाँ, लड़कों का आपस में झगड़ा शर्मा टी-काउंटर पर अक्सर हो जाता। छोटी-छोटी बात पर बहस होना तो आम बात थी। पिछले साल यहीं तो भीषण लड़ाई हो गई थी। दुष्यंत ने दो-तीन का सिर फोड़ दिया था। कइयों की हड्डियाँ टूटी थीं। विष्णुदत्त, लल्लन, मैं, डीडी सभी थे। बात बिगड़ गई थी। बड़ी मुश्किल से अब शांति है।

हम लोग जैसे ही सड़क पार कर हवा महल पहुँचे तो फिल्म चल रही थी। अरुण जोर से चिल्लाया था...उस्मान भाई 'रिपीट'।

"नो रिपीट।" भीड़ में से किसी की आवाज़ थी।

"रिपीट..." अरुण एक बार फिर चीखा था।

तभी नीचे से भी आवाज़ आई थी, "...उस्मान भाई, रिपीट"

तब तक मैं प्रोजेक्टर के पास पहुँच गया था।

"उस्मान भाई शुरू से रिपीट करना। बहुत दिनों बाद पिक्चर देखने आया हूँ। मूड है।"

"बॉस, इंटरवल होने वाला है..." उस गँजे प्रोजेक्टर चलाने वाले ने कहा तो,

"कोई बात नहीं यार...।" मैंने उसे थोड़ा घूरा था। अँधेरे में भी उसने देख लिया होगा। वह हमारी टोली को जानता था।

"बॉस, लड़के कहीं...।" बेचारे उस्मान ने बचने की कोशिश की थी।

"मैंने तेरे से कहा न, मैं खड़ा हूँ।" मैंने उसके कँधे पर हाथ क्या रखा, उस्मान प्रोजेक्टर को रोककर रिवांइड करने लग पड़ा था। दर्शकदीर्घा में हलचल होने लगी थी। धीरे से खुसर-पुसर भी तेज़ होने लगी थी...तभी पीछे से सिन्हा बॉस ने आवाज़ लगाई थी, "अरुण..., प्रणव..., दुष्यंत भी आया है क्या... ?"

दुष्यंत ने सिन्हा बॉस की आवाज़ पहचानी और अँधेरे में ही आवाज़ आने वाली दिशा की ओर बढ़ते हुए कहा था, "हाँ बॉस...।" वह पास पहुँचा तो देखा सिन्हा जी के साथ ठाकुर भाई भी थे।

"क्या बात है...सिम्मी ग्रेवाल को देखने आया है!" सिन्हा बॉस ने छेड़ा था।

"जी...।"

"मस्त है यार, चार बार तो देख चुका हूँ अब तेरे साथ भी देखता हूँ।"

"सिगरेट पीएँगे बॉस?" दुष्यंत उनकी इसी अदा से प्रभावित था।

"है क्या? निकाल...।"

पीछे से झा, प्रसाद और रविन्द्र भाई भी आ चुके थे। पूरी गैंग थी वहीं। दुष्यंत सब से हाथ मिला रहा था। अरुण भी उसके साथ था।...सीनियर दादाओं को देखकर उसे खुशी होती है। "...जब तक हम साथ हैं, कोई पंगा नहीं ले सकता...।" अरुण अकसर बोलता।

इसी बीच कहीं से खंडेलवाल ने आवाज़ लगाई थी।

"क्यों प्रणव दा, फिर से दिखाओगे क्या?" आवाज़ आने वाली दिशा में देखा तो उसके साथ दस-पन्द्रह का झुंड बैठा हुआ था।

"और क्या...मूड है भाई।" मैं भी आज मस्ती में था। गर्मी चढ़ रही थी।

‘‘तो टाइम से आना चाहिए न...।’’ दूसरी तरफ से कोई बोला था। आवाज़ पहचान में नहीं आई थी।

‘‘किसी को दिक्कत है क्या... ?’’ यकायक दुष्यंत दहाड़ा था। वह जानता था ये विरोधी गुट के लड़के हैं। खुलकर तो बोलते नहीं लेकिन साले अंदर ही अंदर काटते हैं। उसने अँधेरे में भी देख लिया था बीच में नितिन बैठा था। उसके साथ वो दीवान भी था।...बहुत चिढ़ते हैं दोनों, दुष्यंत ग्रुप से। शुरू से ही, पता नहीं क्यूँ? अब तो बात बहुत आगे जा चुकी है।

‘मेरा नाम जोकर’ एक बार फिर से शुरू हुई थी। इसी बीच कुछ लोग उठकर वापस हॉस्टल की ओर जाने लगे थे। सबसे पहले नितिन, दीवान और पीछे महेंद्र और सुनील। कुछ पढ़ाकू भी थे। इनका ग्रुप धीरे-धीरे बड़ा हो रहा था। मैं वापस अपने ग्रुप में पहुँचा तो देखा सभी फिल्म का मजा ले रहे थे। मगर दुष्यंत, सिन्हा और ठाकुर बॉस के साथ एक पैग और लगाने के लिए शर्मा टी-स्टाल के अंदर था। मेरा मूड न था। कुछ देर में एक सीन पर चिल्ला-चोंट हुई थी। तभी सब बाहर निकले थे। सिम्मी ग्रेवाल ने अपने गीले कपड़े को थोड़ा समेटा ही था कि पूरी दर्शकदीर्घा में से एक साथ जोर से आवाज़ आई थी, ‘‘रोक के...उस्मान भाई यहीं रोक दो...।’’

दो मिनट के लिए सीन वहीं रोक दिया गया था। और फिर ये सीन कई बार रिपीट हुआ था। सिन्हा बॉस को भी सिम्मी की टाँग बहुत पसंद थी। यहाँ पाकीजा वाली मीना कुमारी के पैरों को नायक राजकुमार की निगाह से नहीं देखा जा रहा था, जिसमें वह पाँव को ज़मीन पर न रखने की सलाह देता है। यहाँ तो लड़के कुछ और भी दिख जाने के स्वप्नलोक में थे।...शायद यह सीन दर्जनभर बार रिपीट हुआ होगा। बनारस का श्यामलाल पूरे नशे में था। अचानक उसकी तेज़ आवाज़ आई थी,

‘‘रोक के।’’ और फिर चिल्लाते हुए कि ‘‘...मुझे पीछे देखकर आने दो...।’’ एक कुर्ते-पायजामा पहने हुए सफेद काया नीचे स्क्रीन तक जाते हुए दिखाई दी थी। कुछ देर बाद ही एक और आवाज़ आई थी, ‘‘क्या कुछ पीछे से दिखा क्या?’’

तब तक शायद एक अनजान जूनियर भी चिल्लाता हुआ स्क्रीन तक पहुँच चुका था। उसने हाथ बढ़ाया और प्रोजेक्टर की रोशनी में...सिम्मी ग्रेवाल को परदे पर, जहाँ वह पानी में गिले कपड़ों को थोड़ा ऊपर करती है, उसके दिख रहे मांसल पैरों को हाथ से मला था। चारों तरफ से सीटी की आवाज़ें आने लगी थीं।

‘‘क्यों बे अकेले-अकेले।’’ फिर वही आवाज़ थी।

‘‘मजा आया क्या?’’ खंडेलवाल की खास सीटी भी साथ सुनाई दे रही थी।

‘‘पप्पू बेटा, तुमको कुछ मिला?’’ एक और भारी आवाज़ गूँजी थी।

श्यामलाल को प्यार से सभी पप्पू कहते थे। उसने बड़े रूआँसे ढंग से स्क्रीन

के पीछे से कहा था, ''नहीं।''

तभी किसी ने कहा था, ''ये उस्मान भाई बड़ा चालू है, छुपाकर दिखाता है। ऐसे काम नहीं चलेगा। वी वांट मोर।'' और वो सीन न जाने कितने देर तक यूँ ही मजाक का केंद्र बना रहा।...और भी ऐसे कई सीन थे जो कई बार रिपीट हुए। फिल्म खत्म हो पाती तब तक पहाड़ी के पीछे से सूरज उगने लगा था। कॉलेज के इतिहास में यह पहली बार हुआ था कि कोई फिल्म सुबह छह बजे तक चली हो। इसने पुराने सारे रिकार्ड तोड़ दिये थे। कई लोग हवा महल में सोते हुए पाये गए थे। यह हवा महल के इतिहास की एक यादगार रात थी। साथ ही यह आँख खोलने के लिए भी काफी थी। चौंकाने वाली बात यह थी कि देर रात हॉस्टल नंबर एक से खुली जीप निकली थी। जिसमें कई लड़के सवार थे। ये सामान्य घटना नहीं थी। बाहरी लड़कों का आवागमन...इतनी रात गए...।

''...जोगेंद्र के आदमी हैं, खाने-पीने, सोने आते हैं...साथ में बॉम्बे की तरफ के लड़कों को स्मैक-ब्राउन शूगर का पैकेट देने आते हैं...लड़के घर जाते समय साथ ले जाते हैं, बदले में पैसा मिलता है...।''

''अच्छा...!'' मैं हैरान था अविनाश की बात सुनकर।

''और क्या...आजकल तभी तो बॉम्बे साइड के लड़के उनके ग्रुप में जाते हैं...और हर हफ्ता पंद्रह दिन में एक लड़का घर जाता है...माल सप्लाई के चक्कर में...कहो तो अगली बार सालों को यहीं रास्ते में पकड़कर ठोक देते हैं...।''

''ठीक है।'' दुष्यंत गंभीर हो चुका था।

26

''कौन?'' दरवाज़े पर खटखटाने की आवाज़ सुन मिलिंद ने पूछा था।

''मैं, प्रणव...दरवाज़ा खोल, बंद करके क्या कर रहा है यार।''

'' अब क्या हुआ? आज कोई सोने नहीं दे रहा...इसीलिए तो बंद किया था...।'' दरवाज़ा खोलते ही उसने पूछा था। वह आधी नींद में था।

''आज रात यहीं सो जाता हूँ। हमारे कमरे में तो तीन पत्ती की मंडली जमी हुई है। सुबह से खेल रहे हैं। उठे नहीं अभी तक?''

''पता है। तभी तो कोई न कोई यहाँ आकर परेशान कर रहा है...कौन-कौन है अभी...?''

''दुष्यंत अभी भी डटा हुआ है। साथ में अरुण भी शाम से जमा हुआ है। सिन्हा बॉस भी आये हुए हैं।''

"अच्छा!!"

बोलकर मिलिंद तो गहरी नींद में तुरंत सो गया। मुझे अरुण के बिस्तर पर बहुत मुश्किल से नींद आयी थी। सुबह नौ बजे उठा तो मिलिंद कमरे में नहीं था। कॉलेज जा चुका होगा...सोचते हुए अपने कमरे में जाकर देखा तो दुष्यंत वहीं किनारे नीचे ज़मीन पर छोटी-सी जगह में सो रहा था और चार लोगों में अभी भी मंडली जमी हुई थी। तीन लोग पीछे से खड़े हुए थे अशोक, शशि और अरुण।

"कौन जीत रहा है?" मैंने ही अरुण से पूछा था।

"लल्लन दो हज़ार हार चुका।"

"अच्छा! और दुष्यंत?"

"वो रात तीन बजे दो हज़ार जीत रहा था सुबह होते-होते पाँच सौ का उधार चढ़ाकर सो गया।"

"अच्छा! और तू?"

"एक हज़ार हार कर बाहर...।"

"तो जीता कौन?"

"विष्णुदत्त जीता है, कुछ सिन्हा बॉस भी जीत कर गए। बाकी चिल्लर में जीत रहे हैं।"

सुनकर मैं तुरंत बाथरूम की ओर लपका था। वापस कमरे में पहुँचकर तुरंत कपड़े पहने और कॉलेज की ओर भागा। सिर्फ मुँह धोया था। सेशनल जमा करने का मेरी क्लास में आखिरी दिन था। कुछ क्लास भी अटैंड करनी थी। दोपहर खाना खाकर मैस से ही सीधे कॉलेज फिर चला गया था। शाम लौटा, तो देखता हूँ कि मंडली अभी भी जमी हुई है। शराब की बोतल भी खुल गई थी। बालकॉनी में बदबू से लगता है कि गाँजा पिया गया था। लल्लन और विष्णुदत्त गाँजे के ज़्यादा शौकीन हैं। दो रातें हो रही थीं। तीन पत्ते रुकने का नाम ही नहीं ले रहे थे। अशोक की चाल पर शो था। डीडी ने छक्के का पेयर दिखाया था। बहुत खुश था। उसे अपनी जीत लग रही थी। लल्लन ने अपने पत्ते यूँ ही वापस फेंक दिए थे। अच्छे नहीं होंगे।

"देख भाई, तू अगर खुद को छक्का मानने को तैयार है तो छक्के की तेरी ट्रेल होगी। तब तो हम हार गए। नहीं तो ये मेरे दो गुलाम हैं...। चल बेटा, अब तू गुलाम तो बन ही जा।" विष्णुदत्त अपने अंदाज़ में दो गुलाम के पत्ते फेंक रहा था और डीडी को छेड़ रहा था।

"ओए रुक जा, ज़्यादा जोकर बनने की ज़रूरत नहीं...तुम्हारे जैसों के लिए दो रानियाँ ही काफी हैं।" और दुष्यंत ने दो रानी का पेयर जोर से फेंका था।

"ये अपना राणा प्रताप पक्का बादशाह है...दो-दो रानियाँ रखता है...उठा ले

भाई, माल उड़ा ले... ।'' विष्णुदत्त की बात सुनते ही दुष्यंत ने इस चाल का सारा पैसा बटोरा था।

अगली सुबह हुई तो दुष्यंत की आँखें लाल थी। पाँच हज़ार हार चुका था। चार हज़ार उधारी के थे।

''क्या भाई, कब तक चलेगा ये ?'' मुझे थोड़ी चिढ़ हुई थी, ''...अब गिनीज वर्ल्ड रिकार्ड तोड़ना है क्या ?''

मेरी बात का किसी के पास जवाब नहीं था। मगर डीडी बोला, ''हाँ–हाँ। सुना है पाँच साल पहले इसी हॉस्टल में दो दिन तक लगातार खेल हुआ था। कम से कम आज रात तो ज़रूर खेलेंगे।''

विष्णुदत्त ब्लाइंड में खूब कमा रहा था।...लक्ष्मी भी उस पर प्रसन्न रहती हैं... । तीसरी रात मैं एक बार फिर मिलिंद के कमरे में था।...उसे बता रहा था, दुष्यंत आज खेल नहीं पा रहा...नींद में टूटकर कहीं किसी कमरे में सो गया। कईयों ने पैसे के लालच में पहले तो कमाया और फिर गवाया और कुछ तो गवाने को बचाने के चक्कर में और गवाते चले गए। कई कमा भी रहे थे। चौथे दिन मिलिंद से सौ रुपए उधार लेकर दुष्यंत एक बार फिर बैठा था। और न जाने क्या किस्मत जागी कि शाम होते–होते हज़ार जीत चुका था। खेल अभी जारी था, तभी रात दस बजे सुरेन्द्र कान में बोल गया था, ''विष्णुदत्त बुला रहा है...''

''कहाँ ?''

''बास्केटबाल ग्राउंड में।''

''क्यूँ, क्या हुआ ?''

''पता नहीं।''

''छोड़ यार, मैं अभी खेल रहा हूँ...बोल दे, बाद में आऊँगा... ।''

''ज़रूरी है...पाँच मिनट बाद आकर खेल लेना... ।''

''अब तू भी जा, और ये खेल भी बंद करो। बहुत हुआ।'' मैं खीझ उठा था।

''अच्छा ठीक है...ये आखिरी चाल।'' खत्म होते ही धीरे–धीरे सभी उठकर चल दिए थे। दुष्यंत बाहर निकला तो मैंने कमरा ठीक किया था।

दुष्यंत को अँधेरे में दूर तक कुछ दिखाई नहीं दे रहा था। सड़क की रोशनी से ग्राउंड के पास पहुँचा तो श्याम और विष्णुदत्त एक किनारे खड़े दिखे थे। श्याम की गोद में एक बच्चा था।

''आ जा दुष्यंत।''

''क्यूँ, क्या हुआ?''

''माल है, मस्त...।''

''साला, ये क्या बात हुई...मुझे क्यूँ चक्कर में डाल रहा है... ?'' दुष्यंत धीरे से बुदबुदाया था।

''अरे, कर ले मजा...नहीं तो सूखा अभागा ही मर जाएगा...।'' विष्णुदत्त हमेशा छेड़ने के मूड में मस्त रहता।

''अच्छा छोड़ अपने फंडे...ये बता कौन है?''

''लल्लन है।''

''और यह बच्चा?''

''उसी औरत का है। साला रोता भी नहीं।'' विष्णुदत्त ने अपने अंदाज में बात छेड़ी थी। बच्चा पैर जोर से चला रहा था।

''साले को आदत होगी शुरू से।'' श्याम ने चुटकी ली थी।

''ये क्या लफड़ा करते रहते हो यार?'' दुष्यंत बच्चे को देख परेशान हुआ था।

''राणा जी, खाली लोगे...! दोगे नहीं...!!'' विष्णुदत्त बुदबुदाया था और बार-बार इधर-उधर आगे-पीछे होकर अपनी बेसब्री का इज़हार कर रहा था। उतावलापन झलक रहा था। बार-बार झाड़ी की ओर देखता फिर बच्चे और फिर दुष्यंत की तरफ देखकर मुस्कुराता...और फिर दोनों हाथों से अपने चेहरे को रगड़ता और बालों को पीछे करता, फिर बहुत देर तक दोनों हाथों से सिर को पकड़े खड़ा रहता। जैसे ही उसने देखा कि लल्लन झाड़ी में से वापस आ रहा है, श्याम की गोद में बच्चे को पुचकारा और आगे लपका था। उसके चेहरे पर चमक...चमक नहीं बदमाशी साफ झलक रही थी। चाल में मस्ती थी। थोड़ी दूर जाकर पीछे मुड़ा और हाथ हिलाया था। लल्लन पास आया तो चेहरे पर खुमारी थी। बाल तितर-बितर थे। पैंट सँभालते हुए बोलने लगा, ''सामान बढ़िया है यार। तू भी आज गंगा स्नान कर ही लेना। ठीक है। अच्छा, कम से कम देख तो लेना...मैं चलता हूँ। मैने सबके पैसे दे दिये हैं, रात भर के। ठीक लगे तो श्याम, गेट तक छोड़ देना, आगे खुद चली जाएगी।'' और चलते-चलते ये भी बोल गया था, ''श्याम, पहले दुष्यंत को लेने देना...।''

सुनकर पीछे से श्याम बुदबुदाया था। ''चिंता मत करो दुष्यंत भाई, आपको बच्चे के लिए नहीं बोलूँगा।...और फिर तीसरे नंबर पर जाओ या चौथे नंबर पर क्या फर्क पड़ता है...लल्लन को क्या लगता है उसके पहले इस औरत के साथ कोई नहीं बैठा होगा... ?''

अभी लल्लन गया ही था कि दूर से एक लालबत्ती गाड़ी हॉस्टल की ओर आती दिखाई दी थी। सायरन की आवाज़ अभी मद्धिम थी मगर जैसे ही विष्णुदत्त ने सुनी

पैंट को ऊपर करते हुए तेज़ी से झाड़ी से निकला और भागा था। जाते-जाते, धीरे से बोल गया था, "भाग लो...।"

सुनकर श्याम भी बच्चे को नीचे ज़मीन पर छोड़कर भागा और सड़क पार झाड़ियों में ही घुस गया। दुष्यंत को एक सेकेंड समझ नहीं आया था। वह भी वहाँ से जाने लगा तो बच्चा तभी जोर से रोने लगा था। उससे रहा न गया तो उसने बच्चे को गोदी में उठा लिया था। मगर वह रुकने का नाम ही न ले। अगले ही पल एक औरत को अपनी साड़ी सँभालते हुए दुष्यंत ने पास आते देखा था। इस बीच लालबत्ती गाड़ी उसी दिशा में मुड़ चुकी थी। दुष्यंत को भी लगा कि पुलिस आई है और वह बचने के उपाय सोचने लगा था। इसी बीच औरत ने पास आकर तुरंत बच्चे को गोद में लिया तो दुष्यंत ने थोड़ी साँस ली थी।

"अब क्या करें?" दुष्यंत ने कमर पर हाथ रखा था। भागने की सोच नहीं पा रहा था।

"ये तो तेरे दोस्त को पहले सोचना था।" औरत का जवाब सपाट था।

सायरन की आवाज़ धीरे-धीरे नजदीक आ रही थी। घुमावदार रास्ते में खुले मैदान में ऐसा प्रतीत हो रहा था कि जैसे वो बॉस्केट बॉल के मैदान की ओर ही बढ़ रही है। अंत में, दुष्यंत ने एक झटके में उसका हाथ पकड़ा और पास की झाड़ियों के अंदर ले गया था। बच्चे ने अचानक जोर से फिर रोना शुरू कर दिया था। रात के अँधेरे में आवाज़ गूँजने लगी थी।

"इसे चुप करा, नहीं तो ये मरवाएगा।"

उसने तुरंत ब्लाउज का बटन ढीला किया और ब्रा को ऊपर खिसकाकर स्तन को बच्चे के मुँह में घुसेड़ दिया था। एक मिनट के लिए बच्चे ने हाथ पैर मारे थे शायद उसे स्तन के स्वाद-सुगंध में कुछ बाहरी तत्व मिले होंगे, लेकिन फिर वह तुरंत उसे चूसते हुए शांत हो गया था। दुष्यंत की निगाह पड़ी थी। भारी गोल-गोल गोरे स्तन, अँधेरे में चमक रहे थे। औरत ने देखा तो अगले ही पल साड़ी के पल्ले से बच्चे के चेहरे और अपने स्तन को ढका था।

"अभी सो जाएगी।"

"मासूम बच्ची के सामने यह सब करते हुए तुझे शर्म नहीं आती। बड़ी होकर वो क्या करेगी?" दुष्यंत झुँझलाया था। गुस्सा चढ़ रहा था।

"क्या करेगी? कुछ नहीं। उसको पता होना चाहिए कि उसकी माँ क्या करती है? क्या बुराई है इसमें? किसी को धोखा तो नहीं देती।" वो एक बार फिर सीधे-सपाट थी।

सुनकर दुष्यंत की आँखे फटी रह गई थीं। स्तन पर से निगाह तो पहले ही हट चुकी

थी और इस वक्त उसके चेहरे पर केंद्रित थी। देखा कि बड़ी-बड़ी आँखों से वह सीधे उसे ही देख रही थी। साड़ी के पल्ले को उसने एक बार फिर ठीक किया था।

"...मेरे को कोई चिंता नहीं। मैं तो ऐसे भी जा सकती। बस, शहर यहाँ से थोड़ा दूर है। तेरे को भी डर हो तो मेरे को यहीं कहीं पर भी बिठा दे।...मैं सुबह-सुबह अपने आप चली जाऊँगी।"

दुष्यंत उसकी कही बातों से उलझ गया था। इसी बीच सायरन की अवाज दूर होने लगी थी। दो नंबर हॉस्टल में जाकर रुकी थी। हॉस्टल में किसी रईस बाप के बेटे से कोई वीआईपी मिलने आया होगा...मगर यहाँ सायरन बजाकर आने की क्या आवश्यकता है? बेवजह सब डर गए...सोचकर दुष्यंत को खीझ हुई थी।

"तू चल, मेरे साथ...।"

"कहाँ?"

"हॉस्टल में। वहीं सो जाना...सुबह बस में बिठा दूँगा।"

"वहाँ तो पुलिस है...।"

"वो दूसरे हॉस्टल में गयी है...पुलिस नहीं है...तेरे को क्या लगता है पुलिस के पास यही काम है क्या...।"

"तेरे दोस्त लोगों को फ्री में डर लग रहा था...मेरा क्या... मैं तो इन लोगों से रोज निपटती हूँ...मेरा क्या कर लेगा, ये लोग...।"

दुष्यंत उसका हाथ पकड़कर हॉस्टल की ओर चल पड़ा था। औरत को कुछ समझ नहीं आया था।...उसने थोड़ा रोककर, खड़े होकर, पहले अपनी साड़ी और ब्लाऊज को व्यवस्थित किया और कहने लगी, "...हॉस्टल में तो बहुत लड़के होते हैं...न बाबा न...मेरे को तो मार डालेंगे...।"

"तू चिंता मत कर, तेरे को कोई हाथ भी नहीं लगा सकता...।" और वह उसे खींचता हुआ झाड़ी से रोड पर ले आया था। औरत के पास और कोई विकल्प भी तो नहीं था। चुपचाप उसके पीछे-पीछे हो ली थी...जंगल में अँधेरी रात में बच्चे के साथ अकेली भी तो नहीं रह सकती। वह हॉस्टल में अंदर घुसा तो कॉरिडोर में पूर्ण शांति थी। चौकीदार किनारे एक बेंच पर ऊँघ रहा था। दुष्यंत को आता देख सकपका कर खड़ा हो गया था। साथ एक औरत को देख कुछ आगे-पीछे ज़रूर हुआ था। दुष्यंत ने उसे बुरी तरह घूरा तो उसकी आँखें नीची हुई थीं। दुष्यंत सीढ़ी द्वारा धीरे-धीरे सीधे अपने कमरे में पहुँचा था। औरत पीछे-पीछे थी। बच्चा उसकी गोद में शांत, शायद सो चुका था।

"प्रणव, तू दूसरे कमरे में सो जा, आज ये यहीं पर सोयेगी।"

दुष्यंत ने घुसते के साथ ही कहा था। पीछे उसके एक औरत और गोद में बच्चे

को देखकर एक मिनट के लिए तो मैं हैरान हुआ था। औरत सहमी हुई थी। दुष्यंत ने इशारा किया तो पलँग के पास जाकर पहले तो खड़ी रही फिर धीरे से बैठकर बच्चे को गोद में लिटाया था। और फिर पैर हिलाकर झप्पी देने लगी थी।

"अब ये क्या है?" बाहर आकर दुष्यंत से मैंने पूछा था।

कुछ देर ठहरकर ही वह बोला था, "...सालों की फटती है, लड़की लेकर तो आते हैं मगर सँभालते नहीं बनती...।" उसके चेहरे को पढ़ने की मैंने कोशिश की थी। वहाँ कुछ नया था। मैं जैकेट लेने कमरे में गया और निकलने से पहले एक नज़र औरत पर डाली थी। मैंने बाहर निकलकर दुष्यंत को ऊपर से लेकर नीचे तक देखा था, "तेरे को ज़्यादा सयाना बनने की क्या ज़रूरत थी... ?" मगर वह चुप ही रहा।

"...तू इसी कमरे में सोयेगा?"

"देखता हूँ।" तिरछी निगाह से देखकर मैं अरुण के कमरे की ओर बढ़ा तो वह भी साथ हो लिया था। दरवाजा बाहर से भेड़ दिया था। अरुण और मिलिंद कमरे में नहीं थे। वहाँ भी वह एकदम चुप था और फिर यकायक क्या सूझी कि अपने कमरे की ओर वापस चल पड़ा था।

दुष्यंत वापस कमरे में पहुँचा तो औरत बच्चे को सुला रही थी। उसे अंदर आता देख चौंकी थी। दुष्यंत प्रणव के बिस्तर पर बैठकर उस औरत को घूरता रहा था।

"तेरी बात मुझे अच्छी लगी...।" सुनकर उस औरत ने भाव नहीं दिया था।

"...अपनी लड़की से भी यही धँधा करवाएगी?"

"तेरे को मेरे साथ बैठना है तो बोल...नहीं तो मेरे को नींद आ रही...।"

दुष्यंत को सुनकर चिढ़ मची थी। खड़े होकर कमरे में चहलकदमी करने लगा था। बीच-बीच में उसे घूर भी लेता।

"अब जल्दी कर ले तू भी...भूमिका क्यूँ बना रहा है...।"

दुष्यंत धीरे से उसके नजदीक पहुँचकर बैठ गया था। औरत तुरंत उठी और दूसरे बिस्तर पर जाकर बच्ची को सुला दिया था। वापस पहुँचकर साड़ी का पल्ला नीचे गिराया और ब्लाउज के बटन खोलने लगी तभी बाहर शोर हुआ था। दुष्यंत का ध्यान भी बाहर गया था।

'...हरामजादों...घुस गए क्या?' दूर शोर की आवाज़ के बीच कोई चीखा था '...मादर चोऽऽऽ बाप से तमीज से बात कर।' और फिर यह सिलसिला चल पड़ा था। 'क्यूँ वार्डन के चमचो...अबे, तू तो वार्डन का लौंडा है...क्यूँ बहन चोऽऽऽ, तू तो साले बीच का है...और तू...अपना देख...है भी की नहीं...।'

शोर बढ़ता देख औरत सहम गई थी, घबराकर दुष्यंत की ओर देखने लगी।

"ये क्या है... ?"

"दो हॉस्टल के लड़के आपस की मस्ती में यूँ ही लड़ते हैं...।"

"गाली से लड़ते हैं! हाथ से लड़ें मर्दों की तरह...।"

"वो भी लड़ते हैं...ये तो मज़ाक है, तू चिंता मत कर, डर मत...।"

छत से गालियों की बौछार जारी थी। एक बार यहाँ से कुछ लोग चिल्लाते, फिर जवाब में पास के हॉस्टल से लंबी-लंबी बेहतरीन गालियाँ बोली जातीं...माँ-बहन, भाई, बाप और फिर कॉलेज के प्रोफेसर और अंत में साथ पड़ने वाली लड़कियों के नाम से गाली...। 'क्यूँ तेरी बहन लगती है क्या...हाँ, मगर मैं बहन चोऽऽऽ हूँ और तू...।'

"तो मस्ती में भी माँ-बहन की गाली ही क्यों देते हो... ?" औरत दुष्यंत के नजदीक पहुँची थी।

"क्या फर्क पड़ता है, सारी माँ-बहनें तेरी जैसी सच्ची नहीं होतीं।"

"क्या मतलब ?" औरत थोड़ा चिढ़ी थी। समझ नहीं पाई थी।

"तू नहीं समझेगी।" दुष्यंत ने उसके चेहरे को पहली बार ध्यान से देखा था।

27

फाइनल ईयर की याद आते ही मैं घबरा कर उठ बैठा था। कइयों का चेहरा घूम गया था। हॉस्टल का माहौल एकदम बदल गया था। महसूस भी होता। सभी पढ़ने में मशगूल और फिर भविष्य की चिंता तैरती दिखती...जो शुरू से पढ़ते रहते उनके चेहरे की रौनक अब दिखाई देती। आत्मविश्वास झलकता। फिर भी वे अपनी पढ़ाई तक सीमित और लक्ष्य पर ध्यान केंद्रित रखते। इसी दौरान उमेश ने दुष्यंत को आकर कई बार समझाया था। अरुण को तो विशेष रूप से। मगर होना तो यही था...और सोचकर मैंने एक लंबी साँस ली थी।

शाम ढलने को थी। हिन्दुस्तान में रहते हुए भी आज यहाँ किसी का कोई फोन या एसएमएस नहीं आया था। कल मिले और आज सब अपने-अपने जीवन में व्यस्त। कल देखकर लग रहा था कितनी दोस्ती है...बीस-बाईस साल के बावजूद...मगर आज लग रहा है कि ऐसा कुछ विशेष नहीं...यही जीवन है प्यारे...अब ये कोई हॉस्टल नहीं। अचानक उमेश की याद आई थी। कॉलेज के दिनों में दुष्यंत का सबसे नज़दीकी मित्र,...मित्र नहीं, उससे भी बढ़कर रिश्ता था। दोनों महीनों न मिले, कोई बात नहीं, मगर जब मिलते थे तो सारी महत्त्वपूर्ण बात एक-दूसरे को बताते। कम से कम दुष्यंत अपने दिल की सभी बात उसको बताता।...मुझे पता हो न हो उमेश को ज़रूर पता होता था। तो क्या मैं उसका खास दोस्त नहीं

था ?...नहीं-नहीं मैं तो सदा उसके साथ ही रहता था इसलिए मुझे तो कुछ भी बताने की ज़रूरत नहीं पड़ती थी। वैसे भी हम खुद ही समझ जाया करते थे। अच्छी अंडरस्टैंडिंग थी।...मगर कॉलेज से निकलकर हमारा कोई संपर्क नहीं रहा था...कारण कई थे।...सोचते ही एक बार फिर दु:ख हुआ था।...उमेश के पास ज़रूर कोई न कोई ख़बर होगी। मैंने तुरंत अपनी टेलीफोन डायरी निकाली थी। नंबर मिलते ही उंगलियाँ अनायास ही मोबाइल के बटन पर चल पड़ी थीं। साथ ही दिमाग़ में यह बात भी उभरी थी कि अब तक हारवर्ड में सुबह हो गई होगी। कुछ ही घंटियों के बाद उधर से आवाज़ आई थी, "हैलो, दिस इज़ उमेश।"

"उमेश मैं प्रणव।"

"हाँ प्रणव, कैसे हो ? बहुत दिनों बाद फोन किया ?"

"तुम डिस्टर्ब न हो इसलिए फोन नहीं करता हूँ।"

"नहीं-नहीं, ऐसी तो कोई बात नहीं... ।"

"अच्छा ये बताओ कि दुष्यंत की कोई जानकारी है ? लास्ट तुम्हारी कब बात हुई थी ?"

"अब तो बहुत समय से नहीं हुई...क्यूँ क्या हुआ ?"

फिर तो लगता है इसको भी कुछ खास नहीं पता होगा... ।

"अच्छा, तुमने याहू ग्रुप के मेल को आज खोलकर देखा ?"

"नहीं, मैं तो वैसे भी नहीं देखता।...मगर क्यों ?"

"...आज पढ़ लेना। दुष्यंत राठौर के संबंध में बुरी ख़बर है।"

"बुरी ख़बर है ! दुष्यतं राठौर की ! क्यों, क्या हुआ ?"

"तुम खुद पढ़ लेना। फिर हम बात करते हैं।"

"मगर कुछ बताओगे भी... ।"

"समथिंग सीरियसली रांग... ।"

अब उमेश को जल्दी थी। टेलीफोन बंद कर याहू ग्रुप पढ़ने की। वैसे वह सच में कम ही पढ़ा करता था। उसके मतानुसार जिन्हें कोई काम नहीं, वो ही इसका अधिक इस्तेमाल करते हैं। ऑफिस में आकर दिन में एक-दूसरे से चैटिंग करते रहते हैं।...बच्चों का एडमिशन कहाँ कराना है से लेकर दुनिया के तमाम देशों के तमाम नेताओं की बातें, दर्शनशास्त्र, चर्चा, तर्क-कुतर्क...बेफालतू।...इसे गॉसिप कहना चाहिए।...इसके लिए उसके पास टाइम नहीं। मगर दुष्यंत की ख़बर ने आज उसे मजबूर किया था।...पूरे दस साल हो गए। उस वक्त हिन्दुस्तान गया था तो उससे मिला था। हमेशा की तरह जूझ रहा था वह, अपने अंदाज़ में, अपनी तरह से, किसके लिए और किसलिए ? किसके साथ ? शायद उसे भी पता नहीं था...मंजिल भी पता

नहीं थी। एक तरह का विद्रोह। मगर किसके खिलाफ... ? समाज और व्यवस्था के खिलाफ न लगकर अपने खुद के विरोध में खड़ा लग रहा था...ये कोई क्रांति की चिंगारी नहीं कही जा सकती...अगर आपके साथ भीड़ नहीं तो विद्रोह का कोई फ़ायदा नहीं।...अब क्या कहें, भीड़ को सदा से आगे बढ़ने के लिए भावनात्मक ऊर्जा चाहिए...सपने चाहिए...फिर वो चाहे झूठे ही सही...शब्दों का मायाजाल चाहिए...और ये सब दुष्यंत के पास कहाँ? उसे तो सीधे-सीधे झूठ बोलना भी नहीं आता। वो भारतीय राजनीति के लिए मिसफिट है...मैंने कॉलेज के फाइनल ईयर के चुनाव के बाद ही जान लिया था... । और ठेकेदारी? उसमें तो वह फिट हो ही नहीं सकता...सही आदमी, ग़लत स्थान पर। वह समाज के नंगे सत्य को स्वीकार नहीं कर पाता...बस जो भी ठीक न लगे उसका विरोध करना है, हर बुरी बात व ग़लत काम का खुलकर...और फिर यह सदैव व्यक्तिगत स्तर तक ही सीमित रहा।...हर मिलने वाले की मदद करना, फिर चाहे एक बार वो ग़लत ही क्यूँ न हो, और फिर जिसके लिए किया कई बार उसी ने उसे धोखा दिया...साथ छोड़ा...उसे जोड़-तोड़कर साथ रखना भी तो नहीं आता...ऐसे को बेवकूफ समझते हैं लोग। ऐसा नहीं कि उस के अंदर आग नहीं थी...उलटा इसमें जलकर दुष्यंत खुद अब तक राख क्यों नहीं हुआ?...यह उमेश के लिए सदैव अचरज का विषय था।

उमेश इस बीच याहू ग्रुप को इंटरनेट पर खोल चुका था। और फिर जो कुछ पढ़ा उसे यकीन नहीं हुआ था। आँखे थम गई थीं...अतिक्रियाशील मस्तिष्क एक झटके में शांत हुआ था,...सच पूछे तो अवाक् था और उसने काम करना बंद कर दिया था।...अगले ही पल चिंता बढ़ी थी। क्या, क्यूँ, कैसे, कब, प्रश्न बनकर उभरने लगे थे। पिछले कई सालों से सीधे संपर्क नहीं था...कोई बात नहीं। मगर तसल्ली रहती कि ठीक ही होगा...लेकिन ये पता लगते ही जानने की जिज्ञासा, व्यग्रता और मन अधीर तथा किसी अनिष्ट की आशंका से घिरकर परेशान हो उठा था। और उसने एक लंबी साँस ली थी।

उमेश ने खिड़की से बाहर झाँका तो सामने अब वो दृश्य आ रहे थे जो वह हॉस्टल की खिड़कियों से अकसर देखा करता था... । दुष्यंत कई-कई दिन उससे नहीं मिलता था। कैसे मिलता? देर रात बाहर से आया करता था और फिर भरी दोपहरी में सोकर उठता होगा तब तक वह कॉलेज चला जाता था। हाँ, जब कभी देर रात तक वह पढ़ता तो उसके मोटरसाइकिल की आवाज़ पूरे हॉस्टल में गूँजती, कभी दो बजे कभी तीन बजे। वह इसे पहचानता था। दुष्यंत हॉस्टल के अंदर गैलरी से होते हुए अपने ब्लाक के ग्राऊंड फ्लोर तक मोटरसाइकिल ले जाता था। यजदी मोटरसाइकिल की आवाज़ से एक मिनट के लिए पूरा हॉस्टल थर्रा जाता। कई लड़के

पसंद न करते। लेकिन कौन बोले? उमेश को इसमें कोई खास बात नहीं लगती...जिसका पढ़ने में मन नहीं वही इस पर राजनीति करेगा...उसके सामने दुष्यंत के लिए कोई बुराई नहीं करता...अपनी बात से सबको चुप करा देता...वैसे भी कॉलेज व हॉस्टल में और भी कई मुद्दे होते हैं जिनके सामने यह छोटी बात है। लेकिन इन बातों से आदमी बदनाम ज़रूर होता है और दुष्यंत तो पहले साल से ही अच्छा-खासा...एक दादा की छवि थी उसकी...क्या वह गुंडा था? बिलकुल नहीं...उमेश यह बात कई बार अपने दोस्तों से भी कहता...कभी कोई ग़लत काम किया है उसने... ? नहीं...शराब पीना तो व्यक्तिगत मामला है...वह किसी को बिना वजह तंग नहीं करता...और क्या चाहिए...हाँ, उसके जीवन जीने का ढंग उमेश को भी पसंद न था। मगर फिर भी पता नहीं क्यों, वैचारिक रूप से मतभेद होते हुए भी वह उसका सबसे पक्का और नज़दीकी दोस्त था। ऐसा दोनों ही मानते थे। एक परिपक्व समझ। ऐसी दोस्ती में रोज़-रोज़ मिलना ज़रूरी नहीं।

शुरू-शुरू में ऐसा नहीं था। उसे अच्छी तरह याद है, हॉस्टल में जब वे इकट्ठे एक ही कमरे में रहते थे दिनभर की छोटी-सी छोटी बात भी उससे ज़रूर साझा करता था। वैसे तो कम बोलता मगर फिर कुछ शब्दों में ही बहुत कुछ कह जाता। उमेश सब कुछ समझ लेता था। हाँ, कभी-कभी कुछ बात समझाता, एक परामर्श जिसे सुनना व मानना दुष्यंत के हाथ में था। नहीं, यह भी सत्य नहीं, शायद उसके हाथ में भी कुछ न था। क्योंकि उसके पैर जीवन में स्वत: ही आगे बढ़ते चले गए। जिसके लिए शायद वह अकेल कसूरवार नहीं था। बिलकुल नहीं, जीवन-वृक्ष की जड़ें बचपन में फलती-फूलती हैं। यहाँ तो बचपन था ही नहीं। जब माँ-बाप ही नहीं तो फिर बचपन कहाँ? फिर कैसे लौटता और फिर कहाँ लौटता? क्या लौटा जा सकता था? उसे याद है कॉलेज के अंतिम वर्ष का वो दिन जब वह कॉलेज में सब कुछ हार गया था। उस रात वह उसके साथ एकदम अकेला था, एक रेस्टोरेंट में...।

"तुम एक बार कोशिश क्यूँ नहीं करते, एक होशियार छात्र की तरह पढ़ने की। अब भी कुछ नहीं बिगड़ा है। इस समय, इस जगह से, अभी भी एक नई शुरुआत की जा सकती है...तुम्हारे पास दिमाग है...। मगर जिस रास्ते पर तुम चल रहे हो वहाँ आगे कुछ नहीं...कम से कम तुम्हारे जैसे बंदे के लिए...।"

"तुम्हें क्या लगता है कि मैं ग़लत कदम उठाता हूँ?...नहीं। तुम जिन सही रास्तों पर चलते हो उन्हीं पर मैं निकल पड़ूँ तो रास्ते अपनी दिशा बदल लेंगे...ख़ैर, आगे अँधेरा ही सही मगर चल तो रहा हूँ मगर पीछे तो मेरे खाई है। मैं चाहते हुए भी नहीं मुड़ सकता।...वैसे तुम्हें क्या लगता है, मैं अब पढ़ सकता हूँ?"

और वह सही था।...मगर फिर विष्णुदत्त कैसे इतना सफल रहा?...उसे पता है

कैसे लड़ाई जीती जाती है जबकि दुष्यंत को सिर्फ लड़ना आता है...। विष्णुदत्त राजनीतिज्ञ है और दुष्यंत क्रांतिकारी। जो फर्क राजनीति और क्रांति में हो सकता है वो यहाँ देखा जा सकता है...हर तरह से...। उमेश ने दोनों आँखों को उंगलियों से रगड़ा था।...बहरहाल, विष्णुदत्त को तो पता होना चाहिए दुष्यंत के बारे में...। मगर दोनों कई साल से अलग हैं...फिर भी ख़बर तो होगी उसके पास...।

28

कविता ने घर वापस आते ही पूछा और जो आगे सुना तो उसका मुँह खुला रह गया था। काव्याश्री कुछ नहीं बोली थी। और बहुत देर तक हम सब गुमसुम बैठे रहे, तभी सेरिल का फोन आया था।

"प्रणव बिजी तो नहीं हो।" उसकी आवाज़ में ठहराव था।

"नहीं-नहीं...।" बड़ी मुश्किल से शब्द निकले थे।

"दुष्यंत के बारे में तो पता चल ही चुका होगा?"

"हाँ...कुछ-कुछ।" मेरे पास बोलने के लिए कुछ नहीं था।

"नहीं। मुझे यकीन नहीं होता। दुष्यंत फिर फँसाया गया है, राजनीति है...हमें कुछ-कुछ पता चला है...मैं आगे पता लगाने की कोशिश कर रही हूँ...प्रयाग भी लगा हुआ है...। हमें उसकी मदद करनी चाहिए...जैसे भी कर सकें...इस वक्त उसे हमारी ज़रूरत होगी...।" और फिर वह चुप हो गई थी। कुछ देर उसने कविता से बात की थी। मैं हारा हुआ पहले ही था मगर विचलित अब हुआ था। एक औरत को इतना विश्वास और मुझे...! इतना नजदीकी दोस्त होते हुए भी...! मुझे लज्जा आई थी...पहली बार।

मैंने छत से ज़मीन तक लटकते परदों को हटाया तो विशाल काँच की दीवार के सामने पूरा शहर था। ऊँची-ऊँची बिल्डिंगें चारों ओर नज़र आ रही थीं। इन वर्षों में हिन्दुस्तान ने बहुत तरक्की की है। अमेरिका से हिन्दुस्तान के लिए कई फ्लाइट। महानगरों में एक से अधिक फाइव स्टार होटल, बड़ी-बड़ी गाड़ियाँ। हाँ, पेड़ कुछ कम हुए थे और झोपड़ियाँ अनगिनत हो गई थीं। दूर एक ऊँची इमारत पर नज़र थी मगर मन बीस वर्ष के लंबे इतिहास में भटक रहा था। कहाँ से कहाँ आ गए, इतने वर्षों में...। समय की ऐसी मार? पता ही नहीं चला...। अब तो यहाँ की राजनीति भी समझ नहीं आएगी। ये कोई कॉलेज का हॉस्टल नहीं। तब भी हम पूरी राजनीति कहाँ समझ पाते थे...तो फिर आज तो...कितना मुश्किल होगा?...और फिर इसमें राजनीति कहाँ से आ गयी? दुष्यंत ड्रग का धँधा करते पकड़ा जाए तो उसमें क्या

मदद की जा सकती है? मगर क्या वह एक लड़की की हत्या कर सकता है? क्या कह सकते हैं? लेकिन...आईजी मिलिंद के हिसाब से तो ऐसा ही कुछ मामला है।...अब सेरिल के हिसाब से फँसाया गया है!! कैसे पता चले... ? और फिर कोई भी ड्रग के पचड़े में क्यों पड़ेगा...और क्यूँ साथ देगा? किसी को क्या ज़रूरत पड़ी है? सेरिल कहती है कि ऐसी हालत में मदद करनी चाहिए...मगर कैसे? मैंने अपने आप से कहा तो मन-मस्तिष्क चुप ही रहा था। फिर...अचानक अरुण की पुन: याद आई थी। सुबह से मोबाइल ऑफ मिल रहा है...अब कोशिश करते हैं...। बहुत मुश्किल से मिला था। पूछते ही पहले तो चुप रहा, और फिर कहने लगा...।

"तुम्हें क्या लगता है?...सच है, जो बताया जा रहा है?...बिलकुल नहीं। ये सब ग़लत है। दुष्यंत को फँसाया गया है बेवजह...।" और वह धीरे से हँसा था। "हाँ, इसमें कोई शक नहीं कि अपना यार मुश्किल में है...।"

"और मीडिया में इतना हल्ला...।" मेरे दिल-दिमाग का अंतर्द्वंद्व जारी था।

"तुम्हें पता नहीं इनके बारे में...ये तिल को ताड़ और पहाड़ को भी निगल सकते हैं...।"

"इस युग में...!!" दिमाग को तसल्ली चाहिए थी।

"तो इस युग को क्या हो गया? ज़्यादा पोथी पढ़ने से कोई पंडित हो जाता है क्या? सारे ऐसे ही हैं...प्रायोजित नाटक की तरह...उन्हें एक नया पात्र मिल गया...कहानी उन्होंने खुद बना ली...बस...और दर्शक तो बेवकूफ, हमेशा की तरह है।"

"मगर मैंने मिलिंद से भी बात की है वो आईजी होकर, फिर भी...।"

"तो क्या हुआ? पूछना उससे, कभी किसी केस को सही ढंग से पकड़ा है...वही बोल रहा है जो टीवी के स्टूडियो में बैठकर एक रिपोर्टर बोल रहा है...काहे का मीडिया और कौन आईजी...छोड़ यार, उसकी बात छोड़...और तू सुना ठीक है न...चल रखता हूँ...काम है...।" और उसने फोन रख दिया था। मैं हकबका गया था...सिर पकड़कर बैठ गया था...अरुण एकदम सपाट और स्पष्ट था। उसने मुझे कोई तवज्जह भी नहीं दी। कविता ने टीवी हैरान होते हुए ऑन कर रखा था। मेरी निगाह भी वहीं पहुँची थी। सनसनीखेज ढंग से हेडलाइन प्रस्तुत की जा रही थी...'मासूम कामना की मौत या आत्महत्या...संदिग्ध अवस्था में मेधावी छात्रा मृत पायी गई...हत्यारा पुलिस गिरफ्त में...करोड़ों के ड्रग के साथ पकड़ा गया...।' लोगों का गुस्सा दिखाया जाता। जबरदस्त राजनैतिक गर्माहट महसूस हो रही थी। नेताओं के बयान पर बयान आ रहे थे। विष्णुदत्त नाम भी दिखा था। पहचान आ रहा था। चेहरे पर चमक थी। बड़े सलीके से चबा-चबाकर बोल रहा था,...ये क्या? ये तो सख्त

से सख्त कार्रवाई के लिए बोल रहा है...एक बार फिर दुष्यंत का फोटो स्क्रीन पर था। तभी देखता हूँ कि दुष्यंत की लड़की को टेलीविजन पर दिखाया जा रहा था...एक पतली-दुबली सामान्य-सी दिखने वाली लड़की थाने से बाहर निकली...तो प्रेस पीछे पड़ गई थी।...सवालों की बौछार...कैम क्यूँ मारी गई... ? आप लोग अच्छे दोस्त थे, इस बारे में आपका क्या कहना है... ? आपसे क्या पूछताछ हुई ?...आपका क्या कहना है... ? आप कैसा महसूस कर रही हैं... ? इन सब सवालों को नज़रअंदाज करते हुए वह एक मिनट के लिए रुकी और फिर इतना ही कहा था कि मेरे पापा निर्दोष हैं...समय आने पर वह स्वयं दुनिया को दिखा देंगे कि यह सब झूठ है...हमारे पास पर्याप्त सबूत हैं...और फिर हमारे साथ भगवान भी है। पीछे-पीछे कोई आदमी और एक लड़का व लड़की चल रहे थे...वह अधेड़ उम्रवाला अरुण होना चाहिए... ? हाँ, शायद, मगर वह चुप था... । यह सब देखकर मैं और अधिक विचलित हुआ था... । अंत में न जाने क्यूँ एक बार फिर मिलिंद को मोबाइल लगाया था...इस बार उसने उठा भी लिया था... ।

"...मिलिंद मुझे इसमें कुछ गड़बड़ लगती है...तू तो जानता है दुष्यंत को और मीडिया को भी... ।"

"आज के युग में! इतने सारे मीडिया के सामने झूठ का सवाल ही नहीं...तुम्हें तो बात समझ नहीं आ रही...मामला बहुत संवेदनशील है...पब्लिक प्रेशर बहुत ज़्यादा है...गृहमंत्री तक से इस्तीफा की माँग की जा रही है... ।"

"गृहमंत्री का इस्तीफा! मगर उससे इसका क्या लेना-देना... ।"

"इस केस को मीडिया ने बहुत गंभीरता से लिया है, विरोधी पार्टी भी अड़ गयी है...और जब से ये ख़बर आई है कि पोस्टमार्टम में रेप की संभावना व्यक्त की गई है तो हवा और गर्म हुई है।"

"रेप! किसका... ?"

"उस लड़की का, सुना है मरने से पहले उसके साथ कई बार संभोग हुआ...उसमें भी दुष्यंत पर ही संदेह जा रहा है...केस काम्प्लेक्स है मेरे भाई... ।"

"तू क्या पागल हो गया है... ।" मैं अचानक चीखा था। "...अभी तक तूने जो कहा मैंने सुना...मगर ये इल्जाम...अबे तू आईजी है तो क्या हुआ, भगवान है क्या...जो मन में आएगा बोल देगा...दुष्यंत और लड़की का रेप...सपने में भी मैं नहीं मान सकता, समझे...बस इनफ...मुझे तेरे से ये उम्मीद न थी...तेरे जैसे दोस्त अगर न हो तो ज़्यादा अच्छा है...ब्लडी हेल...वो सब कुछ कर सकता है मगर रेप नहीं...समझे।" और मैंने फोन काट दिया था। साँसे तेज़ चल रही थीं। चेहरा लाल और आँखों में पानी उतर आया था। उधर, टेलीविजन पर हेडलाइन का प्रहार हो रहा

था...'मासूम की हत्या से पहले कई बार बलात्कार...बलात्कारी पुलिस गिरफ्त में...' साथ-साथ एक लड़की का फोटो दिखाया जाता। मैं देखकर गुस्से में पागल होने लगा तो टीवी बंद किया गया था।

"प्रणव, कूल डाउन...।" कविता ने मेरे सिर पर हाथ फेरा था। मैं शांत हुआ तो नजदीक बैठकर उसने धीरे से कहा था..."तुम दूसरों से क्या उम्मीद करते हो...तुम्हारा खास दोस्त है तो तुम्हें ही कुछ करना होगा...मैं चाहती हूँ कि तुम तुरंत विराटनगर चले जाओ...और जो बन सकता है करो...वरना तुम अपने आपको कभी माफ नहीं कर पाओगे...।"

मैंने नज़र ऊपर की तो कविता प्रेम व अधिकार के साथ मुझे देख रही थी। कुछ देर यूँ ही कमरे में इधर से उधर टहलता रहा। अंत में सोफे पर बैठकर मैंने कहा था, "कविता, मैं कल विराटनगर जा रहा हूँ।"

"ठीक है।" मेरी भावनाओं को कविता समझ रही थी।

"एक काम करो, तुम और काव्याश्री लखनऊ चले जाओ। मैं वहीं से सीधे आ जाऊँगा।"

"मैं भी आपके साथ चलूँगी।" काव्याश्री अचानक बोल पड़ी थी। शब्दों में आग्रह और आँखों में दिल उमड़ रहा था।

"...आपका कॉलेज भी देख लूँगी।...असल में तो दुष्यंत अंकल को देखना चाहती हूँ और उनकी बेटी से भी मिलना चाहती हूँ...शायद कुछ...।" मैं मना नहीं कर पाया था। हिन्दुस्तान आने से पहले भी, जब भी मेरे कॉलेज जाने का प्रोग्राम सुनती, हर बार यही कहती...। उत्सुकतावश। वैसे तो कविता का भी प्रोग्राम था...मगर पहले घर में माँ-बाबा से मिलने जाना था। वे इंतज़ार कर रहे होंगे...और फिर ऐसे हालात में सब गड़बड़ा रहा था...उद्देश्य और बात बदल गई थी।

अगली सुबह की विराटनगर की फ्लाइट बुक की गई थी। कविता की फ्लाइट लखनऊ के लिए हमसे ठीक एक घंटा पहले थी।

"अरुण, मैं कल विराटनगर आ रहा हूँ...।" रात मैंने अरुण को फोन किया था।

"सच।" अरुण की आवाज़ में भारीपन था। "...मैं यही सोच रहा था...जानता था कि तू दिल्ली में है...मगर अपने आप से क्या कहता...दुष्यंत को इस वक्त ज़रूरत है...शायद तेरे आने से कुछ बात बने...मुझे खुशी है प्रणव दा, कम से कम तू तो साथ है...।" उसकी आवाज़ भर्राने लगी तो उसने धीरे से मोबाइल काट दिया था।

"सेरिल, मैं कल विराटनगर जा रहा हूँ...तुम्हारी मदद की आवश्यकता पड़ सकती है...।" मैंने अगला फोन उसी को किया था। किसी और को करने का फ़ायदा नहीं, मुझे पता था।

''प्रणव, मैं भी सोच रही थी कि अब तक तुम क्यूँ नहीं गए...कैसे दोस्त हो? फिर लगा था...सब तो ऐसे ही हैं। नहीं, मगर तुमने मुझे ग़लत साबित कर दिया... ऑल द बेस्ट...।'' और वह भी भावुक हुई थी। निर्णय लेने के बाद मन हल्का हुआ था।

रातभर सो न सका। अजीब-अजीब विचार का आना स्वाभाविक था। हम कुछ दो-चार के मानने न मानने से क्या होता है? क्या इतनाभर काफी है?

सुबह, एयरपोर्ट के लिए हम तीनों इकट्ठा ही निकले थे। कविता को विदा किया तो उसने जाते-जाते हिम्मत बँधाई थी। वह मेरी अच्छी दोस्त साबित हो रही थी। '...जितना हो सके तुम्हें जाकर मदद करनी चाहिए। फिर हिन्दुस्तान आए हुए हो, तुम्हें वहाँ वैसे भी जाना था...और फिर पता नहीं, दुष्यंत भाई साहब के साथ इस समय कौन है...हो सकता है भगवान ने हमें इस वक्त इसलिए हिन्दुस्तान भेजा है।'...मेरी भावनाओं को उसने सही ढंग से समझा था...जीवनसाथी का यही तो मतलब होता है और वह उसे प्रमाणित कर रही थी। मैं सिर्फ मुस्कुराया था, हल्के से।

आज मुझे विराटनगर पहुँचने की जल्दी थी। हवाई जहाज से पहले उड़ जाने का मन कर रहा था। बोर्डिंग पास ले लिया था। सिक्योरिटी चैक भी हो गया था। लेकिन बोर्डिंग में अभी पूरा आधा घंटा था। काव्याश्री आज बिलकुल भी तंग नहीं कर रही थी। बस, मुझे देखती रहती। मैंने अरुण को फोन किया था और जानकारी लेनी शुरू की थी। कोर्ट-कचहरी-जूडिशियल कस्टडी...क्या-क्या धारा है...समझना मुश्किल हो रहा था।

''ये अरुण, विष्णुदत्त भी तो वहीं है, उसकी मदद क्यूँ नहीं लेते...।''

''बस ऐसे ही...तू आ तो रहा है, खुद ही देख लेना...।''

''मगर वो तो, मैंने देखा और सुना, अच्छा-खासा बड़ा आदमी और नेता बन गया है...पॉवरफुल भी है...फिर तो ज़रूर कुछ कर सकता है...।''

''तुझे याद नहीं हॉस्टल में कैसे बड़ा आदमी बना था...कैसे पैसे कमाता था...आखिरी-आखिरी में कैसे दगा दिया था...ख़ैर, तू आ जा फिर बात करते हैं...।'' उसने जिस तरह से कहा था, अजीब लगना स्वाभाविक था। उसकी और विष्णुदत्त की कभी आपस में पटी नहीं...यही कारण होना चाहिए...मगर फिर भी...।

विराटनगर की यात्रा मात्र एक घंटे की थी। रास्ते में हॉस्टल के पन्ने मेरे सामने से कुछ यूँ गुज़रने लगे जिसे मैं खुली आँखों से देख सकता था। मगर इस बार ध्यान बार-बार विष्णुदत्त पर जाता...जो चतुर-चालाक है तो क्या हुआ...मदद तो कर ही सकता है...।

29

मैस की राजनीति बहुत हद तक सभी झगड़े की जड़ में थी। राजनीति हो या गुंडागर्दी, पैसे तो चाहिए। पैसा और पॉवर साथ-साथ चलते हैं। वर्चस्व की लड़ाई में दोनों चाहिए। युगों-युगों से और शायद आगे भी। पैसे से पॉवर आती है तो पॉवर से पैसा अपने आप आ जाता है। और हॉस्टल की राजनीति में पैसे का स्रोत मैस था। दोस्तों-यारों के साथ मुफ्त में खाना-पीना ऐश-मौज़ सब यहाँ चलता। अरुण ने तो बहुत पहले ही इस बात को भाँप लिया था। इसी बात का तो उसका विष्णुदत्त से झगड़ा रहता। मगर कभी दुष्यंत ने इस ओर ध्यान ही नहीं दिया। शायद मैंने भी नहीं। अगर बटलर हीरा की बात, जैसा की उसने बाद में बताया था...सच मानी जाए तो शुरू से ही बहुत कुछ गड़बड़ था। लेकिन जब तक हम समझ पाते तब तक बहुत देर हो चुकी थी। दुष्यंत को राजनीति के विभिन्न हथकंडों का पता ही नहीं। यही तो उसकी कमजोरी रही है। जबकि विष्णुदत्त शुरू से ही ताकत के ज़रूरी स्रोतों पर नियंत्रण करना जानता है, फिर चाहे वो लड़ने के लिए आदमी की फौज हो, पैसा हो या फिर संबंध। सभी चीज़ों में वह शुरू से ही तेज़ था।

उस हादसे के बाद मैस मैनेजर चड्ढा का परेशान होना स्वाभाविक था। शायद उसके पुराने संबंध, जो उससे विभिन्न फ़ायदा लिया करते थे, उसे बचाने में असफल रहे थे। नये ग्रुप के साथ संबंध बन नहीं पाये थे...पार्टी इन पॉवर से सही समझ के बिना कुछ भी सही-ग़लत करना आसान नहीं...। विष्णुदत्त जानता था और उस रात जब दुष्यंत और मैं कहीं बाहर थे तो वह लल्लन के साथ चड्ढा के ऑफिस जा पहुँचा था। चड्ढा देखते के साथ डर कर खड़ा ज़रूर हो गया था, मगर वह भी उतनी शरीफ चीज़ नहीं था।

"और मैनेजर बाबू हिसाब-किताब ठीक है न?" विष्णुदत्त ने उसे बैठने के लिए कहा था।

"ठीक है। अब आप लोग जैसा चाहेंगे वैसा ही चलेगा।" चड्ढा एक नंबर का बदमाश था। कई सालों से हॉस्टल के लड़कों को झेल रहा था। आधा दादा और नेता तो खुद बन चुका था।

"बिलकुल ठीक। समझदार हो। ये बबुआ कौन है?"

"हीरा बटलर है। आप लोगों की सेवा के लिए खास आदमी।"

"कोई बात नहीं, इसको बाहर भेज।"

हीरा बटलर चतुर था। बाहर जाने की बजाय पीछे की ओर चला गया था।

"कब से है यहाँ पर?"

''शुरू से। चिंता न करें, जैसा आप चाहेंगे वैसा ही करेगा...।''

''ठीक...अरे लल्लन, देख तो बाहर, है तो नहीं कोई, और जरा बाहर ही रहियो।'' विष्णुदत्त का दिमाग़ बहुत तेज़ चलता था। वह अपनी राज की बातें, कुछ खास लोगों से भी, जहाँ तक हो सके बचा कर चलता।

''तो यह बताओ चड्ढा साहब, क्या सेवा-पानी करते थे?''

चड्ढा ने हाथ जोड़ा था, ''जैसा आप चाहेंगे...।''

''अरे बुड़बक, दिमाग मत चाट, सीधे-सीधे बता कितना देता था उसको...?''

''किसको...?''

''अरे, उसी को, जो उस रात हम लोगों को मारने आया था। धोया न साले को...।''

''कोई खास नहीं। बस खाना-पीना...।''

''होशियारी से कोई फ़ायदा है रे...हम तो मुँह से बोल रहे हैं...ऊँ तो हाथ से बात करेगा। समझदारी से काम ले बबूआ, फिर तू भी खुश और हम भी खुश।''

''पाँच सौ रुपए महीना देता था।''

''का बोला, पाँच सौ!!! इतना तो हम मूत देते हैं। और तेरा क्या...?''

''दाल-रोटी चल जाती है।'' चड्ढा ने हाथ जोड़े थे।

''देख मैनेजर बाबू, अपने को दो हज़ार महीना चाहिए। बुझाया?''

''इतना कहाँ बॉस, यह तो को-आपरेटिव मैस है। इतनी गुँजाइश कहाँ?''

''अब रास्ता भी हम बताएँगे...?...अच्छा चल, छोड़, ये बता, डेली के किलो दाल बनती है?''

''बीस किलो...।''

''कल से अठारह डाल। और दूध...?''

''चालीस लिटर।''

''उसके पैंतीस लिटर कर...और सब्जी में भी पाँच किलो कम।...और सुन, का है वो सबसे सस्ती सब्जी, लॉकी और कुमड़ा, हफ्ते में दो बार बना...।''

''इतने में तो बॉस हल्ला हो जाएगा। ख़राब खाना देखकर लड़के टूट पड़ेंगे, बवाल हो जाएगा...।''

''वो हम लोग न देखेंगे...।''

''दुष्यंत भाई से बात कर ली आपने?''

''तू उसकी चिंता छोड़। मगर इस बात को ज़्यादा इधर-उधर मत भुकना। उसका दिमाग़ पगला जाता है...और सुन हम लोगों के लिए स्पेशल बनवाना।''

''कितने लोग हैं आप लोग...।''

"बस, हम चार पाँच, और क्या...।"

और फिर यह सिलसिला धीरे-धीरे शुरू हो चुका था। चड्ढा ने दो की जगह चार किलो कम कर दिए होंगे। जब अगला दो हज़ार कमा कर दे रहा है तो उसने खुद भी तो अपनी कमाई बढ़ा दी होगी। और हॉस्टल में खाने के प्रति असंतोष उभरने लगा था। बात दुष्यंत तक पहुँचने लगी तो विष्णुदत्त ने बीच-बचाव किया था,

"क्यों बे सालो, हमने का ठेका लिया हुआ है? ई तो मैस सेक्रेटरी का काम है...कोई चोखा सेक्रेटरी बनाओ।"

पता नहीं, अरुण को कैसे पता चला। शायद वह मिलिंद के साथ खाना खाने जाता तो उसे ख़राब खाना मिलता। जब कभी देर रात हमारे साथ खाता तो अच्छा खाना मिलता। उसने फर्क महसूस किया तो शायद पूछताछ की थी। नोट तो मैंने भी किया था मगर कभी इस ओर ध्यान नहीं दिया था। जब अरुण से रहा नहीं गया तो एक दिन चिल्लाने लगा। दुष्यंत उसकी बात भी सुनता था। और जब उसने मैस मैनेजर को हड़काने की बात की तो विष्णुदत्त ने ही रोका था।

"छोड़ न यार, अब का हम लोग लठैत हो गए हैं? एक काम करते हैं, अबकी बार इस रईसवा अरुण को सेक्रेटरी बना देते हैं। जैसा चाहे चलाए।"

अरुण ने अगले महीने सेक्रेटरी बनते के साथ ही पूछताछ शुरू कर दी थी। मैं भी अक्सर साथ होता। उसने गहराई में जाकर दिलचस्पी ली थी। जब उसे क्वांटिटी कम महसूस हुई तो क्वालिटी अच्छी करने के नाम पर सब चीज़ों की मात्रा बढ़ाने की कोशिश की थी। मैस मैनेजर और विष्णुदत्त के बीच फिर बात हुई थी।

"...जितना वो बोलता है उतना-उतना बढ़ा दो, हमें का फर्क पड़ता है। मैस का बिल ज़्यादा आने दो। हम दाल बीस से अठारह किए थे...अब तुम चार किलो वहीं से बढ़ा दो। बीस से चौबीस दिखाओ और डालो बाइस। रे मैनेजर बाबू, हमार हिस्सा मिलता रहना चाहिए।"

खाने की क्वालिटी में तो फर्क आया था। अरुण की वाहवाही हुई थी। मगर जब मैस का बिल डेढ़ गुणा ज़्यादा आया तो हॉस्टल में शोर मच गया था। अधिकांश लड़के सामान्य घरों के थे। और अगले महीने से ही अरुण को मैस सेक्रेटरी के काम से हटना पड़ा था।

मैस का खाना फिर से बेस्वाद हो गया था। लड़कों को शक भी होता। पैसा लेता विष्णुदत्त और बदनामी पूरे ग्रुप की हो रही थी। मगर हम अनजान ही बने रहे...उलटा विष्णुदत्त की बात मानते। तभी तो उसके कहने पर दूसरे ग्रुप के लड़कों को मैस का सेक्रेटरी तक नहीं बनने दिया गया। '...हमारा प्रभाव और वर्चस्व कम होगा...' ऐसा उसका मत होता। अगली बार मिलिंद बना तो फिर चड्ढा भागा-भागा विष्णुदत्त के

पास आया था, ''अब ये तो बाज़ार खरीदारी में भी साथ चलने का कह रहे हैं। सारा माल सामने तुलवा कर लाएँगे।''

''तो दिमाग़ लगाओ, पैसा बैठकर थोड़े मिलेगा। जहाँ से खरीदते हो, उसी को सैट करो... ।''

विष्णुदत्त दुष्यंत को कभी-कभार बाहर होटल में पिला ज़रूर देता। साथ यह बतलाने से नहीं चूकता कि वह बहुत बड़े जमींदार का बेटा है। पैसा-वैसा उसके लिए छोटी चीज़ है। और इसी तरह की बात में लोगों को बहलाकर साल के आखिर में मोटरसाइकिल भी खरीद ली थी। बताया तो यह गया था कि बाप ने पैसा भेजा है। मगर यह सब बातें पूरी तरह छुपती कहाँ हैं ? दबी जुबान से कहीं-कहीं चर्चा होती मगर हमारी आँखें तो पूरी तरह बंद थीं। क्योंकि हमें रात में राइस फ्राई और दाल फ्राई मक्खन मार के मिल जाया करता था। यह सारी बात तो दूसरे साल के मैसे मैनेजर की लड़ाई में जाकर थोड़ी खुली थी, जब नये मैनेजर ने देने से साफ मना कर दिया था। दूसरा ग्रुप सक्रिय हो चुका था। मगर विष्णुदत्त इतना चालाक निकला कि वहाँ भी साफ-साफ निकल गया था। ऐसी बातों में उलझाया कि हम सब चुप हो गए थे।

''...पार्टी फंड के लिए पैसा कहाँ से आएगा ?...अगले चुनाव में ख़र्चा कौन करेगा... ? तुम्हारा बाप... !! तुम लोगों को का पता है...बाहर भी पार्टीबाजी करने में खर्चा होता है। अब ई कोई फर्स्ट ईयर का चुनाव है... !! कमरे में बैठकर राइस फ्राई व भेजा फ्राई खाओगे, फोकट में मिलता है का! साला, तुम लोगों को कुछ नहीं पता...और तू डेढ़ फुटिया...ज़्यादा टैं टैं मत किया कर, चुप रहा कर... ।'' और उसने अरुण को चुप करा दिया था। दुष्यंत चुपचाप सुनता रहा था। मैं भी सुनकर समझने की कोशिश में था।

मगर उस रात जब हीरा बटलर भागकर कमरें में आया तो डरा हुआ था। नये बैच के लड़कों ने उसकी पिटाई कर दी थी। हमारा अविनाश दिमाग से पैदल था। हिम्मत तो थी मगर संगठन शक्ति नहीं। फिर उद्देश्य भी तो ग़लत था। मैस में दादागिरी जब चल नहीं पायी तो छोड़कर भाग गया। विरोधी ग्रुप के नये लड़कों ने सामने हीरा बटलर को देखा तो उसी पर टूट पड़े। न जाने क्यूँ वह भागकर आया तो दुष्यंत के सामने अपनी वफादारी दिखाने लगा और दबी जुबान से सब कुछ बता गया। उस समय मेरे और दुष्यंत के अतिरिक्त कोई नहीं था...अविनाश हमारे ग्रुप का जूनियर होते हुए भी चेला विष्णुदत्त का था...अभी हमें वो हॉस्टल छोड़े छह महीने भी नहीं हुए थे कि इनकी हरकतों से हमारा मज़बूत गढ़ ध्वस्त हो गया था... । नये बैच में हमारे विरोधी की संख्या बराबर पर पहुँच गयी थी... । कारण जब खुलकर पता चला

तो हम दोनों अवाक् थे मगर तब तक बाजी हाथ से निकल चुकी थी।...इसका विष्णुदत्त पर कोई असर न था...। उसने बड़ी सफाई से सारा कसूर अविनाश पर डालकर अनजान बनने की कोशिश की और बात हवा में उड़ा दी थी।

विष्णुदत्त कितनी चालाकी से हर बात को अपने पक्ष में कर लेता था। पैसे कमाना, हार को जीत में बदल देना, लहरें गिनकर समुद्र किनारे पैसे माँगना, कोई विष्णुदत्त से सीखे। ठीक तो है, तभी तो वह आज के ज़माने में सफल और यहाँ तक पहुँच गया।...मगर वह है कहाँ... ? उसे तो दुष्यंत के केस का सब पता होगा। वह मदद भी कर सकता है...मगर वह तो फोन ही नहीं उठाता...जो नंबर मिला था उस पर मैसेज भी छोड़ा था...कल ठीक कह रहे थे दोस्त...उससे बात करना अब इतना आसान नहीं...सुना है कॉलेज के नाम से खुंदक खाता है...लोग उसका फ़ायदा उठाते थे...। और मैंने बादलों के पार देखने की कोशिश की थी।

30

मेरे लिये यह मुश्किल सफर था। समय कट नहीं रहा था। वह कॉलेज के जमाने वाला अरुण भी बीच-बीच में याद आ जाता...। क्या लड़का था, ये भी एकदम अलग लेकिन आखिरी-आखिरी में वह भी चुप हो गया था। एक रात मैं अरुण के कमरे में था। मैंने ही जान-बूझकर बातचीत शुरू की थी। क्या करता ? ऐसा लगता कि वह भी अब भ्रमित रहने लगा था। अमूमन किसी भी बात पर स्थिर नहीं हो पाता। अच्छा-खासा पढ़ने वाला इन तीन-चार सालों में क्या से क्या बन गया था। ऐसा लगता मंज़िल छोड़ रास्ते का भी पता नहीं। कॉलेज आने के बाद उसका पढ़ाई में कभी दिल नहीं लगा। रईस लोगों के बच्चों को ऐश-मौज मस्ती करते हुए देखता तो उसे खासी तकलीफ होती...चिढ़ता...भुनभुनाता...जलता, मगर अंदर ही अंदर। वह अपनी खुशी बाहर ढूँढ़ता और मौका मिलने पर दूसरों की तरह बनने की कोशिश में लगा रहता। जब नहीं बन पाता तो मन का आक्रोश कई रूप में फूटता। जब कॉलेज आया था, नया-नया...युवा अवस्था की गर्मी में छिटपुट गुंडागर्दी भी तो की थी। वरना कोई बुरी लत नहीं। फर्स्ट ईयर में तो पतला-दुबला मरियल ही कहना चाहिए...फाइनल ईयर आते-आते सिर्फ लंबाई ही तो बड़ी थी...रहा तो सीकिया पहलवान ही...।

"आगे का क्या सोचा है... ?"

"क्या सोचना है...तुम लोगों ने क्या सोचा है... ?"

"हमारी छोड़...तू तो पढ़ने-लिखने वाला है...।"

"क्यूँ, दुष्यंत भी तो पढ़ने-लिखने वाला है...जो तुम लोग करोगे वही मैं कर लूँगा...।"

उसे दुष्यंत का व्यक्तित्व आकर्षित करता। दुष्यंत से उसे सच्चा प्यार हमेशा रहा...तभी तो आज भी है...उसकी हार से भी वह सबसे ज़्यादा हतोत्साहित हुआ था। उसकी दोस्ती कॉलेज में झलकती थी। दुष्यंत को भी उससे लगाव था। तभी तो उसकी मदद के लिए हमेशा तैयार। कॉलेज में एक-दो लड़ाई के समय में जब बात अरुण से नहीं सँभली तो एक बार मुझे ले गया था। हॉस्टल की लड़ाई में दुष्यंत अगर बीच-बचाव करता या फिर उसकी खुलकर तरफदारी नहीं करता तो वह चिढ़ जाता। और फिर हम लोग उसे मनाते। यही तो उसका प्यार था। एक बार सेकेंड ईयर में नितिन ग्रुप से बात बिगड़ गई थी तो दुष्यंत के साथ मिलकर हमने जमकर धुनाई की थी। तब से अरुण की धाक थोड़ी बढ़ी थी। मगर अंत तक पहचान दुष्यंत के दोस्त के रूप में ही बनी रही।

"पास-आउट होकर घर जाएगा... ?" इस पर वह चुप ही रहा था। उसे अपने घरवालों से बहुत स्नेह था लेकिन पारिवारिक सामान्य हालत स्वीकार नहीं थी। उसे इस बात की तसल्ली नहीं थी कि कुछ दिनों बाद उसका जीवन अच्छा बन सकता है, खुशहाल हो सकता है, अगर वह थोड़ी-सी कोशिश करे तो...किस्मत ने उसको ऐसी जगह पहुँचा दिया है जहाँ से वो नये जहाज की नई उड़ान भर सकता है। मगर नहीं, सब कुछ होकर भी उसको उसमें दिलचस्पी दिखाई नहीं देती और फिर वह आत्मविश्वास खोता चला गया...।

"अरुण, देख, तू मेहनत कर, भगवान ने तेरे को दिमाग़ दिया है। तू सिविल सर्विसिज में निकल सकता है। आईएएस, आईपीएस बनकर फिर जो मर्जी करना।"

"अरे, मेरा कहाँ होगा यार... ?"

"तो फिर किसका होगा? अपने अंदर की ये हीन भावना निकाल। एक बार जमकर पढ़...कर ले मेरे भाई, सिर्फ एक साल, बस...।"

"मेरा मन नहीं लगता यार। लगता सब को फोड़ दूँ...।"

"मगर क्यूँ? देख ये छोकरी और ग्लैमर सब मिलेगा तेरे को, इससे बढ़िया-बढ़िया मिलेगी, इनका चक्कर छोड़। तू जो इनके चक्कर में है उसका कोई फ़ायदा नहीं।"

"तेरे को किसने कहा कि मैं किसी के चक्कर में हूँ...ऐसा कुछ नहीं है यार...।"

"चल ठीक है, मान लिया...तो फिर चल मेरे कारण सिर्फ एक बार तू पढ़ तो ले, और एक बार तेरी नौकरी लग जाने दे, फिर देख। मेरे हिसाब से तो तेरे को

आईपीएस नहीं तो फिर आईआईएम की परीक्षा देनी चाहिए।''

''देख, अब आगे पढ़ने का तो सवाल ही नहीं...अंग्रेजी के शब्दों को घोंट-घोंट कर पहले मैनेजमेंट में जाओ फिर किताब को रटो और फिर साबुन-तेल बेचो...उधर आईएएस-आईपीएस के लिए हिस्ट्री-सोशल साइंस का रट्टा लगाओ फिर नेताओं के तलवे चाटो...मेरे को ये सब करने के लिए पढ़ने का मन नहीं करता...।''

''अब दुनिया में रहने के लिए...रोजी-रोटी के लिए कुछ तो करना पड़ेगा...।''

''हाँ, कुछ नया करने का मन करता है...।''

''फिर भी उस नये का कुछ नाम तो होगा...होगी तो नौकरी या धंधा...मेरा मतलब है व्यवसाय...।''

''पता नहीं, भाग्य में जो होना होगा, हो जाएगा। उसमें इतना सोचना क्या...वैसे तूने अपने बारे में क्या सोचा है...और दुष्यंत का... ?''

''देख, मेरी बात छोड़। मैं तो शायद बाहर निकलने की कोशिश करूँगा। जहाँ तक रही बात दुष्यंत की तो अब उसका पढ़ना-लिखना तो मुश्किल है। मेरा तो ख्याल है कि उसे नेतागिरी में चले जाना चाहिए, पॉलिटिक्स ज्वाइन कर लेनी चाहिए...ठेकेदारी भी कर सकता है...पता नहीं, उसका समझ नहीं आता। हाँ, मुझे चिंता रहती है। अलग टाइप का आदमी है, आज की दुनिया में ऐसे लोग नहीं चलते।''

''तभी तो अपना यार है, यारों का यार है, जो एक बार उसके साथ रह ले, उसे छोड़ नहीं सकता। सालों साल तक भूल नहीं सकता। कमाल का बंदा है। आग है साला, आग...।'' अरुण एक बार फिर आँख बंदकर कुछ सोचने लगा था। और मैं हारकर वापस अपने कमरे में था।

'...हमारा विमान अब कुछ ही देर में विराटनगर...' उद्घोषणा सुनकर मैंने आँख खोली और सीधे होकर बगल में देखा। काव्याश्री खिड़की से बाहर झाँकने में व्यस्त थी। उसे बेहद उत्सुकता थी। मेरा कॉलेज, दोस्त, शहर देखने की...। मगर शायद मुझसे कम...।

चतुर्थ खंड

31

"प्रणव आ रहा है।" अरुण ने घर पहुँचकर नीता को ख़बर दी थी।

"प्रणव!! मतलब प्रणव भाई साहब आ रहे हैं!! ..यहाँ!!"

"हाँ।" सुनकर नीता ने एक लंबी साँस ली थी।

"भगवान का लाख-लाख शुक्रिया है...अब मुझे यकीन हो गया कि आप लोग सच में पक्के दोस्त थे...।"

"अभी इतनी जल्दी नहीं कह सकते...इतने सालों से ख़बर नहीं...।"

"मगर जब ज़रूरत है तो आ रहे न...नहीं तो लोग तो यहाँ रहते हुए भी फोन नहीं करते...।" अरुण नीता का आशय समझ रहा था। फिर भी बोल गया, "मैं जो कुछ भी हूँ और कर पा रहा हूँ उसमें तुम्हारा सहयोग व समझ नहीं होती तो शायद मैं भी नहीं कर पाता...।"

"देखो, तुम लोग औरतों को दोष देना बंद करो...।" नीता ने मजाक किया था।

"नहीं, ये सच है, शादी के बाद रिश्ते पत्नी पर निर्भर करते हैं।"

अरुण बिस्तर पर पहुँचा तो उसकी आँखें नम थीं...प्रणव के फोन ने उसे हॉस्टल याद दिला दिया था...।

...अम्मा आज ज़िंदा होती तो रो-रो कर बुरा हाल कर लेती...मुझसे ज़्यादा उसे दुष्यंत से प्यार हो गया था। द्वितीय वर्ष की छुट्टी में उसे जबरन घर ले गया था क्योंकि वह अकेला हॉस्टल में क्या करता...मगर फिर रास्ते में बता ही दिया था...'देख भाई, हम लोग साधारण घर से हैं...कोई हवेली नहीं है...।'

"घर-घर होता है, अमीर-गरीब नहीं...।" उसने कहा था। फिर घर पहुँचकर दो दिन में अम्मा से इतना घुल-मिल गया था कि रसोई में साथ ही बैठा रहता...। "तेरे हाथ के लड्डू तो मुझे पहले से ही अच्छे लगते हैं...अब तो ये खस्ता परांठा, बेसन का हलुआ, साबूदाना खीर, मसालेदार सूखे गोभी-आलू, ओह...और ये गुड़िया...मेरी छोटी बहन...हमेशा याद आएगी।" अम्मा ने भी उसके जाते-जाते रुआँसे होकर कहा था..."याद क्यूँ आएगी, तू तो आता रहेगा, मेरा बड़ा बेटा है तू, अरुण से बड़ा...।"

कितनी जल्दी रिश्ते बन जाते थे और फिर निभाये भी जाते थे। वह अमूमन दो-चार दिन के लिए मौका मिलते ही घर आ जाता। वरना हर छुट्टी के बाद दुष्यंत के लिए खाने का अलग से पैकेट भेजा जाता...गुड़िया ने भी तो शादी में अम्मा-पिताजी के बाद सबसे पहले दुष्यंत का ही, बड़े भाई के नाते पैर छुआ था और विदाई में शांतिप्रिया भाभी से लिपटकर जो रोई कि फिर रुकी नहीं। दुष्यंत दृश्य से गायब था। गुड़िया पूछती रही मगर उसका अतापता नहीं था। उसके विदा होने के बाद पहुँचा तो आँखें लाल और सूजी हुई थीं। रिश्तों की मार तो उसे कई सालों में कई तरह से पड़ी थी मगर आँसू अब निकल रहे थे। शाम तक कई बार बैठे-बैठे रो पड़ता। हफ्ते दस दिन बाद गुड़िया मायके लौटी तो दुष्यंत भी भाभी के साथ एक बार फिर आ गया था...कहने लगा...'विदाई में मिला न था, याद आई तो चला आया।' अम्मा तो खुश थी...कहने लगी, 'अच्छा किया।'

अच्छा ही हुआ था जो मैंने भी उसी के कहने पर नीता को पसंद किया था। वरना कॉलेज में तो मैं उस तमन्ना के पीछे...उफ़! जवानी के अँधे प्यार का एक वो भी जुनून था...सोचते-सोचते अरुण ने करवट बदली थी। सब कुछ उसे आज भी याद है।

"अरुण, पता है तेरे को, पलक और तमन्ना, दोनों उस पीद्रो शर्मा के घर जा रही हैं, रायपुर, इन छुट्टियों में। तू भी तो घर जा रहा है न?" अशोक ने बगल की सीट से कान के पास आकर धीरे से कहा था।

"अच्छा!" अरुण के चेहरे पर कई तरह के भाव अचानक उमड़ आए थे। और फिर ऐसे जमे कि हवा की गति के बावजूद भी बालों के साथ उड़ नहीं पा रहे थे। वह खिड़की की तरफ बैठा था। कॉलोनी के बस स्टैंड पहुँचकर दोनों बस से उतरे थे। अरुण ने अपनी आदत के अनुसार सबसे पहले बालों को पीछे की जेब से कँघी निकालकर, ठीक किया था। चेहरे के भाव दबाए जा रहे थे लेकिन दिमाग़ ने सोचना शुरू कर दिया था।...पलक और तमन्ना उसके शहर में...तो यकीनन उसके घर भी आना चाहेंगी। मगर फिर, घर पर तो...!!! और उसने प्रणव से ली हुई टी-शर्ट को एक बार फिर कमर से ठीक तरह से पैंट के अंदर पहुँचाया था। गर्ल्स हॉस्टल के गेटमैन से बुलावा भेजते ही दोनों लड़कियाँ हॉस्टल से बाहर निकली थीं। दीपिका अशोक के साथ कॉलोनी के एक छोर पर बनी छोटी-सी मार्केट की ओर जाने वाली सड़क पर थी तो पीछे-पीछे तमन्ना व अरुण थे।

''तुम्हें पता है, मैं तुम्हारे शहर आ रही हूँ।'' तमन्ना ने चलते-चलते बड़ी अदा में कहा था।

''अच्छा! कब?'' अरुण ने अनजान बनकर कहा था।

''अगले हफ्ते। क्यूँ! तुम्हें अच्छा नहीं लगा?''

''हाँ-हाँ क्यूँ नहीं। वेलकम।''

''फिर तो मैं सिर्फ तुम्हारे साथ ही घुमूँगी। मुझे पता है, तुम भी घर जा रहे हो...।''

''हाँ-हाँ, इसमें पूछने वाली क्या बात है, मगर...तुम रुकोगी कहाँ?''

अरुण का बस चलता तो वह यह बिलकुल नहीं पूछता। वह तो चाहता था कि तमन्ना उसके साथ ही रुके। और फिर सारे ख्वाब हक़ीक़त में बदलने के लिए वह आगे बढ़े। मगर वह उसे ले कहाँ जाएगा...कोई ठिकाना नहीं था उसके पास। घर तो सवाल ही नहीं...तमन्ना और पलक हाई सोसायटी की आकर्षक तितलियाँ, नज़ाकत वालीं, उसे पता था कि उसके घर में ऐसे हालात नहीं कि ये लड़कियाँ साथ रह सकें...मगर ये तो घर आएगी ज़रूर, इससे कैसे बचा जाए? और उसने तुरंत पासा फेंका था।

''एक्चयूली में, तुम मेरी अम्मा को नहीं जानती हो। वो थोड़ा-सा पुराने ख्यालात की हैं। गर्लफ्रेंड के साथ देखेंगी तो...तुम समझ रही हो न।''

''तो कोई बात नहीं, मैं तो राजेंद्र शर्मा के यहाँ ठहरूँगी, तुम तो समझते हो न, पलक उसकी गर्लफ्रेंड है...अब उसके साथ में जाना पड़ रहा है...वो मेरे बिना अकेले जाने में झिझकती है...ख़ैर, मैं तो तुम्हारे कारण जा रही हूँ...तुम मुझे वहाँ खूब घुमाना। तुम्हारे साथ बाइक में घूमने का मजा लूँगी।''

''हाँ-हाँ, क्यों नहीं। कब पहुँच रहे हो तुम लोग?''

''संडे नाइट, डायमंड एक्सप्रेस की टिकट बुक कराई है।''

''अच्छा।'' और अरुण के दिमाग़ में कई चीज़ों ने एक साथ हमला किया था। घर लाने से तो बच गया मगर अब बाइक? घर में तो टूटी साइकिल भी नहीं है। तभी उसे अपने बचपन का दोस्त साधुराम याद आया था। स्कूल के ज़माने से उसका सबसे पक्का दोस्त। अभी कुछ महीने पहले ही तो उसने नया स्कूटर खरीदा था। व्यापारी का बेटा है। आज भी, छुट्टियों में, जब भी अरुण घर जाता, उसी के साथ तो शाम को तफरी किया करता था। उसी की स्कूटर में पीछे बैठकर। पहले पुरानी चलाता था पिता की। रोज शाम वह उसे घर से ले जाता, फिर वापस भी छोड़ता, खिलाता-पिलाता वो अलग।...उसी से माँग लेगा स्कूटर।...उसे मना तो नहीं करना चाहिए।...और इसी चक्कर में वह एक दिन पहले ही बिना रिज़र्वेशन के घर पहुँच

गया था। और पहुँचते ही सुबह-सुबह साधुराम के घर के लिए निकल पड़ा। अम्मा ने नाश्ते के लिए रोका भी था। फिर खुद ही बोली थी '...दोस्त के बिना इसका जी नहीं लगता।'...खुशबू से तो लग रहा था कि खस्ता आलू कचौड़ी बनी है, उसकी मनपसंद, मगर चाहकर भी अरुण रुक नहीं पाया था।...मन में डर था कि अगर साधुराम ने मना कर दिया तो क्या करेगा?

साधुराम का घर एक ऑलीशान हवेलीनुमा मकान था। चाचा-चाची, ताऊ-तायी और कई सारे बच्चे साथ रहते। साधुराम के घर में उससे अकेला मिल पाना ही मुश्किल होता। फिर भी अरुण किसी तरह उसे बाहर बागीचे में लाने में सफल हुआ था, "यार मेरी वो कॉलेज की गर्लफ्रेंड आ रही है, उसको घुमाना है मुझको।"

साधुराम ने सुना तो चश्मा हिलाया था। उसकी आँखों में चमक उभरी थी। लड़कियाँ उसकी बहुत बड़ी कमजोरी थीं। उसने आज तक किसी से बात तक नहीं की थी। हाँ, अरुण जब भी घर आता, उसके साथ सड़कों पर लड़कियाँ देखने ज़रूर चला जाया करता। इसी चक्कर में कॉलेज में साथ पढ़ने वाली एक छात्रा के घर के सामने से रोज शाम को निकलता। जब अरुण साथ होता तो उसके दो-तीन चक्कर लग जाते। मगर कभी वह दिखी नहीं थी। हाँ, एक बार ऊपर छत पर कुछ कपड़े ज़रूर सूख रहे थे, जिसे देखकर साधुराम ने मासूमियत से अंदाज़ लगाया था कि ये उसी के होने चाहिए।...इसी चक्कर में तो अरुण ने स्कूटर चलाना सीख लिया था। जब भी उस लड़की के घर के सामने से जाना होता तो अरुण स्कूटर चलाता और वह पीछे बैठा होता।

"अच्छा!! भाभी जी को मुझसे कम मिलवायेगा?"

"समझा कर यार,...अब क्या बताऊँ ये इंजीनियरिंग कॉलेज की लड़कियाँ थोड़ी हवा में रहती हैं। मौका मिलते ही तुझसे भी मिलवाऊँगा...। वैसे स्कूटर देने में तेरे को कोई दिक्कत तो नहीं?"

"नहीं, कोई बात नहीं...वैसे कब चाहिए?"

"कल से दो-तीन दिन के लिए...।"

"दो-तीन दिन के लिए!! एक दिन काफी नहीं...?"

"यार, वो तो चाहती है कि हम लोग दिन-रात रोज साथ-साथ रहें...ओह हो...समझा कर यार, कैसा दोस्त है...।"

"अच्छा, चल ले जाना। रात को मगर फिर घर पर छोड़कर जाना। तेरे यहाँ तो स्कूटर खड़ी करने की जगह है नहीं। और फिर नीचे गली में खड़ी करने पर वहाँ बच्चे...।"

"हाँ-हाँ, ठीक है। मगर फिर तू मुझे घर तक छोड़ दिया करना।"

अगले दिन सुबह-सुबह अरुण स्कूटर लेकर स्टेशन पहुँचा था। उधर, शर्मा के चाचा-चाची कार से आये हुए थे। तमन्ना अपनी जूनियर पलक और उसके क्लासमेट राजेंद्र शर्मा के साथ उतरी तो खुश लग रही थी। दौड़कर फ्री स्टाइल में अरुण को कँधे से पकड़कर झूल गई। सभी बाहर निकलने लगे तो तमन्ना ने चहकते हुए खुद ही कहा था, "मैं तो अपने बैच मेट अरुण के साथ उसकी गाड़ी में आऊँगी। पलक तुम अपने फ्रेंड के साथ निकलो।"

तमन्ना के हाथ में बैग देखकर अरुण को कहना पड़ा था, "ठीक है...मगर एक काम करो, सामान राजेंद्र की गाड़ी में जाने दो।" अरुण ने धीरे से इशारे में कहा था। कुली के सिर पर सूटकेस लदे हुए थे।

"क्यों, क्या हुआ?"

"मैं स्कूटर से आया हूँ। हम उस पर चलेंगे। मज़ा आएगा...तुम ही ने तो कहा था कि यहाँ पर तुम्हारे साथ स्कूटर में घुमूँगी। और फिर इस शहर में कार से ज़्यादा स्कूटर में सहूलियत होती है।" जल्दबाजी में वह ज़्यादा सफाई दे रहा था।

"अरे मगर, स्टेशन तो कार से ही आया जाता है। सामान का तो सोचना था...वो तो मैंने घूमने के लिए कहा था।...चलो, कोई बात नहीं।" और वह राजेंद्र शर्मा के पीछे हो ली थी। उसका मुस्कुराता चेहरा अचानक उतर गया था। उसकी चाल से लग रहा था कि वह आज पलक और राजेंद्र के पीछे जाने में अपनी हार मान रही है। अरुण भी एक मिनट के लिए झेंप गया था और सबसे पीछे था। राजेंद्र शर्मा शहर में पहुँचते ही अरुण का जूनियर होते हुए भी छाती तानकर गर्व से आगे चल रहा था। उसने अरुण को अनदेखा भी किया था। कॉलेज में अरुण की थोड़ी चलती थी मगर यहाँ वह उसकी औकात जानता था। इसीलिए तो शायद थोड़ा आगे जाकर जान-बूझकर पीछे मुड़कर कहने लगा, "आइए बॉस, आप भी हमारे साथ चलिए।"

"नहीं-नहीं, मैं स्कूटर से आया हूँ।"

"अच्छा, आप स्कूटर से आए हैं!" अरुण को लगा मानो रईस बाप के बेटे राजेंद्र ने व्यंग्य मारा हो। और फिर कहने का अंदाज़...शायद तभी वह शर्मा से हमेशा अपने शहर में बचता है। "ठीक है, घर पहुँचिये। तमन्ना, तुम तो हमारे साथ आ रही हो न?"

"हाँ-हाँ...।"

तमन्ना का चेहरा देखने लायक था। अरुण ने एक बार फिर नज़र चुराई थी। बाहर निकलकर सब कार की ओर बढ़े तो अरुण स्कूटर स्टैंड की ओर दौड़ा था। तमन्ना ने पीछे मुड़कर एक बार भी नहीं देखा था। दौड़ता हुआ अरुण थोड़ी दूर खड़े

स्कूटर पर पहुँचा और तेज़ी से किक मारी थी। और अगले ही पल कार के पीछे-पीछे रेस लगा रहा था।

दो दिन तक तमन्ना ने खूब ख़र्च कराया था। फिर भी वह खुश नहीं थी। कई जगह अरुण को मना करना पड़ता। इस पर तमन्ना जिस तरह का चेहरे पर भाव देती, अरुण हीनभावना में मचलकर रह जाता। उसने अपनी तरफ से अच्छा खिलाया-पिलाया, वो भी महँगे होटलों में, कुछ खरीदारी भी करवाई। वैसे तो तमन्ना उसके साथ, स्कूटर पर चिपक कर घूमती रही, मगर फिर बाद में...वहाँ से लौटकर आने के बाद धीरे-धीरे उससे दूर हो गई थी। और सुनील के नजदीक। वह भी तो शर्मा की तरह हमारे बैच का यूबीआई, गिटार बजाता था। उसके साथ अक्सर मार्केट में दिख जाती...यह देखकर अरुण को झटका लगा था। उसे अच्छी तरह याद है दुष्यंत ने ही उसे रोका था, वरना...वह तो इस बात पर अड़ गया था...।

"...ओए, लड़की के लिए लड़ाई? नहीं। देख, सुनील को पीटने से कोई फ़ायदा नहीं। इसमें उसकी क्या ग़लती है...? ग़लती है तो उस लड़की की...। देख, वो समझ गई है कि तेरे पास पैसा नहीं है...। अच्छा ही हुआ जो वो चली गई। ऐसी लड़की के चक्कर में तू बर्बाद हो जाता।"

ठीक ही तो कहा था दुष्यंत ने...।

32

अरुण के लिए कॉलेज का अंतिम महीना आँख खोलने वाला था। स्थितियाँ तेज़ी से बदल रही थीं। प्रणव अचानक अपने में व्यस्त हो गया था। दुष्यंत पूरी तरह चुप्पी ओढ़ चुका था। उसके लिए पास होना कोई मायने नहीं रखता था। फेल होकर कम से कम हॉस्टल में तो रहा जा सकता है लेकिन...कब तक? यह एक प्रमुख सवाल था। उधर, अरुण दो तरफ से मार खा रहा था। पढ़ाई की नहीं थी, तो नौकरी कैसे लगेगी? पास होना भी ज़रूरी था। घर वाले इंजीनियर बनने के सपने देख रहे थे। अम्मा, घर जाओ तो अक्सर कह देती '...हमने कैसे काटे चार साल, तुझे क्या बताऊँ...तेरी नौकरी लग जाएगी तो हमें भी राहत मिलेगी।...छुटकी का ब्याह भी तो करना है...घर में बैठी-बैठी ताड़ की तरह खड़ी हो गई है...अब हमारे पास पैसे तो है नहीं...तुझे ही सब करना है।'

जाने और क्या-क्या बोल जाती। अब तक तो वह इन बातों को और हवा देता...डींगे हाँकता...मगर जीवन कठोर है। अब हकीकत सामने थी...न जाने नौकरी कब मिले...तब तक कहाँ जाएगा? ये उसकी समझ से बाहर था। जाने-अनजाने यह

चिंता कहीं न कहीं चिड़चिड़ाहट बनकर प्रदर्शित हो जाती। लेकिन उसने अंत तक दुष्यंत का साथ नहीं छोड़ा था। यूँ तो दुष्यंत ने भी उसे कई बार समझाया था। मगर अरुण के लिए कुछ भी करना अब आसान नहीं था...बिना पढ़े नौकरी कौन देगा...वो कोई फिल्म का हीरो तो नहीं कि... । बाकी सब का अपना भविष्य का कार्यक्रम तय था। कइयों को कैम्पस इंटरव्यू में नौकरी मिल चुकी थी। कई आगे पढ़ना चाहते थे। कइयों को प्रतियोगी परीक्षा की तैयारी करनी थी। कुछ विदेश जाने के लिए जुट गए थे। जिसमें प्रणव भी था।...और एक दिन अचानक एक फोन कॉल घर से आया और हड़-बड़ाकर दो दिन में बोरिया-बिस्तर बाँधा और प्रणव चल दिया। अरुण को यकीन ही नहीं हुआ था कि चार साल का घनिष्ठ साथ अचानक यूँ...और फिर कोई ख़बर नहीं...इन बीस-बाईस सालों में... ।

अरुण ने करवट ली थी...वो दिन उसे याद है...जब उसे पास के एक पॉलीटेक्निक कॉलेज में पढ़ाने की अस्थायी नौकरी, एक सीनियर की सिफारिश पर मिल गई थी...दुष्यंत का भी इसमें रोल था... । अरुण ने एक कमरे का घर भी किराये पर ले लिया था। मजबूरी में अब वह पढ़ने भी लगा था... ।

सरिता का बैग टेबल पर रखा हुआ था। अरुण ने देखकर जान लिया था कि वह आ चुकी है।...और वह उसी का पीरियड पढ़ाने गयी होगी...चलो एक बार फिर बचे। कल रात उसने और दुष्यंत ने शराब कुछ ज़्यादा पी ली थी। कॉलेज में पढ़ाने की पहली तनख्वाह अरुण को मिली तो घर पर ही बोतल और साथ में अंडे ले आया था। दुष्यंत साथ ही रहता था।

सुबह देर से नींद खुली थी। शरीर टूट रहा था। उठकर कुछ भी बनाने की हिम्मत नहीं हुई थी। हॉस्टल इस मामले में कई तरह से बेहतर था। कम से कम खाने-पीने की कोई चिंता नहीं थी। और फिर मैस में दबदबा था। जब चाहो, चले जाओ। यहाँ तो सुबह उठकर चाय भी खुद बनानी पड़ती है।

अब धीरे-धीरे जीवन की सत्यता समझ आने लगी थी। मन उदास था। दुष्यंत अभी भी सो रहा था। किसी तरह से नहाकर रास्ते में नाश्ते के लिए एक होटल गया तो वहाँ कुछ पसंद न आया था। दूसरे होटल में जाने की हिम्मत न थी। फिर आम होटलों में मिलता ही क्या है...ब्रेड-आमलेट, ज़्यादा से ज़्यादा समोसा-कचोड़ी। कुछ और चाहिए तो गर्म जलेबी। हाँ, एक बार पूरी-सब्जी खायी थी। एक होटल है कोने में। रेट सामान्य है मगर तेल ठीक नहीं लगा था। पेट गड़बड़ हो गया था। अच्छे होटल में जाने की हिम्मत नहीं होती थी। बात पैसों की भी थी। एक-दो बार दक्षिण भारतीय

व्यंजन खाया था। ठीक लगा। मगर अब रोज-रोज इडली-डोसा तो खा नहीं सकते। कई बार भूखे रहना पड़ता। अरुण दो केले खाकर निकल जाता और फिर कॉलेज पहुँचकर चाय के साथ दो बिस्किट। सबसे सुरक्षित और सस्ता।

...आज भी यही करेगा। और वह जब तक पहुँचा तब तक पहला पीरियड समाप्त होने को था। आज भी देरी हो चुकी थी। कुछ ही देर में सरिता सामने थी।

"क्या हुआ, आज फिर लेट? कोई बात नहीं, मैंने तुम्हारी क्लास ले ली है।"

"हाँ, बस ऐसे ही...थैंक यू।"

"लेकिन सर आज तुम्हें पूछ रहे थे। मैंने उन्हें झूठ बोला तो है कि हमने पीरियड इंटरचेंज कर लिया मगर...।" उसने बैठते हुए कहा था। और फिर आँखों में आँखें डालते हुए कहने लगी, "सच है, घर का सारा काम खुद करना पड़ता होगा...अब तुम ठहरे बॉस टाइप...ऐसे में तो...तुम शादी क्यों नहीं कर लेते?"

"अभी! इस कच्ची नौकरी के साथ...!"

"समय के साथ यह भी पक्की हो जाएगी।"

"अभी इतनी जल्दी...! शादी कोई मजाक नहीं है। खैर, चलता हूँ...मेरी क्लास है।"

"चले जाना, जल्दी क्या है...वैसे बैच में कइयों की पक्की हो चुकी है। तुम भी ढूँढ़ लो।"

"मुझे कौन देगा लड़की...?"

"क्यों? तुम में क्या कमी है? इंजीनियर हो, स्मार्ट हो...।"

"अच्छा...!!"

"और क्या। वैसे तुम्हें किस टाइप की लड़की चाहिए...।"

"अ...तुम जैसी...।"

और सरिता ने बहुत देर तक उसकी ओर देखा और धीरे से मुस्कुराते हुए कहने लगी, "मैं नहीं। मुझ जैसी। है न?"

वह बहुत देर तक समझ न पाया था। सरिता क्लास की सुंदर लड़कियों में आती थी। डे-स्कॉलर होने के कारण कॉलेज में कम बात हो पाती। मगर यहाँ एक महीने में ही धीरे-धीरे, ऐसा अरुण को लगता कि दोनों काफी नजदीक आ गए थे।...कहीं ये सरिता का दिल में छुपा प्रेम तो नहीं? शायद।...सोचते ही वह मचल उठा था। प्यार से सरिता ने चाय मँगवाई तो फिर वह मना न कर पाया और इस चक्कर में दूसरा पीरियड भी आधा हो गया था।...भागते हुए पहुँचा तो प्रिंसिपल बाहर खड़े पूछताछ कर रहे थे...।

"तुम क्या रोज लेट आते हो...?"

"सॉरी सर।" बोलकर वह क्लास में चला तो गया मगर फिर कुछ पढ़ा नहीं पाया। देर शाम दुष्यंत के साथ बैठा तो विस्तार से बताने लगा। उस वक्त अशोक भी वहीं था।

"तुम एक नंबर के बेवकूफ हो। इसका साफ मतलब है कि वो तुम्हें चाहती है!! इतना भी नहीं समझ पाये? उसी समय कह देते।" अशोक था।

"अब क्या करूँ?"

"जाओ, उसको कल बोलना, नहीं तो चिड़िया हाथ से निकल जाएगी।"

"अरे यार, अगर उसने बुरा मान लिया तो... ?"

"तो फिर बैठे रहो। जरा सोच...वो ऐसा क्यूँ बोलती... ?" अशोक की बात सुनकर अरुण सोचने पर मजबूर हुआ था। इश्क का बुखार फिर चढ़ रहा था। मगर दुष्यंत चुप ही था।

अरुण उस रात सो न सका था। इसी उधेड़बुन में किसी तरह अगले दिन कॉलेज पहुँचा तो ठीक समय पर था। क्लास में जाने लगा तो देखा सरिता उसकी क्लास में पहुँच चुकी थी...आज देखकर मुस्कुरायी भी नहीं...और वह वापस हो लिया था टीचर्स रूम में...अभी पहुँचा ही था कि चपरासी ने एक लिफाफा देते हुए बताया कि प्रिंसिपल साहब ने आपको देने के लिए यह कल दिया था। खोलकर देखा तो उसमें उसकी नौकरी का अंतिम हिसाब-किताब दे रखा था और कहा गया था कि अब उसकी आवश्यकता नहीं। प्रिंसिपल से मिला तो देखते के साथ ही नाराज हो उठे...। "तुम्हारे पास तो वक्त नहीं...तुम टाइम पर आते ही नहीं...बच्चे इधर-उधर घूमते रहते हैं। तुम्हें तो शायद शादी करनी है, तो जाओ...लड़की ढूँढ़ो...यहाँ क्यूँ समय ख़राब करते हो...हमें दो की ज़रूरत नहीं...वैसे भी सरिता मैडम तुम्हारी क्लास रोज़ ही तो पढ़ाती है...।"

अरुण हक्का-बक्का होकर सुन रहा था। कुछ देर बाद ही समझ पाया था कि सरिता ने बड़े प्यार से उसे निकलवाया था। हमेशा मीठी-मीठी बातों में उलझाए रखती। प्रिंसिपल से मिलने ही नहीं देती। हमेशा खुद मिलती। उसे पता था कि वहाँ एक ही लेक्चरार की आवश्यकता थी और वो उसे चाहिए थी। जबकि बाद में छह महीने में ही शादी करके विदेश चली गई। कितनी तेज़ थी...शादी भी तभी हाँ की थी जब कैलाश का विदेश जाना पक्का हो गया था वरना उससे भी नहीं करती। हमारे ही साथ का था। कोई सोच भी नहीं सकता था कि कॉलेज के समय के उस लल्लू के साथ वह शादी करेगी।

...हे भगवान! ठीक ही हुआ था...उस नौकरी से नहीं निकाला जाता तो एक कोचिंग में पढ़ाने नहीं जाता...और फिर इतनी मेहनत कहाँ करता...आज जो कुछ भी

है सब उसी मेहनत का फल है...नाम, पैसा, सब कुछ...मगर फिर भी दिल में दूसरों को देखकर हूक उठ ही जाती...फिर चाहे वो रजत, मिलिंद, अतुल या श्रवण हो...ये कहाँ से कहाँ पहुँच गए और मैं... ? क्यूँ, क्या कमी है ? उनसे कहीं बेहतर हूँ...कम से कम, पढ़ाने के बाद आत्मसंतोष तो मिलता है...अरुण के मन–मस्तिष्क में एक बार फिर कशमकश शुरू हुई थी।

लेकिन फिर दुष्यंत... ? उसको देखो...एक ही शहर में रहते हुए भी हम धीरे–धीरे दूर होते चले गए...नहीं, यह ग़लत है, हमेशा साथ तो नहीं रहा जा सकता। फिर भी हम तकरीबन लगातार मिलते रहे...हर सुख–दु:ख में...। यहाँ तक कि इस घटना के बारे में भी उसने बताया था...। वैसे किस्मत ही ख़राब है जो वो उलझ गया और इन बड़े लोगों के चक्कर में पड़ गया...सालों के लिए तो ये बाएँ हाथ का काम है...दुष्यंत को ही थोड़ा समझदारी से चलना चाहिए था...मगर क्यों, उसकी कहाँ ग़लती है ? ग़लत काम देख वह कहाँ चुप रहने वाला था...और रहना भी नहीं चाहिए...जो हुआ सो हुआ...देखा जाएगा...और क्या ? पास क्या था जो खो जाएगा...जो डर गया वो मर गया...ठीक ही तो कहते हैं लोग...यही तो दुष्यंत में बात है कि आज तक उसने कभी हिम्मत नहीं हारी...कभी किसी के आगे हाथ नहीं फैलाया...वो अपने आप में विशेष है, पैसा और नाम नहीं कमाया तो क्या हुआ...हाँ, अपने ही साथ ज़रूर छोड़ जाते हैं...तो क्या हुआ ?

अरुण को एक बार फिर हूक उठी थी...अब की छोड़ो, कॉलेज में भी क्या हुआ था... ? पहले क्या दबदबा हुआ करता था...लेकिन सिर्फ एक हार ने दुष्यंत को कॉलेज में खत्म कर दिया...हीरो से जीरो...धीरे–धीरे जिस तरह से सब एक–एक करके दूर होते चले गए...सोचकर गुस्सा आ रहा था...यहाँ तक कि प्रणव दा भी...यकीन नहीं होता कि वह कल आ रहा है...मन में शंका का उठना स्वाभाविक है...और विष्णुदत्त ? उस पर तो मुझे शुरू से ही शक था...मगर कोई सुने तब तो...साला...चोर...। सोचकर अरुण ने फिर करवट ली थी।

33

फाइनल ईयर में राजनीति की लड़ाई अपने चरम पर थी। कुछ दोस्तों के कहने पर ही दुष्यंत इलेक्शन में खड़ा हुआ था। वरना ग्रुप की हार तो निश्चित थी। जहाँ ग़लत ढंग से पैसे कमाये जाते हों, हर जगह बेवजह की गुंडागर्दी की जाती हो, शरीफ लड़कों को तंग किया जाता हो, प्रोफेसर के संग रंगबाजी की जाती हो उसका जीतना आसान नहीं। करे कोई भरे कोई...लल्लन और विष्णुदत्त व उसके कुछ नालायक

जूनियरों ने हर वो ग़लत काम किया था कि लोग उन्हें पसंद नहीं करते लेकिन डरकर कुछ बोलते भी नहीं, दुष्यंत की यही ग़लती थी कि उसने कभी कुछ कहा नहीं, रोका नहीं, यहाँ तक की उनका साथ ही दिया तो फिर बदनामी तो होनी ही थी। लेकिन, जब घर बँट जाए तो उसका फिर भगवान भी कुछ नहीं कर सकता। विष्णुदत्त ने हमेशा दुष्यंत का इस्तेमाल किया था। उसे दुष्यंत से कभी मतलब नहीं था...वह तो सिर्फ अपना भला जानता था। विष्णुदत्त की दोस्ती पर अरुण को शक तो शुरू से था मगर उस रात तो यकीन होने लगा जब वह प्रणव से उलझा था,

"देख, प्रणव दा, तू तो समझदार है। प्रेसिडेंट की पोस्ट के लिए किसी साफ-सुथरी छवि वाले आदमी को खड़ा करो, नहीं तो हम हार जाएँगे।"

"दुष्यंत में क्या ख़राबी है?" प्रणव तुरंत बोल पड़ा था।

"देख, अपना दोस्त ज़रूर है मगर लोग कहते हैं कि एक नंबर का दारूबाज, न जाने कितनों को पीट चुका है...रंडीबाज है। अब बताओ, का अच्छाई है?"

"फर्स्ट ईयर में ऐसे ही जीत गया था?"

"देख, तब बात कुछ और थी...अब तो इमेज का सत्यानाश कर दिया...।"

"मगर उसके चाहने वाले आज भी बहुत हैं। जहाँ तक रही शराब की तो आजकल सभी पीते हैं, फिर वो पीकर किसी को गाली तो नहीं देता। किसी लड़की को तो नहीं छेड़ता। उलटा कइयों को उसने बचाया है। पढ़ने में होशियार रहा है, पक्के इरादे वाला है। सबसे बड़ी बात ईमानदार है...और क्या चाहिए?"

"ओए चाणक्य के खानदान के अंतिम चिराग, ये तेरा चंद्रगुप्त नहीं है।"

"तो तू बोलना क्या चाहता है?"

"देख, दूसरी तरफ से कोई मज़बूत केंडीडेट खड़ा होगा, सुनील रस्तोगी या महेंद्र आहुजा। दोनों देखने में बड़े साफ-सुथरे और पढ़ने-लिखने वाले हैं। दोनों की अच्छी रैपुटेशन है। का समझे... ?"

"तो तेरे हिसाब से हमें किसे खड़ा करना चाहिए... ?"

"जैसे कि डीडी हो सकता है...।"

"तूने तो कमाल कर दिया विष्णुदत्त...वो डुप्लीकेट दादा...।"

"तुम लोग नहीं बूझ रहे, उसकी अच्छी रैपुटेशन है...।"

"बस कर यार" प्रणव ने कुटिल मुस्कान फेंकी थी।

"सामने वाले सुनील और महेंद्र की क्या ख़ाक रैपुटेशन है? एक अपनी गर्लफ्रेंड के साथ मार्केट में घूम रहा था, लड़कों ने छेड़ा तो भागकर आ गया। साला अपनी गर्लफ्रेंड को तो बचा नहीं सकता, कॉलेज को लीड करेगा!!! दूसरा, उसकी संगत पता है? अंग्रेज की औलाद है साला। बस दो-चार लड़कियों के साथ गिटर-पिटर

करता रहता है। आम लड़कों को तो कुछ समझता ही नहीं है। और वो लड़कियाँ, जो उसके साथ घूमती हैं, फाँय-फाँय अंग्रेजी बोलती हैं, उनके बारे में कुछ बताने की आवश्यकता है क्या?'' अरुण चुप न रह सका था।

''तू तो चुप कर यार...।'' विष्णुदत्त बोला तो अरुण भी अड़ गया था,

''क्यूँ? क्यों चुप रहूँ...तेरी हर बात माननी ज़रूरी है क्या...।''

''देख भई, हमारा फर्ज़ था बताना, सो बता दिया।''

''तो मैं भी तेरे को एक बात बता दूँ, दुष्यंत खुद नहीं खड़ा होना चाहता। मैंने कइयों से पूछा है, उसे चाहने वाले हर ग्रुप में हैं...।''

''अच्छा, हम भी तो जाने कौन-कौन है भाई...?''

बस यहीं प्रणव दा ने शायद ग़लती कर दी थी। सब कुछ बताने लगा था। अतिरिक्त आत्मविश्वास। बड़े ध्यान से सुना था विष्णुदत्त ने।

''अपना भाई जीतेगा तो सबसे ज़्यादा ख़ुशी तो हमको ही होगी। देख, हमको तो डर था, बस इसीलिए बोल गए।''

...लेकिन फिर हम उसकी इस बात पर कैसे आ गए थे...।

''दुष्यंत को मत बताना, नहीं तो साले को दुःख होगा। हम तो हमेशा साथ हैं। उसको ज़रूर जिताएँगे।''

प्रणव तो शायद तब भी नहीं समझ पाया था...जब मैंने उस रात आकर बताया था कि...मैंने विष्णुदत्त को नितिन और दीवान के साथ मॉडर्न ढाबे से रात ग्यारह बजे निकलते हुए देखा है।...वह अकेला था? और बाहर निकलकर भी तीनों बात करते रहे थे। आज देखता हूँ तो साफ दिखाई देता है कि हारने वालों की आँखों में पट्टी बंधी होती है। अधिकांश लोग अपनों के कारण हारते हैं। जबकि जीत के लिए सबकी ज़रूरत होती है। वैसे भी इतिहास साक्षी है...हार के लिए घर का एक भेदी ही काफी है।

...उफ़! क्या राजनीति हुई थी। और हम में से कोई सँभाल नहीं पाया था। नियंत्रण कैसे हो पाता? हम लोग तो समझ भी नहीं पाये थे। सारे वार उलटे पड़ रहे थे। कितनी आसानी से महेंद्र ने दुष्यंत की हर अच्छाई को बुराई में तबदील कर साबित भी कर दिया था। सेरिल का लाइब्रेरी कांड, किसी भी लड़के को लड़कियों के बीच में हीरो बनाने के लिए काफी था। मगर महेंद्र ने कितनी आसानी से इसे भी बदनाम कर दिया था। कितना जबरदस्त प्रचार हुआ था उसकी इस बात का कि...

''...मेरा सम्मानीय विरोधी जनविरोधी भी है। वह आम छात्रों के हित में बात नहीं करता। सिर्फ अपनी मनमानी चलाता है। जब कॉलेज का हर छात्र पूरे देश के साथ हड़ताल कर रहा था तो हमारे मित्र ने फिल्मी स्टाइल में, एक लड़की के चक्कर

में, पूरे आंदोलन का सत्यानाश कर दिया था। और हमें, आप सब को, असफल घोषित करा दिया। मैं तो कहूँगा, आपकी ज़रूरत तो बॉलीवुड को है, एक्शन व स्टंटमैन का रोल तो मिल ही जाएगा...अब हीरो का तो रोल मिलने से रहा...कोई हीरोइन भी तो तैयार होनी चाहिए... ।'' इस पर जमकर हूटिंग हुई थी। सीटी भी बजी थी। ''और फिर रोमियो-जूलियट, लैला-मजनूं बनना है तो भाई हम पढ़ने-लिखने वालों को क्यूँ बर्बाद करते हो... । हम लोग तो जाति के आधार पर विभाजित भी नहीं थे, सब मिलकर आंदोलन को सफल बना रहे थे...मगर इस कांड से हमें आपस में अलग करने की कोशिश की गयी... । मगर हम अब भी साथ हैं...क्यूँ दोस्तो... ?''

और फिर जोरदार तालियाँ बजी थीं।

मैंने करवट बदली थी...एक-एक शब्द पूरी तरह से ग़लत थे। यह एक राष्ट्रव्यापी मुद्दा था। आंदोलन के बीच किसी एक कॉलेज की एक घटना कोई मायने नहीं रखती। उसके होने न होने से कोई फर्क नहीं पड़ता।...यह तो बात का बतंगड़ बनाने का तरीका था। यूँ तो दुष्यंत इस आंदोलन में पूरी तरह से बढ़-चढ़कर हिस्सा ले रहा था।...लेकिन उसकी सोच इस एक केस के लिए कुछ अलग थी, मानवीय थी...उसने कहा भी था कि किसी एक साथी छात्रा को इस तरह से प्रताड़ित कर देने से आंदोलन सफल नहीं होते। मगर नितिन और महेंद्र ने कितनी चालाकी से कुछ ऐसी हवा बनाई कि सेरिल भी धीरे-धीरे बदनाम होने लगी थी। बात यहाँ तक फैला दी गई थी कि...दोनों के बीच कुछ चक्कर है... । ओफ !...पोस्टरों की अचानक भरमार थी...देखकर दुष्यंत को बहुत गुस्सा आया था...यही तो विरोधी गुट वाले चाहते थे...हमने सँभालने की कोशिश की थी कि ऐसा कुछ भी करने से अधिक बदनामी होगी...फिर भी विष्णुदत्त ने जान-बूझकर दो-चार बार भीड़ में बहस करके माहौल ख़राब कर दिया था। ऊपर से वो, उसका अविनाश...एक नंबर का सर्वनाशी...बेवजह अपनी दादागिरी शरीफों पर दिखाता और उसने कई जगह जबरन पोस्टर फाड़े थे...मगर इसका भी ग़लत संदेश ही गया था... । उधर सेरिल डिप्रेशन में चली गई थी...स्वाभाविक था... । वह निहायत ही शरीफ और अंतर्मुखी लड़की थी। उसे अपनी पढ़ाई के अतिरिक्त किसी और चीज़ से कोई मतलब ही नहीं था। साधारण नयन नक्श की, ग़रीब घर से आई थी। सदैव बैच में पहले या दूसरे स्थान पर ही रही। फैशन वाली लड़कियाँ उसे वैसे भी पसंद नहीं करती थीं। उसे देखकर नाक-मुँह बनाती...और फिर जैसे ही उन्हें हवा मिली ये लड़कियाँ गोलबंद होकर उसके खिलाफ हो गईं। बाकी की आम छात्राओं को क्या कहें ? निष्क्रिय मध्यम वर्ग तो किसी काम का नहीं होता। फिर चाहे वो कितना ही समझदार हो। उसका होना न होना बेकार है। सेरिल को तो इस राजनीति के बारे में पता भी नहीं था। समझ भी नहीं थी। हाँ, एक बार दुष्यंत के पक्ष

में किसी मंच से उससे बुलवाने की कोशिश की गयी थी...सोचा गया था...सफाई देना भी ज़रूरी है।

"...नहीं, ऐसा कुछ नहीं है...हम ही लोगों ने उनसे सहायता के लिए कहा था।" ये भी बड़ी मुश्किल से बोल पायी थी। बिना आत्मविश्वास के तो सच भी झूठ लगता है। और फिर ये वार भी उलटा ही पड़ा था। लोगों का शक और मज़बूत होने लगा था। मुश्किल थी कि उसके साथ एक लड़की नहीं थी।

रिश्ते-नाते समझदार और संवेदनशील न हो तो सत्ता में नुकसान ही करते हैं...आम जीवन में भी कम कष्टदायक नहीं होते। दुष्यंत की वो तथाकथित बहन मौसमी ने तो और कचरा कर दिया था। उसने एक दिन कॉरिडोर में दुष्यंत से सवाल-जवाब किया और कहा कि '...मुझे नहीं मालूम था कि तुम इस तरह से भी कर सकते हो...मुझे शर्म आती है, तुम्हारे से संबंध रखने में...मैं ये रिश्ता तोड़ती हूँ...।' दुष्यंत सुनकर हक्का-बक्का रह गया था। रात में इतनी पी कि लगा कि टूट गया है। विरोधी ग्रुप ने मौसमी को ऐसा अपने प्रभाव में लिया कि उसने दुष्यंत के नाम के साथ अपना नाम हटाने मात्र के लिए खुलकर जो भी कहा जा सकता है...कहा। सभी चुप थे। हाँ, मुझे गुस्सा आया था...ये क्या... ? इतनी बद-दिमागी।...और उस दिन तो हद ही कर दी जब एक भीड़ में खुलेआम उसने कहा कि '...मैं गुंडों से संबंध नहीं रखती...।' हे भगवान! फिर भी हम कुछ नहीं कर पाये थे। सच तो यह है कि लड़कियों के मामले में जब-जब दुष्यंत दिमाग से चला तो सदा जीता और दिल से चलने पर सदा हारा। हम लोगों को तो सही सीख देता। मगर खुद की बारी आने पर जाने उसे क्या हो जाता। लड़कियाँ उसकी हार का प्रमुख कारण थीं...और आज भी एक लड़की ही तो मुसीबत का कारण बन गयी...।

...असल में अच्छे व शरीफ लोगों के साथ एक बुरी आदत है। अमूमन कमजोर और निष्क्रिय होते हैं। एक-दूसरे का साथ भी नहीं देते। अब उमेश को ही देख लो...बनता तो है दुष्यंत का गुरु भाई मगर चुनाव के दौरान कभी आगे नहीं आया। जबकि उसको खड़ा करने में भी उसी की जिद्द थी। जब हार गया तो दो लाइन सांत्वना के बोलकर पीछे हट गया था।...शरीफों में एक अवगुण और होता है, वे आमतौर पर स्वार्थी, स्वकेंद्रित और अपने लिये चिंतित रहने वाले डरपोक इंसान होते हैं। चुनाव दंगल में, पढ़ने-लिखने वाला हमारा पूरा ग्रुप नदारद था। रवि, रजत, मिलिंद साथ होने का कहते ज़रूर मगर करते कुछ नहीं। इनकी बात माने तो किसी भी सार्वजनिक काम में भाग लेना, समय की बर्बादी समझो...बस, अपने पढ़ने में...पढ़ने में नहीं किताब घोटने में लगे रहते। लेकिन उनकी अनुपस्थिति नुकसानदाय थी...।

...कारण तो और भी थे, हम ऑफेंसिव की जगह डिफेंसिव होते चले गए। आक्रमण कुछ हद तक राजनीति में ज़रूरी है। इसी से तो मज़बूत नेतृत्व का अहसास लगता है। मगर वो नदारद था। सामने वाला आरोप लगाता और हम बदले में सफाई देते ही रह जाते।...एक बार ऑफेंसिव हुए भी तो मुँह की खाए थे...दुष्यंत ने तो मना किया था...मगर फिर भी इस बात को उछाला गया कि...महेंद्र ने अपनी गर्लफ्रेंड को धोखा दिया है...गर्भवती करके छोड़ दिया, उसे गर्भपात कराना पड़ा था...। यूँ तो कॉलेज में सभी जानते थे मगर बोलते नहीं थे। जब यह मुद्दा गरमाया तो स्मार्ट लड़कियों ने विरोध जताया था...पहले कहने लगीं, नाम बताओ...फिर कहतीं, क्या सबूत है...और फिर हमें चुप देखकर तो हर जगह चीखने लगी थीं कि इन लोगों को लड़कियों की इज्जत करना नहीं आता, आधुनिक स्वतंत्र रिश्तों को गंदी निगाह से देखते हैं। धीरे-धीरे यह मुद्दा भी तब उलटा पड़ने लगा था...जब उनके खुलेआम पूछने पर भी हम नाम नहीं बता रहे थे।...ये झूठे हैं...विरोधियों द्वारा घोषित कर दिया गया था। मगर दुष्यंत अंत तक चुप ही रहा था, उसने कभी गीता का नाम नहीं लिया। उसके मतानुसार व्यक्तिगत लाँछन काम नहीं करते।...असल में आधे-अधूरे मन से किया गया वार आत्मघाती होता है...और वही हुआ।

धीरे-धीरे छात्रों ने खुलकर यह कहना शुरू कर दिया कि एक तरफ शराबी-कबाबी व्यभिचारी दुष्यंत है तो दूसरी तरफ स्पष्ट साफ-सुथरे महेंद्र और सुनील। यह किसी के चरित्र को ख़राब कर देने की सुनियोजित चाल थी। बद अच्छा बदनाम बुरा वाली कहावत यहाँ चल रही थी।...वैसे तो बैच के अधिकांश छात्र जानते थे कि दुष्यंत धाकड़ ज़रूर है मगर लुच्चा नहीं...बदमाश ज़रूर है मगर सिद्धांत वाला...अपनों को तंग नहीं करता...दोस्तों से दोस्ती और दुश्मनों से दुश्मनी...सबसे बड़ी बात वह लड़ सकता है आगे बढ़ सकता है।...मगर दूसरे छात्र कुछ और ही सोच रहे थे...। हकीकत में तो चरित्र अंदर से बनता है ऊपरी आवरण से नहीं। लेकिन दुर्भाग्य से राजनीति में ऊपरी आवरण ही चलता है। यही तो एक कारण था कि जूनियर के बीच हल्की बढ़ी दाढ़ी में रौबिला दिखने वाला दुष्यंत ऊपर से चॉकलेटी मगर अंदर से धूर्त व चरित्रहीन महेंद्र के सामने धीरे-धीरे ग़लत साबित होता चला गया। क्या हम इसे रोक पाये थे? नहीं। मूकदर्शक बने रह गए थे।

...सोचकर मेरे अंदर का उफान फिर से तेज़ी में था। इतने सालों से दबी हुई उन भावनाओं ने फिर से वापस सिर उठाना शुरू कर दिया था।...अंतिम वर्ष की भागाभागी में भी मैं इस चोट को भूल नहीं पाया था...दुष्यंत को हारा हुआ और बुरी तरह से लूटा-पीटा देखकर दु:खी भी होता...मगर जीवन की व्यस्तताओं में ये दर्द, समय की परतों के नीचे दबता चला गया। दिल की कसक आज एक बार फिर उभार पर थी,

प्रणव के कारण...सब याद आ रहा था...। मैं तो सदा उसके साथ खड़ा रहा मगर दुष्यंत ने खुद से कभी नहीं कहा...कमाल का बंदा है यार...।

अरुण का मस्तिष्क क्रियाशील और पुरानी यादें ताज़ा हो रही थीं...आगे भी सोचता चला गया...।

34

...विष्णुदत्त की तो हर चाल मैं समझ जाया करता था। जब उसको यूनिवर्सिटी रिप्रेजेंटेटिव बनाने के लिए विरोधी ग्रुप ने चर्चा की तो मुझे हँसी आई थी। दिखाया तो यह गया था कि दोनों ग्रुप मिलकर काम करेंगे। लेकिन यह एक सोची-समझी नीति होनी चाहिए। यकीनन विष्णुदत्त ने पहले ही नितिन के साथ मिल-बैठकर सुनिश्चित कर लिया होगा। हो सकता है विष्णुदत्त और उसके ग्रुप के खास लोगों ने दुष्यंत को वोट भी न दिया हो? नहीं तो हम लोगों के इतनी बुरी तरह से हारने का मतलब नहीं था। इतना बड़ा धोखा? विष्णुदत्त कुछ भी कर सकता है क्योंकि वह जानता था कि दुष्यंत के जीतने पर हम लोग उसे कोई फ़ायदा नहीं लेने देंगे।

हारे हुए को संधि में कुछ नहीं मिलता। वैसे भीख में फिर चाहे जो मिल जाए। शक्तिशाली का झुकना समर्पण नहीं कहलाता, यह तो बड़प्पन होता है। वीरों की पहचान। हाँ, हारने वाले के लिए इसे कमजोरी करार दिया जाता है। दुष्यंत हारने पर भी झुका नहीं था। न ही मैं झुका था...हाँ, प्रणव को पता नहीं क्या हो गया था, एकदम से राह बदल ली थी या पता नहीं व्यस्त हो गया था, बाकी दोस्तों की तरह। मगर विष्णुदत्त ग़लत राह पर था। वह भूल रहा था कि वो हारे हुए खेमे का है। विष्णुदत्त का मजाक बनना शुरू हो गया था। स्वाभाविक था। सामने वाले को जीत बरसों बाद मिली थी। लेकिन वहाँ भी एक बात तंग करने लगी थी। सवाल नेतृत्व का खड़ा हो रहा था। विद्रोह के लिए तो सामूहिक नेतृत्व एक बार चल भी जाता है लेकिन जीत के बाद यह नहीं चलता। शासन की यह खूबी भी है और विशेषता भी। शासक की कुर्सी पर एक ही आदमी बैठ सकता है। विरोधी ग्रुप में इस बात की कमजोरी थी तभी तो वे जल्द ही अराजक हो गए थे। सत्ता के नशे में चूर तो थे ही।

एक बार मैं दुष्यंत के साथ देर रात वापस आ रहा था। इस चंडाल-चौकड़ी ने तीन-चार नंबर हॉस्टल के तिराहे वाले चौक पर रोक कर बहसबाजी शुरू कर दी थी। बाद बढ़ गई और मारापीटी तक नौबत पहुँच गई थी। सबसे पहले कॉलर

नितिन ने ही पकड़ा था। दुष्यंत कमजोर तो था नहीं, उसने उठाकर नितिन की पिटाई शुरू कर दी। पीछे से दीवान ने वार किया तो मैंने उसे घूँसे लगाए थे। मगर मुझे सुनील रस्तोगी के एक जोरदार तमाचे से दाँतों में खून आ गया था। शायद उसने हाथ में कुछ पहन रखा था। दुष्यंत नितिन का गला दबाने लगा था जब दीवान उसे छुड़ाने में असफल रहा तो पीछे से उसके सिर पर वार किया था। बहुत हद तक दुष्यंत बच तो गया मगर उसका ध्यान नितिन से हटकर दीवान पर आ गया। दीवान थोड़ा कमजोर था। दुष्यंत को अपनी ओर झपटता देख वो जैसे ही भागा कि बाकी सब भी भाग खड़े हुए थे।

''हरामजादो।'' दुष्यंत चीखा था। हॉस्टल पहुँचे तो हमने किसी से बात नहीं की थी। चुपचाप दुष्यंत के कमरे में पहुँचकर हम दोनों बहुत देर बैठे रहे, मानो गुस्सा पी रहे हों। हम हारे ज़रूर थे मगर डरे नहीं थे। हारा हुआ भी अपने आप में शान से रहे तो लोग उसका मज़ाक नहीं बनाते। लेकिन अपने सिद्धांत से समझौता करने वालों की छीछालेदार ज़रूर होती है।

विष्णुदत्त को अपनी करतूतों का फल तो मिलना ही था। विरोधी के घर में झूठी इज्जत कब तक मिलती और क्यूँ मिलती? पूरे चार साल तक उसने गुंडागर्दी की थी। सामान्य छात्र उससे अंदर ही अंदर खुंदक खाते थे। सामने वालों ने उसकी धीरे-धीरे इज्जत उड़ानी शुरू कर दी। कॉलेज की राजनीति में उसकी बात नहीं सुनी जाती। यूनिवर्सिटी रि-प्रेजेंटेटिव पद के लिए किया गया वादा भी निभाया नहीं गया। और विष्णुदत्त अपने ही बने जाल में फँसकर तिलमिला रहा था। जिस कॉलेज में उसने एकछत्र राज किया हो वहाँ इस तरह से विदाई होगी उसे यकीन न था। और वह मौके की तलाश में था, और तभी कॉलेज की उस कल्चरल नाइट में डीडी और लल्लन को भीड़ ने खदेड़ा तो वे बुरी तरह पिटकर हॉस्टल दौड़ते हुए आए थे। डीडी...वो स्टाइल तो पूरा मारता मगर डबल डरपोक...हाँ, फोकस ज़रूर रखता...और लल्लन? वह तो था ही लल्लू...। दोनों विष्णुदत्त के सामने अपना विरोध दिखाने लगे। विष्णुदत्त को गुस्सा आया था। शायद अपने ही चमचों के सामने पूरी तरह मौन रहना मतलब सब कुछ खत्म। वह इसे कैसे बर्दाश्त कर लेता? 'कुछ न कुछ करना ही होगा...' बड़बड़ाते हुए सबसे पहले दुष्यंत के कमरे में ही आया था। मैं वहीं था। दुष्यंत ने पहली बार दोटूक बात की थी। वरना अब तक विष्णुदत्त के कहने पर तो वह बिना कुछ सोचे-समझे मारने-पीटने के लिए चल पड़ता था।

''देख विष्णुदत्त, जीता हुआ आदमी अपनी हेकड़ी तो दिखाएगा ही और फिर इतने ख़राब माहौल में बिना तैयारी के जाना ठीक न होगा।'' वह आज संयमित था।

''तो का चूड़ियाँ पहनकर बैठ जाऊँ?''

"वो तेरी मर्जी है।" दुष्यंत ने बहुत बड़ी बात कह दी थी। अब विष्णुदत्त के लिए चुप रहना और भी संभव न था। और वह गुस्से में बाहर निकला था।

"बात करके आता हूँ सालों से।"

और वह यही ग़लती कर गया। भीड़ की कोई मानसिकता नहीं होती। कार्यक्रम में पहुँचा तो विरोधी ग्रुप के साधारण लड़कों ने भी पी रखी थी। उसने नितिन से मिलकर बात करनी चाही। नितिन ने उसे भाव नहीं दिया था। इसी बीच थोड़ी-सी बात क्या बिगड़ी कि भीड़ ने इन पर हमला बोल दिया था। और फिर विष्णुदत्त का ग्रुप पीठ दिखाकर ऐसा दौड़ा कि हॉस्टल में ही रुका। सभी पिटकर अपने-अपने कमरे में दुबक गए थे और चुपचाप जख्मों को समेट रहे थे।

भीड़, जीत का जश्न अराजक होकर मनाती है। कल्चरल नाइट से देर रात लौटते हुए उसी भीड़ ने बिना किसी कारण हमारे हॉस्टल में हमला कर दिया था। विष्णुदत्त की बेवकूफी ने उनकी गर्मी को हवा दी थी। जिसको जहाँ जो मिला उसने वहीं उसको पीटा। इस चक्कर में कई शरीफों को चोटें आई और हॉस्टल में भगदड़ मच गई।

प्रणव अपने काम में यूँ भी व्यस्त रहने लगा था और साथ कम ही रहता। दो दिन से दिल्ली गया हुआ था। मैं और दुष्यंत मैस के टैरेस पर बैठे विष्णुदत्त ग्रुप का आते-जाते नजारा देख रहे थे। वहाँ अँधेरा ज़रूर था मगर रोड पर दूर तक दिखता। हॉस्टल में घुसने वाला, हमें तो नहीं देख सकता मगर हम उनकी बातें भी सुन सकते थे। दुष्यंत का दिमाग ऐसी बातों को जल्दी भाँप लेता था, अभी उसने कुछ लोगों को हॉस्टल में घुसते समय कुछ बोलते सुना ही था कि वह सबसे पहले उमेश के कमरे की ओर दौड़ा। बगल में रजत और रवि का कमरा था। इनको कमरे से बाहर निकाला तो वे सब डरे हुए थे। हॉस्टल में अजीब-अजीब आवाज़ सुनकर सामने से रमेश भी निकल आया था। वे सब इकट्ठा होकर वहीं बाहर खड़े हो गये थे। एक-दो ने इन लोगों की ओर बढ़ने की कोशिश की मगर दुष्यंत को देखकर मुड़ जाते। वे दुष्यंत को मारने के लिए बड़ी संख्या में लौटकर आ सकते थे। यही सोचकर तुरंत, सब टैरिस पर चढ़ गए थे और अँधेरे में टंकी के पीछे छिप गए। दुष्यंत ऊपर से ही हॉस्टल के अंदर की हलचल पर नज़र रखने की कोशिश कर रहा था।...हमारा शक सही निकला...दूर से देखा तो हमारे फ्लोर पर कई बार यह ग्रुप पहुँचा था। भीड़ ढूंढ़ते-ढूँढ़ते उमेश और रजत के फ्लोर पर भी पहुँची थी...कमरे खुले देख लगता कि हम हॉस्टल छोड़कर भाग गए हैं। तभी तो कमरे के सामान को तहस-नहस कर दिया गया था। धीरे-धीरे आवाज़ टैरिस की तरफ आने लगी तो दुष्यंत सतर्क हुआ था। उसने अपनी रिवाल्वर बाहर निकाल ली थी। सीढ़ियों से झाँककर

देखा तो अँधेरे में टॉर्च लेकर भीड़ टैरिस की ओर बढ़ रही थी। दुष्यंत समझ गया था कि इतने लड़कों को अकेले सँभाल पाना असंभव है और मारापीटी में चोट ज़्यादा लग सकती है। उसने उमेश को पानी की छड़ के सहारे नीचे उतरने को कहा था। वह घबराकर जिस रफ्तार से तीसरी मंज़िल से उतरने के लिए तैयार हुआ वो हैरान करने वाला था। पीछे से रजत, रवि...और आखिरी में खुद दुष्यंत। नीचे पहुँचे तो देखा कि उमेश का चश्मा कूदने से टूट गया था और रवि के पैर में मोच थी। दुष्यंत उमेश को पकड़कर झाड़ी में घुसा ले गया, पीछे-पीछे सब के साथ रवि भी घबराहट में चोट के बावजूद चलता चला गया। पहाड़ की ढलान पर, हॉस्टल से दूर जाकर ही सबने साँस ली थी।

उधर, मैं मिलिंद के लिए नीचे के कॉरिडोर के ऊपर की छत पर दौड़ कर पहुँचा तो देखा सीढ़ी से लड़के प्रथम मंज़िल तक पहुँच चुके थे। मिलिंद का दूसरा कमरा था। पहले कमरे की बॉलकनी के माध्यम से कूदकर कैसे मैं उसकी बॉलकनी में पहुँचा मुझे हैरानी होती है। वह घबराया हुआ था। बाहर से लड़के खटखटा रहे थे और गालियाँ निकाल रहे थे। सोचने का वक्त न था और पीछे की बॉलकनी से कूदकर हम दोनों वॉलीबॉल ग्राउंड से होते हुए झाड़ियों में घुसकर पहाड़ की ढलान पर उतर गए थे। मिलिंद की चप्पल टूटी तो चलना मुश्किल हो रहा था। मगर 'जान बची लाखो पाये' को चरितार्थ करता वह नंगे पैर भागता चला गया।

एक घंटे का तांडव। यह एक ऐसा व्यवहार था जिसकी प्रतिक्रिया तो होनी ही थी। विष्णुदत्त को तो मौका चाहिए था और उसने इस का पूरा फ़ायदा उठाया था। पीके की अच्छी पिटाई हो गई थी तो विनय और आरपी को बेइज्जती से अत्यधिक पीड़ा थी। हम लोग सुबह-सुबह वापस हॉस्टल पहुँचे तो सब कुछ अस्त-व्यस्त था। मैंने इस बात पर जोर दिया था कि तुरंत पुलिस कम्पलेंट किया जाए। प्रिंसिपल से मिला जाए। मगर विष्णुदत्त ने इस बात को स्वीकार नहीं किया। उसके मतानुसार इस तरह से इज्जत नहीं मिलती...वो लड़कर ही मिलती है।...और उसने लड़कों की भावनाओं को भड़काया था। वो साधारण लड़के जो पढ़ाई-लिखाई में डूबे रहते इस हादसे के कारण क्रोध में आ गए। इनमें विनय का आक्रोश देखने लायक था। जोश में मरने-मारने को तैयार हो गए थे। हॉस्टल में रणनीति बनने लगी। दो-तीन दिन कई जगहों से रॉड और तलवारें इकट्ठा की गईं। जूनियर छात्रों ने स्थानीय बाज़ार में जाकर लोकल बम खरीदे थे। यह सब चुपचाप हुआ था। बाहर से देखने पर हॉस्टल में असीम शांति लगती। चौथे दिन देर रात दस बजे चार ऑटो मार्केट से लाये गए। हर ऑटो में छह-छह सात-सात लड़के रॉड और तलवारों से लैस होकर दूसरे हॉस्टल की ओर बढ़े थे। जूनियर हॉस्टल में रहने वाले हमारे ग्रुप के लोगों को पहले से ही सचेत

कर दिया गया था। इन लड़कों ने हॉस्टल पहुँचकर फायरिंग की। जिसे सुनकर अंदर बैठे छात्रों ने भी हमला बोल दिया। सामने वाली पार्टी को पता न था। उन्हें डर तो था लेकिन इतनी बड़ी उम्मीद न थी। विरोधी ग्रुप के खास लड़कों को निकाल-निकाल कर पीटा गया। हॉस्टलों में अफरातफरी मच गई। पढ़ने वाले निष्क्रिय लड़को को छोड़ दिया गया था। इनकी सहानुभूति बटोरनी थी।

एक नंबर हॉस्टल में धावा बोलने के लिए हमारे हॉस्टल से पूरी भीड़ निकली थी जिसमें चोट खाये आम लड़के भी थे। यह विरोधी ग्रुप का गढ़ था। इसमें घुसना इतना आसान भी नहीं था। सबने मिलकर चारों तरफ से घेर तो लिया मगर अंदर घुसने की हिम्मत नहीं हो रही थी। दुष्यंत की कमी महसूस हो रही थी। विष्णुदत्त कॉरिडोर तक जाकर वहीं से चिल्लाकर रह गया था। उससे तो आगे अंदर तक विनय चला गया था और फिर खुद को अकेला पाया तो थोड़ी देर में गाली देता हुआ लौट आया था। आवाज़ सुनकर महेंद्र, दीवान और उसके साथी हॉस्टल से भागने में सफल हुए थे। उन्होंने प्रिंसिपल के घर शरण ली थी। और वहीं से शायद पुलिस को फोन करवाया था। पुलिस तो मानो इसी बात का इंतजार कर रही थी। रोज़-रोज़ की ख़बर से तंग लग रही थी। इतना ही नहीं जोगेंद्र नेता का दबाव भी काम कर रहा था। पुलिस ने सभी हॉस्टलों में घुसकर धावा बोल दिया। उसे इस बात का पता ही नहीं कि दोनों तरफ के बदमाश लड़के भाग चुके होंगे। खाकी वर्दी वालों ने हर एक कमरे में से एक-एक छात्र को निकाल-निकाल कर लाठियों से पीटा और कइयों को जेल भेज दिया। यह एक तरफा कार्रवाई थी। सैकड़ों अच्छे लड़के भी जेल में थे। कइयों को चोट आई थीं। विष्णुदत्त को तो इसी बात का इंतजार था। वह खुलकर प्रिंसिपल पर दबाव डालने लगा। कहता...नहीं तो मार-काट कर दूँगा। उसी के कहने पर विरोधी ग्रुप के लोगों पर भी केस दर्ज हुआ था। अंत में प्रिंसिपल को हॉस्टल खाली कराकर कॉलेज बंद करना पड़ा था। बाद में नितिन और दीवान को भी समझौता करने के लिए आगे बढ़ना पड़ा था। उसके ग्रुप के भी कई छात्र बंद थे।

दुष्यंत इस पूरे घटनाक्रम में साथ खड़ा तो हुआ मगर सक्रिय नहीं था। हाँ, उसने समय को भाँपते हुए पुलिस रेड के पहले हॉस्टल से कइयों को निकलवा दिया था। हमारे बीच में से सिर्फ मिलिंद फँस गया था। बाद में उसके लिए कितने चक्कर लगाने पड़े थे...याद आता है तो अब भी कोफ़्त होती है...।

कॉलेज से निकलते-निकलते विष्णुदत्त अपनी धाक जमा ले गया था। वह और जोगेन्द्र आमने-सामने आ गए थे। इस घटना में दुष्यंत पीछे था। और यही उसके

शिखर से उतरने की शुरुआत थी। वह तो अपनी हार का बदला भी नहीं ले पाया था। परिस्थितियाँ उसके साथ न थी और उसका आक्रोश अंदर ही अंदर घुटता चला गया।

...याद करते ही मेरी आँखों में भावनाएँ उभरने लगती। यहाँ तक तो ठीक था। मगर आगे भी विष्णुदत्त रुका नहीं। और हम सबकुछ चुपचाप देखते रहे। सत्य तो यह है कि विष्णुदत्त अपनी हार को जीत में बदलने के लिए किसी भी हद तक जा सकता है। फिर चाहे उसे इसके लिए किसी की जान भी क्यूँ न लेनी पड़े। जबकि दुष्यंत इससे उलट था। हम ज़िद्द न करते तो दुष्यंत कभी कॉलेज के चुनाव में भी खड़ा नहीं होता। मेरी चाहत और प्रणव की महत्त्वाकांक्षा थी कि हमारा दोस्त प्रेजिडेंट बने। हमने उमेश का सहारा भी लिया था। उसी ने तो उसे समझाया था कि...'जीवन में कुछ करना चाहते हो या नहीं...ज़िंदा रहने के लिए कुछ न कुछ तो करना पड़ेगा, किसी न किसी क्षेत्र में जाना पड़ेगा। अब तुम पढ़ तो सकते नहीं, जिस रास्ते पर चल रहे हो, वो दो तरफ जाते हैं, एक सक्रिय राजनीति और दूसरा ठेकेदारी की ओर। ठेकेदारी में बिना चोरी के चल नहीं सकता। और तुम चोरी कर नहीं सकते। इसीलिए राजनीति तुम्हारे लिये ठीक रहेगी। और फिर राजनीति में समाजसेवा भी तो है। जो तुम्हारा तरीका है। सब की मदद करो, ये तो राजनीति में खूब चलता है। और फिर इस क्षेत्र में आगे जाना ही है तो सक्रिय राजनीति करो। यही सही समय है। वैसे भी तुम्हारे लिये क्या बंदिश है? आगे बढ़कर राजनीति करो। तुम्हारे अंदर साहस है, समझ, शक्ति, शारीरिक मानसिक बल है, और पाने के लिए सारा जहाँ है... ।'

किसी को भी प्रभावित कर देने वाली बातें की थी, उमेश ने उस रात। उसी का तो असर था जो दुष्यंत 'हाँ' कह गया। हम बेहद खुश हुए थे और दुष्यंत के नाम पर अति आत्मविश्वास में थे। लेकिन यह नहीं जानते थे कि राजनीति सिर्फ इसे नहीं कहते। इसमें सफल होने के लिए धूर्त, चालाक, नाटकबाज होना पड़ता है। साम, दाम, दंड, भेद, ग़लत होकर भी ज़रूरी है, क्या करोगे?

दबंगता दुष्यंत की सबसे बड़ी ताकत थी। एक बार किसी ने दुष्यंत से जब कहा कि तुम्हें डर नहीं लगता? उसने पूछा था, 'किस चीज़ से?' सामने वाले ने कहा था, 'किसी भी बात से?' दुष्यंत का जवाब, मुझे आज भी याद है, '...मेरे पास खोने के लिए कुछ भी नहीं।'

इलेक्शन हारने के बाद जब उसे एक रात अज्ञात लोगों ने मिलकर बुरी तरह से मारा था...तब भी मैंने उसे कमजोर नहीं देखा था जबकि वह एकदम अकेला था। उसमें इच्छाशक्ति थी। लड़ने की ताकत दिखाई देती थी। और वह फिर खड़ा हो गया

था।...जब शरीर टूट जाता है तो हिम्मत काम देती है। दिल मज़बूत होना चाहिए। दिल के टूटने से दिमाग़ सँभाल लेता है और दिमाग़ के परेशान होने पर दिल मलहम लगाता है। मगर अगर आत्मा टूट जाए तो दिल और दिमाग़ दोनों निष्क्रिय हो जाते हैं और शरीर तो ऐसे भी बेजान हो जाता है। दुष्यंत की आत्मा तो बहुत पहले मर चुकी थी। नया जीवन तो उसे दोस्तों से मिला था। यही नहीं जहाँ से भी उसे प्यार मिलता वह पिघल जाता। मैंने कई बार महसूस किया था कि हम पाँच और प्रणव उसका नया परिवार था। हम में उसकी आत्मा बसती। इसीलिए तो जब दोस्तों ने उसे धीरे-धीरे छोड़कर अकेला करना शुरू किया तो वह लुटा-पिटा दिखाई देता, कहता कुछ नहीं अंदर ही अंदर ग़म पीता रहा। मैं तो उसके मौन का साथी रहा हूँ...।

वैसे भी जीवन में,...लड़ाई दिल से नहीं दिमाग़ से लड़ी जानी चाहिए। यह दीगर बात है कि जीतने के लिए हिम्मत से लड़ना ज़रूरी है। मगर हिम्मत हो, दिमाग़ न लगाया जाये तो सफलता मुश्किल है। दुष्यंत के साथ मुश्किल यही थी कि वह हर लड़ाई दिल और हिम्मत से लड़ता...। लेकिन फिर इसीलिए दिल से याद भी तो किया जाता है...। कहाँ...! कोई नहीं पूछता...! ये दोस्ती, यारी बोलने भर के लिए होती है, किसी काम की नहीं...खासकर मुसीबत में तो नज़र भी नहीं आते। इतने वर्षों में एक बार भी कोई आगे बढ़कर पूछने आया कि दुष्यंत तू कैसा है?...अब इसी को देख लो, उमेश एक बार बीच में हिन्दुस्तान आया था तो विराटनगर भी आया था...होटल में रुका, विष्णुदत्त के कॉलेज में लेक्चर लिया और वापस उड़ गया। बीच में सभी दोस्तों से रात की डिनर पार्टी में मिला था। हम दोनों को भी बुलाया गया था...वही दो मिनट मीठी-मीठी बात कर ली, बस। दुष्यंत कितना आहत हुआ था, मैं जानता हूँ...और मिलिंद वह तो यहीं रहते हुए भी न होने जैसा ही है।

दुष्यंत तो बहुत पहले टूट चुका होता, वो तो शांतिप्रिया भाभी ने बड़ी समझदारी और इज्जत से अपना परिवार चलाया। मैं तो उसका साक्षी रहा हूँ। दुष्यंत इस मामले में भाग्यशाली रहा। सबसे बड़ी बात वह उसे समझती हैं। और फिर बेटी तो कमाल की प्रतिभाशाली है। वह इन दोनों के लिए ही तो जी रहा था। मगर पता नहीं किस्मत उसी के साथ खेल क्यूँ खेलती है...शायद उसे भी मजा आता है...।

...अरुण सोच-सोचकर विचलित हो रहा था। भाभी और जीविका बिटिया की हालत देखकर उसे तकलीफ होती और फिर गुस्सा चढ़ता...सच, एक बार फिर कुछ करने का मन करता...मगर क्या किया जा सकता है...यही समझना तो मुश्किल था। तभी तो देर शाम भाभी ने जहाँ-जहाँ कहा वहाँ-वहाँ ले गया...जबकि अंजाम वह जानता था...।

35

''साहब हैं क्या?'' मिलिंद आईजी का घर ढूँढ़ने में दिक्कत नहीं हुई थी।

''आप कौन?''

''मैं...उनके कॉलेज के दोस्त दुष्यंत की पत्नी हूँ...।''

''एक मिनट देखता हूँ...।'' कुछ देर बाद सिपाही लौटकर बाहर आया तो कहने लगा, ''साहब, कहीं गए हैं।''

''कब तक आएँगे?''

''पता नहीं, शायद...रात देर से आएँगे...''

''मैडम हैं क्या... ?''

''वो आराम कर रही हैं...।''

''अच्छा मेरा नाम तो लिख लीजिए और नंबर भी। साहब आएँ तो बता देना।'' भाभी गेट से बाहर निकली, बताया, तो अरुण और नीता को अजीब लगा था।

''मैंने तो आपको पहले ही कहा था कि...'' अरुण ने गाड़ी में भाभी को बिठाया तो वो सुनकर चुप रही थीं। फिर थोड़ी देर बाद बोली थीं, धीरे से, ''एक बार सबसे मिलूँगी ज़रूर...।'' सुनकर अरुण निरुत्तर था और फिर दूसरे घर की ओर तेज़ी से गाड़ी को आगे बढ़ा दिया था। श्रवण का घर भी दूर नहीं था। सभी बड़े अधिकारी एक जगह पर ही रहते हैं।

''साहब तो ऑफिस से आया नहीं।'' पहले ही घर के नौकर ने कह दिया था।

''मेम साहब?''

''हाँ, हैं...।''

''बोलियेगा, दुष्यंत राठौर की पत्नी...कहियेगा शांतिप्रिया आई हैं...।''

''अच्छा बैठिये, बुलाता हूँ...।'' शांति ने बाहर की लॉन में रखी कुर्सी पर धीरे से बैठते हुए चारों ओर निगाह डाली थी। बगीचे में कई तरह के फूल खिले थे। लगता है, माली मेहनत करता है।...नहीं-नहीं, सिर्फ माली से कुछ नहीं होता, मालकिन की दिलचस्पी भी ज़रूरी है...। तो क्या आरती पहचानेगी? पता नहीं...देखते हैं... ? और उसने लंबी साँस ली और आँखें बंद की थीं। अपनी कमजोरी और घबराहट को भी तो छिपाना था।

''नमस्कार...।'' पीछे से आवाज़ सुनकर वह हड़बड़ाकर उठी तो सामने एक खूबसूरत औरत खड़ी थी। थोड़ी मोटी...एकदम गोरी...लंबे बाल...हाँ, कान के बगल से एक-दो सफेद हो रहे थे।

"आरती जी... ।" उसने हाथ जोड़ते हुए नाम पूछने की दृष्टि से कम व्यक्ति के पहचान की नज़र से अधिक कहा था।

"जी।...आप... ?"

"मैं शांतिप्रिया...श्रीमती दुष्यंत राठौर...श्रवण भाई साहब के बैचमेट... । मैं भी कैम्पस में रही हूँ, शायद आपको याद हो...जब आप अपने पापा प्रो. द्विवेदी जी के साथ रहती थीं...मैंने ही श्रवणजी को फोन किया था, दुष्यंत के लिए... ।"

"जी... ।"

इस शब्द के जवाब ने सब खत्म कर दिया था। शांतिप्रिया को लगा कि इसके आगे क्या बोला जाए।

"बस...उसी संदर्भ में बात करने चली आई।" शांति को चुप रहना उचित न लगा तो इतना भर बोल गई।

"श्रवण तो हैं नहीं। आएँगे तो बता दूँगी।" यह भी बहुत मुश्किल से कहा गया था।...लगता है बात करने का मन नहीं...जिसको रोकना होता है, चाय-पानी पूछते हैं...मगर क्यूँ पूछेगी ?...मुझसे क्यूँ मिलेंगी ?...मगर दुष्यंत को तो इनके पिता प्रोफेसर साहब भी बहुत अच्छी तरह जानते थे...दुष्यंत उनकी बड़ी कद्र करते थे। जब भी घर जाते हमेशा आदर से चरण-स्पर्श करते। फिर लड़की का ऐसा बर्ताव !...बहुत पुरानी बातें हैं...कौन याद रखता है...सोचते-सोचते वह उठ खड़ी हुई थी। नमस्कार करके वापस पीछे मुड़ी ही थी कि, "मैं भी दुष्यंत को जानती हूँ...कॉलेज के ज़माने से... ।"

"..." शांतिप्रिया को लगा कि आरती का चेहरा बहुत कुछ बोल रहा था।

"मैं उन दिनों मेडिकल कॉलेज में पढ़ती थी।"

"...जानती हूँ।"

आरती के चेहरे पर भाव तेज़ी से उभर रहे थे। उसने शांति का हाथ अपने में लिया था।

"मुझे विश्वास नहीं होता...मगर...श्रवण, पता नहीं क्यूँ इस बात पर चुप हो जाते हैं...मैं एक बार फिर कहने की कोशिश करूँगी... ।" और उसने नमस्कार कहा तो अब की बार शांतिप्रिया मुड़कर बिना रुके बाहर की ओर चल पड़ी थी।

आकाश के घर जाने के लिए अरुण ने मना किया था...चोरों के घर न्याय माँगने जाना बेवकूफी होगी... । मगर भाभी के कहने पर वह गया ज़रूर मगर वहाँ तो हद ही हो गयी...साफ-साफ मिलने से मना कर दिया था। सुनकर अरुण को क्रोध आना स्वाभाविक है। बहुत देर तक बड़बड़ाता रहा। शांति भाभी की आँखों को पढ़ना मुश्किल था। उन्हें वापस घर छोड़ा तो दो मिनट के लिए भीतर चला गया था। सामने

की दीवार पर लगे श्रीकृष्ण को देखकर भाभी की आँखों में अचानक आँसू थे। तुरंत उन्होंने हाथों से पोंछा और फिर किसी तरह अपने आप को संयमित किया था। क्या किया जाए...अगला सवाल सभी के दिमाग में था। जाना तो मुझे दुष्यंत के पास अस्पताल था मगर फिर अभी भाभी की हालत देखकर दो मिनट बैठ गया। नीता भी वहीं बैठ गयी थी। जीविका कहीं गई हुई थी। अपने पिता के लिए ही लगी होगी।...चारों ओर नज़र डाली तो कई भगवान थे। कई रूपों में। छोटा-सा घर था। दो लकड़ी के छोटे सोफे और बीच की टेबल के बाद फिर चलने की जगह भी मुश्किल से बचती है। कोने में किनारे एक टीवी...काफी पुराना मॉडल था। और क्या हो सकता है? दुष्यंत की हालत उससे छिपी न थी। किस तरह गुजारा करता होगा, अरुण भी समझ नहीं पाता। जब भी मिलने घर आता तो भाभी के हाथ के बने खाने से कम दुष्यंत की आँखों से अधिक झलक जाता। उसने कई फैक्टरी में छोटी-मोटी नौकरी की थी। दस हज़ार भी मुश्किल से मिलता, आज के ज़माने में क्या होता? कई महीने तो खाली भी बैठता। कई बार अरुण ने अपने ऑफिस का काम सँभालने के लिए कहा था...अच्छी-खासी लाखों में चल रही है कोचिंग, मगर दुष्यंत कहाँ मानने वाला। और उसकी छाती का चौड़ापन गरीबी में धंसता चला गया।

दुष्यंत हमेशा की तरह कम बोलता। हाँ, अपना आक्रोश कुछ लिखकर निकाल लेता। समाचारपत्रों के लिए फ्री-लांसिंग करता। मगर वहाँ तो और बुरा हाल था। सच-झूठ उसके बस का कहाँ। हाँ, कभी-कभी कोई ख़बर लग जाती, कोई लेख छप जाता तो दो-चार पैसे बन जाते। ठेकेदारी भी चल कहाँ पायी थी। कभी-कभी कॉलेज का छोटा-मोटा ठेका मिल जाता। बाहर तो बहुत गुंडागर्दी थी। ऊपर से जीविका भी तो जीवन में जल्दी आ गयी थी। सो एकदम से ख़र्चा और उधार जो शुरू हुआ तो वह संभल नहीं पाया था।...और इस घर में लाखों-करोड़ों के ड्रग के धंधे की बात हो रही है?...अरुण को सोच-सोचकर गुस्सा आ रहा था।

अचानक भाभी बड़बड़ाने लगी थी...'यही लोग दुष्यंत के दोस्त हुआ करते थे। सभी अच्छे भी हैं...मगर फिर कहाँ गड़बड़ी हुई?' भाभी जी ने ध्यान से भगवान की ओर देखा और फिर बुदबुदाने लगी '...ईश्वर ने ठीक नहीं किया, हमारे साथ नाइंसाफी की है...कम से कम इस जीवन में तुम्हारे साथ तो दुष्यंत बहुत ज़्यादा...' और वह जोर से रो पड़ी थीं। अरुण भी अपने आप को रोक नहीं पाया था। नीता ने सँभालने की कोशिश तो की मगर वो कहाँ रुक रही थीं, बार-बार उसी पन्ने की पंक्तियाँ बोल जातीं, जिसे अरुण भी कई बार पढ़ गया था...दुष्यंत की डायरी से...। सुबह जब भाभी ने दुष्यंत की डायरी अरुण को दिखाई तो वह हैरान हुआ था...।

'...मेरी अंतिम इच्छा है कि मेरी अस्थियाँ व राख को हो सके तो हॉस्टल के

पीछे चारों ओर बिखेर दिये जाएँ। शायद यही कुछ दिन थे, जहाँ पर मैं शान से जी सका...कोई चिंता नहीं थी और ज़िंदगी थी...। वैसे तो तुम दोनों के अतिरिक्त अब मेरा कोई नहीं। मैं स्वयं नहीं जानता कि मुझे पैदा करने वाले ज़िंदा हैं भी या नहीं? अगर हैं भी तो किस हाल में? उन्हें याद करने की भी आवश्यकता महसूस नहीं होती।...वैसे तो उन्हें मेरे जीने व मरने से कोई फर्क नहीं पड़ता। लेकिन दिल के किसी कोने में वे मुझे आज भी तंग करते हैं, एक टीस उभरती है...। हाँ, मेरे कुछ दोस्त मुझे आज भी याद आते हैं, जिनके साथ मैंने जीवन के खूबसूरत पल गुजारे। हॉस्टल का एक-एक दिन मेरे जीवन का महत्त्वपूर्ण पन्ना है...उसके बाद तो मैं मर ही जाता। शांतिप्रिया तुमने मुझे नया जीवन दिया और जीविका तो मेरी आत्मा है। मगर मैंने तुम दोनों को कुछ नहीं दिया...इसलिए ज़िंदगी से पछतावा होता है...।'

शांतिप्रिया भाभी लगातार बुदबुदा रही थीं। दिमाग आज उनका साथ नहीं दे रहा था। अचानक उन्होंने अपने आँसुओं को पोंछा था...'नहीं। उन्हें कुछ नहीं होगा। वो एक बार फिर लौटेंगे। उसी तरह जैसे लौटा करते थे। देखना, दुष्यंत संघर्ष करना जानते हैं...उन्होंने कभी कोई ग़लत नहीं किया तो भगवान उन्हें कैसे हरा सकता है...।' भाभी के चेहरे पर आक्रोश प्रकट हुआ था। किसके लिए था, समझना मुश्किल था। अरुण ने इसके बाद तो मानो भावनाओं का समुद्र पी लिया था...औरत के आँसू आदमी को भिगो देते हैं, अगर वो रिश्ते में आदरणीय हैं तो फिर आदमी का उसमें डूब जाना स्वाभाविक है...ऐसे में शब्दों के तीर घायल कर देते हैं और आदमी आदमखोर बन जाता है...।

पाँचवाँ खंड

36

मिलिंद ने बिस्तर के दूसरे छोर पर सो रही सुधा की ओर एक दृष्टि डाली थी।...सुंदर और आकर्षक चेहरा, भरा पूरा शरीर...तन-मन से उसके लिए पूरी तरह समर्पित। क्या नहीं दिया मुझे उसने?...दो प्यारे से बच्चे।...क्या यह गर्ल्स हॉस्टल की उन सभी लड़कियों से बेहतर नहीं है, जिसे देख-देखकर पूरे चार साल मैं गुदगुदाता रहा था? कितनी ईर्ष्या होती थी मुझे, जब अशोक रोज देर शाम गर्ल्स हॉस्टल से घूमकर वापस आया करता था। कपड़ों से सेंट और चेहरे पर मुस्कुराहट जवान होकर उभरती। अंदर ही अंदर बहुत जलन होती थी। मगर कुछ कहता नहीं था। अरुण भी तो जाया करता था। शुरू-शुरू में उसकी भी तो गर्ल फ्रेंड थी। एक-दो बार मुझे भी ले गया था। मगर हॉस्टल के गेट पर पहुँचते ही मुझे पसीना छूटने लगता और पाँव काँपते। महेंद्र और सुनील तो वहाँ अक्सर मिल जाते। दोनों की आपस में दोस्ती भी तो वहीं से शुरू हुई थी। इसी चक्कर में तो ये दोनों चुनाव भी जीत गए थे। एक-दो बार गर्ल्स हॉस्टल बहाने से गया था तो देखा कि दोनों अपनी-अपनी गर्लफ्रेंड्स के साथ थोड़ा दूर निकल जाते, सुनसान जगह पर। मैं तो वहीं खड़ा रहता। बहुत ख़राब लगता था। साली हीन-भावना होती थी। फिर भी मौका मिलते ही जाता ज़रूर था, सेरिल को देखने...। कितनी सेक्सी लगती थी...गदराया शरीर, दक्षिण की...साँवला रंग...रात-रात भर सताती। एक बार हॉस्टल में सामने पड़ गई थी। स्लीवलेस टी-शर्ट में। उसके हाथ के माँसल भाग ने अनायास ही मेरा ध्यान आकर्षित किया था। साथ ही सीने का उभार भी झलक रहा था...उस दिन अधिक उन्मुक्त और ऊँचा भी था...मगर फिर मैंने तुरंत आँखें हटा ली थीं।

"कैसे हो मिलिंद? यहाँ कैसे?"

"...बस यूँ ही।"

मैं ठीक से जवाब भी नहीं दे पाया था। और उसके कहने पर उसके साथ-साथ पीछे वाली दुकान तक चला गया था। वह लगातार बोल रही थी और मैं यंत्रवत सुन रहा था। उसे एक पेंसिल खरीदनी थी। उसके साथ उसने एक चिप्स का पैकेट भी

खरीदा था। खाते-खाते भी बोलती जाती। लेकिन हर बात में सिविल सर्विसेज़ ही मुद्दा होता।

"तुम कौन-कौन से सब्जेक्ट लोगे?"

"कहाँ पे?"

"बनो नहीं, मुझे सब पता है...सिविल सर्विसेज की तैयारी तुमने भी शुरू कर दी है।"

"सोचा नहीं।"

"मैं तो..."

मुझे उसकी इन बातों में दिलचस्पी नहीं थी। वह दो मिनट के लिए रुकी थी और फिर वहीं खड़े-खड़े बोल रही थी। उसने आसपास निगाह ज़रूर डाली, सबको देखकर मुस्कुरायी, मगर फिर अपनी बातों में ही डूब गयी। उसका जुनून साफ झलकता। मुझे आसपास कुछ नहीं दिख रहा था। बार-बार नज़र उसके वक्षस्थल पर चली जाती और फिर मैं हर बार निगाह को जबरन हटाता। इस चक्कर में चेहरे पर पसीना भी आ रहा था। मैंने रूमाल से पोंछा तो सेरिल का सिविल सर्विसेज़ अभियान चालू था। वह अपनी रफ्तार में बोल रही थी। उसके ठीक पीछे, दुकान की दीवार से सटकर, पेड़ के नीचे अशोक और दीपिका बैठे गप्पिया रहे थे। नहीं, फुसफुसा रहे थे। एक पत्थर था वहाँ। दोनों कितने नजदीक और सटकर बैठे हुए थे। ये एक पत्थर, वहाँ शायद जान-बूझकर रखा गया था। न जाने कितने जोड़े एक-दूसरे से सटने के चक्कर में वहाँ आते और इस पर बैठते। मुझे देखकर अशोक ने मुस्कुराहट बिखेरी थी। मैं शर्माया था। शाम को लौटने के बाद उसने हॉस्टल में मेरा खूब मजाक उड़ाया था। कुछ दिनों तक इस तरह से मुझे आम छेड़ा जाता...'ओहो...ओहो...मिलिंद का तो सेरिल के साथ चक्कर है।' वैसे तो सुनकर मैं शर्माता, इस झूठ को बढ़ा-चढ़ाकर कहे जाने पर टोकने की इच्छा भी करती, मगर फिर कुछ दिनों तक अपनी कॉलर ऊपर करने का मौका मिल रहा था। पहली बार मर्द होने का अहसास हुआ था और उसके प्रदर्शन में आत्म-संतुष्टि।

अशोक के कहने पर मैं अगली बार फिर गया था। अशोक तो दीपिका को बुलाकर तुरंत उसके साथ हो लिया मगर मैंने सेरिल को बुलवाया तो वह बहुत देर बाद आई थी। और आते ही जिस तरह उसने पूछा कि 'बोलो मिलिंद क्या काम है?' मैं सकपका कर कुछ भी नहीं कह पाया था। अंत में बड़ी हिम्मत से जब मैंने कहा कि 'तुम्हें आज दुकान से कुछ नहीं खरीदना?' उसने बड़ी हैरानी से देखा था और कहने लगी,

"नहीं! मगर क्यों?"

"...यहाँ आया था तो सोचा कि तुमसे...।"

"ओके...थैंक्स। मैं थोड़ा पढ़ रही थी।" बीच में ही उसने टोक दिया था।

वह तुरंत वापस हो ली थी और मैं उसे अंदर जाते हुए देखता रह गया था। हाँ, उसकी छोटी-सी ड्रेस...घुटनों तक पहनी गई...फ्रॉक ही कहेंगे...आज वह डॉल लग रही थी। '...अबे बेवकूफ, सिविल सर्विसेज की बात ही कर लेता...।' मगर बात बनाना ही तो नहीं आता था। '...तो फिर साले ऐसे लड़की नहीं पटती...।' अशोक ने ठीक ही तो कहा था।

आँखें बंद की तो सेरिल का शरीर आँखों के सामने फिर से नृत्य करते हुए तैरने लगा था। वो सब पुरानी बातें फिर ताज़ा हो गई थीं। शरीर में बेचैनी होने लगी तो अचानक आँखें खोली थीं। देखा तो सुधा की साँसें तेज़ थीं। यकीनन वह सेरिल से अधिक खूबसूरत है। लेकिन फिर भी...जवानी वाला वो आकर्षण...जिसका आनंद सेरिल के साथ मैंने ख्वाबों में, कई सालों तक हॉस्टल के कमरे में, सिर्फ कल्पना में बिताया, उसकी बराबरी नहीं...वो आज भी ज़िंदा है। जबकि लगता था कि अब मैं सब भूल चुका है। मगर नहीं, तभी तो इतने वर्षों के बाद आज उसका फोन क्या आया, मैं खुद को रोक नहीं पाया।

कुछ दिन हम मसूरी एकेडमी में साथ थे। मगर वहाँ भी उसने कभी कोई खास बात नहीं की थी। फिर वहाँ रजत व श्रवण आदि भी थे। उनसे भी कभी ज़्यादा बात करते नहीं देखा था। मगर दुष्यंत के लिए इतने वर्षों बाद भी खुद फोन करके जानकारी लेना... मुझे आश्चर्य हो रहा था।

"मिलिंद, स्टेट इंटेलिजेंस तुम्हारे पास ही है न?" देर शाम फोन आया तो मुझे हैरानी हुई थी। समझ ही नहीं पाया था। तभी तो ठीक से बात भी नहीं कर पाया था...।

"हाँ...।"

"तुम्हें क्या लगता है कि दुष्यंत का केस सही है?"

"अ...मीडिया सब बता तो रहा है।"

"तो तुम्हें भी मीडिया के हिसाब से चलना पड़ता है...कमाल है!! ख़ैर, मीडिया ग़लत भी तो हो सकता है...।"

"नहीं-नहीं, आज के ज़माने में इतना झूठ संभव नहीं...।"

"तो तुम्हें क्या लगता है तुम्हारा दोस्त ऐसा कर सकता है... ? ओ नो...नेवर...।" इसी का तो मैं जवाब नहीं दे पाया था। क्या कहता, जबकि उसके पूछने के तरीके से साफ झलक रहा था कि उसे दुःख है और विश्वास भी...और वह व्यक्त भी कर रही थी। उसने अंत में कह भी दिया था कि "...जहाँ तक मैं उसे जानती और

समझती हूँ, मुझे पूरा विश्वास है कि उसे फँसाया गया है। तुम कैसे दोस्त हो...प्रणव भी दिल्ली आया हुआ था...अपने दोस्त का केस सुनकर कल वहीं आ रहा है। तुम भी तो उसके खास दोस्त रह चुके हो...और आजकल तो आईजी हो...तुम्हारा कोई फर्ज नहीं... ? कम से कम सच तो पता लगाओ...फिर इतने बड़े अफसर बनने का क्या फ़ायदा, जब हम अपने ही सही लोगों की मदद न कर सकें...मिलिंद, हो सके तो कुछ करो...नहीं तो अपने आप को तुम कभी माफ नहीं कर पाओगे।''

कह तो बहुत कुछ गई थी। फोन काटने से पहले उसने सुधा से भी बात की थी, ''...सुधा, द्रौपदी बनो, नहीं तो ये आज के पांडव घर में ही बैठे रह जाएँगे और कलियुग में महाभारत कौरव जीत ले जाएँगे...।''

''...ठीक ही तो कह रही है सेरिल...अगर तुम्हारा दोस्त बेकसूर है तो तुम्हें उसकी मदद करनी चाहिए...पुलिस में आईजी हो, तुम्हारे लिये ये क्या बड़ी बात है... ?'' सुधा ने बड़े आत्मविश्वास में मुझसे कहा था।

सुधा अमूमन ऑफिस के काम में राय नहीं देती। मगर आज उसकी आँखों में मेरे लिए अभिमान दिखा था। अब उसे कौन समझाए कि मैं अकेला क्या कर सकता हूँ... ? पूरा पुलिस महकमा है, न्यायालय है, नेता हैं...और भी बहुत कुछ... !! सब बकवास है, करने वाले इतना सोचते नहीं...एक औरत होकर वह कह गई जबकि मैं तो आदमी हूँ...ऊपर से मैं तो इतने साल तक दुष्यंत के साथ रहा...क्या मैं उसे नहीं जानता ?...नहीं-नहीं पहचानता हूँ...समझता भी हूँ...लेकिन शायद पचड़ों से बचने के चक्कर में रहता हूँ...। तो फिर पुलिस वाला होकर भी कहीं मुझमें कोई कमी तो नहीं ?...हाँ, शायद...यही सच है...पुलिस की वर्दी पहनकर भी मैं साला...क्या मैं सुधा के ग़रूर लायक हूँ ?

...और मिलिंद एक बार फिर बेचैन हुआ था। दुष्यंत और सेरिल बार-बार आँखों में उभरती...पुरानी बातें तंग कर रही थीं। ठीक भी तो है...दुष्यंत सचमुच में हिम्मती था...एक मर्द...तभी तो कम से कम कोई तो है जो उसके लिए परेशान है...आज अगर मुझे कुछ हो जाए तो सुधा छोड़, कोई पूछने भी नहीं आएगा...नहीं-नहीं शायद सुधा भी... ?...यह सत्य है औरत कमजोर आदमी पसंद नहीं करती...।

37

अंतिम वर्ष की शुरुआत थी। पूरे देश में आरक्षण विरोधी आंदोलन पूरे उफान पर था। हमारे कॉलेज में भी उसकी सुगबुगाहट हो रही थी। चर्चा और बहस ने कब विरोध प्रदर्शन का रूप ले लिया, पता ही नहीं चला। कक्षाओं का बहिष्कार होने

लगा था। शहर की अन्य शैक्षणिक संस्थाओं के साथ मीटिंग में हमारे छात्र नेता भी भाग लेते। रणनीति बनाई जाती।...राजनीतिक पार्टियों से संपर्क बढ़ा था।...सभी बढ़-चढ़कर हिस्सा लेते, गर्मा-गर्म बहस होती...अमूमन यह एक तरफा होती। मगर न जाने कैसे...धीरे-धीरे आपस के रिश्तों में भी संशय की भावना आने लगी थी। अब तक हमें यह भी नहीं पता था कि कौन पिछड़ा है और कौन नहीं? तभी तो मैं भी उस दिन बेहद व्यथित हुआ था, जब लोकल गार्जियन के घर पर बातचीत में यह पता चला था कि हम लोग भी शायद नये पिछड़े की सूची में शामिल हैं...। उनके लिए तो यह खुशी की बात थी मगर मुझे धक्का लगा था...। मैं अपने राज्य की टॉप मैरिट में स्थान बनाकर यहाँ तक आया था...मुझे आरक्षण की आवश्यकता नहीं थी...। तभी तो मैं अपने आप से चिढ़चिढ़ाया था...जिसे चाहिए उसे दी जाए...। न जाने क्यूँ मुझे लगा कि दोस्तों को जैसे ही यह पता चलेगा तो वे मेरी प्रतिभा की जगह मेरे आरक्षण की बात करेंगे।...और मैं अब इस सत्य को छिपाने लगा था। अंतर्मुखी बन गया था। खुलकर बोल नहीं पाता। यूँ तो मैंने कभी आरक्षण का फ़ायदा नहीं लिया मगर फिर अपनी जाति की असलियत को भी छिपाता रहा...एक भ्रमित मन और इन्फीरिटी काम्प्लेक्स...जिसका कोई कारण नहीं था...पनपता चला गया...।

पहले के आरक्षण से भी आम छात्रों में असंतोष तो था मगर उतना नहीं। उलटे आरक्षित अनुसूचित जाति व जनजाति में से विशेषकर आदिवासी छात्रों से लोग अतिरिक्त प्रेम प्रदर्शित करते। सदियों के उनके दर्द को समझा जाता। उनमें भी कुछ एक होनहार प्रतिभाशाली थे। सेरिल ने भी कभी आरक्षण का सहारा नहीं लिया था। सिविल सर्विसेज में भी नहीं...। इन सबके बावजूद महत्त्वपूर्ण था कि तब तक युवा समाज का वर्गों में बँटवारा नहीं हुआ था। लेकिन नये आरक्षण से गुस्सा फूट पड़ा था। शायद इसी कारण जब आरक्षण विरोधी आग हमारे कॉलेज पहुँची तो सबने उसका खुलकर समर्थन किया था। कई पिछड़े भी बढ़-चढ़कर हिस्सा लेते। कइयों को तो यह पता ही नहीं था कि वे अगड़े हैं या पिछड़े? लेकिन धीरे-धीरे जब पहचान शुरू हुई तो कुछ एक के चेहरे पर बिलकुल अलग अहसास था। जिसे मैं बेहतर पढ़ और समझ सकता था।

एक दिन मैं कॉलेज से दौड़ता हुआ आया और फिर हड़बड़ाकर सबको ढूँढ़ने लगा। प्रणव नीचे कॉरिडोर में मैस से आता मिल गया तो उसे जबरन दुष्यंत के कमरे में ले गया...वह अभी उठा ही था कि मैं तेज़-तेज़ बोलने लग पड़ा...।

"लड़कों ने सेरिल को लाइब्रेरी में बंद कर दिया है। दो घंटे से ज़्यादा हो चुके हैं।"

"मगर क्यूँ?" प्रणव का सवाल स्वाभाविक था।

"कल वो अकेले कॉलेज गई थी। भट्ट प्रोफेसर ने पढ़ाया भी। आज सुबह भी जब वह कॉलेज जाने लगी तो बीच रास्ते में छात्रों ने उसे रोका था। जाने क्या हुआ और फिर वो सीधे लाइब्रेरी चली गई। कोई भी प्रोफेसर तब तक पहुँचे नहीं थे, नहीं तो फिर शायद क्लास लग जाती। अब जैसे ही कोई आएगा तो वो क्लास में पहुँच जाएगी...यही सोचकर लड़कों ने गुस्से में आकर बाहर से लाइब्रेरी का दरवाज़ा बंद कर दिया और वहीं बाहर बैठ गए...बहुत भीड़ जमा है। लड़के गुस्से में उसे गाली भी दे रहे हैं...।"

"सेरिल भी यार..." प्रणव ने नाराजगी जाहिर की थी।

"फिर भी मुझे डर है सेरिल के साथ कोई हादसा न हो जाए...।"

"वो कैसे?" प्रणव ने पूछा था।

"वहाँ जूनियर लड़के ज़्यादा हैं...कोई नेता टाइप का कह रहा था कि...जोगेंद्र बॉस ने कहा है कि साली को आग लगा दो...अच्छा है तुम्हारा आंदोलन जोर पकड़ेगा और सरकार भी तभी जागेगी...। आगे बताने लगा कि चिंता करने की ज़रूरत नहीं...भीड़ पर कोई केस नहीं बनता...। ऐसी बातें करके दूसरे ग्रुप के लड़के माहौल गर्मा रहे हैं...ऐसे में अंदर लड़की कहीं घबराहट में...।"

"ये जोगेंद्र मरवाएगा...अपनी नेतागिरी के चक्कर में...साले का तो कुछ जाएगा नहीं मगर...।" दुष्यंत उठ बैठा था।

"यही तो मुझे लग रहा है...कुछ करो यार...।" मैं घबराया हुआ था। दुष्यंत को बात समझ क्या आयी, फिर वह ज़्यादा बोलता कहाँ है? उठा और कपड़े पहनने लगा। कुछ ही देर में हम तीनों कॉलेज के लिए निकल पड़े थे। भीड़ लाइब्रेरी के सामने वाले कॉरिडोर में जमा थी। दो-तीन सौ लड़के होंगे। कुछ लड़कियाँ भी थीं। दुष्यंत किसी तरह मुश्किल से भीड़ को बीच में से चीरते हुए गेट पर पहुँचा तो देखता है आगे वाले सेरिल को भद्दी-भद्दी गालियाँ दे रहे थे। दुष्यंत ने शांत होने के लिए कहा तो लड़के बड़ी मुश्किल से चुप हुए थे। शोर फिर भी था। तभी हमने सुना कि अंदर से दरवाज़ा खटखटाने की आवाज़ आ रही है। सेरिल शायद रो भी रही थी। साथ कोई और भी लड़की की आवाज़ थी, "प्लीज़ दरवाजा खोलिए,...प्लीज़...प्लीज़ हेल्प अस...कोई हमारी बात तो सुने...।" ये सब सुनकर दुष्यंत ने पूछ ही लिया था,

"तुम लोगों ने इन लड़कियों को, इस तरह से बंद क्यों किया है?"

"ये रोज यहाँ पढ़ने आ जाती हैं...।" कोई जूनियर छात्र था। नया-नया नेता बनने की कोशिश में। एक-दो बार पहले भी नज़र पड़ी थी।

"अरे, उसे समझाते भाई... ।"

"बताया था, समझाया भी था। मगर कुछ सुनती ही नहीं,...रिज़र्व कोटे की है न।" तभी अंदर से आवाज़ आई थी, "प्लीज़ हेल्प मी, प्लीज लिसन मी।"

आवाज़ में कँपकपाहट साफ सुनाई दे रही थी।

"अच्छा, मैं बात करके आता हूँ, तुम लोग रुको जरा। प्रणव-मिलिंद तुम यहीं रहना...मैं अभी आता हूँ... ।" दुष्यंत अंदर जाने लगा तो शोर और धक्का-मुक्की होने लगी थी...किसी तरह जबरदस्ती वह घुसा तो बाहर लड़कों ने हल्ला मचाना शुरू कर दिया था। धक्का-मुक्की बढ़ गयी थी। एक लड़के ने बाहर से फिर कुंदा चढ़ा दिया था। करीब दस मिनट में ही अंदर से दुष्यंत की आवाज़ आई थी और उसने लगता है दरवाजे को पीटा भी था, "खोलना दरवाजा... ।"

हमने दरवाजा खोलने की कोशिश की तो उसी लड़के ने दरवाजे के पास आकर हमें रोका था।

"बॉस, लड़की बाहर नहीं आएगी... ।"

कई और भी लड़के अड़ गए थे। कुछ एक तो छाती निकालकर प्रणव को देख रहे थे।

"अबे, पहले तुम लोग खोलो तो सही... ।" प्रणव गुस्साया था।

"नहीं बॉस, आप उसे नहीं निकालेंगे... ।" उसी नेता की आवाज़ कुछ ज़्यादा चौड़ी हो रही थी।

"अबे हरामी, ज़्यादा स्मार्ट बन रहा है क्या... ।" अंदर से दुष्यंत ने कहा तो शायद कुछ एक ने सुना था। उसने फिर जोर से लात मारी तो दरवाजा भी हिला था।

"सन्नी तू चिंता मत कर, थोड़ा-सा खोल दे दरवाजा, लड़की ने निकलने की कोशिश की तो यहीं ठोक देंगे...दुष्यंत बॉस को तो निकलने दे... ।" और यही बात सन्नी ने प्रणव से कही तो वह झुँझलाया था, "ठीक है, ठीक है, पहले खोल तो सही।...दुष्यंत तुम ही निकलना।" प्रणव ने भरोसा दिया तो दरवाजा खुला था और दुष्यंत बाहर निकला तो गुस्से में था।

"अरे तुम लोग पागल हो गए हो क्या?...लाइब्रेरी में बैठकर पढ़ने से तुम्हारे आंदोलन का क्या?...क्लास में तो नहीं गई? आज उसने पहले ही कह दिया था कि वो क्लास में नहीं जाएगी, सिर्फ लाइब्रेरी में पढ़ेगी...समझ तो तुम लोग नहीं रहे हो।...पागल हो गए हो क्या... ? उसे मारोगे क्या... ?" दुष्यंत चीख रहा था। मगर कोई सुनने को तैयार न था।

...छात्र एकता-ज़िंदाबाद ज़िंदाबाद...सेरिल-शेम शेम...सेरिल शेम शेम...के नारे लग रहे थे। कुछ लड़कों ने सुबह-सुबह ही लगता चढ़ा रखी थी...आँखें लाल

और हमसे भी नज़रे मिलाने में उन्हें कोई भय नहीं था...'बॉस लड़की निकलेगी नहीं...' बार-बार आगे के लड़के बोलते...धक्का-मुक्की निरंतर हो रही थी। भीड़ को कोई समझ नहीं होती, मिनट में ही दुर्घटना हो सकती है...मेरा डर इस मुद्दे पर बढ़ रहा था। इसी बीच दुष्यंत को एक धक्का पड़ा तो वह चिढ़चिढ़ाया था...तभी अंदर से लड़कियों ने फिर हाथ से दरवाजा पीटा तो उसका गुस्सा सातवें आसमान पर था...उसने गुस्से में पहले उस लड़के...सन्नी का कॉलर पकड़ा और फिर रिवाल्वर निकालकर हवा में फायर कर दिया था। अचानक भगदड़ मच गई थी। दरवाजे के पास थोड़ी जगह खाली होते ही फिर वह अपने पूरे फार्म में था,

"क्यूँ बे साले, ज़्यादा होशियार बनता है, जुबान काट लूँगा...।" और एक जोरदार तमाचा सन्नी को पड़ा था। लड़का इतनी देर में कुछ समझ ही नहीं पाया था। चाँटा तगड़ा था और वह हक्का-बक्का हुआ था।

"पीछे हट जा...।" अबकी बार दुष्यंत ने उसे जोर से धक्का दिया था।

"...एक मिनट के लिए भी किसी ने ज़्यादा होशियारी दिखाई तो ठीक न होगा...।" दूसरा फायर दुष्यंत ने छत की ओर किया तो भीड़ तितर-बितर होने लगी थी।

"दुष्यंत बॉस, यह ठीक नहीं...।" दूसरे नये नेता ने तुनक कर कहा था। वह थोड़ा दूर था। दुष्यंत उसकी ओर बढ़ा तो वह भी डरकर पीछे हटा था।

"ओए तू चुपकर।...नहीं तो पास आ जरा...अभी बताता हूँ...बहन चोऽऽऽ।" और फिर उसने चारों ओर दूर खड़ी भीड़ को चिल्लाकर कहा था, "हाथ तोड़ दूँगा...अगर किसी ने हाथ भी लगाया तो...और फिर सालों पूरी छह डाल दूँगा।" इसके बाद उसने आव देखा न ताव, दरवाज़ा खोल दिया था। कुछ देर बाद ही सेरिल बाहर निकली थी। साथ में एक लड़की और थी। दोनों बेहद डरी हुई थीं। रो भी रही थीं। दुष्यंत की आँखों में क्रोध और हाथ में रिवाल्वर थी। सेरिल सहमी हुई दुष्यंत के बाएँ हाथ की तरफ चिपककर दुबक कर खड़ी हुई थी। दूसरी लड़की दुष्यंत के पीछे छिपकर खड़ी थी। दुष्यंत जैसे-जैसे आगे बढ़ता गया रास्ता खाली होता चला गया था। मैं और प्रणव भी साथ थे। चारों ओर भीड़ तो पहले ही फैल चुकी थी। हम बीच में पहुँचते तो भीड़ ने चारों ओर से घेरने की कोशिश की थी। अधिकांश उसमें जूनियर थे। तभी विनय व अरुण भी पहुँच गये तो हम पीछे से चार लड़के हो गए थे। कुछ मिनटों में ही अविनाश थर्ड ईयर वाला भी भागता हुआ आया था। उसके हाथ में भी पिस्तौल थी। हमारी संख्या अब अच्छी थी। फिर भी हादसा हो सकता था। किसी ने पीछे से आवाज़ लगाई भी "दुष्यंत बॉस, यह ठीक नहीं है। इसको सबक सिखाना ज़रूरी है।"

"...कौन बोला?...किसका दिमाग़ ठीक करने का है? सालों, किसी ने इसकी तरफ नज़र भी उठायी तो आँख में गोली मार दूँगा।"

दुष्यंत का चेहरा इस वक्त भयानक था। इससे पहले मैंने उसे इस रूप में नहीं देखा था। अंत में मिनटों में ही उसने सेरिल का हाथ पकड़कर उसे खींचते हुए भीड़ से दूर किया और फिर हॉस्टल तक छोड़ आया था। साथ वह लड़की भी थी। हम सब पीछे-पीछे थे। सब कुछ, कुछ ही देर में हो गया था।

यह बहुत बड़ी ख़बर थी। इसके बाद अधिकांश जूनियर लड़के दुष्यंत के विरोध में खड़े हो गए थे। खासकर लड़कियों को ज़्यादा तकलीफ थी। उन्हें यकीन ही नहीं था कि कोई और लड़की के लिए फिल्मी स्टाइल में कोई घटना हो। ईर्ष्या की भावना उभर रही थी। लेकिन दुष्यंत का अपना व्यक्तित्व, अपनी सोच थी। कोई कुछ बोल तो नहीं पाया। मगर यही बात बाद में चुनाव में नुकसान कर गई थी। '...पुलिस बुलाई जा सकती थी...कॉलेज एडमिनिस्ट्रेशन को बताया जाना चाहिए था...' कुछ शरीफ लोगों का मत था।...मगर सब जानते हैं कि क्या पुलिस लड़कों के बीच आसानी से आती, कॉलेज वाले भी टाइम लेते...इस बीच कोई हादसा हो जाता तो...? 'हादसा तो यूँ भी हो सकता था...इस तरह से निकालने में...' कइयों का मत होता। अगर उसके हाथ मे पिस्तौल न होती तो शायद भीड़ भी अराजक हो सकती थी। नहीं...दुष्यंत का आत्मविश्वास था...और फिर जो करता है वो सोचता नहीं...। 'तुम्हीं कुछ कर लेते...बाद में बोलना आसान है...' मैंने कहना शुरू कर दिया था...सुनकर लड़के चुप हो जाते।

तकरीबन दस दिन बाद, जब आंदोलन शांत हुआ तो एक भरी दोपहरी में सेरिल अचानक दो नंबर हॉस्टल पहुँची थी। वो रविवार का दिन था।

"दुष्यंत का रूम कौन-सा है...अभी कमरे में है?"

"होना तो चाहिए। कह नहीं सकता। सो रहा होगा।" रघु बाहर ही मिल गया था।

"इतनी देर तक!!!"

रघु उसे दुष्यंत के कमरे की ओर ले जा रहा था। कइयों ने देखा और ये ख़बर जंगल में आग की तरह फैल गई भी। सेरिल के हाथ में लाल रंग के कागज में लिपटा एक छोटा-सा कोई गिफ्ट था। बाल खुले और गीले थे। दोपहर की बस की ट्रिप से यहाँ तक पहुँची थी। दरवाज़ा खटखटाया तो देखा वो खुला हुआ था। रघु ने हल्का-सा धक्का दिया तो वो खुलता चला गया था। पलँग के चारों पाये तोड़े नहीं शायद काटे गए थे और पलँग ज़मीन पर एक गद्देदार तख्त की शक्ल में था। दुष्यंत जींस की पैंट और जूता पहने हुए था। टी-शर्ट उतारी हुई थी। रात पता नहीं कब सोया था।

जूते पहन कर सोने की आदत उसकी पुरानी थी। रैगिंग का यही अंश उसमें अब तक बचा था। सेरिल ने दरवाजे से ही इस दृश्य को देखा तो अपने मुँह पर मुस्कुराहट आने से न रोक सकी।...और फिर बाहर ही रुक गयी...। रघु ने दुष्यंत को उठाया, उसने आँख बड़ी मुश्किल से खोली थी। मगर सेरिल के बारे में सुना तो वह एक मिनट के लिए हड़बड़ा गया था। स्प्रिंग-सा खड़ा हुआ और टी-शर्ट फटाफट पहनी थी।

"क्या मैं यहाँ बैठ सकती हूँ?" कुर्सी की ओर इशारा करके सेरिल ने कहा था। वह अंदर आ चुकी थी। इसमें आग्रह कम अधिकार अधिक था। और फिर वह बैठ भी गई। रघु वहीं खड़ा था। बाकी लड़के जान-बूझकर कॉरीडोर में चहलकदमी करने लग पड़े थे। बात मुझ तक भी पहुँची थी।

"...सोचा, तुमसे पर्सनली मिलकर धन्यवाद करूँ। कॉलेज में बहुत ढूँढ़ा मगर तुम...!! ख़ैर, कुछ देर बात करने की इच्छा हुई तो चली आई।"

मगर दुष्यंत ने बात करने को ज़्यादा महत्त्व नहीं दिया था।

"...नहीं-नहीं, इसकी क्या ज़रूरत है...यह तो हमारा...।"

...और फिर कुछ ही देर में उसे वापस बाहर तक छोड़कर आना ही उसे उचित लगा था। दुष्यंत की इस बात से कई प्रभावित हुए थे। सेरिल के जाते ही हम सब वहाँ इकट्ठा हुए थे। गिफ्ट पर सभी की निगाहें थीं। मिनटों में ही उसे खोल दिया गया था। शायद अरुण ने ही खोला था। एक किताब थी 'हीरोज ऑफ द हिस्ट्री'। अंदर के पहले पन्ने पर हरे पेन से लिखा गया था 'विद रिगार्ड्स -सेरिल'। यह हॉस्टल में कई दिनों तक नयी चर्चा का प्रमुख सूत्र था। वो तो दुष्यंत का दबदबा अभी कायम था तो हॉस्टल में लोग कुछ ज़्यादा मजाक नहीं बना पाए। लेकिन बाद में चुनाव में यह मुद्दा बना दिया गया था और हार का प्रमुख कारण बना...दुष्यंत ने फिर भी अपना बड़प्पन नहीं छोड़ा था...।

ठीक ही तो याद कर रही है सेरिल। कोई कैसे भूल सकता है?...क्या ऐसा मैं आज भी कर सकता हूँ...? इस पद और वर्दी के साथ भी...? नहीं। तो फिर...।

38

उस रात मैं अकेला हॉस्टल आ रहा था। लोकल गार्जियन के घर गया हुआ था। कुछ दिन पूर्व हुए हॉस्टल में मारपीट से डर गया था। मन में विचार आया था कि दुष्यंत और अरुण के साथ के चक्कर में ही बेवजह मैं भी बदनाम हूँ और इसीलिए लड़के मुझे भी मारने आए थे। और मैंने दुष्यंत और अरुण से बचने की सोची थी। बिना बताए मन बहलाने देर शाम हॉस्टल से निकल गया था। खाने के बाद गप्पों में देरी

हो गयी थी। कैम्पस के गेट तक उन्होंने छोड़ दिया था। फिर मैं वहाँ से पैदल हॉस्टल की ओर जाने लगा तो रास्ते में एक पुलिस वैन अचानक पास आकर रुकी थी। उसमें से दो सिपाही उतरे थे। पकड़कर गाड़ी तक ले गए। उसमें एक महिला पुलिस अधिकारी बैठी हुई थी, ''क्या नाम है... ? कौन से हॉस्टल से... ?''

''मिलिंद, हॉस्टल नंबर-2...।'' मैं थोड़ा घबराया था।

''कहाँ से आ रहा है और कहाँ जा रहा है... ?''

मैं जवाब देता उसके पहले ही उस महिला अधिकारी ने उतरकर दो थप्पड़ मुझे रसीद कर दिए थे...'बंद कर दो साले को...मारापीटी करके नौटंकी करते हैं...।' और मैं लॉकअप में भेज दिया गया था। वहाँ कई लड़के पहले से थे। मैं तो बहुत देर तक समझ ही नहीं पाया था कि चक्कर क्या है ? जब विस्तार से सुना तो कँपकपी छूटी थी। हमारे पाँच के ग्रुप में से मैं अकेला फँसा था। वहाँ कोई करीबी दोस्त न देखकर घबराहट होने लगी थी। लेकिन फिर भी इतने लड़के थे कि अधिक महसूस नहीं हो रहा था। पहली रात तो यूँ ही ऊहापोह में कट गयी। अगले दिन से असलियत सामने आना शुरू हुई थी। लड़के धीरे-धीरे छूटने लगे थे। कोई न कोई किसी न किसी से मिलने आ रहा था। मगर दिनभर मुझसे मिलने कोई नहीं आया तो बेचैनी बड़ी थी। अगले दिन अशोक और पीके आये तो पता चला कि मेरे बारे में अभी तक किसी को अतापता ही नहीं था। वो तो रात लिस्ट देखकर पता चला। और फिर दोनों ने बताया था कि दुष्यंत क्यूँ नहीं आ रहा ? 'वो लगा तो है तेरे लिये भी, मगर मुझे नहीं छोड़ा जा रहा था।' और बाद में, बचे हुए पच्चीस लड़कों को सेंट्रल जेल भेज दिया गया था। मैं रोज सुबह-शाम रोता। ऐसे में दुष्यंत और अरुण ही तो मुझसे मिलने आते और दिलासा देते। प्रणव भी एक-दो बार आया था। बाकी का अतापता न था। अंत में बड़ी मुश्किल से मुझे पंद्रह दिन बाद छोड़ा गया था। कई धाराएँ लगा दी गयी थीं जबकि मैं तो वारदात के समय हॉस्टल में भी नहीं था। बस मेरा सड़क से गुज़रते हुए पकड़ा जाना उस महिला अधिकारी को अधिक शक पैदा कर गया और मैं विशेष सूची में था।

अनजान को भय कम होता है। और फिर चूँकि मैंने कुछ भी नहीं किया था तो मैं कुछ दिनों बाद धीरे-धीरे भूलने लगा था...। हाँ, जब कभी दोस्त इस घटना की बातें करते तो याद आते ही मुझे डर लगता। पुलिस केस खत्म करने में, कॉलेज और कुछ खास किस्म के नेता लड़के, विशेष रूप से वे जिनका नाम आया था, लगे हुए थे। मगर वो खत्म हुआ था या नहीं, मुझे अधिक जानकारी नहीं थी। वो तो यूपीएससी के पुलिस वेरिफिकेशन के दौरान पता चला तो मेरे होश उड़ गए थे। सिविल सर्विसिज की सफलता मिनट में हवा हो गयी थी, जब देखा कि मेरे नाम पर कई

धाराएँ अब भी पड़ी हुई थीं। तब तक शहर में सिर्फ अरुण और दुष्यंत ही रह गए थे। कितना दोनों ने जोर लगाया था। कॉलेज के प्रिंसिपल के साथ...थाने में, पुलिस हेड क्वार्टर्स में, स्थानीय संपर्कों के माध्यम से प्रशासन में...सभी से कहा जाता कि केस खत्म हो चुका है तभी कई लड़के तो विदेश भी जा चुके हैं, कई नौकरी कर रहे हैं। फिर किसी एक अकेले शरीफ के ऊपर केस कैसे हो सकता है?...ख़ैर, सहायता हुई थी मगर कितनी मुश्किल से...कितनी भागादौड़ी करनी पड़ी थी...और मैं कितनी जल्दी सब भूल गया...अहसान-फरामोश...।

क्या मुझ पर लगाये गए इल्जाम सही थे... ? नहीं...। उसी तरह से कहीं... दुष्यंत पर भी...ये आरोप...कहीं... ? मैं कितना जानता हूँ... ? क्या कभी सच जानने की भी कोशिश की ? नहीं।

आज न जाने क्यूँ मन अपने आप को धिक्कार रहा था। कल जब दुष्यंत के बारे में ख़बर घर पहुँची तो देर रात सुधा मुझसे पूछ भी रही थी...'क्या तुम्हारा दोस्त ऐसा कर सकता है... ? तुम्हें तो पता होगा... ?'

"नहीं नहीं...इतने सालों में क्या पता चलता है...।"

"आदमी अपना मूल स्वभाव नहीं बदलता...कम से कम इस हद तक नहीं...और अगर करता भी है तो उसके मूल में कारण कुछ और ही होता है..." और मैं सुनकर हैरान हुआ था...सच तो कह रही है सुधा। मैं अपना मूल स्वभाव कहाँ बदल पाया। खाकी वर्दी पहनने के बावजूद!!...सोचते-सोचते उठ बैठा और कमरे में चक्कर लगाने लगा था...एक ही शहर में रहते हुए भी मैं दुष्यंत से कभी नहीं मिला...बस शुरू-शुरू में एक-दो बार मुलाकात हुई थी...मगर वह खुद भी तो कभी नहीं आया...क्यूँ आएगा... ? अरुण भी दो-चार बार आया फिर उसने भी कोई संबंध नहीं रखे...क्यूँ रखेगा ? और फिर पूरी रात मैं सो न सका...। सुबह की पहली किरण ने मुझे प्रेरित किया था...यह नयी सुबह थी...एक नया दिन।

कोई भी वारदात क्यूँ और कैसे हुई ? जानना इतना मुश्किल भी नहीं। पुलिस महकमें के अंदर रहकर तो आसानी से जाना ही जा सकता है। मगर मन में चोर हो तो चेहरे पर आ ही जाता है। और फिर मुझ जैसे को तो फिर पूछने में भी बड़ी मशक्कत करनी पड़ी थी। थाने की लिखित रिपोर्ट और थानेदार की व्यक्तिगत टिप्पणी में खासा अंतर था। थानेदार पुराना जानकार था, 'जय हिन्द श्रीमान' भी बोलता और साथ व्यंग्यात्मक लहजे में कह भी जाता। "अब आप तो सब जानते ही हो, श्रीमान...।"

"नहीं-नहीं मेरी दिलचस्पी नहीं है, बस यूँ ही अपना कॉलेज का केस देखा तो जानने की इच्छा हुई।" इस बात की तसल्ली मिलते ही थानेदार ने जो बताया सुनते

ही पैर के नीचे से ज़मीन खिसक गयी थी। यह आधी-अधूरी जानकारी अविश्वसनीय और भयानक थी। बहुत देर तक दिमाग घूमता रहा। स्थिर हुआ तो दुःख भी हुआ था। और फिर आगे जानने की इच्छा प्रबल हुई थी।...जानकर क्या करेगा? कुछ कर सकता है? नहीं। फिर?...चलो, कम से कम पता तो चले, उसके बाद देखा जाएगा।...और मैंने अपनी छोटी-मोटी हिम्मत को बटोरा था। अब आगे...क्या... कैसे...कई सवाल थे। बताए गए दोनों व्यक्ति के नये मोबाइल नंबर पता लगाना मुश्किल नहीं था। इसका लंबा अनुभव था। वैसे भी मुख्यमंत्री का मौखिक आदेश रहता, कुछ खास लोगों पर नज़र रखने के लिए। यह एक टेढ़ा काम होता। बात लीक हो जाए तो मुश्किल। फिर टारगेट ताकतवर हो तो ज़्यादा सतर्क रहना पड़ता। इनके भी तो लोग हर जगह मौजूद होते। टेलीफोन को इंटरसेप्शन पर रखने का काम कितना भी सीक्रेट हो फिर भी मोबाइल कंपनी में कम से कम दो लोगों को तो पता होता ही है। फिर लिखकर देते ही बातें गोपनीय कहाँ रह जातीं? चाहे जितना छुपा लो। फिर होम सेक्रेटरी से सातवें दिन बाकायदा फाइल पर स्वीकृति लो...और अगर लीक हो जाए तो, अपनी पार्टी का आदमी है तो पार्टी के भीतर शोर और विरोधी हुआ तो विधानसभा में हंगामा। तभी तो अमूमन नये-नये तरीकों से काम करना पड़ता।

दोनों बंदे चालाक और ताकतवर थे। इतने कि नाम लेते डर लगता। ये कुछ दिनों में ही सिम बदल लेते। इसका ट्रेस रखना मुश्किल होता। मगर यहाँ इन दोनों की कमजोरी हमने पकड़ रखी थी। ये अकसर अपनी कॉल लाइन आइडेंटेटी को रिस्ट्रिक्ट अर्थात बार करवा देते। उसके लिए इन्हें सिर्फ एसपी स्तर के अधिकारी की ज़रूरत पड़ती। जो उनकी जेब में कई थे। ऐसा करते ही उनका मोबाइल नंबर, कॉल करने पर दूसरे के मोबाइल पर दिखाई नहीं पड़ता और उनका नंबर जान पाना मुश्किल होता...ये सिर्फ दूसरो को फोन करते और खास लोगों को ही नंबर देते...अमूमन तो ये मोबाइल नंबर भी उनके नाम पर नहीं होते...फर्जी होते...। बहरहाल, कॉल लाइन रिस्ट्रिक्टि वाले मोबाइल नंबरों की सूची हर माह पुलिस हेडक्वार्टर्स में आती और फिर इनमें से वो मोबाइल नंबर जो इनके घर के नजदीक वाले टॉवर से चलता मैं अक्सर पकड़ लेता...। इस बार भी इन दोनों ने नये नंबरों का उपयोग शुरू किया था। मगर इस बार मैं इस गोपनीय सूचना का इस्तेमाल अपने लिये करूँगा...सोचकर ही पसीना आ रहा था...। किसी को भी पता चल गया तो इन मगरमच्छों से बचना नामुमकिन है...। डर अपने चरम पर था। दिमाग काम नहीं कर रहा था। मगर दिल जोर लगा रहा था। और अंत में बचने का उपाय सूझा था, कोई मुख्यमंत्री कार्यालय से पूछताछ हुई तो जानकर भी अनजान बन जाऊँगा, कोई प्रमाण तो होगा नहीं...फिर भी माथे पर पसीना और घबराहट बढ़ी थी। वैसे तो अमूमन इनकी बातें सुनता रहा

हूँ मगर पीछे पूरी मशीनरी होती थी...डर नहीं था...दो-चार साथ होते...काम की जानकारी इकट्ठी की और आगे मुख्यमंत्री को ब्रीफ कर दिया...अमूमन तो एडीशनल डीजी जाते, कभी-कभी मुझे भेज देते। मगर इस बार तो मुझे अकेले सब करना है...कैसे ? सीधे मोबाइल कंपनी को फोन करना ठीक न होगा...हिम्मत भी नहीं हुई थी। बहुत देर सोच-विचार करने पर मार्क याद आया था। अभी पिछले दिनों ही तो एक कंपनी से इंटरसेप्शन की नयी तकनीकी खरीदी गई थी। तभी मार्क आकर मिला था। टेक्निकल एक्सपर्ट है। कई बार पहले भी खास आपरेशन में मदद कर चुका है। पक्का देशभक्त है। आतंकवाद विरोधी। वैसे भी मुंबई में बैठता है...मोबाइल कंपनी का भी रेगुलर एम्प्लाई नहीं है। किसी नये प्रोजेक्ट के इंस्टालेशन का काम देख रहा है।...सीधे सिस्टम पर सुपर पासवर्ड से आपरेट करता है...अभी पिछले हफ्ते ही तो बात हुई थी...कह रहा था कि उसी कंपनी की कैपेसिटी भी बढ़ा रहे हैं, कुछ दिन और काम रहेगा। मैंने घड़ी की ओर देखा उस वक्त देर शाम थी...ऑफिस की टेबल पर उसका विजिटिंग कार्ड मैं बहुत देर से पकड़कर उलट-पुलट रहा था और फिर हिम्मत करके अंत में मैंने उसे फोन कर ही दिया...वह सेंट्रल सर्वर पर काम ही कर रहा था...।

''हाय, आई जी।''

''...अच्छा ये बिल्कुल टॉप सीक्रेट आपरेशन है...तीन नंबरों पर तीन दिन के लिए इंटरसेप्शन लगाना और फिर ऑटोमेटिक हटा भी देना...ये कमांड ब्लॉग से भी हट जानी चाहिए...जिससे कोई भी कभी भी जान न सके...टेररिस्ट हमारे शहर में घुस चुके हैं, बहुत शातिर हैं, इन्हें पकड़ना आसान नहीं...कोई वीआईपी को टारगेट बना सकते हैं...ये भनक लगते ही सतर्क हो जाते हैं...इनके लोग हर जगह हैं...इसलिए इस तरह से काम करना पड़ रहा है...ध्यान रहे, मेरे और तुम्हारे अलावा किसी को भी पता न चले...तुम खुद ढूंढ़ना चाहो तब भी नहीं...।'' मैंने झूठ सफाई से बोला था।

''हो जाएगा बॉस...'' और वह हमेशा की तरह ज़्यादा बात न करते हुए अपने काम में लग गया था। और थोड़ी देर में ही उन तीनों की बातें मिलिंद के मोबाइल पर सुनाई देने लगी थीं।

छठवाँ खंड

39

एयरपोर्ट से बाहर निकलते ही दोनों सामने ही मिल गए थे। पहचान में थोड़ी दिक्कत ज़रूर हुई थी मगर उतनी भी नहीं। अरुण गले मिला तो लगा कि शायद वह सामान्य नहीं था। उसकी साँसों ने बहुत कुछ कहा था। हृदय का स्पंदन तेज़ था। वैसे वह बिलकुल ख़ामोश था।...पहले कितना बोलता था। इसलिए तो अटपटा लग रहा था...हॉस्टल में कुछ घंटों बाद भी मिलता तो पहले पूरी राम-कहानी सुनाता, महाभारत में भी पूरा साथ देता। अक्सर हमारे कमरे में ही सो जाता। मगर आज इतना चुप! हाँ, आँखों ने बहुत कुछ कहने की कोशिश की थी।

"कैसा है अब दुष्यंत?" कोई जवाब नहीं था। शायद यह इशारा था। उसने अपनी नज़र घुमा ली थी।

"अभी कुछ कह नहीं सकते।" राजेश ने गले मिलते हुए कहा था। "...ये नीता भाभीजी हैं श्रीमती अरुण...।" उसने साथ खड़ी साड़ी में लिपटी एक आम भारतीय स्त्री से परिचय कराया था। मेरे हाथ नमस्कार की मुद्रा में बढ़ चुके थे।

"ये मेरी बेटी, काव्याश्री...।" मैंने कहा तो नीता ने प्यार से काव्याश्री के गाल पर हाथ फेरा और फिर प्रेमपूर्वक गले लगाया था।

"...आप आ गए तो हम सब को चैन है...नहीं तो दो दिन से ये तो बिलकुल सोये नहीं, न बोलते हैं, न खाते हैं, जब सुना कि आप आ रहे हैं तो मैंने ही ज़िद्द की थी एयरपोर्ट आने की, नहीं तो ये घर से एक बार निकले तो कुछ पता नहीं होता। फिर हम लोगों को...।" कहते-कहते नीता ने अपनी आँखों के किनारों को एक उंगली से ठीक किया था। फिर एक चुप्पी ने सबको घेर लिया था। पार्किंग में कार की ओर बढ़ रहे थे कि एक युवा ने आकर अरुण के पैर छुए थे।

"सर, सर्वेश्वर...सर्वेश्वर दयाल, '98 बैच...मैडम पहचाना नहीं...सर आपके कहने पर ही तो एग्रीक्लचर में डिग्री ली थी...अब खेती कर रहा हूँ...साथ ही डेयरी फार्म में दो सौ गाय-भैंस भी हैं...यहीं 50 किलोमीटर दूर अधारपुर में...।"

"अच्छा, हाँ सुना है...।"

"अरे कमाल करते हो अरुण, एक बार मक्का नहीं दे गया था और साथ में घी था, कितना शुद्ध...।"

"अच्छा, हाँ-हाँ...ग्रेट...मजा आ गया...यहाँ कहाँ...कैसे...।"

"सर, पंतनगर एग्रीक्लचर कॉलेज में पेपर पढ़ने के लिए गया था...हमारे यहाँ पर केस स्टडी और रिसर्च कर रहे हैं कुछ लड़के...।"

"अच्छा!! ये हुई न बात...।" अरुण ने उसके सिर पर हाथ फेरा तो हट्टाकट्टा नौजवान फिर झुका था।

हम लोग कार में बैठे तो सब चुप थे। गाड़ी अरुण चला रहा था। राजेश बगल की सीट में था। पीछे हम तीनों, बीच में काव्याश्री। मैंने खिड़की से बाहर नज़र डाली तो शहर आँखों से गुज़र रहा था। बहुत कुछ जाना-पहचाना मगर फिर भी आज निर्जीव लग रहा था।

"अरुण, सीधे अस्पताल चलना।"

"पहले घर चलकर कपड़े बदलकर फ्रेश हो जाते।" वह मुझसे पहली बार बोला था।

"नहीं-नहीं, सीधे ही चलते हैं। फिर घर में तुम लोग क्यूँ परेशान होते हो। कॉलेज के पास वाले मॉडर्न मार्केट में किसी भी ठीक-ठाक होटल में रह लेंगे।"

अरुण ने मुझे देखा था, एक सेकेंड के लिए घूरते हुए, रियर मिरर से और फिर कुछ नहीं बोला। मैं समझ गया था।

"बेटी आई है तो हमारे साथ ही रहेगी। अरुण को भी अच्छा लगेगा...।" नीता ने कहा तो मैंने कुछ देर बाद ही जवाब में कहा था।

"अच्छा चलिए, ये सब बाद में देखेंगे। पहले अस्पताल चलते हैं। मगर वहाँ पुलिस से परमिशन, इन सब बातों का चक्कर तो नहीं...भीड़-भाड़ अब कितनी है?" मेरी अनभिज्ञता थी। टीवी न्यूज़ के दृश्य का असर था।

"नहीं!! ऐसा तो कुछ नहीं। कल ज़रूर अस्पताल में दुष्यंत को देखने की थोड़ी हलचल थी। टीवी देख-देखकर वहीं के लोग बार-बार भीड़ लगा लेते...। बाहर से लोगों को आने की फुर्सत कहाँ...ये टीवी वाले यूँ ही दिखाते रहते हैं, घर में किसी के मर जाने पर तो लोग छुट्टी लेते नहीं, ऐसे आएँगे...!!" अरुण चिढ़चिढ़ाया था।

"कई बार पुलिस वाले नाम पूछ लेते हैं, दो सिपाही गेट पर होते हैं...फिर बाद में पूछताछ के लिए तंग कर सकते हैं...।" राजेश ने लगता है यूँ ही नहीं कहा था। कहीं न कहीं पुलिस का उसे डर था।

"ऐसे कैसे तंग करेंगे...? क्या घरवाले, दोस्त, मिलेंगे नहीं? कोई अपराधी नहीं है वो...न ही हम...।" अरुण झल्लाया था।

सरकारी अस्पताल में भीड़-भाड़ थी। भीमकाय बिल्डिंग जर्जर हालत में थी। एक कोने में प्रिज़नर वार्ड था। वहाँ लोग कम थे। गेट पर खड़े उस पुलिस वाले ने रोका न था। लगता है अरुण को जानता था। अंदर कॉरिडोर में पहुँचे तो विशिष्ट गंध ने स्वागत किया था। कुछ इक्का-दुक्का लोग बरामदे में बैठे मिले थे। हॉल में घुसे तो चारों ओर बिस्तर लगे थे। तकरीबन सभी पर मरीज थे। शक्ल से अपराधी कहना तो ठीक नहीं होगा मगर हाँ वे सामान्य नहीं लग रहे थे। अरुण एक कोने की दिशा में आगे बढ़ा था। हम सब उसके पीछे थे। दूर से आखिरी के बिस्तर पर कोई लेटा हुआ महसूस हुआ था। अरुण वहीं जाकर रुका तो जो देखा तो बस देख नहीं पाया था।...बिस्तर पर अचेत अवस्था में एक आदमी लेटा हुआ था। ग्लुकोस इस नरकंकाल को क्यूँ लगाया गया है? अहम सवाल लगता था। आधा चेहरा भी पट्टी से बाँधा हुआ था...मगर क्यूँ? ध्यान से देखकर अंदाज़ लगाना पड़ रहा था। शरीर पर चादर थी। बगल में एक औरत चुपचाप बैठी थी।

"प्रणव आया है अमेरिका से।" राजेश ने धीरे से कहा तो वह अचकचा कर खड़ी हुई थीं, नमस्कार किया, एक नज़र चेहरे पर डाली, फिर नजरें क्या झुकाई...आँखें अनायास ही नम हुई होंगी...और फिर आँसू की एक बूँद को गालों पर लुढ़कते देखा तो मुझे दु:ख हुआ था।

"भाभी जी।"...अरुण ने सिर पर हाथ रखकर कुछ कहने की कोशिश की थी, तब तक नीता ने आगे बढ़कर उन्हें गले से लगाकर कुछ देर पीठ पर हाथ रखा था। मैं कुछ कहने की स्थिति में नहीं था। अजीब परिस्थिति थी। मन किया कि वहीं ज़मीन पर बैठ जाऊँ। सब कुछ निष्क्रिय हो रहा था। काव्याश्री एकदम चुप और भरी आँखों से देख रही थी। अरुण की चुप्पी अब कुछ-कुछ समझ आ रही थी। मैं जिस लेटे हुए इंसान को देख रहा था, वह मेरा दुष्यंत हो ही नहीं सकता। और मैं अगले ही पल प्रिज़नर वार्ड से बाहर था। बाहर भीड़ इतनी थी कि कुछ भी समझ पाना मुश्किल था। अस्पताल के मुख्य भवन में तो चारों ओर अफरातफरी का माहौल था और वातावरण दवाई की बदबू में डूबा हुआ था। डाक्टर्स का अतापता नहीं था। एक-दो नर्स दिख जातीं मगर वो भी सरकारी स्टाइल में। अब क्या करूँ...सवाल मन में उभरा था।

"क्या यहाँ इलाज कराना ज़रूरी है?" अरुण और राजेश साथ ही थे।

"...कोर्ट और पुलिस के नियम हैं...सरकारी अस्पताल में ही इलाज हो सकता है। तीन दिन की जूडिशियल कस्टडी है। हाँ, सीएमओ चाहे तो मेडिकल कॉलेज रैफर कर सकता है... । अरुण ने पूछा था। इसका एक स्टूडेंट यहीं डाक्टर है। देखभाल तो ठीक करता है। मगर कह रहा था सीएमओ आसानी से नहीं छोड़ेगा।"

''इस काम में तो मिलिंद मदद कर ही सकता है।...लगाना उसको फोन।''

''पता नहीं, उठाता भी है या नहीं... ।'' राजेश ने बोलते हुए मोबाइल का बटन दबाया तो तुरंत घंटी गई थी। अबकी बार जवाब भी जल्दी मिल गया था।

''हाँ, राजेश, कैसा है? बोल... ।'' मिलिंद लाइन पर था।

''मिलिंद, प्रणव आया हुआ है, मेरे साथ अस्पताल में है, तेरे से बात करना चाहता है।''

वह बोलता उसके पहले ही मैंने मोबाइल उसके हाथ से ले लिया था।

''मिलिंद, हाँ मैं प्रणव। देख बाकी बातें बाद में होती रहेंगी। तेरा वक्त ख़राब नहीं करना चाहता। तेरे पास तो अपने दोस्त को देखने का भी वक्त नहीं...जबकि तुझे पता है कि उसकी हालत ठीक नहीं। ऐसे में तो वह सचमुच मर जाएगा...क्या इसके बेहतर इलाज का इंतजाम भी नहीं हो सकता? कम से कम इतना तो तू कर ही सकता है...किसी को भी बोलकर...आखिरकार आईजी है... ।'' पता नहीं, कैसे मैं ये सब बोल गया था...चेहरे पर कोई चिह्न भी नहीं उभरे थे।

''...और अगर नहीं कर सकता तो बता...हम कुछ और सोचते हैं... ।'' शब्द बाण की तरह तीखे थे। सुनकर अरुण भी अपनी जगह से एक-दो बार हिला था। कभी हाथ जेब में डालता कभी कमर पर रखता, कभी मुँह को पोंछता। लगता कि वह इन बातों से कहीं न कहीं उद्वेलित हो रहा था।

''मैं तो समझ रहा हूँ...मगर शायद तू नहीं समझ पा रहा...वैसे तू क्या करवाना चाहता है...डॉक्टर देख तो रहे हैं...इस हालात में जो नियम के हिसाब से हो सकता है वही तो होगा।'' उधर से मिलिंद कुछ ठहरकर बोल रहा था।

''ऐसे में तो...लगता है कुछ ऊँच-नीच हो जाएगी...तो फिर क्या करोगे? हिन्दुस्तान में भी...बेहतर इलाज के लिए कोई नियम तो होगा?''

''और क्या किया जा सकता है... ?''

''आईसीयू में एडमिट कर सकते हैं, मेडिकल कॉलेज रैफर कर दें...एक से एक बदमाश, बड़े-बड़े अपराधी, नेता बचने के लिए, बड़े-बड़े अस्पतालों में कैसे भर्ती हो जाते हैं? कुछ तो जेल की सज़ा भी काट रहे होते हैं... ? और यहाँ एक आदमी मर रहा है...मगर उसका ठीक से इलाज नहीं हो रहा।''

''देख प्रणव, ऐसे बोलते रहने से कोई फ़ायदा नहीं, यह एक संवेदनशील केस है, मीडिया कवरेज देख रहा है...पब्लिक प्रेशर कितना है...ऐसे में कोई बड़े से बड़ा अधिकारी भी फेवर नहीं करेगा...मामला वैसे भी कोर्ट में है...हाँ, तुम चाहो तो डीजीपी से मिल सकते हो या फिर पुलिस कमिश्नर से... ।''

''ठीक है तो फिर उन्हीं से मिलाने का इंतजाम कम से कम कर दे... ।''

"अ...उसकी क्या ज़रूरत है? वहाँ खुद चले जाओ, अपनी चिट भेजो वो क्यूँ नहीं मिलेंगे?"

"मिलिंद!! चल कोई बात नहीं...।"

मैंने फोन काट दिया था। और बिना कुछ कहे बाहर की ओर निकल पड़ा था। राजेश पीछे–पीछे हो लिया था। अरुण कुछ समझ न पाया तो पूछने लगा था, "कहाँ चलना है?"

"पुलिस हेड क्वार्टर्स।"

सुनते ही उसने गाड़ी सड़क पर डाल दी थी। पीछे की सीट पर बैठते ही मैंने काव्याश्री को मोबाइल कर दिया था, "बेटा, तुम वहीं रुको, आँटी का ध्यान रखना, हम लोग अभी आते हैं।"

"ऐसे कौन मिलेगा...कोई फ़ायदा?" राजेश के प्रश्न का जवाब देना मैंने उचित नहीं समझा था...इस बीच सेरिल को फोन लगाया था। रजत फिर से नो रिप्लाई था...। सेरिल ने उठाया तो मैंने पुलिस कमिश्नर या डीजीपी को किसी से तुरंत फोन करवाने के लिए कहा था...ये पुलिस अधिकारी कम से कम मिलने का टाइम तो दें...वैसे तो हम भी जाकर कोशिश कर रहे हैं। मेरे शब्दों में आवेग था और चेहरे पर व्यग्रता। अरुण चुप था। उसकी निगाहें सड़क पर थीं। यंत्रवत गाड़ी चला रहा था। यातायात अस्त–व्यस्त लग रहा था। दो किलोमीटर का सफर लगा कि दो घंटे लग जाएँगे। शहर के बीच में पुलिस हेडक्वार्टर्स था। सीधे डीजीपी के कार्यालय पहुँचे थे। तब तक कोई ख़बर नहीं थी। शायद सेरिल कुछ कर नहीं पाई होगी...। फिर भी मैंने विज़िटर स्लिप भरकर दी तो कार्यालय सहायक ने साहब से मिलना मुश्किल कहा था...पता चला कि मीटिंग में व्यस्त हैं। तभी सेरिल का फोन भी आया था, कहने लगी, 'डीजीपी तो आज शायद मिल न पाये...पुलिस कमिश्नर के पास चले जाओ...वो लंच के पहले ज़रूर मिल लेंगे...।' हम तुरंत कमिश्नर ऑफिस भागे थे...पास ही था। नाम की सूचना अंदर भिजवाई फिर भी पूरे चालीस मिनट बाद बुलाया गया था। इस बीच कई बार लगा कि पूरे शहर को आग लगा दूँ। अंदर पहुँचते ही लंबी व्यावहारिकता की जगह एक–दो संदर्भित बात होते ही मैं उतावलेपन में सीधे बोल गया, "सर, माना कि केस रजिस्टर्ड है, तहकीकात भी होती रहेगी, मगर ऐसी हालात में तो वो मर जाएगा।"

"वो तो ठीक है, मगर उसमें पुलिस क्या कर सकती है? अनुभवी डॉक्टर हैं, जैसी ज़रूरत होगी वे खुद निर्णय ले सकते हैं।" कमिश्नर सीधा–सपाट था।

"उसे ज़िंदा रखने की आपकी कोई जवाबदारी नहीं?"

"जी! कमाल की बात करते हैं आप...अब हमने तो नहीं मारा उसे...वैसे आप

आरोपी के क्या लगते हैं?''

''मैं...मैं...उसका बचपन का दोस्त हूँ, अमेरिका से आया हूँ...।''

''ठीक है, मगर आपके दोस्त ने क्राइम किया है तो उसे कोई फाइव स्टार में तो रुकवाएँगे नहीं।'' क्राइम किया है...सुनकर मुझे अजीब लगा था, मगर क्या किया जा सकता था। मैंने बगल में अरुण की ओर देखा वह कमिश्नर को घूर रहा था।

...और फिर धीरे-धीरे मुझसे सवाल-जवाब शुरू हो गया था। केस की सीरियसनेस बताई गई थी। बाद में मैं चुपचाप सुनता रहा था। और थोड़ी देर में हम बाहर थे।...अब क्या करें? सवाल मन में उठा था। किसी और से मिलने का क्या फ़ायदा? जब पुलिस कमिश्नर के ऐसे ख्याल हैं तो डीजीपी क्या करेगा...? समय बर्बाद करना होगा...समझ आ गया था...। मेरी तेज़ी कम हो रही थी। उधर भरी दोपहरी थी...वैसे तो प्यास लग रही थी...मगर अब तक मैं भूला हुआ था...।

हम वापस अस्पताल पहुँचे तो मैंने काव्याश्री को जाकर कैंटीन में कुछ खाने के लिए कहा तो उसने मना किया था। नीता भाभी ने भी उसे ले जाने की कोशिश की थी। नहीं मानी तो दोनों चुपचाप बैंच में बैठ गए थे। उधर, राजेश घर का बोलकर निकल गया था। मैं खड़े-खड़े लगातार सोच रहा था। जबकि अरुण अब तक चुप था। मैंने और कोई पूछताछ नहीं की थी। कुछ समझ नहीं आ रहा था, सिवाए इसके कि पहले दुष्यंत की जान बचाना ज़रूरी है। बाकी बातें बाद में। और थोड़ी देर में सीएमओ से मिलने के लिए हम एक बार फिर चल पड़े थे।

''देखिए, हालत तो अच्छी नहीं है...मुँह के नीचे का हिस्सा और एक हाथ बुरी तरह से जख्मी है। कुछ भी कहना मुश्किल है। खून की कमी अलग है। रातभर देखेंगे...सुबह तक होश आ गया तो आगे प्लान करेंगे। जो भी ज़रूरी है किया जा रहा है। जब तक होश नहीं आता कुछ नहीं कहा जा सकता...।''

इतनाभर कहने पर कि किसी बड़े डॉक्टर की राय ली जा सकती है, कम से कम आईसीयू में तो भर्ती कर देते...वह उखड़ गया था...।

''एक से एक एक्सपर्ट डॉक्टर हैं इस अस्पताल में, सीएम साहब का भी यहीं इलाज होता है...गवर्नर का भी...आईसीयू क्या है...वहाँ भीड़ देखी है आपने...हमारे यहाँ तो प्रिजनर वार्ड भी अलग है और वहाँ सुरक्षित रूप में पूरी देखभाल हो रही है। नहीं तो कई जगह जनरल वार्ड में अपराधी पलँग से बाँध दिए जाते हैं। और फिर ज़रूरत होगी तो हम खुद देख लेंगे...।''

यह झूठ था। अभी तक कोई सीनियर डॉक्टर झाँकने तक नहीं आया था। सिवाये एक-दो डॉक्टरों के, वो भी अरुण के छात्र रह चुके थे। मगर बहस की भी नहीं जा सकती...उसका कोई फ़ायदा नहीं...। डॉक्टर के कमरे के बाहर मरीजों की

भीड़ देखकर मुझे अजीब लगा था...ये सब ज़िंदा कैसे हैं? सोचकर आश्चर्य हुआ था...शायद इतने सालों में हिन्दुस्तान की आदत नहीं रह गई थी...हतोत्साहित होकर मैं वापस फिर वहीं था।

जिस जोश में शहर पहुँचा था। एक झटके में हवा हो गया था। प्रिज़नर वार्ड के बाहर बने हॉल में लगी कुर्सियों पर चुपचाप बैठ गया था। सामने की दीवार से लगी कुर्सियों पर काव्याश्री और नीता के बीच में दुष्यंत की पत्नी थीं। अभी तक नाम भी नहीं जान पाया था। एकदम निर्जीव, पत्थर-सी आँखें। इस बार एक लंबी साँस लेकर मैं उठा और उनके नजदीक पहुँचा था, ''अपना ध्यान रखें, भाभी। आप कमजोर हो जाएँगी तो कैसे काम चलेगा। हम लोग हैं न। अब कुछ नहीं होगा दुष्यंत को। उसे पता चलेगा तो बाद में कितना गुस्सा होगा। पता है न, कितना मज़बूत आदमी है दुष्यंत...।'' कहते हुए मैंने अपना हाथ उनके सिर पर रखकर हल्के से अपने होने का अहसास दिया था। उन्होनें आँखों के नीचे की पलकों को साड़ी के किनारे से पोंछा और फिर मेरी ओर बिना देखे धीरे से सिर हिलाया था।

''नीता भाभी, आप इन्हें कुछ खिला दीजिए फिर हम लोग चलते हैं। कपड़े बदलकर फिर आते हैं।'' उन्होंने मना किया था। बहुत मनाया मगर कोई फ़ायदा नहीं। कुछ देर बाद हम चारों अस्पताल में भाभी को छोड़कर चल दिए थे। बड़ा अटपटा लग रहा था कि ऐसी परिस्थिति में उनके साथ कोई नहीं। और फिर हम लोग भी कब तक बैठते। मगर ये अकेली औरत भी वहाँ बैठकर क्या करेगी?...बड़ा अजीब महसूस कर रहा था...जिस शहर में दसियों की भीड़ हुआ करती थी वहाँ एक की तलाश थी...।

अबकी बार कार में मैं अरुण के बगल में और काव्याश्री और नीता भाभी पीछे। पूरे छह घंटे हो चुके थे। हम लोगों को सुबह दिल्ली से चले हुए...मात्र एक घंटे की फ्लाइट और पूरे चार घंटे इस शहर में, मगर परिणाम? कुछ नहीं...। बिना कुछ पूछे अरुण ने सीधे माडर्न मार्केट के एक अच्छे दिख रहे होटल में कार रोकी थी। लगा कि नीता भाभी कुछ कहना चाह रही थी। मैंने उतरकर अपना सूटकेस उतारा और फिर सभी को गाड़ी से निकलता देख कहने लगा, ''अरुण, तुम भाभी के साथ काव्याश्री को घर ले जाओ। मैं यहाँ होटल में तैयार होकर आता हूँ।'' सुनकर अरुण हड़बड़ाया था और फिर तुरंत बोल पड़ा, ''नीता, तुम काव्याश्री को लेकर घर चलो। कार ले जाओ, मैं प्रणव के साथ ऑटो में आता हूँ।''

और कुछ ही देर में हम दोनों होटल के एक कमरे में थे। सामान रखा और सोफे पर बैठकर बेयरे को दो चाय के लिए कहा था। मोबाइल निकाला तो उसमें कोई मिस कॉल नहीं थी, सिर्फ एक मैसेज था कविता का...अपने पहुँचने की ख़बर थी...।

"क्या हुआ? सब ठीक तो है...मैं समझ गई थी कि तुम बिजी होंगे...इसीलिए फोन नहीं किया। कैसी हालत है?" कविता चिंतित लगी थी।

"अब तक मैं कुछ भी नहीं कर पाया कविता...।"

"हताश नहीं होते...हौसला रखो...सब ठीक होगा और फिर अपना ध्यान रखना...ठीक है... ? काव्यश्री कहाँ है... ?"

"वो ठीक है, अरुण के घर गई है...भाभी जी के साथ। चलो, अब मैं रखता हूँ...।" और मैंने मोबाइल को काटकर सोफे पर यूँ ही सरका दिया था।

40

"तू बहुत शांत हो गया है। कम बोलने लगा है।" मैंने कमरे में सामान खोलते हुए कहा था। अरुण सामने के सोफे पर बैठकर, खिड़की के पार कुछ ढूँढ़ रहा था।

"बोलने का कुछ फ़ायदा हो या कम से कम कोई सुनने वाला हो तब तो कहा भी जाए...तूने भी तो आते के साथ भागा-दौड़ी शुरू कर दी थी...कहाँ टाइम मिला...।" अरुण ने बोलते-बोलते सामने पड़े गिलास में पानी उड़ेला और फिर एक साँस में पी गया था।

"मुझे नहीं पिलाएगा?"

"हाँ-हाँ, क्यूँ नहीं।" उसने मुझे भी पानी दिया और फिर खिड़की पर पहुँचकर धीरे से बोला, "...मुझे इस बात का दु:ख तो है ही कि दुष्यंत के साथ ये सब क्या होता चला गया। मगर इस बात का अधिक दु:ख है कि मैं कुछ कर नहीं पाया।"

मैं वापस आकर सोफे पर बैठ गया था। दोनों हाथ की उंगलियों से दोनों आँखों को रगड़ा और फिर पूरे मुँह को हथेली से पोंछा था। ज़मीन की ओर देखते हुए एक लंबी साँस ली थी। फिर अरुण की ओर देखा और देखता रहा...क्या ये वही इंसान है जो बाईस-तेईस वर्ष पहले, उस शाम जब मैं कॉलेज छोड़ रहा था तो हॉस्टल के गेट तक आया था। मुझे तो नयी मंज़िल की तरफ जाने की जल्दी थी मगर उसकी आँखों की नमी को मैं देख सकता था...दुष्यंत ने तो कमरे से ही विदा कर दिया था...। मैंने उसकी ओर फिर नज़र डाली तो इतना लंबा अंतराल यहाँ खत्म होता नज़र आया था। ऐसा अहसास तो परसों शाम की पार्टी में भी नहीं जागा था।...मैंने एक लंबी साँस ली थी। अब आगे क्या किया जा सकता है? समझ नहीं आ रहा था। कमरे का मौन मुझे तंग कर रहा था। अरुण की चुप्पी कुछ-कुछ समझ आने लगी थी।

"वकील तो कर लिया होगा?"

"हाँ।"

"क्या कहता है?"

"अदालत में तो वक्त लगेगा..."

"वो कैसे?"

"केस काम्प्लेक्स है, ऊपर से मीडिया का प्रेशर आजकल कोर्ट पर भी पड़ने लगा है...।"

"मगर इस चक्कर में दुष्यंत फँसा कैसे...?" शब्द चिंतित थे।

"लंबी कहानी है...।" उसने धीरे से कहा था।

"बचने का कोई उपाय...।" मैं अभी भी उसी को देख रहा था।

"वही देख रहा हूँ...।" वह सीधा और सपाट था।

"ऐसे तो मुश्किल हो जाएगी...। अरुण, तू विष्णुदत्त के घर का पता तो जानता ही होगा...मैं उससे मिलना चाहता हूँ...।"

"कोई फ़ायदा नहीं...।"

"देख अरुण, मैं जानता हूँ वो बंदा ठीक नहीं, तेरी उससे बनती नहीं, मगर जैसा मैंने सुना और देखा है, वो पॉलिटिकली पॉवरफुल है...इस तरह के केस में यही लोग मदद कर पाते हैं...तू मत चलना, मैं अकेले हो आऊँगा...।" मैं बोलते हुए उसके पास चला गया था।

"नहीं, वो बात नहीं है...।"

"तो फिर?" मैं थोड़ा आतुर हुआ था।

"असल में इन सब के पीछे कोई और नहीं अपना विष्णुदत्त ही है...।" वह धीमे से बोल तो गया मगर लगा कि मानो मैंने कुछ सुना ही नहीं।

"विष्णुदत्त...!" मैं फटी आँख और खुले मुँह से वहीं खड़ा रह गया था।

"तुम्हें आज भी लगता होगा कि मैं यूँ ही बोलता रहता हूँ...।" अरुण इस बार मेरी ओर देखकर बोला था।

"यार, मगर वो तो अच्छे दोस्त थे...और फिर कॉलेज लाइफ की खटपट तो सब चलती रहती है, मगर इतने सालों बाद...इस तरह...!!"

"वो अच्छे दोस्त कभी नहीं थे, यह तुम्हारी भूल है...।"

"मगर तुम उसका नाम इतने विश्वास से कैसे ले सकते हो...?"

"सरकमस्टैन्शियल एविडेंस...परिस्थितिगत साक्ष्य यही कह रहे हैं।"

"अच्छा!! फिर बताते क्यूँ नहीं?"

"किसको...?"

"पुलिस को...।"

"तुमको क्या लगता है पुलिस एक्शन लेगी...? वो तो विष्णुदत्त की ही जेब में

है...तुमने दिन में महसूस नहीं किया...किसी के कान में जूँ नहीं रेंग रही...।''

''नहीं यार...इतने बड़े सिस्टम को कब्जा नहीं किया जा सकता। ख़ैर, उसके ऊपर भी तो लोग होंगे...।''

''याद है, हॉस्टल में हम पुलिस से बचने के लिए नेताओं के पास जाते थे मगर अब विष्णुदत्त या उसके जैसे उसी के दोस्त ही तो नेता हैं...तो क्या करोगे...?''

''तो फिर सरकार के पास जाना चाहिए...।'' मैं शॉक से उबर नहीं पा रहा था।

''सरकार क्या होती है...ये मिलिंद की तरह कमजोर और श्रवण या आकाश ब्यूरोक्रेट्स की तरह नेताओं के चमचे...इन सबसे अधिक पॉवरफुल तो मीडिया है, और मीडिया ने ही तो सारा खेल बिगाड़ा हुआ है...।''

''वो कैसे...?'' मेरी हैरानी बढ़ती जा रही थी।

''उस लड़की, कैम उर्फ कामना की मौत पर इतना एकतरफा शोर मचाया कि केस सँभलने के चक्कर में उलझता चला जा रहा है...।''

''वो तो ठीक किया मीडिया ने, मैंने भी सैकड़ों छात्रों और लोगों के कैंडिल मार्च के सीन को टीवी पर देखा है, मगर इसमें दुष्यंत कहाँ से चक्कर में आ गया...।''

''बस यही तो चक्कर है। मीडिया को तो मसाला चाहिए, पूरी ख़बर नहीं बताती...जैसे कल.. ये तो उछाला कि कामना और दुष्यंत की लड़की जीविका वीएनआईटी में एक ही क्लास में अच्छे दोस्त थे और इसीलिए उसे भी पूछताछ के लिए बुलाया गया है, तुमने भी टीवी पर देखा होगा...मगर इस बात को आज तक नहीं बताया कि कामना ड्रग्स एडिक्टेड थी...। अब वो चूँकि मर चुकी है तो उसके बारे में कोई ग़लत बात चरित्र हनन होगी और शायद पब्लिक पसंद न करे...वैसे भी वह सुंदर थी, स्मार्ट, रईस घर से...उसका जीवन व प्यार के किस्से किसी महान उपलब्धि की तरह दिखाये जाएँ तो फिर उसकी मौत को लोग भावुक होकर ज़्यादा देखेंगे...वैसे भी ज़िंदा शरीफ लोगों को बदनाम कर दो, क्या फर्क पड़ता है...लोगों का आक्रोश बढ़ेगा...साथ बढ़ेगी टीआरपी।''

''मगर ये बात मेरी समझ में नहीं आ रही कि दुष्यंत कहाँ से चक्कर में पड़ गया...कोई हवा से निकालकर तो फँसाएगा नहीं?''

''वो पूरी कहानी किसने सुननी और सुनानी है...वो तो बस रोज दर्शक को घुमाओ, स्टोरी में ट्विस्ट दो, ख़बर नहीं, सनसनी चाहिए...जैसे कि उसके रेप की ख़बर को इतना तूल दिया और धीरे से दुष्यंत पर संदेह व्यक्त कर दिया, बस दर्शक को नया बिंदु व रस मिल गया और दुष्यंत रातों-रात दुनिया की निगाह में बलात्कारी बन गया...।'' वो बोले जा रहा था।

"मगर दुष्यंत ही क्यों?" मैं लगभग चीखने लगा था।

"असल में कामना बड़े घर की बिगड़ी औलाद है...नयी जनरेशन माता-पिता की ग़लती पर आक्रोश नहीं करती अब उन्हीं की तरह मस्ती करती है। उसकी माँ की दूसरी और नये बाप की तीसरी शादी है। पहले शुरू-शुरू में जब वो कॉलेज आयी तो जीविका के साथ घूमती थी, धीरे-धीरे उसके खाने-पीने की आदत देख जीविका दूर हो गयी। वैसे भी जीविका बहुत समझदार लड़की है तुम मिलोगे तो देख लेना...हर साल की टॉपर और बास्केटबाल की नेशनल प्लेयर...। कामना को कुछ दिन पहले दुष्यंत ने उन झाड़ियों के पीछे जहाँ उसकी मौत हुई है, देखा होगा...तुझे याद है, गर्ल्स हॉस्टल से आगे पूरी कॉलोनी खत्म होने के बाद कॉलेज कैम्पस की बाउंडरी से लगी रोड पर आगे जाओ तो थोड़ी दूरी पर कई पेड़, झाड़ियाँ और छोटा-सा नाला है, वहीं घास बढ़ जाए तो घना जंगल हो जाता है...हम लोग भी वहाँ कहाँ जाते थे? आजकल लड़कियाँ जो थोड़ी बिगड़ी हैं अपने ब्वॉयफ्रेंड के साथ वहीं पहुँच जाती हैं। इस साल दुष्यंत का ठेका है कॉलेज में घास काटने का। एक दिन वह वहाँ से निकल रहा था तो सुनसान जगह पर झाड़ियों में किसी लड़की की अटपटी आवाज़ सुनकर रुका और फिर नजदीक गया...लड़की कुछ पहचानी हुई लगी थी।

...इस बीच लड़की के हाथ में लड़के को कोई इंजेक्शन लगाते देखकर दुष्यंत का माथा ठनका था। दो-चार मिनट बाद ही लड़का उसके शरीर से खेलने लगा था। वे दोनों तकरीबन नग्न अवस्था में खुली जीप में पीछे ये हरकत कर रहे थे। जब भी लड़का लड़की के शरीर के किसी हिस्से को चूमता तो वह मस्ती में चीखती। दुष्यंत को नजदीक आता देख लड़के ने उसे वहाँ से भाग जाने को कहा था। जब उसने उन्हें कुछ कहने-समझाने की कोशिश की तो कामना ने और अधिक निर्लज्जता दिखाई थी। उसके सामने वो लड़के को खुलकर संभोग करने के लिए...फक मी डीप टुडे, कहने लगी। दुष्यंत ने मोबाइल कैमरे से फोटो खींचने का भय दिखाया तो वह और चौड़े होकर अपनी नग्न तसवीर खींचने देने के लिए खुद ही पोज देने लगी...और फिर दोनों हँसे थे...वे बहुत नशे में थे...दुष्यंत लौट कर सीधे कॉलेज के डायरेक्टर से मिला था...। बाद में उसने पता लगाया तो लड़का विष्णुदत्त का बेटा राजा निकला...जो पढ़ तो अपने बाप के कॉलेज से रहा है...मगर कई दोस्त उसके इस कॉलेज में भी हैं...। बाद में डायरेक्टर ने पूरी बात सुनकर उसे समझाने की कोशिश की थी...'आज के बच्चे अपने स्वतंत्र जीवन में हस्तक्षेप बर्दाश्त नहीं करते, समझे।' मगर तुम तो जानते हो कि दुष्यंत कहाँ मानने वाला।...ड्रग्स तो ग़लत है, बस इसी बात को लेकर वह पुलिस स्टेशन गया, पेपर में गया, जिससे उचित कार्यवाही हो। उसने जीविका से भी पता लगवाया था तो पता चला कि हाँ, आजकल कैम और

एक–दो और लड़कियाँ राजा के साथ चक्कर में हैं...और ड्रग्स लेती हैं। वह बस इस ड्रग्स के पीछे पड़ गया था। कुछ दिनों तक तो ऐसे ही चलता रहा, बीच में मुझसे मिला तो सुनने पर मैंने भी उसे समझाया था कि उसने हर जगह कम्प्लेंट दर्ज कर दी, बस उसका फर्ज़ हो गया। मगर वह आगे भी पता लगाता रहा कि कहाँ से ड्रग्स आ रहा है...और फिर यह देखकर, जानकर दुखी होने लगा कि हमारे कॉलेज में इसका प्रचलन बढ़ गया है। पक्की जानकारी तो नहीं है मुझे, मगर कुछ दलालों के नाम वह पता लगा चुका था।

...एक रात कामना ने जीविका को फोन किया था और फिर उसे अपने पापा अर्थात दुष्यंत को फोन करने के लिए कहने लगी, तुरंत...। दुष्यंत ने यही सोचकर कि शायद लड़की कोई मुसीबत में है या सॉरी बोलना चाहती है...उसे फोन मिलाया था। एक–दो बार उसने उठाया मगर बोली कुछ नहीं। अगले दिन उसकी लाश वहीं पर मिली थी...वो भी दुष्यंत के लेबर ने ही देखी। दुष्यंत तुरंत कॉलेज के डायरेक्टर से मिला और पुलिस को फोन किया था...मुझे भी बताया तो मैंने ही उसे चुप रहने के लिए कहा था...धीरे–धीरे बात फैली और जाने कैसे मीडिया के हिट लिस्ट में आ गयी और फिर आधा सच–आधा झूठ...हर घंटे नयी ख़बर...नयी शंका...और अंत में धीरे से बात दुष्यंत पर डाल दी गयी...पहले पूछताछ, फिर शक और कई सवाल, उसके मोबाइल नंबर से जो कॉल की गई थी, यही उसके खिलाफ गयीं...उसने उसकी नग्न फोटो खींच रखी थीं...मीडिया में कुछ एक को तो पता ही था बस ब्लेकमेल की स्टोरी बना दी...।''

''ओह...।'' सुनकर मैं चौंका था...''मगर लड़की को कौन और क्यूँ मरवाएगा?''

''नहीं, वो तो ड्रग्स के ओवर डोज़ से मरी है...ये ड्रग्स कहाँ से आता है...ये बात तो राजा से पुलिस को पूछना चाहिए...मगर नहीं, उलटे उसका तो मैसेज मीडिया को आ रहा है, ऊटी बंगलौर से कि, 'एक दिन पहले ही उसकी कामना से फोन पर बात हुई थी...उसने उसे जल्दी वापस आने को कहा था...वो बड़ी समझदार और अच्छी दोस्त थी...' यह तो साफ–साफ मर्डर है...यह कॉलेज प्रशासन की कमी है, पुलिस को जल्द से जल्द अपराधी को पकड़ना चाहिए...।'' विष्णुदत्त तो एक कदम आगे निकल गया...''कामना के पेरेंट्स के सामने मीडिया से कहता है कि इतनी सुंदर, सुशील और समझदार लड़की भगवान सबको दे...मैं तो अपने लड़के की इसके साथ दोस्ती से बहुत खुश था और दोनों तैयार होते तो मैं तो उसे अपने घर की बहू भी बनाता...पता नहीं किस दरिंदे को यह अच्छा नहीं लगा...खैर, हम न्याय लेकर रहेंगे, तभी जाकर उसकी आत्मा को शांति मिलेगी।''

''अरे, मगर इससे कहाँ प्रूफ हो रहा है कि विष्णुदत्त ने दुष्यंत को फँसाया

है...।'' मैं थोड़ा झुँझलाया था।

''वेरी सिम्पल...विष्णुदत्त के बेटे की बदनामी हो रही थी...ड्रग्स के धँधे की जानकारी भी दुष्यंत को होने लगी थी...विष्णुदत्त के आदमी ने उसको बुलाया और उसका काम तमाम करने की कोशिश की...और क्या...बच गया तो सारे इल्जाम उसी पर लगा दिए...मीडिया जिसमें विष्णुदत्त का चैनल ही प्रमुख था, शुरुआत तो उन्होंने ही की थी...।''

''लेकिन...ये रेप कौन करेगा? वो भी तीन-चार लोग?''

''यही तो सवाल है जिसके लिए दुष्यंत जूझ रहा था। हो सकता है ये भी जान गया हो और तभी उसके साथ मारपीट की गई...। अब पुलिस कहती है कि वो भी ड्रग्स के साथ मिला...लेनदेन में उसका अपने गुट से तकरार हुई और इसी बीच पुलिस को ख़बर मिली...मेरे हिसाब से दावे के साथ ये सब कुक्ड स्टोरी है...।''

''मगर इतनी भी क्या खुंदक यार...समझ में नहीं आती...कॉलेज में थोड़ी-बहुत तकरार होगी, बस...।''

''तुझे पता नहीं है, कॉलेज से निकलने के बाद क्या हुआ था...तभी से तो दोनों जो अलग हुए तो फिर कभी नहीं जुड़े।''...और फिर अरुण ने जो किस्सा सुनाया मेरे लिये अप्रत्याशित था...एक नया पन्ना...।

मैं अरुण के क्रोध को अब बेहतर समझ सकता था, सोचकर बोल पड़ा, ''वैसे असल में क्या करता है विष्णुदत्त?''

''न जाने कौन-सी पैसे छापने की मशीन लगाई कि मात्र बीस साल में जाने क्या से क्या हो गया? दिखाने के लिए तो एक यूनिवर्सिटी और दो-चार इंजीनियरिंग व एक मेडिकल कॉलेज खोले बैठा है। कई होटल, फैक्टरी, मीडिया में चैनल, न्यूज़ पेपर, बहुत कुछ है...पूरा साम्राज्य खड़ा कर लिया।''

''और राजनीति में भी पॉवरफुल है?''

''बिलकुल, इतना पैसा है कि कई मंत्री, एमएलए उसकी जेब में हैं...खुद मंत्री बनने के चक्कर में है आजकल, मुख्यमंत्री का खास है...।'' अरुण एक बार फिर गिलास में पानी डालकर गटागट पी गया था और मैं आँखें बंद कर सोचने लगा था।

''नीता क्या कर रही हो, खाने का क्या है...।'' अरुण शायद घर बात कर रहा था। ''...अच्छा, नहीं बनाया, कोई बात नहीं। तो एक काम करो काव्याश्री से बातचीत जारी रखो मगर अग्रवाल रेस्टोरेंट को फोन पर आर्डर कर दो। हम लोग भी आते हैं...सुबह से किसी ने कुछ नहीं खाया। अच्छा, जीविका की क्या ख़बर है...उसे भी बोलो आ जाएगी घर।''

''...ड्रिंक्स मँगवाते हैं। थक रहा होगा।'' उसने मुझसे पूछा था।

"नहीं, तुम लो।" और मैं बाथरूम में नहाने के लिए घुसा था। मुँह पर पानी मारा और शीशे में देखा तो अपना चेहरा हॉस्टल की उम्र का उभरा था। पीछे से लगा कि दुष्यंत की आवाज़ थी 'कहाँ है प्रणव दा?'

अक्सर सुबह देर से उठने पर मुझे कमरे में नहीं पाता तो बाहर निकलकर जोर से आवाज़ लगाता। चार कमरा छोड़ बाथरूम तक आवाज़ आती और अगर मैं वॉशबेसिन पर होता तो जवाब दे देता और अगर शौचालय में हुआ तो चुप रहना पड़ता। हाँ, नहाते-नहाते भी कभी-कभी जवाब देना पड़ता। नहीं तो दरवाजा खटखटाने लगता। सीनियर हॉस्टल में सिंगल बेडरूम होने पर सबसे पहले उठकर मेरे कमरे में ही आता और फिर न मिलने पर वहीं जोर से आवाज़ लगाता। विंग के सभी लोग जान जाते कि दुष्यंत उठ गया है।

...अचानक लगा कि वह मुझे आवाज़ दे रहा है। और मैं सुन नहीं पा रहा हूँ। घबराहट में एक बार फिर मुँह पर पानी के छींटे मारे थे और फिर तुरंत फव्वारे के नीचे खड़ा हो गया।

41

"तुझे याद है...सेरिल को जब लाइब्रेरी में बंद कर दिया था...वो आरक्षण विरोधी आंदोलन...।"

"हाँ-हाँ, अच्छी तरह याद है।"

"...वो जो एक और लड़की को सेरिल के साथ बाहर निकाला था, वो शांतिप्रिया भाभी ही थीं, नयी-नयी असिस्टेंट लाइब्रेरियन की पोस्ट पर लगी थीं।"

"अच्छा!!" एक मिनट के लिए मुझे यकीन ही नहीं हुआ था। आँख बंद करके सालों पुराने उस दृश्य को याद करने की कोशिश की, मगर तसवीर धुँधली थी। उस समय बड़ी भीड़ और धक्का-मुक्की हो रही थी, और फिर लाज़िमी है सारा ध्यान सेरिल की ओर ही था।

"हाँ, एक साँवली-सी दुबली-पतली लड़की थी तो सही...।"

"हाँ-हाँ, वो ही, शांतिप्रिया आर. मूर्ति, सेरिल के स्टेट की थी। यहाँ अपने कॉलेज में नयी नौकरी लगी थी। गर्ल्स हॉस्टल के पास ही उसको भी एक टाइप थ्री क्वार्टर मिल गया था, मंदिर वाले रास्ते पर। खाना खाने वो अक्सर गर्ल्स हॉस्टल आ जाती थी। इसीलिए दोनों की दोस्ती भी हो गई थी...।" अरुण बोलता चला गया था...।

"...कॉलेज से पास आउट होने के बाद...दुष्यंत और विष्णुदत्त ने एक साथ

मिलकर ठेकेदारी का काम शुरू किया था। सबसे पहला ठेका कैम्पस की इसी घास को काटने का लिया था। इस चक्कर में भी विष्णुदत्त और जोगेंद्र आमने-सामने पड़ गए थे। जोगेंद्र तब उभरता नेता था। उसके खास आदमी ठेकेदारी करते थे। मगर दुष्यंत के साथ मिलकर विष्णुदत्त ने ऐसा धमकाया कि दूसरे ग्रुप के लड़के भाग खड़े हुए थे। फिर क्या था इनका एकछत्र राज था कुछ दिनों तक। पट्ठों ने शुरू में ही अच्छी कमाई कर ली थी। असल में डीन को धमकाकर डबल रेट डाले थे। डर कर उन लोगों ने रेट दे भी दिया था। इस दौरान विष्णुदत्त ने हॉस्टल नहीं छोड़ा था। कॉलेज प्रशासन ने कई बार कहा मगर वह मानता नहीं था। अंत में जब दबाव पड़ा तो विष्णुदत्त ने कहा था, 'एक काम और दे दो, हम लोग हॉस्टल छोड़ देंगे।' उन दिनों कॉलेज की लाइब्रेरी में ऊपर के फ्लोर में कोई सिविल वर्क कराना था। साथ में लोहे की रैक भी लगानी थी। वही काम दे दिया गया था। इसी कारण इन लोगों का आना-जाना लाइब्रेरी में शुरू हुआ था। और तभी विष्णुदत्त की निगाह शांतिप्रिया भाभी पर पड़ी थी। और तू तो जानता ही है विष्णुदत्त कितना लड़कीबाज था?

...शांतिप्रिया घर से पहली बार निकली थी। अच्छे कॉलेज में स्थायी नौकरी, एक मध्यम परिवार को और क्या चाहिए। और फिर माता-पिता ने क्वार्टर में खुशी-खुशी सब कुछ सेट करके शांतिप्रिया को छोड़ा था। लेकिन पहले साल में ही लाइब्रेरी के बाहर जो हम लोगों ने दंगा किया, शांतिप्रिया सहम गई थी। मगर फिर जिस तरह से दुष्यंत ने उन दोनों को निकाला था उसके मन में शायद दुष्यंत के प्रति एक विशेष आदर-भाव था। वैसे लड़कों की गुंडागर्दी के किस्से सुनकर वह डर जाती थी।

...विष्णुदत्त लाइब्रेरी में काम के चक्कर में आने लगा था और जब भी आता उसके सामने बैठ जाता। और फिर मीठी-मीठी बातें। शांतिप्रिया समझदार तो थीं मगर उतनी भी नहीं। वैसे और क्या करती? वह भी बात कर लेती थी। हाँ, उसे विष्णुदत्त की आँखों में बदमाशी दिखाई पड़ गयी थी। उसकी निगाहें जब उसके सीने के उभार पर बार-बार जातीं तो वह कई बार झिझक जाती। और अक्सर उसके हाथ दुपट्टा ठीक करने में लग जाते। वह थोड़ा असहज महसूस करती। उस दस-पन्द्रह दिन के काम में ही विष्णुदत्त रोज घंटों-घंटों बैठता और दाना डालने के चक्कर में रहता। एक-दो बार दुष्यंत भी साथ था। शांतिप्रिया ने उससे बहुत अधिक आत्मीयता से बात की थी। उसकी आँखों में दुष्यंत के लिए एक विशेष आदर को देखकर विष्णुदत्त ने उस रात उसको बहुत छेड़ा था। मैं भी वहीं था।

"सही माल है, मस्त, पतली कमर...साली की चुची देखी है। साँवला-सलोना रंग। तेरे को तो पूरा लाइन दे रही थी। अकेली रहती है। कोई लफड़ा ही नहीं। कमाती अलग है।...बेटा घुस जा..."

"क्या बकवास कर रहा है तू?"

"बकवास...!! अबे साले उस पम्मी बाई से तो लाख दर्जा अच्छी न है, जहाँ तू साले मुँह मारता है। एक बच्चे की महतारी। ऊपर से, न जाने अब तक कितने बैठ चुके होंगे, गिनती भी न होगी। अरे भड़ुवे, खाली रंडी में मज़ा लेता है?"

दुष्यंत ने उसे घूरा था।

"देख, मैं सही कह रहा हूँ, एक बार फ्रेश माल टेस्ट कर लेगा तो अम्मी-पम्मी को भूल जाएगा। देख उसको सेट कर। आराम से देगी। मिल-बैठकर खायेंगे। इस बार अरुण को भी नमकीन पानी चखाना है। का रे वर्जिन दोस्त?"

"देख विष्णुदत्त अपन काम करने जाते हैं कोई लफड़ा नहीं।"

"अरे भाई, काम के साथ मजा भी न लेना चाहिए, तभी न इंट्रस्ट आएगा।...अबे छोड़, हम सेट कर लेंगे।"

और अगले दिन विष्णुदत्त अकेले पहुँचा तो शांतिप्रिया ने दुष्यंत के बारे में पूछ लिया था। बस फिर क्या था, विष्णुदत्त ने पकड़ लिया, "मैं दुष्यंत को अबकी बार तुमसे मिलाने घर लेकर आऊँगा। बोलो मंजूर है? चाय पिलाओगी... ? नहीं, चाय नहीं, कॉफी पियेंगे, पिलाओगी?"

और पता नहीं शांतिप्रिया ने हाँ कहा भी था या सिर्फ मुस्कुरा दी थी।

दुष्यंत को बिना बताए उस रात विष्णुदत्त शांतिप्रिया के घर पहुँचा तो पिए हुए था। और फिर कुछ देर बैठते ही उसने छेड़छाड़ शुरू कर दी थी। शांतिप्रिया के मना करने पर वह जबरदस्ती पर उतारू हो गया था। उसके लिए न शब्द का कोई सवाल ही नहीं था। शांतिप्रिया किसी तरह से अपने आप को छुड़ाकर बाहर भागने में सफल हुई थी। बदहवास हालत में भागकर मंदिर पहुँची तो वहाँ सुनसान था। सड़क पर एक-दो प्रोफेसर अपने परिवार के साथ टहल रहे थे, उसे भागते हुए देखा, मगर किसी ने ज़्यादा बुद्धि लगाने की ज़रूरत महसूस नहीं की थी। हाँफते हुए जब मंदिर की सीढ़ी पर पहुँची तो शांतिप्रिया ने देखा कि छीना-झपटी में उसके ब्लाउज के दो बटन के टूट जाने से कपड़ा थोड़ा फट चुका था और अंदर से झाँक रही सफेद रंग की ब्रा उसके उभरते वक्षस्थल को छुपाने में नाकामयाब हो रही थी। उसने साड़ी के पल्लू से अपने शरीर को ढकने की कोशिश की थी। तभी उसे लगा कि साड़ी भी कमर से खुलने की स्थिति में है। वह अनायास ही बेचैन हो गई थी और फिर उसकी उठने की हिम्मत नहीं हुई थी। वह बहुत घबराई हुई थी। मंदिर के पुजारी ने उससे पूछने की कोशिश की तो उससे कुछ न कहा गया। वह सहमी-सी बैठी रही। पुजारी ने जब घंटेभर बाद मंदिर के पट बंद करना शुरू किए और उससे पूछा तो वह बस इतना ही कह पाई थी कि घर जाने में उसे डर लग रहा है। और पुजारी ने उसे घर

तक छोड़ने के लिए कहा था।

क्वार्टर में अंदर पहुँचकर शांतिप्रिया ने झट दरवाजा बंद करने से पहले, दोनों कमरों को झाँक कर देखा, वहाँ कोई न था। और जब तसल्ली हो गई तो उसने नीचे खड़े पुजारी से जाने को कहा था और तुरंत लाइट भी बंद कर दी थी। पलँग पर जैसे ही बैठी, जोर से घबराहट हुई और वह फफक कर रो पड़ी थी। किसी तरह से उसने अपने आप को सँभाला और फिर बिना कुछ खाये-पिये उसी हालात में डर के मारे बैठी रही। जरा-सी आहट पर वह सहम जाती। सुबह की पहली किरण पर ही उसे लगा कि रात के अँधेरों से वह बच गई है। और फिर फटाफट नहा-धोकर बिना खाये-पिये कॉलेज की ओर भागी थी। मन में विचार था कि जाते के साथ कॉलेज के प्रिंसिपल को बताएगी। मगर प्रिंसिपल कमरे में नहीं थे। और फिर पूरे दिन वह इसी फिराक में रही कि कब प्रिंसिपल आए और वह उनसे कम्प्लेंट करे। इसी बीच विष्णुदत्त दोपहर बाद एक बार फिर लाइब्रेरी पहुँचा तो वह देखकर डर गई थी। और वह बचने के लिए लाइब्रेरियन के कमरे में चली गई थी। विष्णुदत्त वहाँ भी पहुँच गया था। विष्णुदत्त को आता देख जिस तरह से लाइब्रेरियन ने खड़े होकर उसका स्वागत किया था, यह शांतिप्रिया के लिए एक नया सबक था। और वह हताश होने लगी थी। उसकी घर जाने की हिम्मत नहीं हो रही थी। विष्णुदत्त की लाल आँखें और मुस्कुराते चेहरे के पीछे की प्यास उसे साफ-साफ दिखाई दे रही थी। शाम को घर लौटते हुए वह एक बार फिर प्रिंसिपल के कमरे में गई तो पता चला कि वह अगले तीन-चार दिन के लिए शहर से बाहर हैं। एक मिनट के लिए उसकी आँखों के सामने अँधेरा छा गया था। पुलिस में कम्प्लेंट करना आसान नहीं। उसके लिए यह एक अनजान राह थी। कालोनी में उसकी किसी से विशेष जान-पहचान नहीं थी। हाँ, एक दो लड़कियों से बात की तो सभी ने विष्णुदत्त जैसे लड़कों से बचकर रहने के लिए कहा था। साथ यह भी कहा था कि इन लोगों से तो प्रिंसिपल भी डरते हैं। यह सुनकर तो उसके हाथ-पाँव फूलने लगे थे। और उसने शाम सात बजे से ही दरवाजा अंदर से बंद किया और लाइट बुझा दी थी। किसी अनजान भय से ग्रसित होकर वह किसी शैतान का मानो इंतजार करने लगी थी।

पता नहीं क्यों उसे लग रहा था कि आज भी विष्णुदत्त ज़रूर आएगा। कैसे बचे ? एक बहुत बड़ा प्रश्नचिह्न था। दिमाग़ दौड़ा तो रही थी मगर समझ नहीं आ रहा था। हाँ, दुष्यंत उसे ज़रूर याद आता। उसे यकीन नहीं होता कि दुष्यंत का दोस्त ऐसा काम कर सकता है। उस दिन उसने दुष्यंत को अकेले पूरे कॉलेज से लड़ते हुए और उसके दबदबे को भी अपनी आँखों से देखा था।...लेकिन दुष्यंत उसका दोस्त है तो उसे क्यों रोकेगा ? यह सवाल भी उभरता, तो वह और परेशान हो जाती।

रात दस बजे घंटी बजी तो वह चौंकी थी। हिम्मत न हुई दरवाजे तक जाने की और आई कैप्स से देखने की कि बाहर कौन है? सामने वाले कहीं गए हुए थे। और होते भी तो क्या कर लेते? बुजुर्ग हेड क्लर्क अपनी पत्नी के साथ रहते थे। और अक्सर बीमार रहते। अगली घंटी लंबी और दो बार बजी थी। कुछ ही देर में दरवाजे पर दस्तक थी। शांतिप्रिया अब पूरी तरह से घबरा चुकी थी। किसी तरह दीवार के सहारे दरवाजे तक पहुँच कर धीरे से उसने छिर्री में से झाँक कर देखा, बाहर विष्णुदत्त खड़ा था। उसके चेहरे से ही समझ में आ रहा था कि वह पिया हुआ है। जब विष्णुदत्त ने दोनों हाथों से दरवाजे को जोर से हिलाने की कोशिश की तो उस वक्त वह वहीं थी। दरवाजे की कमजोर कुंडियों को जब उसने बुरी तरह हिलते हुए देखा तो वह बेहोशी की हालत में पहुँचने लगी थी। पता नहीं कैसे उसने हिम्मत जुटाई थी और फिर जोर से चिल्लाई, "कौन?" आवाज़ में डर को छिपाने की कोशिश की गई थी।

"हम विष्णुदत्त। दरवाजा खोल न। तुमसे बतियाना है। घबरा मत, हम है न, देख दुष्यंत भी है साथ में।"

शांतिप्रिया को विश्वास तो नहीं था, न जाने फिर भी क्यों, एक बार देखने की कोशिश की थी। बाहर विष्णुदत्त चतुर था। उसने हँसते हुए आई कैप के सामने अपना हाथ रखते हुए धीरे से प्यार से बोला, "अंदर से ताँका-झाँकी करनी बंद करो, हम कॉफी पीने आए हैं।"

"मेरी दुष्यंत जी से बात कराओ...।" शांति ने हिम्मत से कहा था।

"क्यों, हम पर विश्वास नहीं है का?" आवाज़ ऊँची थी।

"नहीं।"

"कह दिया न, दुष्यंत यहीं है, साली भाव खा रही है। रे दुष्यंत, कुछ बोल न...।"

और विष्णुदत्त ने दरवाजे को जोर से लात मारी तो दो में से एक कुंडा उखड़ गया था। अचानक शांतिप्रिया की आँखों में, एक तरह का आक्रोश उतर आया था। उसे चारों तरफ जब खतरा दिखाई दिया, बचने का कोई रास्ता नहीं, तो ये शक्ति पता नहीं कहाँ से आई थी। उसने दरवाजा जोर से खोला था।

"हाँ बोलो, क्या है?" शांतिप्रिया की आँखे लाल थीं।

विष्णुदत्त दरवाजे से अंदर घुसता चला गया था।

"अरे बुलबुल, घुसने तो दे। कल भी तुम बड़ी दौड़ाई थी। कुछो किए हैं का?"

"इसी वक्त बाहर निकलो, नहीं तो मैं चिल्लाऊँगी।"

"चिल्लाओ...हम तुम्हारी इज्जत थोड़े न लूट रहे हैं। चिल्लाने से तो रानी बदनामी होगी।"

उसने शांतिप्रिया के कँधे पर हाथ रखा तो उसने जोर से उसे दूर किया था।

"निकल जा यहाँ से, नहीं तो...।"

विष्णुदत्त ने शांतिप्रिया को कमर से पकड़ कर अपने पास लाने की कोशिश की थी। "अब छोड़ो न, काहे नखरा कर रही हो। हमारी बात मान लो, कोई कुछ नहीं बोलेगा।"

शांतिप्रिया की समझ में आ चुका था। उसने अपने आप को किसी तरह से छुड़ाया और घर से बाहर निकलकर नीचे सीढ़ियों पर बहुत देर तक बैठी रही। विष्णुदत्त अंदर से आवाज़ें लगा रहा था। शांतिप्रिया को कुछ भी समझ में नहीं आ रहा था कि वह क्या करे, किस के पास जाये और किसका दरवाजा खटखटाए? वह जान चुकी थी कि वह जिस भी घर में जाएगी लोग उसका तमाशा उड़ाएँगे। और वह सीढ़ी से उतरकर लुटी-पीटी सी बिना कुछ सोचे, सड़क पर एक ओर चल पड़ी थी। तभी किसी सामने आती मोटरसाइकिल की रोशनी से आँखें चुँधियाई तो रुक गई थी। उसने हाथ ऊपर कर पलकें बंद की थीं। मोटरसाइकिल पास आकर रुकी थी।

"शांतिप्रिया जी, विष्णुदत्त इधर आया क्या?" यह दुष्यंत था।

शांतिप्रिया को एक मिनट के लिए विश्वास नहीं हुआ था। उसने ध्यान से देखा तो दुष्यंत ही था। उसने उसकी आँखों में झाँका और अचानक अपनी साड़ी का पल्लु नीचे गिराया और ब्लाउज को सामने से फाड़ते हुए ठीक उसके सामने आकर कहने लगी, "हाँ, मेरे घर में बैठा हुआ है, और यह चाहता है। मगर मैं नहीं देना चाहती। चाहो तो तुम ले सकते हो। मेरे पास और कोई चारा नहीं। लेकिन इस आदमी से मुझे बचा लो। मैं मर जाऊँगी मगर किसी भी क़ीमत पर उसको हाथ नहीं लगाने दूँगी।"

दुष्यंत समझ न पाया था। हड़बड़ा गया। मोटरसाइकिल किनारे करके उसने सबसे पहले शांतिप्रिया को अपनी साड़ी के पल्लू से शरीर ढकने के लिए कहा तो वह फफक कर रो पड़ी थी और कहने लगी, "मुझे बचा लो। इस दरिंदे से बचा लो।"

"...अच्छा धीरज रखो और ऐसे नहीं करते...चलो यहाँ से चलो...।"

"कहाँ?"

"अपने घर।"

"मैं वहाँ एक ही शर्त पर तुम्हारे साथ जाऊँगी...।"

"तुम मुझ पर विश्वास करती हो, तो कुछ बोलने की ज़रूरत नहीं है।"

सुनकर शांतिप्रिया एक मिनट के लिए रुकी और फिर यंत्रवत् उसके पीछे-पीछे हो ली थी। दुष्यंत ने पहुँचकर वहाँ देखा...विष्णुदत्त अंदर के कमरे में आराम से शराब पी रहा था। आधा बिस्तर पर लेटा था। विष्णुदत्त ने दुष्यंत को देखा तो लेटे-

लेटे मुस्कुराया था। शांति दुष्यंत के पीछे छिपने की कोशिश में थी।

''आजा यार, हम इसको कितनी देर से समझा रहे हैं कि दुष्यंत आ ही रहा होगा। हमको तो सुन ही नहीं रही है...।''

''अब तू, इस वक्त यहाँ से चल।'' दुष्यंत ने कठोरता से कहा था।

''देख भई, हम तो अभी आये हैं, बिना खाये-पीये तो जाऊँगा नहीं। यह अच्छा डोसा बनाती है...इसी ने न बुलाया है। यार...अब खा-पी के चलेंगे...।''

''मैं तेरे से कह रहा हूँ, इसी वक्त यहाँ से चल। हम बाहर खायेंगे।''

''देख दुष्यंत, हम आज तक तेरे किसी काम में अड़ँगा नहीं डाले हैं, तू भी हमारे बीच में मत बोल।''

''विष्णुदत्त, ये ऐसी-वैसी लड़की नहीं है।''

''...तो कैसी है? तेरे को लाइन दे रही है तो साली अच्छी हो गई। चल, हमारा तो हर चीज़ में बराबरी का हिस्सा है। बिज़नेस पार्टनर हैं यार, समझ...।''

''देख विष्णुदत्त, तू लिमिट क्रॉस कर रहा है।''

''तू काहे इतना खखुआ रहा है हम से। इस दो कौड़ी की लड़की के लिए...लगती का है तेरी?''

''देख, मेरा भेजा मत ख़राब कर...।''

''नहीं तो का करेगा?''

दुष्यंत ने उसका हाथ पकड़ा और बाहर ले जाने लगा तो विष्णुदत्त चीख पड़ा, ''हम इसको छोड़ेंगे नहीं...लेंगे ज़रूर...अपना तो दिल आ गया इस पर। देखता हूँ, कौन रोकता है और कितने दिनों तक...। '' कहते हुए अंत में विष्णुदत्त ने मुस्कुराकर दुष्यंत के कँधे पर अपना हाथ रखा था।

''...रुक न यार, मिल बैठकर खायेंगे। पहले तू ही ले ले, बाद में हम सही...। मरती है तेरे पर यार। हम भी इतने ख़राब थोड़े ही हैं। तुझे दे सकती है हमें क्यों नहीं? यह माल तो हमें भी चाहिए। बड़ा नमकीन है...। '' पता नहीं क्या हुआ और तभी दुष्यंत ने एक तमाचा विष्णुदत्त के गाल पर जड़ा था।

और यही शुरुआत थी...उनके बीच आमने-सामने की लड़ाई की...।

''अच्छा!'' मैं हैरान था। ''...फिर क्या किया विष्णुदत्त ने?''

अरुण आगे बोलता चलता गया...।

...उसने कह दिया था। 'अगर तो तेरी बीवी है, बहन तो बन नहीं सकती, तो हम इसे छोड़ देंगे, नहीं तो...साली को बिज्जू आम जैसे चूस लेंगे...' बस फिर क्या था, दुष्यंत ने भी वचन दे दिया था। और उसने शादी कर ली। मगर विष्णुदत्त फिर भी इस बात को समझ नहीं पाया।

42

''थक रही होगी, घर चलकर पहले नहा-धो लेना, फ्रेश हो जाओगी...।'' नीता ने काव्याश्री को बड़े प्यार से कहा तो वह सिर्फ मुस्कुराई थी।

''तुम आई भी तो ऐसे समय में...।''

''नहीं, ऐसी कोई बात नहीं आँटी, हमें तो आना ही था...मगर फिर ऐसे में तो पापा का आना ज़्यादा बनता है...।''

''मुझे बड़ी खुशी हुई सुनकर...इतने साल विदेश में रहकर भी प्रणव भाई साहब नहीं भूले...और जिस तरह तुम यहाँ...।''

''हाँ, पापा तो दुष्यंत और अरुण अंकल को हमेशा याद करते थे...हम तो उनके हॉस्टल लाइफ की एक-एक बातों से वाकिफ हैं...उन्हें बस इस बात का मलाल था कि बीच में वह संपर्क नहीं रख पाये...और जब से हम को ये पता चला तो पापा तो पागल हो रहे हैं...।''

''इसी को संस्कार कहते हैं बेटा, वो कहीं भी हो सकता है...वरना यहाँ हिन्दुस्तान में भी लोगों के पास फुर्सत नहीं।''

''सही कह रही हैं आप। मुझे ताज्जुब होता है कि दुष्यंत अंकल की फैमिली बिलकुल अकेली है...अगर आप लोग भी न होते तो...।''

''जीवन नरक है...जब मुसीबत आती है तब समझ आता है...।''

दोनों घर पहुँचे तो दो युवक मिलने के लिए इंतजार कर रहे थे।

''केजी सर से मिलना था मैडम...।'' दोनों ने नीता के पैर छुये थे।

''आपके सर के कॉलेज के ज़माने के खास दोस्त आए हैं...उनके साथ हैं...आप लोगों को कोई ज़रूरी काम... ?''

''नो मैडम, इन-फेक्ट हम लोगों ने सर को टीवी पर देखा...थाने से निकलते हुए तो चिंता हुई... हम लोग डिग्री कॉलेज में ही हैं, कोई काम हो तो...।''

''नो थैंक्स बेटा...।'' और वे चले गए थे।

''ये केजी सर! मतलब... ?'' काव्याश्री ने पूछा था।

''अच्छा तुम्हें नहीं पता...। अरे तुम्हारे अंकल को उनके स्टूडेंट केजी मतलब कोच एंड गाइड सर कहते हैं। हमारे इंस्टिच्यूट का नाम भी केजीआई है। ये अपने छात्रों के बीच बहुत पॉपुलर हैं। उनके दोस्त, फिलॉस्फर और गुरु। सब कुछ। छात्र उन्हें बहुत मानते हैं। ये किसी को भी डाँट सकते हैं। तुम्हें यकीन नहीं होगा, एक-दो को तो तमाचा भी पड़ जाता है...मगर सब इनसे डरते भी हैं और प्यार भी करते हैं। मजाक भी चलता है।''

''इंटरैस्टिंग।''

''बिलकुल। हमारा कोचिंग इंस्टिच्यूट भी ग़ज़ब है...यहाँ माँ-बाप बच्चे को इंजीनियरिंग की प्रवेश परीक्षा में सफल होने के लिए भर्ती कराते हैं और कुछ ही दिनों में छात्र को केजी सर वकालत करने के लिए कह देते हैं। किसी को डॉक्टरी तो किसी को इकोनोमिक्स। हमारे यहाँ से कई अच्छे व्यवसायी और पुलिस वाले हैं। सिपाही से लेकर थानेदार, एसपी तक। सर के एक-दो छात्र तो फिल्म सिटी में भी हैं। मीडिया में भी।...एक बच्चे का दिमाग बहुत कमजोर था। मगर उसके माँ-बाप उसे जबरदस्ती इंजीनियर किसी भी तरह बनाना चाहते थे। समझाते-समझाते जब सर थक गए तो एक दिन झल्लाकर बोला था...'जितना पैसा तुम मुझे दोगे उतने में पान की कोई स्पेशल दुकान खोल लो...अच्छा कमाओगे...इंजीनियर बनकर कौन-सा कोई भाप का इंजन आविष्कार करना है...' बस उस लड़के ने यही बात पकड़ ली। आज उसकी चौरसिया पान की दुकान शहर में फेमस है...अच्छा कमाता है...हम लोग हफ्ते में दो दिन न जाएँ तो घर आ जाता है...पान लेकर। तुम्हारे अंकल के बारे में लगता है तुम्हें कुछ पता नहीं...।''

''नहीं आँटी, बस इतना पता है कि कोई कोचिंग सेंटर है जो नामी है...।''

''बहरहाल, इनकी विचारधारा ही अलग है...हम लोग धँधा नहीं करते...ये एक-एक के साथ बच्चे की तरह व्यवहार करते हैं...दिनभर खरी-खरी बात...मगर पता नहीं क्या बात है जो बच्चे इनके बड़े फैन हैं...जो एक बार हमारे यहाँ से पढ़ गया तो इस परिवार का सदस्य बन जाता है...अब तो ये संख्या हज़ारों में हैं। तुम्हारे अंकल थोड़ा अलग हैं इसीलिए तो उनके दोस्त और उनकी दोस्ती भी...।''

''आपकी मुलाकात...।''

''लव मैरिज है हमारी...एक कोचिंग सेंटर में काम करती थी...वहीं ये पढ़ाने आये थे...पहले दोस्ती हुई फिर शादी...इसमें दुष्यंत और शांतिभाभी का भी हाथ है...।'' कहकर वह मुस्कुरायी थीं।

''आपको कैसा लगता है...?''

''मुझे! मैं पूरा आनंद लेती हूँ। इन्हीं के साथ मैं भी लगी रहती हूँ...।''

''और यहाँ तो कॉलेज के कई दोस्त हैं...।''

''हाँ, कइयों के बच्चे पढ़े हैं हमारे पास, कइयों को अरुण ने मना कर दिया...जीविका, दुष्यंत भाई साहब की लड़की भी तो हमारी स्टूडेंट है...बहुत अच्छा कर रही है...।''

''पेरेंट्स लड़ते नहीं...?''

''लड़ते हैं। मगर अरुण में कमाल की सहनशीलता आ चुकी है। समय पड़ने

पर आक्रामक भी हो जाते हैं...ख़ैर, तुम्हारी मम्मी कैसी हैं... ?''

''शी इज़ ग्रेट लेडी...पापा को वही सँभालती हैं...।''

''यू नो काव्याश्री, औरत के पास आदमी को नियमित व नियंत्रित करने की शक्ति है, बस वो इसका इस्तेमाल कैसे करती है, इस बात पर निर्भर करता है। महाभारत हुआ भी औरत के कारण और पांडव लड़कर जीते भी औरत के कारण...। ये मेरी नहीं तुम्हारे अरुण अंकल की फिलॉस्फी है...ख़ैर, तुम्हें इंट्रेस्ट आएगा। फिलहाल तो मुझे चिंता है दुष्यंत भाई साहब की...।''

''जी आँटी, वो तो मुझे भी अब हो रही है...।'' सुनकर नीता ने काव्याश्री के हाथों को अपने हाथ में लिया, उसमें ममत्व था।

43

''दुष्यंत की डायरी है। सबूत के रूप में काम आ सकती है।''

''डायरी!'' मैं सुनकर हैरान हुआ था। शर्ट का बटन लगाते हुए चौंका था,

''ये कब से लिखने लगा... ?''

''शुरू से...खुद ही देख लेना...मुझे भी यकीन नहीं हुआ था।''

''अच्छा!!''

तैयार होकर हम बाहर निकले तो होटल की लॉबी में रौनक थी।

''पता है, ये नया और आॅलीशान होटल किसका है?''

मैंने न कहने के लिए मुँह हिलाया था। स्वाभाविक था।

''चड्ढा का!! जो अपने हॉस्टल का मैस मैनेजर हुआ करता था।''

''वो चड्ढा। जिसको दुष्यंत ने पीटा था! फर्स्ट ईयर में!''

''हाँ...। मगर सुना है असली मालिक जोगेंद्र प्रसाद मंत्री है।''

''अच्छा! कॉलेज में भी उसी के गुट का था।''

''हमेशा। मगर विष्णुदत्त ने उससे भी पैसे ऐंठ लिये थे।''

''ठीक कह रहा है तू।'' मैंने सोचने की कोशिश की थी। शायद अरुण सही कह रहा है। बहुत-सी बातें साथ रहते हुए, खासकर एकदम नजदीक होने पर दिखाई नहीं देती। ''दुनिया को नहीं पता... ?''

''सब पता है मगर उससे क्या...।''

''क्या दुष्यंत के केस में भी, कोई सच नहीं जानता...।''

''कुछ पेपर में इशारा है इस ओर...थोड़ा-बहुत...। बड़े लोगों से सवाल भी उनके सहूलियत के हिसाब से पूछे जाते हैं और जवाब को ही ज़्यादा हवा दी जाती

है। वैसे विष्णुदत्त से मीडिया ने एक बार पूछा था तो उसका जवाब था कि कॉलेज में साथ पड़ने वाले कई दोस्त होते हैं इसका मतलब ये तो नहीं कि हम बाद में भी साथ काम करें या ग़लत काम करें। वैसे तो मेरा उससे कोई संबंध नहीं और अगर होता भी तो मैं कहता कि सरकार को अपराध रोकने के लिए सख्त से सख्त कदम उठाना चाहिए...कानून सब के लिए बराबर है फिर चाहे वो कोई भी हो।''

''पक्का राजनीतिज्ञ है...।''

''बिलकुल...।''

''वैसे मीडिया अच्छे-अच्छे को नहीं छोड़ती तो फिर यहाँ...।''

''ये हमारी ग़लतफहमी है...सीधी-सी बात, ये भी कारपोरेट है, लाभ कमाने आए हैं। और फिर धँधे में बेइमानी की तो सदियों से प्रथा रही है...छूट है।...हम इनसे पाक साफ होने की उम्मीद करके स्वयं बेवकूफ बनते हैं...। राजनीति और मीडिया मिलकर एक तरह से गठबंधन सरकार चलाते हैं...।''

''ठीक कह रहा है मगर अब तो फँस गए हैं क्या करें...मुझे लगता है कोर्ट का ही आसरा बचा है...चलो, पहले अपने वकील से मिलकर आते हैं...।''

''हाँ, मुझे भी वहीं जाना था, मगर पहले कुछ खा लो। और हाँ, उस डायरी को एक बार देख लो...।''

''ठीक है...।'' और हम सीधे अरुण के घर पर थे। अच्छा-खासा बड़ा मकान था। मगर पुराने ढंग से बनाया गया था। घर पर काव्याश्री भाभी के साथ बातचीत में व्यस्त थी। खाना बाहर से आने में वक्त था। इस बीच जीविका का फोन था।...वकील से वह संतुष्ट नहीं है, पता चला था। अरुण इसके बाद व्यस्त हो गया था। कई फोन किए थे। बीच में उसने मुझे धीरे से एक पुरानी डायरी पकड़ा दी थी। उस पर1985 अंकित था। डायरी खोली तो आँखें खुली रह गयी थीं...इसमें तो हॉस्टल के भी पन्ने थे...ये कैसे हो सकता है? जो मेरे से छिपा रहा...!! और फिर जो पढ़ा तो आँखें डबडबा गयी थीं...बहुत देर तक यूँ ही आँख बंद करके बैठा रहा और अपनी ही समझ और बातों को सही और ग़लत करना शुरू किया था...बहरहाल, अभी पुरानी यादों के लिए वक्त नहीं था...फिर भी केस से संबंधित टिप्पणी पढ़ी थी।...तब तक अरुण ने शहर के एक और नामी वकील से समय ले लिया था...उसमें अभी टाइम था...उसका लड़का अरुण का छात्र रह चुका था।...मैंने चारों ओर नज़र दौड़ाई, सामने की दीवार पर अरुण के परिवार की फोटो थी, जिसमें दो लड़के थे...।

''दोनों बच्चे कहाँ हैं?''

''एक पूना में वकालत कर रहा है और दूसरा एनडीए पास कर एयरफोर्स में

पायलट की ट्रेनिंग में...।''

''अच्छा...दोनों में से कोई भी इंजीनियर नहीं...।''

''इंजीनियर!! पहली बात तो अच्छे कॉलेज में दाखिला आसान नहीं। और फिर बात दिलचस्पी की भी थी...मैंने ही कहा था...वकील बनो और फिर दूसरे का तो शौक ही था एडवेंचर और फ्लाइंग...पायलट बनकर आकाश में घूम रहा है...।'' अरुण सीधे-सीधे बोलता है। मुझे अच्छा लगा था। खाना खाते ही वकील का टाइम हो रहा था। लक्ष्मीनारायण वकील का शहर ही नहीं पूरे क्षेत्र में नाम था। घर पहुँचे तो देखा आलीशान कोठी थी। उसने बड़ी इज्जत से बिठाया था।

''लक्ष्मी नारायण जी, घर की बात है, आप से क्या छिपाना, हम पहले पी. चाँद जी के पास गए थे, उन्होंने केस ले भी लिया...मगर फिर उनके पास केस को सुनने का भी वक्त नहीं था, और तो और झूठा आश्वासन तक नहीं दे पा रहे थे...ऐसे में क्या फ़ायदा...यहाँ विभूति था, और आपसे बड़ा वकील कोई नहीं तो सोचा बाहर क्यूँ भटका जाए...।'' वकील का बेटा विभूति नारायण वहीं साथ ही बैठा था।...हाँ, उसने पैर छूकर अरुण का स्वागत किया था...। जब केस के बारे में बताया गया तो कुछ देर के लिए लक्ष्मीनारायण चुप रहे थे।

''मैं आपको धोखे में नहीं रखूँगा, मेरा बेटा विभूति आपको बहुत मानता है...मैं भी आपका ऋणी हूँ जो आपने मेरे बेटे को करिअर के लिए सही गाइड किया...और ये आज मेरे साथ है...वरना इंजीनियर बनने की रट लगाए हुए था...मगर ये केस मैं नहीं लड़ सकता.. और लड़ना भी नहीं चाहिए...। मैं आपसे कुछ नहीं छिपाऊँगा...मैं असल में विष्णुदत्त के सभी केस लड़ता हूँ...आप लोगों का हो सकता है सही केस हो...ऐसे में वो टारगेट होंगे...हो सकता है मैं फिर पूरी ईमानदारी न निभा पाऊँ। हमारे यहाँ बेईमान के साथ भी ईमानदारी निभाने की कोशिश की जाती है...ऐसे में आपके लिए भी ठीक न होगा...।''

अरुण कुछ देर के लिए चुप हुआ था। मैं उसे देख रहा था। वह कभी विभूति तो कभी वकील पिता को देखता...बेटा अपने बाप को लगातार देख रहा था।

''आपका जो भी है वकील साहब, हम पे करेंगे। अपना व्यक्तिगत केस समझ लीजिए...बस, इस केस में भारी गड़बड़ी है...हमारे दोस्त को फँसाया जा रहा है...। एक केस अपने बेटे की खातिर...।'' मैंने अंत में अपनी तरफ से जोड़ा था। उसने सुना या नहीं सुना, पता नहीं, मगर कुछ सेकेंड के लिए आँखें ज़रूर बंद की थीं। और फिर मुस्कुराया था...''मैं धोखा नहीं देता...।''

हम समझ गए थे। हारकर वकील के घर से बाहर निकलने लगे तो बेटा साथ बाहर आया था।

"सर, मैं आपका दो मिनट लूँगा...आप मेरे साथ मेरे कमरे में चलें... ।" अरुण मना कैसे करता और हम उसके कमरे में थे।

"मैं पापा के व्यवहार से दु:खी भी हूँ और खुश भी...अगर आप चाहें तो ये केस मैं लड़ना चाहूँगा...आप विश्वास कीजिए...इतना अनुभव ले चुका हूँ कि...और फिर आपका छात्र रहा हूँ...मेरे लिये यह एक गुरु-दक्षिणा होगी...अगर आप स्वीकार करें तो... ।" अरुण ही नहीं, मैं भी उसके आत्मविश्वास से प्रभावित हुआ था। और फिर अरुण ने पूरी स्टोरी सुनानी शुरू कर दी थी। मैं अरुण की याददाश्त और केस के प्रस्तुतीकरण से प्रभावित हो रहा था। कई बिंदु पर उसके कई प्रश्न थे और उन पर तर्क भी दिए थे। विभूति गंभीरता से नोट्स ले रहा था। जीविका को वहीं बुला लिया था, कागजात के साथ। और वह कुछ देर में पहुँच गयी थी, साथ उसके दो दोस्त लग रहे थे, एक लड़का और दूसरी लड़की। मुझसे पहली बार मिल रही थी, सो मैंने उसे अपने नजदीक लाकर माथे पर प्यार किया था। और फिर वह बातचीत के बीच जिस तरह से शामिल हुई मैं उसकी तेज़ और कुशाग्र बुद्धि को देख रहा था। कहीं थकावट, आशंका या भय नहीं। बिलकुल दुष्यंत की कॉपी मगर उससे अधिक सजग और सतर्क।

घड़ी को देखा तो रात के नौ बज रहे थे। समय का पता ही नहीं चल रहा था। लौटने पर अस्पताल से होते हुए आए थे। दुष्यंत बिस्तर पर लंबी नींद में सो रहा था तो शांतिप्रिया भाभी बाहर बरामदे के बैंच पर चुपचाप बैठी हुई थीं। रात प्रिज़नर वार्ड में सख्ती हो जाती। कुछ ले-देकर रुक तो सकते मगर कुछ करने को नहीं था। और करें तो करें क्या... ? जीविका ने अपनी माँ से घर जाकर आराम करने के लिए कहा तो अरुण ने भी कहा था कि "तुम लोग चलो, मैं यहीं रुकूँगा। न जाने कब दुष्यंत को होश आ जाए...चिंता मत करना, यहीं सो जाऊँगा...अभी टूआईसी को बुलाकर ऑफिस की ख़बर भी लेनी है।"

"टूआईसी!" मैंने धीरे से पूछ लिया था।

"हमारे ऑफिस में सेकेंड-इन-कमान...मेरा फेवरिट स्टूडेंड रह चुका है...पढ़ने के बाद मेरे पास ही आ गया, सारा ऑफिस वही सँभालता है...अच्छा, प्रणव तुम भी थक रहे होंगे...खाकर आराम करना... ।"

और मैं बिना कुछ ज़्यादा कहे वापस चल दिया था। दुष्यंत की डायरी में हॉस्टल के पन्नों को पढ़ने का मन था...जीविका गाड़ी चला रही थी और मैं बगल में था, पीछे भाभी। जीविका अब तक गंभीर थी, कुछ ज़्यादा न कहा, न प्रतिक्रिया दी। भाभी तो फिर इस वक्त एक ज़िंदा लाश की तरह थीं। मैं गाड़ी में भी पता नहीं क्यूँ दुष्यंत और शांति भाभी के प्रेम-प्रसंग की कल्पना करने लगा था। घर

पहुँचे तो जीविका की काव्याश्री से पहली मुलाकात थी और दोनों आत्मीयता से मिली थीं।

44

"काव्याश्री, क्या हुआ तुम्हारे एडमिशन का... ?" जीविका ने सीधे-सीधे पूछा तो,

"आपको कैसे पता... ?" काव्याश्री का हैरान होना स्वाभविक था।

"अरे, पापा आप लोगों के बारे में इंटरनेट पर पढ़ते रहते थे...मैं ही तो उनको लैपटॉप पर उनके दोस्तों का याहू ग्रुप खोलकर देती थी... ।"

"ओह... ।" काव्याश्री पहली बार चकराई थी। जीविका सरल व स्पष्टवादी लगी थी, बड़प्पन भी झलक रहा था। उम्र में काव्याश्री से बड़ी तो थी ही।

"जीविका, मुँह-हाथ धो लो और फिर पहले अपनी माँ को खिलाओ और खुद भी...नहीं तो बीमार पड़ जाओगे।" नीता भाभी ने अधिकारपूर्वक कहा था।

"चाची, इन लोगों ने कुछ लिया...सुबह से आए हैं... ।"

"ठीक से कुछ खाया नहीं, तब से भाग-दौड़ में ही लगे हैं... ।"

"क्या!!" वह नाराज हुई थी।

"अरे, हमारी चिंता नहीं करते...हमने अभी किया ही क्या है... ।"

"ताऊ जी, आप आए...यही क्या कम है... ।"

उसका उद्‌बोधन मुझे छू गया था। बातों में अपनत्व ने तो बाँध ही लिया था।

"नताशा, तुम हॉस्टल पहुँच गयी? मैंने जो कहा था पता लगाना?" बीच में उसकी सहेली का फोन था।

"तुम्हें रात उन्हें अकेले नहीं भेजना चाहिए... ।" मैंने चिंता प्रकट की थी।

"ताऊजी, आप ठीक कह रहे हैं, मगर हम लड़कियों को इन रात के अँधरों के भय से निकलना होगा, नहीं तो हमेशा डरायी जाती रहेंगी।"

"नहीं-नहीं, वार्डन को इत्तला करना चाहिए, ये ठीक नहीं...समझा करो...आगे से ध्यान रखना।" मेरा दिमाग सक्रिय था। जाने कैसे अधिकारपूर्वक बोल गया?

"ठीक कह रहे हैं प्रणव भाई साहब...अरे हाँ जीविका, इंद्र का भी फोन आया था, तुम शायद मोबाइल नहीं उठा रही होगी... ।" नीता डाइनिंग टेबल पर खाना लगाने में व्यस्थ थी।

"कह देना था चाची कि मैं हॉस्पिटल में थी...चलो मैं कर लूँगी... ।" कह कर जीविका अपनी माँ की ओर मुड़ी थी, "अच्छा माँ उठो...और थोड़ा हिम्मत से काम लो...देखो, पापा को पता चलेगा तो क्या कहेंगे कि आपने ताऊजी को पूछा तक

नहीं...चलो, पहले मुँह धो लो और ताऊजी आप भी...काव्याश्री तुम टेबल पर बैठो।''

''हाँ-हाँ लेता हूँ बेटे...हमारे लिये परेशान नहीं होते...।'' मैंने एक बार फिर टोका था।

''क्यूँ नहीं, पापा हमेशा आपकी बात करते थे...और आज आप आएँ हैं तो हम...।'' कहते-कहते उसने अपनी माँ के कँधे पर हाथ रखा ही था कि शांति भाभी फफककर रो पड़ी और फिर जीविका भी। मैंने नजदीक जाकर जीविका के सिर पर हाथ रखा ही था कि वह मुझसे लिपटकर जो रोई तो फिर रुकी नहीं। उसके सारे दुःख-दर्द आँसू बनकर निकल रहे थे। शायद अब तक उसने अपने आप को रोक रखा था। यह सब देख काव्याश्री भी रो दी थी और फिर आँसू पोंछते हुए नीता ने सबको सँभाला था। आँसू तो मेरी आँखों में भी उतर आए थे और मैं बाथरूम की ओर बढ़ा था...पुरुष के लिए रोने की इजाजत नहीं। और फिर ठीक भी तो है घर के पुरुष का मज़बूत होना ज़रूरी है। परिवार का मुखिया एक सेना प्रमुख ही तो होता है, वह टूट गया तो युद्ध समाप्त। और कुछ ही पलों में जीविका ने मुझे प्यार से ऐसे स्थान पर बिठा दिया था जहाँ से मैं चाहकर भी नहीं उतर सकता था। मैंने अपनी बढ़ी हुई जिम्मेदारी को महसूस किया था और अब उसे क्रियान्वित करना था। मगर कैसे ? यही तो सवाल था। किसी तरह खाना खाकर पीछे बरामदे में मैंने चहल-कदमी की थी। और फिर चुपचाप एकांत में बैठकर धीरे से उन पन्नों को पलटने लगा था...।

'...मेरी माँ एक चरित्रहीन औरत थी। जो कुछ उस रात, घर अचानक पहुँचकर मैंने देखा, मैं बर्दाश्त कैसे कर पाया ? पता नहीं। एक पल को लगा कि या तो उस आदमी का गला घोंट दूँ या फिर खुद का। फिर लगा कि जब उस माँ को किसी की परवाह नहीं तो मुझे उनकी क्यूँ होने लगी...। इससे बेहतर तो पम्मी है। वह एक चरित्रवान औरत है। कम से कम अपने बच्चे को धोखा तो नहीं देती। उसे झूठ के सहारे नहीं पाल रही...।'

मैं पढ़कर आज समझ सकता था। दुष्यंत का आक्रोश मेरी निगाहों में उभर रहा था। तभी तो उसने अपनी बच्ची को इस तरह से पाला, वो संस्कार दिए, जिसके सहारे वह मज़बूती से खड़ी है। दूसरी तरफ कामना...उसका हश्र तो यह होना ही था...उसके माँ-बाप तो उसी पश्चिमी समाज का प्रतिनिधित्व कर रहे हैं जो यह समझता है कि अपनी अय्याशी को बच्चों को बताना बहादुरी व संस्कार का काम है। यह स्वतंत्रता नहीं उच्छृंखलता है। उन्हें नहीं पता कि बच्चों पर क्या बीतती है ?

टीवी पर कामना का केस आज गायब था। रातों-रात बना एक चर्चित नाम, एक ऐसी लड़की जिसके साथ ग़लत हुआ... और जिसके लिए मीडिया चिल्ला-

चिल्लाकर कल तक न्याय की गुहार लगा रहा था, आज महत्त्वपूर्ण न था। कल तक, दुष्यंत की पता नहीं कैसी-कैसी काल्पनिक कहानी सुनाई जाती...आज नदारद थी। हाँ, आज भी गृहमंत्री पर दबाव बरकरार था। राजनीतिक जोड़-तोड़ की चर्चा मुख्य थी। समाचारपत्रों में भी दुष्यंत-कामना कांड अंदर के पन्नों में पहुँच चुका था। यह बात मेरे ज़ेहन में उभर रही थी कि मीडिया का प्रेशर आज अचानक कम है...। ये अच्छी बात होनी चाहिए, लगा था। मगर जो वो कर चुके, उसकी भरपायी...? असंभव लग रही थी। सोचते ही अपने आप गुस्सा बढ़ने लगता।

रात गहरी हो रही थी। मैं आया तो सामान्य रूप में दोस्ती की खातिर था मगर फिर जो देखा-सुना तो अंदर जमे खून में थोड़ी-सी गर्मी आई थी। ये आक्रोश ही तो है जो आदमी को कुछ कर गुज़रने के लिए प्रेरित करता है। और मैं पूरी तरह से विष्णुदत्त के द्वारा दिये गए नाम को ही चरितार्थ करने के लिए तैयार हो रहा था, 'चाणक्य...।' यह दीगर बात है कि मेरा चंद्रगुप्त, निःसहाय, मृतप्राय स्थिति में, अस्पताल में अंतिम साँसे गिनता हुआ प्रतीत होता। मैं जानता था कि दुष्यंत को बचाना उतना आसान नहीं। भीतर, ज़िंदा रहने के लिए उसे अपने आप से लंबी लड़ाई लड़नी होगी। और बाहर, अगर हम चूक गए तो चंद्रगुप्त समाप्त हो जाएगा। मुझे बहुत कुछ समझ आ रहा था। मगर यह कोई फिल्म नहीं, जीवन की लड़ाई है। तभी तो...कहाँ से शुरू करूँ, समझना मुश्किल हो रहा था...।

इतना पता था कि अगर कोई बेवकूफी कर गया तो नुकसान भी हो सकता है मगर आक्रोश जाँच-पड़ताल नहीं करता...हाँ, मैंने अपना संतुलन नहीं खोया था, मुझे मालूम था कि मैं क्या क्या करने जा रहा हूँ और मुझे सुबह होने का इंतजार था...।

"आपका फोन है ताऊजी...।" जीविका थी।

"मेरा...!!" मुझे हैरान होना ही था। मैं उठा और अंदर की ओर लपका था।

"बाकी सब तो ठीक है भाई साहब...हाँ, लीजिये, प्रणव भाई साहब आ गए...।" नीता भाभी किसी से बातें कर रही थीं।

"आपसे मिलिंद भाई साहब बात करना चाहते हैं।" कहते हुए फोन मेरी तरफ बढ़ा दिया था, "प्रणव, कैसे हो...इतनी दूर से आए हो और हमसे मिले भी नहीं। मैं भी दिन में बिज़ी रहा...फिर शाम को किसी पार्टी में जाना ज़रूरी था, बस अभी आया और तुम्हें फोन कर रहा हूँ...एक काम करो, सुबह की चाय हमारे साथ घर पर लो...आठ बजे...कुछ बातें भी हो जाएगी...बिज़ी तो नहीं हो ना...।" वह लगातार बोल रहा था।

"देखता हूँ।"

"मुझे नहीं पता, हम मिल रहे हैं, बस...और घर ढूँढ़ने में तकलीफ नहीं

होगी...बी-6 ऑफिसर्स कॉलोनी हिल टॉप पर है। सीधे टैक्सी कर के आ सकते हो...कोई मुश्किल नहीं है। अच्छा, हम मिल रहे हैं... ।" और उसने फोन काट दिया था...मुझे अजीब लगा था...सोचने पर मजबूर किया था...मिलिंद ने अरुण का नाम भी नहीं लिया था, बुलाना तो दूर, और फिर टैक्सी से आने को कह रहा है...तमीज नहीं है...साफ है, वह उससे नहीं मिलना चाहता...ऐसा भी क्या घमंड... ? मन किया कि मना कर दूँ...फिर कुछ समझ नहीं पा रहा था...अरुण सुनेगा तो उसको भी तकलीफ होगी...मगर फिर बताना भी ज़रूरी है... । और मैंने अस्पताल अरुण को फोन किया था...मिलिंद की बात बताई तो उसने तपाक से कहा था...तुम्हें जाना चाहिए...जाकर एक बार देखो तो सही... ।

सुबह-सुबह बताए गए पते पर ऑटो से पहुँचा तो मिलिंद बाहर ट्रैक सूट में बैठा पेपर पढ़ रहा था। लगता है जॉगिंग करके आया था। मुझे देखकर तुरंत उठा और हाथ मिलाया। "...कैसे हो... ?" जवाब में मैंने कोई खास गर्मजोशी नहीं दिखाई थी। उसने मेरी पीठ पर हाथ रखा और मुझे भीतर ले गया था। और तभी श्रीमती मिलिंद कमरे में आयी थी, अभिवादन किया, एक मिनट रुकी और फिर धीरे से अंदर वापस।

"और बाकी सब कैसा है... ?"

"जानता तो है कुछ भी ठीक नहीं...फिर बार-बार वही पूछने से क्या फ़ायदा... ।"

"तुझे अजीब लगा होगा, मुझे मालूम है...जल्दी समझ जाओगे...बाकी बातें छोड़ो, काम की बात ये है कि तुम ठीक कह रहे थे दुष्यंत ने कुछ किया नहीं है...सिवाय इसके कि कुछ बड़े लोगों के रास्ते में पड़ गया और हटा नहीं... ।"

"और वो बड़ा आदमी कोई और नहीं अपना विष्णुदत्त है, यही न...मैं पहले से जानता हूँ...कोई नयी बात हो तो बताओ... ।"

"लेकिन तुम क्या सोचते हो, सिर्फ विष्णुदत्त है ? नहीं। और भी कई चक्कर हैं, केस उलझा हुआ है...ये ठीक है कि विष्णुदत्त मेन रोल में है...असल में तो वो लड़की ओवरडोज से मर गयी या मार दी गई...पहली उलझन...मगर विष्णुदत्त और जोगेंद्र ग्रुप ने एक-दूसरे के चक्कर में मीडिया में इतनी हवा दी कि सच में क्या हुआ, समझना मुश्किल हो गया। मैं तो बस इतना कहूँगा कि जो भी करो थोड़ा सँभलकर...नहीं तो ये लोग तुम्हारा भी कबाड़ा कर देंगे... ।"

"तो इसका तो मतलब है कि शरीफ आदमी ज़िंदा नहीं रह सकता... ।"

"नहीं, ऐसा नहीं है...मगर वो फिर दुर्घटना को देखकर आगे चला जाता है...रुकता नहीं...दुष्यंत जानते हुए भी कि ये बड़े लोग हैं जबरन भिड़ता चला

गया...देखो इनका तो कुछ होना नहीं। ये तो हर चीज़ को अपने फायदे में करना जानते हैं।''

''तुम दुष्यंत को जानते नहीं क्या?''

''फिर भुगतना भी तो पड़ता है...ख़ैर, फिलहाल इन लोगों की अब इस केस में दिलचस्पी नहीं, मीडिया भी शांत है। कुछ दिनों में चुपचाप कोर्ट से अपना केस ठीक करवा लो...बस। वरना ये लोग अपने फायदे के लिए इस केस को किसी न किसी झूठे मोड़ तक ले जाकर ही दम लेंगे...इनसे टकराने का कोई फ़ायदा नहीं...ये नंगे हैं...चिकने घड़े हैं...इनका कुछ नहीं बिगड़ता...और फिर हमें...इससे कोई फ़ायदा भी नहीं...मुझे डर है कि अगर थोड़ी चूक हुई तो ये जीविका को भी अंदर कर देंगे।'' यह मेरे लिये चौंकाने वाली बात थी।

''वो कैसे?''

''देखो प्रणव, आजकल राजनीति में हर चाल अपने फायदे के लिए होती है। ये तो मुस्कुराते भी तभी हैं जब कुछ हिसाब हो...यही राजनीति है... विष्णुदत्त चालाक है, तुम जानते हो...उसका काम बन चुका है...उलटे गृहमंत्री दबाव में है...जब कोई ज़रूरत नहीं होती तो ये नेता भी कुछ नहीं करते, मगर कोई बात ऐसी आन पड़ी जो उसे या उसके बेटे को तंग करेगी तो उसके कहने पर पुलिस के लिए ये एक मिनट का काम होगा...जीविका को पूछताछ के लिए हिरासत में लिया जा सकता है...उसके मोबाइल पर भी उस लड़की का मरने से पहले फोन आया था। इसी बात पर...बस, दो-चार धारा लगा दो...केस चलता रहेगा...।''

''ओह...।'' मैंने अपनी चिंता दिखाई थी। बहुत-सी बातें दिमाग में घूम गयी थीं, ''मगर इतने बड़े लोगों को छोटे-छोटे लोगों से उलझने की ज़रूरत...?''

''विष्णुदत्त का तो लड़का है। उधर, जोगेंद्र ग्रुप का इंट्रेस्ट कहीं फँसता नज़र आ रहा है, ये लोग नहीं मुद्दे हैं इनके लिए...जिन्हें जीतना या ज़िंदा रखना इनके लिए ज़रूरी होता है।''

''हो सकता है तू ठीक कह रहा हो मिलिंद, लेकिन दुष्यंत को अगर विष्णुदत्त ने मरवाने की कोशिश की है तो सच बहुत ग़लत किया...।''

''देख इनके लिए कोई रिश्ता मायने नहीं रखता, ये समय आने पर अपने बाप, भाई, बहन, पति और पत्नी से भी लड़ सकते हैं...वैसे अभी मैं दावे के साथ तो नहीं कह सकता लेकिन इतना ज़रूर है कि पता नहीं क्यूँ विष्णुदत्त दुष्यंत को इस वक्त मरने नहीं देना चाहता और जोगेंद्र ग्रुप चाहता है कि वो मर जाए...।''

''ओ के...तभी दुष्यंत अब तक...वही मैं सोच रहा था कि जो इतना सब करा सकते हैं उन्होंने इसे ज़िंदा क्यूँ छोड़ रखा है...।''

''बिलकुल ठीक...।'' सुनकर मैंने आँखें बंद कर ली थीं। मन द्रवित होने लगा था। दुष्यंत का चेहरा घूम गया था। मैंने अपने आप को तुरंत सँभाला था...।

''वैसे उस लड़की का रेप किया किसने और क्यूँ... ?''

''पक्के से तो नहीं कह सकता मगर या तो कॉलेज के लड़के हैं या मैस ब्वॉय़...कारण कई हो सकते हैं...पता चलेगा तो बताऊँगा...वैसे कई बार पता भी नहीं लगता...।''

''तो फिर तुम लोग उन्हें पकड़कर पूछताछ क्यूँ नहीं करते?''

''तुम समझते क्यूँ नहीं...यही आज का सत्य है...हालात बहुत बिगड़ चुके हैं...हाँ, अब तुम कहोगे शरीफ और ईमानदार अफसर कमजोर और बेकार हैं...सच तो यह है कि हम लोग कुछ नहीं कर सकते...जरा-सी ज़्यादा होशियारी दिखाई तो सैकड़ों तरीके हैं आम आदमी/अफसर को ठीक करने के...अब क्या-क्या बताऊँ...दिनभर यही देखता हूँ...सारी व्यवस्था तामझाम शासक के लिए है...शासित को शोषित बना दिया गया है...इंटेलिजेंस के नाम पर अपनी ही जनता और खास लोगों की निगरानी रखता हूँ...जो सत्ता में बैठे लोग को नुकसान पहुँचा सकते हैं उनकी ख़बर लेकर शासक तक पहुँचता हूँ...इतना कुछ देख-सुन लिया कि इसी कारण से तो अतिरिक्त सतर्कता बरतते हुए तुम्हें अकेले और इस तरह से बुलवाया है। हम आपस में एक-दूसरे अफसरों की भी निगरानी रखते हैं...अब तुझे क्या-क्या बताऊँ...सत्ता की दुर्गंध को तू सूँघेगा तो उलटी ही कर सकता है।''

''हाँ, तू शायद ठीक कह रहा है, मगर जब अति हो जाती है तो कहीं न कहीं किसी न किसी को रोक तो लगानी पड़ती है...।''

''बिलकुल ठीक तभी तो इतिहास में क्रांतियां, विद्रोह, तख्ता पलट और संग्राम हुआ...लेकिन नये सत्ता में आते ही फिर वही करने लगते हैं...ये पॉवर चीज़ ही ऐसी है...ख़ैर, ये मत समझ कि मैं अपने दोस्त के लिए कुछ करना नहीं चाहता, लेकिन वो सब नहीं कर सकता जैसे कि तुम उम्मीद करते हो...और फिर उस तरह से खुलकर तो बिलकुल भी नहीं जिस तरह से तुम और अरुण कल्पना करते हो...मेरी अपनी सीमाएँ हैं और कुर्सी पर बैठने के बाद दूसरी कई बंदिशें...हाँ, इन सबसे बँधकर भी जो हो सकेगा ज़रूर करूँगा, अब हर कोई हीरो तो नहीं बन सकता... ?''

उसकी बातें मुझे छू गई थीं। उसने बोलकर आँखें बंद की थीं। मैं भी चुपचाप हो गया था। श्रीमती मिलिंद ने आवाज़ लगाई तो हम डाइनिंग टेबल पर थे। खाने के दौरान भाभी ने दो-चार बातें की थीं मगर पता नहीं मुझे इस वक्त इनमें दिलचस्पी नहीं थी। मेरा दिमाग सक्रिय और भावुक, विषय परिस्थिति का मिश्रण था।

''मैं समझ सकता हूँ मिलिंद। तुझे अपने आप को किसी मुसीबत में डालने की

ज़रूरत नहीं...तू चिंता मत कर, हम लोग हैं न, लेकिन हाँ, तू अरुण को ग़लत समझता है...वो वैसा नहीं है...।''

''जानता हूँ लेकिन उसकी बातें चुभ जाती हैं...फिर हो सकता है वो भी हमें ग़लत समझता हो...।''

''बिलकुल ठीक...।''

''छोड़ इन बातों को, दुष्यंत कैसा है...तू तो देख आया होगा...मैं तो...।'' और मैं मिलिंद को पढ़ सकता था। वह बहुत देर चुप रहा था। फिर अचानक धीरे से बोलने लगा, ''...ख़ैर, फोन खासकर मोबाइल पर तुम भी कम बात करो और मुझ से तो बिलकुल नहीं...जहाँ तक संभव होगा तुम्हें ख़बर करता रहूँगा। तुम्हारा पर्सनल ई-मेल एड्रेस क्या है... ? मेरा भी लिख लो। इस संदर्भ में कोई बात करनी हो तो ई-मेल पर बेस्ट है। वैसे तो हम मिलते रहेंगे...।'' और अंत में, ''सब ठीक होना चाहिए...।'' कहकर उसने मुझे गले लगाया और विदा किया था। मैं उसकी बातों से अब भी निकल नहीं पा रहा था। ऑटो मुख्य मार्ग से मिलेगा और मैं पैदल ही चल पड़ा था।

45

''क्या उस पर विश्वास किया जा सकता है?'' अरुण का सीधा सवाल था।

''न करने का कोई कारण भी तो नहीं...अगर वो ये नहीं करे तो हम उसका क्या बिगाड़ लेंगे...।''

अरुण ने सिर्फ मेरी तरफ देखा था। उसकी आँखों को मैं पढ़ सकता था। कभी-कभी जवाब के लिए कुछ कहना ज़रूरी नहीं होता। कई बार विचार को शब्द नहीं मिलते और कई बार शब्द विचारों को सीमित कर देते हैं। मैंने उसके कँधे पर हाथ रखा था, ''हमें कॉलेज प्रशासन से भी एक बार मिलना चाहिए...क्या हम किसी से मिल सकते हैं...वैसे आजकल कॉलेज में डायरेक्टर कौन है... ?''

अरुण ने धीरे से खड़े होते हुए कहा था, ''इस केस के चक्कर में डायरेक्टर को तो छुट्टी पर भेज दिया है और हाँ, तुझे याद होगा मुदगिल सर...इलेक्ट्रिकल वाले...वही आजकल डायरेक्टर का चार्ज देख रहे हैं...।''

''एक बार दोनों से मिलने में तो कोई हर्ज नहीं... ?''

''हाँ, क्यूँ नहीं।'' और हम दोनों अस्पताल से निकल चुके थे। शांति भाभी अस्पताल पहुँच चुकी थीं। अब दिनभर प्रिजनर वार्ड के बाहर बैठी रहेंगी। निकलने से पहले सुबह-सुबह डॉक्टर से फिर मिले थे। दो-चार लोगों से अरुण ने रातभर में

फोन भी करवाया था। दुष्यंत को जीवन-मौत की लड़ाई खुद ही लड़नी थी। हम उससे ज़्यादा क्या कर पाते, सिवाय डॉक्टर से विनती करने के...और वो हम लगातार कर रहे थे...केस के लिए जब भी कुछ सोचते तो मन में खटका रहता कि इस बीच दुष्यंत को कहीं कुछ हो गया तो सब व्यर्थ...मगर फिर इस डर से अस्पताल में बैठे भी तो नहीं रह सकते...।

"तुम मिलिंद पर बिलकुल भरोसा नहीं करते, क्यूँ? दोस्त है।"

"नहीं, ऐसा तो नहीं, लेकिन हाँ, वो शरीफ है और शायद इसीलिए डरता भी है। मगर डरा हुआ आदमी किसी काम का नहीं...।"

"तो क्या जो डरते नहीं वो सब बदमाश होते हैं। जैसे कि तुम...दुष्यंत? शरीफ आदमी को भी दर्द होता है। मैं उसकी आँखों में पढ़कर आ रहा हूँ।" सुनकर वह चुप हुआ था।

"तुम्हें क्या लगता है कोर्ट में बात बन जाएगी...।"

"मुश्किल ज़रूर होगी...पब्लिक में मीडिया ट्रायल जो हो चुका है...।"

"यहाँ ऐसा कौन-सा समाचारपत्र है जो विष्णुदत्त ग्रुप के खिलाफ माना जाता है या खड़ा हो सकता है। या हिम्मती और महत्त्वाकांक्षी है।"

अरुण ने सोचकर कहा था, "स्थानीय अखबार तुम्हारे साथ क्यूँ जाएँगे...।"

"हाँ, ठीक कह रहा है...फिर भी...।"

"संदेश ग्रुप।"

"और वो अखबार जिसके लिए दुष्यंत काम करता था।"

"अच्छा वो, 'आम आवाज़'। हाँ, दुष्यंत से ही सुना था कि उसकी अच्छी धुनाई हुई थी, जब इन लोगों ने थोड़ा-बहुत छापा था...आगे पता नहीं।"

"क्या उसने इस ख़बर को आगे भी कैरी किया? प्रमुखता से छापा?"

"पता नहीं...छोटा अखबार है...वैसे भी नियमित कहाँ निकलता होगा और उसे कौन पढ़ता है?"

और हम दोनों माडर्न मार्केट की उन गलियों में थे जहाँ पर कभी घूमा करते थे। चहल-पहल शुरू हो चुकी थी। बहुत ढूँढ़ा मगर वो पेपर कहीं नहीं मिला था। हम चाय की एक दुकान में बैठे थे। बाकी के कई अखबारों को पलटकर देखा आज तो दुष्यंत की ख़बर पूरी तरह से गायब थी।

"अरुण इन दोनों अखबार वालों से मिलना चाहिए।"

"तो संपादक से मिलने का कोई फ़ायदा नहीं, ये तो आजकल नौकर हो गए हैं। कार्पोरेट इम्प्लाई की तरह काम करते हैं। अखबार की दिशा व दशा मालिक की तरफ से तय होता है।"

"तो फिर संदेश ग्रुप के मालिक से जान-पहचान निकल सकती है?"

"सुना है कोई पुरानी फैमिली है। है तो चालीस साल पुराना पेपर। शायद पच्चीस तीस साल पहले इनके चाचा या ताऊ मंत्री भी थे। दादा भी इनके शायद स्वतंत्रता संग्राम सेनानी थे। इससे ज़्यादा नहीं जानता।"

"कहाँ रहते हैं?"

"पता लगाना पड़ेगा। ऐसे मिलने का कोई फ़ायदा नहीं, किसी से कहलवाना होगा।"

तभी अरुण का मोबाइल बजा था।

"देख भाभी जी का होगा, पूछ रही होंगी!!"

"हाँ...।"

"तुम भाभी से बात करो और कह दो कि नाश्ता तैयार रखें हम तैयार होकर तुरंत निकलेंगे, तब तक मैं एक-दो फोन करके आता हूँ।" और मैं एक एसटीडी पीसीओ में घुसा था।

"रवि, मैं प्रणव...।"

"हाँ, बोल प्रणव, कहाँ से फोन कर रहा है?"

और मैंने उसको सारी बात बताई थी।

"...रवि स्थिति बहुत नाजुक है। उसे देखने के बाद तो लगता है कि क्या न कर दूँ।" दूसरी तरफ से चुप्पी थी।

"...यार बहुत हुआ, एक इंसान जिसने हमेशा सबका भला किया हो, जो आपका पक्का दोस्त हो, इतनी बुरी हालत में बिना किसी बात के पहुँच जाए, और हम कुछ न कर पाएँ, यह ठीक नहीं। लानत है ऐसी ज़िंदगी को।"

"देख, वो सब तो ठीक है मगर हम लोग इसमें क्या कर सकते हैं?"

"क्यूँ, अपने दोस्त की मौत में कँधा देने के लिए भी नहीं आएगा...देख रवि, दुष्यंत की हालत नाजुक है, मैं तुम्हें कैसे बताऊँ कि मारने वाले ने कोई कसर नहीं छोड़ी थी। यार किस बुरी तरह से उसे बिना वजह मारा है...।" और मेरी आवाज़ भर्रा रही थी। दो मिनट मैं भी चुप हुआ था। दूसरी तरफ से खामोशी थी।

"...ऐसी हालत में भी तू कह रहा है कि हम लोग क्या कर सकते हैं...? कमाल है यार। सोसायटी में हम जैसे उच्च वर्ग के इतने कमजोर होने के कारण ही ऐसा गुंडा तत्व शासक बन बैठा है...सोचो, जब हम कुछ नहीं कर सकते...तो गली-मोहल्ले का एक आम नागरिक कैसे मारा जाता होगा...वैसे हम जैसों पर जब कभी कोई आफत आ जाती है तो पहले तो हम लोग इधर-उधर भागते हैं फिर जब दूसरे शरीफ भी हमारी तरह ही दरवाजा बंद कर लेते हैं तो फिर कटोरा लेकर हम इन्हीं गुंडों के

दरबार में पहुँच जाते हैं...।''

''बोल तो तू ठीक रहा है मगर हम कर क्या सकते हैं...बताएगा भी...।''

''देख, यह लड़ाई हमें मिलकर लड़नी है। वो भी दिमाग से...और आजकल लड़ाई पैसे और संपर्कों से लड़ी जाती है मीडिया एक शस्त्र बन चुका है...पॉवरफुल शस्त्र...ब्रह्मास्त्र कह सकते हैं जिसके पक्ष में खड़ा हो जाए समझो बाजी उसकी।''

''मैं जानता हूँ...।''

''यहाँ के सारे नेशनल चैनलों में तेरी भारतीय कंपनी बहुत बड़ी स्पांसर है...।''

''हाँ...तो...।''

''उनको बुलवा कि वो हमारी स्टोरी को...हमारे पक्ष को भी दिखाएँ...जो कि सही भी है...यहाँ तो ग़लत स्टोरी चलाकर सारा खेल बिगाड़ दिया है।''

''ठीक है...देखता हूँ...बात करके बताता हूँ।''

इसके बाद समीर का नंबर भी ढूँढ़ा था और फिर लगाया तो वो सुनकर पहले हैरान और फिर उत्तेजित हुआ था।

''छोटा-सा एक काम है। पिता जी से हमारी मीटिंग करवा दे।''

''इसमें क्या बात है? तू जब चाहे घर चला जा...अभी। मगर वो तो विपक्षी पार्टी में हैं, क्या कर सकते हैं...।''

''बस तू कह तो दे एक बार।''

और फिर इसके बाद रजत को फोन किया था। उसका रिस्पांस ढीला देख उसे आगे कुछ भी कहना उचित नहीं लग रहा था। सेरिल को पूरी बात बतायी और सिर्फ इतना कहा था कि 'हाँ, हमारा दुष्यंत निर्दोष है'...और ज़्यादा अभी क्या बोलता?

46

''जल्दी करो। दोपहर तक सबसे मिलना है।''

''गाड़ी ले लेते हैं?''

''ठीक है...काव्याश्री तुम क्या करोगी...।'' मैंने पूछा था।

''मैं जीविका दीदी के साथ रहना चाहूँगी।''

सुनकर मैंने काव्याश्री के सिर पर हाथ फेरा था। और हम कॉलेज के लिए निकले थे। छुट्टी का दिन, बाहर ट्रैफिक कम था। गाड़ी तेज़ हुई तो हवा चेहरे पर प्रहार करने लगी थी। बाल उड़ रहे थे। मुझे ऐसा अच्छा लगता है। इतने सालों बाद कॉलेज जाना...याद तो बहुत कुछ आ रहा था मगर वर्तमान ने भूत को ढँक लिया था।

सड़क के दोनों तरफ बंद मार्केट पर नज़र डाली, दुकानें अभी खुल रही थीं।

यहाँ से कई बार हम लोग पैदल हॉस्टल जा चुके हैं। बाद में मोटरसाइकिल से तो अक्सर दुष्यंत के साथ जाते। अमूमन विष्णुदत्त भी तो साथ ही होता था।

"दो तरफा फँस गए...एक तरफ दुष्यंत के होश आने की चिंता। दूसरी तरफ होश आते ही केस का क्या होगा उसकी चिंता...।" मैंने कहा तो अरुण ने गाड़ी चलाते-चलाते मेरी ओर देखा था।

"पहले कहाँ चलना है?"

"डायरेक्टर के घर चलो, उससे मिलते हैं। तुम कुछ कहना मत। चुप रहना...।" अरुण ने मुझे एक बार फिर देखा था।...यहाँ से ठीक 500 मीटर पर ही तो मेन गेट है थोड़ा घूमकर। यहाँ से दिखाई नहीं देता। अभी 100 कदम चले ही थे कि रोड के दोनों ओर झुग्गी-झोपड़ी दिखाई पड़ने लगी थी। कॉलेज की बाउंडरी के चारों ओर ये झुग्गियाँ पिछले कई सालों से यहीं हैं।

"पम्मी के घर का एक रास्ता यहाँ से भी जाता था न?"

"तुझे याद है!!!" अरुण को आश्चर्य हुआ था।

"क्यूँ नहीं। अभी भी है वो?"

"पता नहीं। शादी के बाद दुष्यंत ने भी कोई संपर्क नहीं रखा था। हाँ, उस बच्ची को पढ़ाने-लिखाने की कोशिश ज़रूर की थी, मगर असफल रहा...।"

थोड़ी दूर चलते ही गेट दिखाई पड़ा था। पहले से बड़ा और शानदार बन गया है। सबसे पहला फर्क तो मेरे लिये यही था।

"यूनिवर्सिटी बनने के बाद थोड़ा-बहुत काम हुआ है। एक-दो नई बिल्डिंग बन गई हैं, स्टूडेंट्स सेंटर नया और बड़ा बन गया है। कंप्यूटर की नई लैब बनी है। वो सामने, किनारे, तीन मंज़िला देख रहे हो...।"

हम बात करते हुए गेट के अंदर प्रवेश कर गए थे।...छात्रों की मोटरसाइकिलों पर आवाज़ाही दिखाई दे रही थी।

"हॉस्टल में कोई फर्क?" मैंने यूँ ही पूछ लिया था।

"हालत पहले से बुरी हुई है। मेंटेनेंस की तरफ कोई ध्यान नहीं। ख़ैर, खुद ही देख लेना...।"

"अच्छा!! कोई नया हॉस्टल नहीं बना?"

"हाँ, एक नया गर्ल्स हॉस्टल बना है...असल में अब लड़कियाँ आने भी तो बहुत लगी हैं...।"

"कहाँ बना है?"

"पहले वाले के बगल में, मल्टीस्टोरिड।"

"ओ.के...!! चलो-चलो पहले डायरेक्टर से मिलते हैं...।"

"देख लो, बिना अपाइण्टमेंट के मिलेगा... ?"

"चलो, ट्राइ मारते हैं... ।" और बात करते-करते हम कॉलोनी के एक छोर पर स्थित बड़े से बँगले के सामने थे। मैंने गाड़ी से उतरकर चौकीदार से कहा था, "मैं अमेरिका से आया हूँ...यहाँ का छात्र रह चुका हूँ, डॉक्टर शर्मा सर से दो मिनट के लिए मिलना है...ये कार्ड अंदर जाकर देना... ।"

चौकीदार अंदर गया तो मेरी साँसें तेज़ हुई थी। जबकि वह थोड़ी देर में ही लौट आया था, "बैठिये, दस मिनट में बुलाते हैं... ।"

ये दस मिनट भारी हो रहे थे। मैं अपने आपको व्यवस्थित करने में लगा था। दो-तीन बार रूमाल निकालकर चेहरे को ठीक से पोंछा था। ठीक दस मिनट में बुलाया गया तो हम अंदर की ओर बढ़े थे। बाहर की बैठक में ही पायजामा-कुर्ताधारी दाढ़ी वाले लंबे बाल के एक व्यक्ति से हमारी मुलाकात हुई थी। और फिर परिचय। प्रोफेसर आराम के मूड में लगे थे। और यही मैं चाहता था।

"मैं आपका, आई मीन इस कॉलेज का, पच्चीस वर्ष पुराना स्टूडेंट हूँ...तभी से अमेरिका में हूँ...इंडिया आया हुआ था तो सोचा कि कॉलेज को भी देखता चलूँ और आपसे मिलता भी चलूँ...ये मेरे दोस्त हैं, ये भी यहीं से पढ़े हैं... ।"

"आप क्या करते हैं?"

"मैं यहाँ कोचिंग क्लास चलाता हूँ...केजीआई... ।"

"ये नाम तो सुना है। फेमस है...आप केजी सर हैं क्या... ?"

"जी।"

"अरे भाई, आप के बच्चे तो आपको बहुत चाहते हैं...बड़ा नाम है आपका...आज के ज़माने में बच्चों से इज्जत लेना मुश्किल है...हमारे कॉलेज में भी आपके बहुत स्टूडेंट हैं जो आपको याद करते रहते हैं...ऐसा क्या करते हैं आप?"

"मैं उनको प्यार करता हूँ और समय देता हूँ...उन्हें सुनता हूँ...बस।" सुनकर प्रोफेसर चुप हुआ था और भरपूर निगाहों से अरुण को एक बार देखा था।

"अच्छा हुआ जो आपसे मुलाकात हो गई...ख़ैर, कैसे आना हुआ विराटनगर... ?" सवाल मुझसे पूछा गया था।

"बस यूँ ही कुछ पारिवारिक काम था...और कैसा चल रहा है यहाँ? आजकल कॉलेज काफी मीडिया में है... ।"

"बस, क्या बताएँ...कुछ स्टूडेंट्स के कारण सारा कॉलेज बदनाम हो जाता है... ।" कहकर डायरेक्टर ने लंबी साँस ली थी।

"आपकी तो मैंने बहुत बड़ाई सुनी है.. ।" मैंने जान-बूझकर प्रशंसा के पुल बाँधे थे। "आपने फिर सख्त कार्रवाई क्यूँ नहीं की... ?"

"हम केजी सर की तरह फ्री नहीं हैं। इतनी पॉलीटिक्स है कि पूछो मत...।"

"पॉलीटिक्स!! कौन करता है... ? हमारे समय में तो ऐसा कुछ नहीं था...।" मैं नादान बन रहा था...अरुण मुझे हैरानी से देख रहा था।

"अब आप लोगों के समय में मैं तो था नहीं...अब तो बुरा हाल है। एक वो मंत्रीजी जोगेन्द्र का गुट है तो दूसरा विष्णुदत्त जी का...।"

"तो क्या लड़कों के बीच भी इनके गुट बने हुए हैं।"

"नहीं, लड़कों में तो इस तरफ कम दिलचस्पी है। दो-चार को छोड़ दीजिए तो बाकी को मतलब नहीं। शहर में रह रहे कॉलेज के कुछ पुराने स्टूडेंट में इन दोनों के गुट हैं। यहाँ तक कि फेकल्टी और स्टाफ में भी...और ये अपनी-अपनी जबरदस्ती की राजनीति करते रहते हैं।"

"कौन भारी है...।"

"दोनों एक से बढ़कर एक हैं जिसको जब मौका मिल जाए...।"

"सही बात है...मगर इस बात से अच्छे बच्चों का नुकसान होता है।" मैंने उसकी बात को पकड़ने की कोशिश की थी।

"हाँ, बच्चे तो एक से बढ़िया एक हैं...मगर इन लोगों के चक्कर में माहौल ख़राब होता है...नाम ख़राब होता है...फिर कंपनियां भी कम आती हैं...।"

"मगर इन लोगों को फ़ायदा क्या होता है... ?"

"दादागिरी है और क्या...।"

"तो क्या ये दुष्यंत कांड भी...!!" मैंने जान-बूझकर पूछा था।

"अब क्या कह सकते...मगर कुछ न कुछ चक्कर तो है ही...।"

"आप भी बेवजह चक्कर में पड़ गए...ऐसे कॉलेज थोड़े न चलता है...ये नया लुक ऑफ्टर डायरेक्टर डॉ. मुदगिल को तो हम जानते हैं, शुरू से ढीले थे...।"

"अच्छा! आप लोग जानते हो!" उसकी आँखों में चमक थी।

"और क्या?"

"...वो विष्णुदत्त का खास है...।"

"ख़ैर, आपको क्या? आपको तो ऐसी छत्तीस नौकरी मिल जाएँगी।" मैंने फिर उसे चढ़ाया था, "आप तो अमेरिका आ जाइए।"

"हाँ, मेरे पास ऑफर तो हैं...।"

आगे की बातें सुनकर मैं हूँ-हूँ कर रहा था और फिर तुरंत प्वाइंट पर था।

"वैसे कामना के साथ बुरा हुआ। सुना है, बड़ी मासूम और अच्छी लड़की थी...।"

"देखिये, बुरा तो उसके साथ होना ही था...मगर ऐसे होगा, सोचा न था। हम

लोग भी क्या करते, वो ड्रग्स एडिक्टेड तो थी ही...कई बार कई तरह के कांड पहले भी कर चुकी थी, अस्पताल में भी रह चुकी थी, मगर पहले तो उसके माँ-बाप ने कभी झाँका नहीं, बाद में दोनों के साथ मिलकर विष्णुदत्त ग्रुप ने ऐसा हँगामा खड़ा किया कि क्या बताएँ...बेवजह...इन बातों से कुछ होता है?'' डायरेक्टर के चेहरे पर रोष उभर रहा था। हटाये जाने का गुस्सा साफ झलक जाता।

''तो क्या ड्रग्स यहाँ बढ़ गया है...।''

''थोड़ा-बहुत तो हुआ है मगर उतना नहीं...।''

''सुना है, यही दुष्यंत पहले भी लड़की को ड्रग्स देते पकड़ा गया था...।''

''नहीं-नहीं, बिलकुल नहीं, वो तो सबसे पहले मेरे पास आया था...इस कामना और विष्णुदत्त के लड़के को लेकर...उलटा कह रहा था कि ड्रग्स को रोकिए...बच्चों को बचाइए। मैंने छानबीन करके चार मैस ब्वॉयज़ और एक बटलर को हटाने की कोशिश की तो उलटा ये नेता लोग के आदमी मेरे पीछे पड़ गए।''

''...तो क्या उसने नहीं मारा है...क्या उसे फँसाया गया है?''

''हाँ, मुझे तो यही लगता है, जरा सोचिए, कोई किसी को मारकर खुद पुलिस में बताने जाएगा, छानबीन में मदद करेगा!! वो उस दिन भी, सबसे पहले मेरे पास ही आया था...और दुखी लग रहा था।''

''मगर फिर ये मीडिया, पुलिस...!!''

''अरे, मीडिया का क्या कहना, अब मेरे ही पीछे पड़ गए थे बिना बात के, और फिर हटाकर ही माने...और पुलिस! उसकी तो बात भी मत कीजिए...।''

''यहाँ भी तो इन्हीं नेताओं के आदमी होते होंगे...मगर लोगों को फँसाते कैसे हैं...?'' मैं उसे उद्वेलित कर रहा था।

''अरे, हर जगह फोन करते हैं, झूठी चिट्ठियाँ व कम्प्लेंट लिखते हैं, खुद गुंडागर्दी करके डराते-धमकाते हैं और फिर कोर्ट तक में पहुँच जाते हैं...कॉलेज प्रशासन का आधा समय तो इसमें ही लग जाता है...।''

''मगर एक बात समझ नहीं आती कि इसमें उन्हें फ़ायदा क्या होता है...?''

''कहा तो रंगबाजी और क्या। अब विष्णुदत्त का लड़का है, क्या तो नाम है...हाँ, राजा। यहाँ के दो-चार लड़के-लड़कियों को इकट्ठा करके हुड़दंगबाजी करता रहता है, हॉस्टल में आता-जाता है। प्रोफेसरों को धमकाना, लड़कों को फुसलाना, यही तो राजनीति में रह गया है...यही राजा हमारे गेस्ट-हाउस में लड़की लाता था। जब मुझे पता चला तो मैंने अगली बार के लिए मना कर दिया था। बस तब से उसका बाप मुझसे भी चिढ़ गया।''

''यकीन नहीं होता...।'' मैं उसे चढ़ा रहा था।

"और क्या...अब जैसे कॉलेज का एक लड़का है डिम्पी नाम का...अच्छा पढ़ने में था। खिलाड़ी भी अच्छा था...पता नहीं कहाँ से इस राजा के चक्कर में पड़ गया...राजनीति करने का भूत सवार है। और तब से बर्बाद है...दो बार मेरे पास भी आया था उसी राजा के साथ कि उसे प्रेसिडेंट नॉमिनेट कर दो...मैंने कहा कि भाई ऐसे नहीं होता, सिलेक्शन का भी नियम है, तो कहता है बदल दो...बदतमीजी करने लगा, मेरे पीछे ही पड़ गया...इतने फोन करवा दिये कि तंग आकर मैंने फाइल ही नहीं की...नहीं तो जीविका एक छात्रा है उस दुष्यंत की लड़की, बड़ी होनहार है...उस डिम्पी से बीस पड़ती है। उसे प्रेसिडेंट सिलेक्ट होना था, मगर अब तो भगवान ही मालिक है।"

"ओह...!!"

"यहाँ तो बस यही चलता रहता है...।ख़ैर, अमेरिका में मैंने...।" और एक बार फिर उन्होंने अपना अमेरिकी बखान शुरू किया था। इस बीच चाय दी गयी थी। पी कर हम यूँ ही बिना कुछ प्रकट किए बाहर निकले तो अरुण भरा हुआ था पूछने लगा, "तूने तो बताया ही नहीं, इतना अनजान बनकर गया कि लगा ही नहीं...।"

"जिससे वो सही-सही कह सके...।"

"और अचानक पहुँचना?"

"पहले से बताता तो वो पूछताछ करता और फिर शायद मिलता ही नहीं...ऐसे ही मिल गया तो उसे शक भी नहीं हुआ...।"

"इसका फ़ायदा...।"

"समय आने पर तुझे खुद पता चल जाएगा...चलते हैं हॉस्टल, उस लड़के डिम्पी से भी मिलेंगे...पहले गर्ल्स हॉस्टल की तरफ से लेना...।"

"उस लुक ऑफ्टर डायरेक्टर डॉ. मुदगिल से नहीं मिलना है?"

"अब नहीं, वैसे भी वो हमें पहचान जाएगा...।"

और अरुण के चेहरे पर मुझे लेकर कई प्रश्न उभर रहे थे।

47

"एक किनारे दो मिनट के लिए गाड़ी रोकना!"

अरुण अब मेरी हरकतों से परेशान होने लगा था। गाड़ी एक पेड़ के नीचे लगाई और मुझे देखने लगा। मैं गर्ल्स हॉस्टल के गेट को देख रहा था। चार-पाँच मोटरसाइकिलें खड़ी थीं। एक पर एक लड़की बैठी थी और लड़का सामने खड़े-खड़े बात कर रहा था। बाकी मोटरसाइकिल वाले लड़के अंदर मीटिंग हॉल में

होंगे...सोचते हुए नज़र घुमायी तो अपने ज़माने की एक मंज़िला सुंदर-सी बिल्डिंग के ठीक पीछे एक तीन मंज़िला बड़ी-सी बिल्डिंग थी। अच्छा तो यही है नया गर्ल्स हॉस्टल! इसकी भी एंट्री यहीं से लग रही थी। मैंने सामने देखते हुए अरुण से कहा था, ''जरा जीविका से बात कराना।''

अरुण यंत्रवत मोबाइल से जीविका को लगाकर मुझे दे रहा था। ''हाँ, बेटा कैसे हो...और कहाँ हो?''

''ताऊ जी, अस्पताल में...।'' आवाज़ में थोड़ी परेशानी थी।

''पापा ठीक हैं?''

''पता नहीं, मगर अरुण चाचा के पहचान वाले डॉक्टर कह रहे हैं कि हाथ के घाव में पस बन रहा है, वहीं जहाँ दो दिन पहले स्टिचिंग और प्लास्टर किया था...।''

मैं कुछ और सोच रहा था...''अच्छा! डाँट वरी, सब ठीक होगा। अच्छा ये बताओ कि तुम्हारे कॉलेज के लड़के डिम्पी को तुम जानती हो?''

''हाँ।''

''कैसा है? आई मीन तुम्हारे साथ उसका कैसा है...।''

''वो...! वो तो स्पॉइल्ड ब्रैट है...पहले अच्छा लड़का हुआ करता था, मेरा तो शुरू से कम्पीटीटर रहा है...तब तो ऑलराउंडर और एक्टिव था।''

''अच्छा!!''

''क्यूँ? क्या हुआ।''

''नहीं, बस ऐसे ही, अच्छा उसका मोबाइल नंबर हो तो एसएमएस करना। हाँ, वो गर्ल्स हॉस्टल में रहने वाली तुम्हारी दोस्त का नाम क्या है?''

''नताशा।''

''ओके।'' और मैंने यह कहकर फोन काट दिया था कि 'बस ऐसे ही पूछ लिया।'

अरुण के मोबाइल पर डिम्पी का मोबाइल नंबर जीविका ने जैसे ही भेजा मैंने अपना मोबाइल निकाल कर मिलिंद को फोन लगाया था।

''मिलिंद, एक काम करेगा, बिज़ी तो नहीं?''

''नहीं-नहीं बता...।''

''एक नंबर की सिर्फ कॉल डिटेल चाहिए, पिछले एक महीने की...ज़रूरी और जल्दी...तेरे लिये कोई कठिन काम नहीं है। नंबर भी वीआईपी नहीं है...।''

''क्यूँ, क्या हुआ...? टेलीकॉम कंपनी से ले तो लूँगा मगर उसे तू कहीं ऑफिशियल यूज़ नहीं कर सकता जब तक प्रॉपर प्रोसिज़र से न लिया गया हो...।''

''तो अन-ऑफिशियल दे दे, काम का लगा तो फिर ऑफिशियल के लिए

अर्जी लगा देंगे।'' मैंने तुरंत कहा था।

बहुत देर तक फोन पर चुप्पी रही और फिर एक लंबी साँस के बाद सुनाई पड़ा था, ''ठीक है, दे।''

''मगर जल्दी चाहिए...नंबर है...। टेलीफोन कंपनी के लिए ये कोई बड़ा काम नहीं...मैं कुछ दिन मोबाइल कंपनी में काम कर चुका हूँ...।'' कहकर मैंने फोन काटा तो अरुण मुझे ही देखे जा रहा था। मैं मुस्कुराया था।

''चल, हॉस्टल के पीछे वाली उस दुकान पर चलते हैं।'' उसने यंत्रवत गाड़ी आगे बढ़ा दी थी। इस बीच दो मोटरसाइकिल पर लड़के-लड़कियाँ तेज़ी से निकले थे। दुकान के सामने पहुँचे तो वहाँ कुछ भी नहीं बदला था। वही दो दुकानें, एक स्टेशनरी की दूसरी कनफेक्शनरी की। मैं गाड़ी से नीचे उतरा तो निगाह किनारे रखे उस पत्थर पर पहुँची थी। उस वक्त वो सूना पड़ा था। अब इस पत्थर की कहाँ ज़रूरत? अब तो खुलेआम मोटरसाइकिल पर घूमा जा सकता है। मैं आगे बढ़ा था। तीन लड़कियाँ कनफेक्शनरी शॉप में थीं। उनसे बातचीत का सिलसिला शुरू करना...आसान नहीं लग रहा था।

''आप लोग यहीं की स्टूडेंट हैं?'' किसी तरह बोल गया था।

''जी हाँ।'' सामान्य मगर रूखा-सा जवाब आया था।

''मैं भी था।'' मैं मुस्कुराकर कह रहा था।

''ओके, एल्मनाई।'' बीच वाली छात्रा बोली थी।

''यस।...गेस, कितने साल पुराना स्टूडेंट हूँ?''

''कहना मुश्किल है...।'' उसी ने यूँ ही कह दिया था।

''भाई साहब, तीन केडबरी देना...।'' दुकानदार से चॉकलेट लेकर उनकी ओर बढ़ाया तो उन्होंने मना किया था...करना ही था।

''डांट वरी, इसमें ज़हर नहीं है...तुम्हें पता नहीं, इस कॉलेज का ट्रैडिशन? सीनियर के सामने जूनियर खाने-पीने का पैसा नहीं देते...।'' और फिर वो मना नहीं कर पायीं थीं। ''तो अंदाज़ लगाओ? बताओ?''

''दस साल...।'' चश्मेवाली बोली थी।

''अरे नहीं...।''

''पंद्रह...इससे ज़्यादा नहीं हो सकता।'' बीच वाली थी।

''क्यूँ? और अगर ऐसा ही हो तो...।'' मैं मुस्कुराया था।

''फिर तो अब आप ही बताइए?'' बीच वाली हैरान हो रही थी।

''बाईस साल। तुम लोगों की उम्र से तो मेरी बेटी की उम्र ज़्यादा होगी।''

''डांट टेल अस, आप बिलकुल नहीं लगते।'' ये तीसरी थी।

"इट्स काम्प्लीमेंट टू मी...।"

"ओह यस...।" लड़कियाँ अब बात करने में सहज हो रही थीं।

"कहाँ रहते हैं आप?" बीच वाली ने उत्सुकता दिखाई थी।

"अमेरिका...।"

"ओह, दैट्स ग्रेट्स...।" चश्मे वाली यकायक बोली थी।

"इसमें ग्रेट क्या है?"

"एक्चुअली, मुझे वहाँ मास्टर्स करने के लिए जाने का मन है।"

"क्या नाम है आपका और क्यूँ जाना चाहती हो...।"

"कंचन...मैं वहाँ रिन्यूबल एनर्जी पर रिसर्च करना चाहती हूँ, खासकर सोलर पैनल पर...लॉट ऑफ स्कोप...भविष्य इसी में है।"

"एक्सलेंट...और आप बेटा?" बीच वाली से पूछा गया था।

"मैं स्मृति...आईएएस एंड ऑनली आईएएस।"

"ब्यूरोक्रेट...! और आप?"

"मैं शोभना, मैनेजमेंट करके पापा का बिजनेस सँभालना चाहती हूँ...।"

"पढ़ाई से बिज़नेस में कोई लाभ होता है...? आई डाउट...।"

"नहीं सर, ऐसा नहीं है। आपको कॉन्फिडेंस तो आता ही है।"

"बिलकुल ठीक...क्या मैं तुम लोगों के साथ बातचीत करते हुए हॉस्टल के गेट तक चल सकता हूँ...।"

"हाँ, क्यूँ नहीं...।" और हम बातचीत करते हुए चल पड़े थे...।

"आप लोगों का ब्वॉयफ्रेंड?" वहाँ खड़े कपल्स को मैं देख रहा था।

"हैं। मगर इस तरह हम हर समय बतियाते नहीं रहते...।"

"ओह रियली...फोकस्ड गर्ल्स...।" मैंने छेड़ा था तो तीनों हँसी थीं।

"और कैसा चल रहा है...कॉलेज में कुछ नया, विशेष क्या फर्क है...?"

"नया तो कुछ खास नहीं। बाकी फर्क तो आप ज़्यादा अच्छी तरह देख सकते हैं...।" चश्मे वाली ने बातचीत में दिलचस्पी दिखाई थी।

"सबसे पहला फर्क कि हमारे समय में इतनी लड़कियाँ नहीं होती थीं। दूसरी वो आप लोगों की तरह कान्फिडेंट नहीं थीं। तीसरा, ये कामना टाइप का कोई केस...हमारे समय में...मुश्किल था...।" मैंने जान-बूझकर बात छेड़ी थी।

"यू मीन कैम दीदी...यस बड़ा अनफॉरचुनेट इंसीडेंट है...।"

"सच, सुना तो बड़ा शॉक लगा...मगर वो वहाँ तक गई कैसे? और ड्रग...।"

"असल में वो ड्रग्स एडिक्टेट थीं...सुना है पहले भी देर रात तक उस जंगल में लड़कों के साथ जा चुकी थीं...पता नहीं, उस दिन क्या हुआ...।" ये स्मृति थी।

"अपने कॉलेज के लड़के इतने बर्बाद हो गए!" मैंने जान-बूझकर कहा था।

"नहीं-नहीं, सारे नहीं, कुछ एक ही हैं...कई तो बाहर से भी आते हैं, लोकल कॉलेज के...।"

"वैरी बैड...कॉलेज एडमिनिस्ट्रेशन को कुछ करना चाहिए...।"

"बस, ऐसे ही बुरा हाल है यहाँ का...क्या बताएँ आपको सर...।" चश्मे वाली कंचन थी।

"तो आप लोग बोलते क्यूँ नहीं?"

"हमारे अकेले बोलने से क्या होगा...ज़्यादातर डरकर चुप ही रहते हैं...।"

"मगर इन लोगों को ड्रग्स कहाँ से मिलती है? और पैसे...!!"

"अब ड्रग्स का तो पता नहीं क्योंकि कई लड़के बाहर के भी आते रहते हैं, मैस ब्वॉयज़ भी इनसे मुँह लगे रहते हैं...इनका पता ही नहीं चलता...पैसों की तो कोई प्रॉब्लम ही नहीं है, कइयों के माँ-बाप तो जो माँगो भेज देते हैं...।"

"ख़ैर, आप लोगों को क्या करना, मरने दो इन नशेड़ियों को...।"

"वो तो है...मगर दुःख तो होता ही है...।"

"चलो छोड़ो ये बातें, वैसे आप लोगों का आइडियल कौन है?"

"कई हैं...जैसे कि किरण बेदी, इंद्रा नूरी, सायना नेहवाल...।"

"ओह ग्रेट।...अच्छा! मेरे एक दोस्त हैं, उनकी बेटी भी यहीं पढ़ती हैं...क्या तो नाम है, हाँ जीविका...जानते हो...?"

"जीविका दीदी को...बहुत अच्छी तरह से...शी इज़ ग्रेट...ब्रिलियंट...ऑल राउंडर...मगर आप को पता नहीं इस कामना केस में उनका नाम भी आ रहा है...।"

"अच्छा! ऐसे कैसे हो सकता है...।"

"बिलकुल नहीं सर, बिलकुल नहीं। सवाल ही नहीं, मतलब ही नहीं...मगर ये टीवी देखकर, समझ ही नहीं आता कि क्या चक्कर है...।"

"वेरी अनफॉरचुनेट...! अच्छा, चलता हूँ। तुम लोग चाहो तो अपना मोबाइल नंबर मुझे दे सकती हो...मन करेगा तो फोन करूँगा...।"

"ओह श्योर।" उन तीनों ने मेरे दिए कागज पर अपना नाम और मोबाइल नंबर लिख दिया था। मैंने लिया, देखा, और फिर धीरे से उन्हीं के सामने फाड़ दिया।

"मुझे तो दे दिया मगर कोई और माँगे तो इतनी जल्दी मत देना...वो कोई बहुरूपिया भी हो सकता है। मैं कोई फ्रॉड भी तो हो सकता था...?"

"अंकल, फिर भी हमें कोई रिग्रेट नहीं होता...जिस प्यार से आपने हमारे साथ बात की ऐसा किसी ने आज तक नहीं किया...।" स्मृति ने कहा तो बाकी ने भी सिर हिलाकर उसका साथ दिया था।

“यही तो कहना चाह रहा हूँ, मेरे जैसी मीठी बात वाले से भी अगली बार सतर्क रहना, जीवन है, जल्दी विश्वास नहीं करते...वैसे मेरा नंबर जब तक मैं हिन्दुस्तान में हूँ ये है...जब चाहो बात कर सकती हो...गॉड ब्लेस यू ऑल।” और मैं मुड़ा तो सीधे अरुण की कार में था। तीनों लड़कियाँ हाथ हिला रही थीं।

“अब ये क्या चक्कर है... ?” अरुण ने कार स्टार्ट की थी।

“घर पहुँचकर बताऊँगा।” वह मुझे निरंतर देख रहा था।

“पीछे वाली सुनसान रोड से ब्वॉयज़ हॉस्टल को चलते हैं।” और उसने कॉलोनी की उसी सड़क पर गाड़ी डाल दी थी। आगे धीरे-धीरे झाड़ियाँ घनी होती जा रही थीं। नाला पार करने लगे तो पास के एक पेड़ के पीछे एक प्रेमी जोड़ा एक-दूसरे से उलझा पड़ा था। मेरी निगाहें उधर से अनायास ही अपने आप तुरंत हट गयीं और हम आगे बढ़े थे। हमने कैम्पस की ट्रॉसफार्मर बिल्डिंग पार की तो बाईं ओर सामने, थोड़ा दूर, अचानक बड़े-बड़े पाँच हॉस्टल दृश्य पटल पर उभरे थे। खाली मैदान में बीच में कुछ न होने से दूर तक दिखाई देता है। घटनाएँ इतनी तेज़ी से घट रही थीं कि लगा ही नहीं कि इन्हें देखे हुए 20-22 वर्ष हो चुके हैं। रास्ता भी वही पहले की तरह एक लेन का, और दोनों ओर बड़ी-बड़ी झाड़ियाँ।

हम कब पाँचों हॉस्टल के बीचों-बीच स्थित छोटी-सी खाई में पहुँच गए थे, पता ही नहीं चला...। हमारा हवा महल...अरे यही तो है...मगर अब चारों ओर से पक्का हो चुका था, घास का अता-पता नहीं था...गाड़ी रोककर हम उतरे थे और मेरे कदम अनायास ही बढ़ गए थे। कुछ सीढ़ियाँ उतरकर दायीं ओर बने टी-स्टॉल के चबूतरे पर पहुँचे थे...इस पर तो हम लोग यूँ ही बैठ जाते थे। दिन में वहाँ कोई न होता। इस वक्त भी सुनसान था। चबूतरे पर बैठे तो लगा कि समय दबे पाँव वापस आ गया है। सामने नज़र गई तो तीनों जूनियर हॉस्टल दिख रहे थे।

“आजकल रैगिंग होती है?”

“सुना है, न के बराबर। और जो होती भी है तो बहुत गड़बड़।”

“वैसे अपने समय में कितना बुरा हाल था। कितनी मार खायी है हम लोगों ने...खासकर दुष्यंत ने। तू तो बच जाता था।”

“क्या किसी बात को खत्म या बंद कर देना ही सॉल्यूशन है?”

“अब क्या करोगे, अति होने पर कौन क्या कर सकता है... ?”

सुनकर अरुण चुप हुआ था।

एक बार फिर सामने तीनों हॉस्टल के बीच में निगाह गई थी।...यह वही जगह है जहाँ दुष्यंत के साथ मिलकर मैंने भी कम उधम नहीं मचाया था। एक समय तो यहाँ एक और दो नंबर हॉस्टल के सीनियर भी आने से डरते थे।

थोड़ा बायीं ओर नज़र गई तो दूर पहाड़ के किनारे दो बड़े-बड़े हॉस्टल थे। एक व दो नंबर। वरिष्ठ छात्रों के लिए सभी सिंगल रूम। इनके ठीक पीछे से पहाड़ की ढलान शुरू हो जाती है जहाँ से नीचे उतरने पर शहर की एक मुख्य सड़क मिल जाती है। यह वही सड़क है जो पहाड़ के किनारे-किनारे घूमते हुए आगे बढ़ जाती है और एक ब्रांच चढ़ाई चढ़कर कॉलेज कैंपस के मेन गेट में घुसती है। हम लोग अक्सर देर रात अँधेरे में पहाड़ की ढलान से ही उतर जाया करते थे। यहाँ छोटी-छोटी पगडंडियाँ बन चुकी थीं। जिनके रास्ते आने-जाने वालों को अच्छी तरह से पता थे।...जहाँ भी निगाह घुमाओ अतीत सामने होता।

"तुझे पता है, आज भी हमारे साथ की एक लड़की दुष्यंत को बहुत मानती है?...सेरिल। उसकी निगाह में वो हीरो है...।"

"वो तो है...मगर क्या बताएँ हार जाता है।"

"आजकल जीतने के लिए चतुर-चालाक ही नहीं, धूर्त होना पड़ता है। और हमारा दोस्त तो सीधे-सीधे चलता है...बेवकूफ!!"

"ठीक कहते हो। तभी तो षड्यंत्र का शिकार हो जाता है।"

"पता है, वो नुकसान क्यों झेलता है? हर लड़ाई में क्यूँ हारता है? क्योंकि वो लड़ाई दिमाग़ से नहीं दिल से लड़ता है। भावनाओं के प्रवाह में आकर लड़ता है और दुनिया में भावनाओं की कोई कद्र नहीं। जोश तो होना चाहिए मगर भावुक नहीं। ऐसा इंसान दुखी रहता है और दूसरों को भी दुखी करता है।"

"मगर फिर दिल पर राज भी ऐसे ही लोग करते हैं। तू उसकी बात आज क्यूँ कर रहा है? क्योंकि तुझे आज भी उससे प्यार है।"

अरुण की बात सुनकर मैं चुप हुआ था। एक नज़र उस पर डाली और फिर हॉस्टल की ओर देखने लगा था। दिमाग़ अपनी रफ्तार से सोचता रहा...सच तो कह रहा है अरुण। ख़ैर, इसी कॉलेज में उस ज़माने में हमने कितनी गुंडागर्दी की थी। आज वो सब बचकाना लग रही थी।...पता नहीं, कामना के साथ क्या हुआ होगा...जो उसकी मौत ही हो गयी...बेचारी। मगर दुष्यंत उसे किसी क़ीमत पर नहीं मार सकता, ये भी पक्का है...। हमारे समय में कम से कम ऐसे हादसे नहीं हुए थे...सुने भी नहीं...। हो भी सकता है, तब मीडिया इतना सक्रिय नहीं था...कोई घटना बड़ी नहीं बन पाती थी। तो अब भी कौन-सा फ़ायदा है, जिसकी ज़रूरत नहीं वही घटना बड़ी बनती है और जो मजेदार नहीं उसे स्थान नहीं मिलता। इस केस में भी मसालेदार बनकर कामना उभरी थी, उसमें दुष्यंत का पक्ष तो था ही नहीं। उसे तो अपराधी घोषित कर दिया गया था।...क्या हमें भी मीडिया को उपयोग करना चाहिए? मगर कैसे...? और फिर हमारा मकसद तो सिर्फ दुष्यंत को छुड़ाना है।

लेकिन अगर मीडिया आजकल ओपीनियन मेकर बन चुका है...तो उसे नज़रअंदाज नहीं कर सकते...मेरा दिमाग़ उलझता फिर निकलकर कॉलेज पहुँचता।

"कौन-सा ग्रुप आजकल हावी है...एक नंबर या हॉस्टल दो नंबर...।"

"पता नहीं, मगर वो हॉस्टल में गढ़ वाली बात खत्म हो गयी। सभी हॉस्टल बैच के हिसाब से कर दिए हैं। एक नंबर में अब सिर्फ एम.टेक. वाले और दो नंबर में फाइनल ईयर वाले। याद नहीं, उसकी शुरुआत तो हमारे समय से ही हो गयी थी।"

"हाँ...याद है" बात करते हुए हम गाड़ी में बैठे थे और फिर अगले ही पल दो नंबर हॉस्टल के सामने थे। सब कुछ वैसा ही तो था...बस बिल्डिंग थोड़ी पुरानी और गंदी लग रही थी।

हॉस्टल में घुसने के साथ ही लंबा कॉरिडोर था। इक्का-दुक्का लड़के आ-जा रहे थे। अंत में मैस का दरवाजा दिखाई दे रहा था। बीच में दोनों तरफ, एक बार दाएँ और एक बार बाएँ, इस तरह से विंग निकले हुए थे। वही चार विंग...ए बी सी डी और प्रत्येक विंग में तीन मंज़िल। मुख्य कॉरिडोर से किसी भी विंग में घुसने पर एक छोटा कॉरिडोर मिलता। जिसके दोनों तरफ कमरे होते। और इस विंग के बीचोबीच ऊपर जाने की सीढ़ियाँ होती। ये चारों विंग प्रथम तल से भी आपस में जुड़े हुए थे। इनके आपस में जुड़ने का यह रास्ता असल में मुख्य कॉरिडोर की छत थी। इसी पर बैठकर तो हम अमूमन बातें करते थे। ए और सी विंग के बीच के वॉलीबाल ग्राऊँड पर अकसर खेल चलता। लेकिन इस वक्त यहाँ कोई न था...

चलते-चलते देखा साफ-सफाई ठीक ही थी। मगर खिड़की-दरवाजे बूढ़े होने का अहसास करा रहे थे। विंग के कॉरिडोर में शांति थी। हाँ, चारों ओर मोटरसाइकिलों की भीड़ थी। चलना भी मुश्किल हो रहा था। यहाँ तक की लड़कों ने अपने कमरे के आगे कॉरिडोर में भी बाइक खड़ी कर रखी थी। ग्राउंड फ्लोर वालों को यह फ़ायदा था। दो-चार कमरे में झाँक कर देखा लड़के अपने-अपने कंप्यूटर पर लगे हुए थे।

"...लैपटॉप, इंटरनेट, मोबाइल ने सबको अकेला कर दिया है...अब लड़कों में वो संबंध और आत्मीयता नहीं बची। मगर मैंने अपनी कोचिंग में आपस में मेलजोल करवाने के तरीके ढूँढ़ रखे हैं।" अरुण बुदबुदाया था।

"तभी तो तेरे चाहने वालों का एक ग्रुप है...जब तक आपस में मेलजोल नहीं होगा तब तक इस भावना को कैसे पा सकते हो?"

"हो सकता है...।"

धीरे-धीरे बातें करते हुए हम बाथरूम तक गए थे। हमारे समय में शौचालय/स्नानगृह घुसने से ठीक पहले व कमरों की कतार खत्म होने के ठीक बाद, बीच की

जगह में, कॉरिडोर दोनों ओर से खुला हुआ था बस कमर से थोड़ा ऊपर तक दीवार होती थी। यहाँ खड़े होकर गप्पें लगाई जाती। अपनी बारी का इंतज़ार करते-करते दूर का दृश्य देखा जाता, ताज़ी हवा खाने को मिलती। यहाँ राजनीति की जाती और शाम के घूमने की योजना भी बनाई जाती। परीक्षा के समय में यहीं पर पढ़ने-लिखने की भी चर्चाएँ हो जातीं और नकल मारने का इंतजाम भी हो जाता। सिगरेट पीना यहाँ आम होता और एक सिगरेट से कई लोग अपना धुआँ निकाल लेते। महीने के आखिर में बात बीड़ी तक भी पहुँच जाती। इस वक्त यह जगह सुनसान थी। और खुली जगह जाली से बंद कर दी गयी थी। बात समझ नहीं आई थी...क्यूँ? मैं चुपचाप ए विंग के प्रथम तल के पाँचवे कमरे में घुसा था।...कोई इक्कीस-बाईस वर्ष पूर्व यह मेरा कमरा था...अब किसी और का...।

48

"क्या मैं अंदर आ सकता हूँ...?" दरवाजे पर खटखटा कर मैंने पूछा था।

"जी...!!"

"मैं इसी कॉलेज का पास-आउट हूँ।"

"ओह! एल्मनाई...।"

"हाँ, कैसे हो...?"

"ठीक हूँ...।" उस छात्र ने ज़्यादा बातचीत में दिलचस्पी नहीं दिखाई तो मुझे मजबूरन अपने ही तथाकथित कमरे से बाहर आना पड़ा था। कमरे में सब कुछ वही था। मगर मुझे लगा कि गंदा है...तो क्या हमारे समय में साफ होता था...? क्या पता...? हो सकता है ऐसा लगता हो...!!!

मैं वापस कॉरिडोर में आया तो बगल के कमरे से अरुण की आवाज़ सुनाई दी थी। ये दुष्यंत का कमरा था...घुसकर चारों ओर देखा...वहाँ सब कुछ होते हुए भी कुछ भी तो नहीं था...छात्र शर्मिला लगा था।

"आगे क्या इरादा है...।" अरुण की बातचीत जारी थी।

"अभी तो फिलहाल एबी सॉफ्टवेयर में नौकरी ज्वाइन करूँगा..."

"बधाई हो...कैंपस इंटरव्यू में सिलेक्ट होने के लिए...।"

"थैंक यू..."

"कितने का पैकेज है?"

"फोर लैख...बट कंपनी अच्छी है।" वह बड़ा खुश था।

"तुम्हें पता है, दुष्यंत राठौर, एक सीनियर इस कमरे में रहते थे...?"

"कौन... ? नहीं... ।" उसने यूँ ही सिर हिला दिया था।

तभी एक और लड़का कमरे में घुसा था। जींस की पैंट ढीली-ढाली और टी-शर्ट कँधे पर लटक रही थी।

"हाय डूड, इनसे मिलो ये पास-आउट सीनियर हैं, एल्मनाई।" पहले वाले ने उसे कहा था। इसी बीच एक तीसरा भी वहाँ पहुँचा था।

"और तुम दोनों का क्या ऐम है... ।"

"कोई भी कार्पोरेट या पब्लिक सेक्टर में नौकरी... ।" ये दूसरा था।

"...अभी कुछ सोचा नहीं..." तीसरा थोड़ा टेढ़ा लग रहा था।

"सिविल सर्विसेस में क्यूँ नहीं कोशिश करते?"

"नहीं, वहाँ आजकल पॉलीटिकल मारामारी ज़्यादा है, सिस्टम सड़ गया है और फिर होना इतना आसान भी नहीं...इससे अच्छा तो लाला की दुकान में नौकरी कर लो। सुख-शांति, पैसा तो है... ।" ये दूसरा था।

"तुम लोगों का नहीं होगा तो किसका होगा...तुम लोग तो क्रीम हो... ।"

"अब कौन फिर से घोटा लगाने के लिए इतनी पढ़ाई करें।" ये तीसरा था।

"तो फिर राजनीति में क्यूँ नहीं जाते...बिज़नेस करो...चीज़ों को बदलने की कोशिश करो।" अरुण का उत्साह मैं देख रहा था।

"वो अपने बस की नहीं। एक अकेले से क्या होगा... ?"

"तो फिर किसके बस की है?" अरुण की आवाज़ में जोश था।

"अब हम लोगों को क्या पता... ?" बोलकर तीसरा हँसा था। पहले वाला कंप्यूटर पर व्यस्त हो चुका था। उसे हमारी बात में दिलचस्पी नहीं लग रही थी।

"अच्छा छोड़ो इन बातों को, क्या हॉस्टल में आजकल ड्रग्स बहुत चलती है?" मैंने बात छेड़ी थी।

"नहीं-नहीं, ऐसा तो कुछ नहीं...आप उस कैम केस के कारण कह रहे होंगे...उसके जैसे दो-चार एडिक्टेड होंगे...बस।" तीसरा ही बोला था।

"अच्छा!! वैसे आप लोग कामना के बारे में क्या सोचते हो?"

"कौन कामना? अच्छा वो कैम... । शी वाज़ हॉट बेब... ।" आवाज़ में व्यंग्य और आँखों में शरारत थी।

"सुना है कुछ... ?" मैंने जान-बूझकर बात अधूरी छोड़ी थी।

"अब छोड़िये, लंबा इतिहास-भूगोल है... ।"

"ख़ैर, ग़लत हुआ उसके साथ, उसका विरोध होना चाहिए। तुम सब लोग भी गए होंगे, कैंडल मार्च में?"

"नहीं, हम तो नहीं जा पाए थे।" तीसरे के साथ दूसरा भी नकार गया था।

"क्यूँ? यहाँ, से तो बहुत लड़को को जाना चाहिए था...कॉलेज की लड़की का मामला था।"

"अरे नहीं, उसका अपना ग्रुप था...इन लोगों का पता ही नहीं चलता।"

"ये डिम्पी कौन है...नीचे उसका लिखा कैंडल मार्च का पोस्टर लगा है...उसी ग्रुप का है क्या?"

"कह सकते हैं...आजकल उसको भी नेता बनने का भूत सवार है...।"

"अच्छा!!...कौन से रूम में रहता है?"

"ऊपर 2207 में।"

और वहाँ से हम धीरे-धीरे ऊपर की मंज़िल की ओर बढ़े थे। रूम नंबर 2207 का दरवाजा अंदर से बंद था। खटखटाया तो एक नौजवान निकला था। आँखे लाल और उसमें से पानी निकल रहा था। गोरा, हल्की दाढ़ी, हॉफ पैंट और सैंडो बनियान।

"हम लोग इसी कॉलेज के पास-आउट हैं...ऐसे ही हॉस्टल देखने आए हैं।"

"अच्छा...अच्छा।" वह थोड़ा आश्वस्त हुआ और हम कमरे के अंदर थे।

"और डिम्पी सुना है प्रेसिडेंट बनने वाले हो?" औपचारिकता पूरी करने के बाद मैं सीधे-सीधे मुद्दे पर था।

"आपको कैसे पता... ?" वह चौंका था।

"असल में विष्णुदत्त जी हमारे बैच के हैं, पक्के दोस्त हैं।"

"अच्छा! तो क्या उन्होंने बताया?...क्या जीविका अरेस्ट हो गयी?" उसकी आँखों में चमक बढ़ी थी।

"कौन जीविका, हमें नहीं पता...वो क्यों अरेस्ट होगी?" मैं चौंका था।

"नहीं-नहीं, मैंने तो ऐसे ही कहा था।" वह थोड़ा घबराया था।

"वैसे ये कामना तुम्हारी दोस्त के साथ बड़ा ग़लत हुआ...।"

"मेरी दोस्त...!!" वह थोड़ा असहज हुआ था।

"तुम्हारे दोस्त बता रहे थे।"

"कौन दोस्त...क्या बता रहे थे... ?"

"यही की वो अच्छी लड़की थी।"

"ऑफकोर्स, वो एक अच्छी लड़की थी...।"

"कोई कह रहा था कि वो ड्रग्स एडिक्टेड भी थी...तभी तो कुछ लड़कों के चक्कर में आकर...पता नहीं ऐसा सुना है...।" मैंने फिर जान-बूझकर छेड़ा था।

"कौन कह रहा था... ?" वो परेशान होने लगा था।

"चलो हमें क्या...और राजा कैसा है... ?"

"कौन राजा... ?" वह आगे बोलते-बोलते रुका था।

"हाँ-हाँ वही...विष्णुदत्त जी का लड़का।"

"अच्छा वो! ठीक होगा...।"

"बहुत सालों से उसे देखा नहीं...।"

"अच्छा...!!"

"तुम्हारा तो दोस्त है आता रहता होगा...?"

"हाँ-हाँ...।" उसके चेहरे पर परेशानी बढ़ रही थी।

"ये दुष्यंत क्या हॉस्टल में ड्रग्स बेचता है?" मैंने उत्सुकता पैदा की थी।

"हाँ-हाँ और क्या...।" उसकी आवाज़ में घबराहट थी।

"अच्छा!!...तुमने कभी उससे ली है...।"

"हँ...नहीं तो...।"

"फिर तुम्हें कैसे पता...।"

"सुना है...।" अब वह बेचैन हो उठा था। हाथ काँपने लगे थे। आवाज़ टूट रही थी।

मैंने आगे बात करने की कोशिश की तो उसके बाद उसने कोई दिलचस्पी नहीं दिखाई थी और हमें कमरे से बाहर निकलना पड़ा था। मेरा दिमाग डिम्पी की बातों और चेहरे के भावों में उलझ रहा था। यकीनन वह सामान्य नहीं था...और यूँ ही धीरे-धीरे चलते हुए हम मुख्य कॉरिडोर में आये थे।

"आजकल दो लड़के साथ में कम नज़र आते हैं...।"

"क्योंकि लोग मज़ाक उड़ाने लगते हैं कि गे होंगे...।" अरुण मुस्कुराया था।

"तुझे कैसे पता?" मैंने अरुण की तरफ कौतूहलता से देखकर पूछा था।

"मैं बच्चों को पढ़ाता हूँ...कोचिंग में ही सही...मगर सारी ख़बर रखता हूँ।"

"वैसे ऐसा है क्या...?"

"नहीं। ऐसा तो कुछ नहीं, मैं यूँ ही कह गया था...मगर मीडिया ने इसे घर-घर ज़रूर पहुँचा दिया...। ये तो अब मज़ाक बन गया है...वैसे असल में आज का छात्र अपने आप में रहना ज़्यादा पसंद करता है।" अरुण ने एक लंबी साँस ली और फिर अचानक बोल पड़ा, "एक चीज़ और...।"

"क्या?"

"ये डिम्पी ड्रग्स लेता है...।"

"तुम्हें कैसे मालूम...?"

"उसके हाथ में इंजेक्शन के ऊटपटाँग निशान नहीं देखे?"

सुनकर मैं सोचने पर मजबूर हुआ था।

"वैसे तुम्हारे सवाल और उसके जवाब...दोनों अजीब थे।"

"वो राजा का दोस्त है...शायद इसलिए ऐसा बोल रहा हो...।"

हम हॉस्टल से बाहर निकलने लगे तो मेरी निगाह नोटिस बोर्ड पर फिर पहुँची थी। 'डॉन' शाहरुख अभिनीत फिल्म हवा महल में इस हफ्ते दिखाई जाएगी। यह फिल्म ठीक-ठीक चली है...अमेरिका में भी। मुझे याद आ रहा था। मैंने भी देखी है। यह आज का डॉन है। विदेशी पृष्ठभूमि, मारधाड़, सेक्स, ग्लैमर, क्राइम, अंतर्राष्ट्रीय गैंग, हीरोइनों से जबरन प्रेम, हत्याएँ मगर अंत में फिर भी ज़िंदा। यही तो है आज का डॉन। नयी संस्कृति, नयी सोच। युवाओं के लिए बनाई गई...पसंद की जा रही है। नई से नई बाइक और तेज़ रफ्तार...लड़की को पाना नहीं तो छीन लेना। नये ज़माने का डॉन, फिल्म में मरता हुआ दिखाया नहीं जाता...उलटे महिमामंडित होता है। तो फिर इस चकाचौंध से क्यूँ नहीं प्रभावित होगा आज का युवा? कहीं राजा में इसी तरह के चरित्रों का प्रतिबिंब तो नहीं... ? हो सकता है...ज़माना भी तो ऐसा ही है...

पता नहीं कैसे-कैसे ख्यालात आ रहे थे। अरुण आगे जा चुका था। हॉस्टल के गेट के ठीक बाहर जाकर मेरा इंतजार कर रहा था। मैं चारों ओर देखते हुए धीरे-धीरे आगे बढ़ रहा था। पुरानी यादें जिस तेज़ी से ताज़ी होती उसी तेज़ी से निकल जाती। मैं हॉस्टल से बाहर निकला तो हम दोनों के बीच मौन था।

दो मिनट ठहरकर मैंने फिर मुड़कर हॉस्टल की तरफ देखा...अबकी बार अनजान लगा था...दुष्यंत का पुराना चेहरा अब नये के पीछे धुँधला पड़ रहा था...हाँ, बातें ज़रूर याद आ जाती...।

"पोस्टऑफिस जा रहा हूँ दुष्यंत, तुम चलोगे?" मैंने एक दोपहर हॉस्टल आने से पहले उससे पूछा था। मुझे घर से चिट्ठी का इंतज़ार था।

"मुझे कौन लिखेगा?"

"तेरा एक पत्र पिछले महीने आया तो था, तब से तेरी टेबल पर पड़ा है, तूने खोला तक नहीं...।"

"पढ़ लूँगा, जल्दी क्या है?"

वो पत्र बिना खुले हुए, उसी टेबल पर कई हफ्तों तक यूँ ही पड़ा रहा। पता नहीं कभी खोला भी या नहीं। मैं उन दिनों समझ नहीं पाता था कि इस पत्र में उसकी दिलचस्पी क्यूँ नहीं थी। ऊपर भेजने वाले का कोई नाम नहीं था। हाँ, लिखावट सुंदर थी...। वैसे तो उसे इस बात का अंदर ही अंदर दर्द रहता कि उसे लिखने वाला कोई भी नहीं। वह एकमात्र ऐसा शख्स था जिसका हॉस्टल में कोई पत्र नहीं आता। और

जब आया तो वह उसमें इच्छुक नहीं था। वह शायद अपने अतीत से कोई संबंध नहीं रखना चाहता था...क्या वो इसकी कोई आवश्यकता भी महसूस नहीं करता था? नहीं-नहीं, रिश्तों की भूख मैंने उसमें देखी थी...उसे अब मैं और बेहतर समझ सकता हूँ। मगर जीवन का उसके साथ ऐसा बर्ताव! मैं कभी समझ न सका...।

49

पचास पचपन की उम्र रही होगी। चेहरे पर तेज़ था। ''देखो, बच्चा तो वो है नहीं...दुष्यंत राठौर को अपनी सीमाओं का ज्ञान होना चाहिए। कोई फ़ायदा नहीं दीवार पर सिर मारने से।'' ये बात मुझे चुभी थी। अरुण का चेहरा भी देखने लायक था। अब तक की जा रही शांत मर्यादित बातों में गर्माहट आ गयी थी। हॉस्टल से हम दोनों सीधे संदेश अखबार ग्रुप के मालिक के घर पहुँचे थे।

''हमारे बाप-दादाओं को पता था कि अंग्रेजों के राज में सूरज नहीं डूबता फिर भी वो भिड़े...आपके खानदान से भी तो कई स्वतंत्रता सेनानी रहे हैं...।'' मैंने उसकी आत्मा को जगाने की कोशिश की थी।

''अरे वो विदेशी तो फिर भी गुलामों का कुछ लिहाज कर लेते थे मगर ये हमारे अपने तो शैतान के बाप हैं...।'' अग्रवाल प्रेस वाले की तरह सीधे बोल रहा था।

''तो इन्हें सबक सिखाया जाना चाहिए।'' मैंने जोश दिलाने की कोशिश की थी। वह कुछ देर ठहरा था, ''वो तो ठीक है मगर ऐसे थोड़े न लड़ा जाता है...बेवकूफों की तरह।''

''अग्रवाल साहब, हर ज़माने में कुछ ऐसे लोग होते हैं जो परवाह नहीं करते। ये जीत जाते हैं तो जननायक कहलाते हैं और हार जाते हैं तो समय के नीचे दब जाते हैं। मैं दुष्यंत राठौर को बचपन से जानता हूँ। मैं इतिहास भूगोल की बात करने नहीं आया हूँ। मैं यह बताने आया हूँ कि दुष्यंत ने जो रिपोर्ट आपको दी थी अपने लिये नहीं...युवा वर्ग के लिए थी...नशे को रोकने के लिए थी। यह सत्य है कि उसका विरोधी ग्रुप बहुत शक्तिशाली निकला और वह कमजोर। लेकिन फिर आप भी तो उसका साथ न दे सके। जबकि उसका मुद्दा सामाजिक हित में सीधा-सीधा था।''

''देखों, मैं एक फैमिली वाला हूँ। पेपर चलाता ज़रूर हूँ, राष्ट्र-प्रेम भी है, लेकिन दो वक्त की रोटी इज्जत से मिलती रहे वो ज़्यादा ज़रूरी है।''

''आपको क्या लगता है चुप रहने से इज्जत की रोटी मिल रही है? नहीं। यह तो डर की रोटी है।'' अरुण उत्तेजित हो उठा था।

''ठीक है। इन बातों से, लेख तो बन सकता है, जीवन नहीं। आपको पता है

आप किससे लड़ने जा रहे हैं? वो पैसे से, राजनीति से, गुंडागर्दी से, संपर्क से, आज के समय में, इतने ऊपर हैं कि आप सोच भी नहीं सकते।''

''कम से कम वो सोच तो पाया, आप तो सोचने तक से डर रहे हैं। तो आप पेपर क्यों चला रहे हैं? इससे अच्छा तो कोई नौटंकी खोल लेते।'' अरुण को गुस्सा आ रहा था।

''आप तो मुझी से बहस कर रहे हैं...अब नौटंकी का क्या करें जब पब्लिक को यही पसंद है तो...।'' वह तिलमिलाया था।

''इस मूर्ख जनता के हित को समाज में बनाए रखने के लिए ही तो कुछ व्यवस्था की गई है जिसमें एक प्रेस भी है जिसे आप समझ नहीं रहे।'' मैंने कहा था। फिर धीरे से आगे भी बोला था...''हमे दुःख की जगह क्रोध इस बात का है कि आपने उसकी इतनी पक्की रिपोर्टिंग को लगाया तक नहीं...जबकि उसने साथ में सबूत भी दिए थे...और वही सामने वाले की झूठी खबरें लगाते रहे...जबकि आप उनकी प्रतिस्पर्द्धा में हैं...और एक-दूसरे के विरोधी कहलाते हैं...।''

''वो तो ठीक है...मगर है तो विष्णुदत्त जी इस धँधे में हमारे बड़े भाई की तरह...मीडिया में इस वक्त नंबर वन हैं...मिल-जुलकर तो रहना ही पड़ता है।''

''फिर तो कुछ कहना ही बेकार है आप से...आप के हिसाब से चोर-सिपाही सब मिल जाना चाहिए और...बड़े आदमी का सौ खून माफ...।''

''देखिए, केजी सर मैं आपकी बड़ी कद्र करता हूँ। आपका शहर में नाम है मगर आप कोचिंग इंस्टिच्यूट चलाते हैं...बाहर दुनिया की क्या हालत है, लगता है आपको नहीं पता...।''

''पता है, खूब पता है...अभी सब कुछ खत्म नहीं हुआ...अभी भी दुनिया चल रही है, नहीं तो सारे राक्षस राज करते...।''

''नहीं, ये बात तो आपकी ठीक है। तभी तो हमने भी ख़बर लगायी थी...।''

''कौन-सी ख़बर?''

''वही जो दुष्यंत चाहता था...ड्रग्स को रोकने की...।''

''वो कोई ख़बर थी!! उसमें तो कामना की खूबसूरती और मासूमियत का ज़्यादा वर्णन था। उसे आप ख़बर कहते हैं... ?'' अरुण उत्तेजित था मैंने उसे धीरे से शांत किया था।

''अच्छा चलिए, अब आपने हमारे इतने पुराने मित्र से फोन करवाया है तो बताइए कि अब मैं आपकी क्या मदद कर सकता हूँ?''

''दुष्यंत की वो रिपोर्टिंग वापस चाहिए जिसमें उसने सबूत सहित कई जानकारी दी थी।''

"अब पता नहीं मैंने किस को दे दी थी...कहाँ रखी है, ढूँढ़ना पड़ेगा...एक कॉपी तो उसके पास भी होगी... ।"

"हाँ, है तो, बस थोड़ा ढूँढ़ना पड़ेगा...टाइम लग सकता है इसलिए सोचा आपसे ले लें... ।" मैंने तुरंत बढ़कर जवाब दिया तो अरुण ने मेरी ओर देखा था। शायद वह समझ रहा था... ।

"और साथ में वो फोटो...जिसमें विष्णुदत्त का लड़का और वो लड़की थे...वो भी चाहिए।"

"वैसे उसका क्या करेंगे आप लोग... ।" उसकी आँखें अचानक सिकुड़ी थीं।

"देखिए, शायद कहीं काम आ जाए।" मैंने जान-बूझकर धीरे से कहा था।

"फोटो तो मिलना मुश्किल है फिर भी मैं ढूँढ़ने के लिए बोलता हूँ।"

"हमें आपके फोन का इंतजार रहेगा। वक्त हमारे पास कम है। जल्दी...शाम तक कोशिश करें... ।" मैं सामने वाले के चेहरे को पढ़ सकता था।

"यह तो संभव नहीं। फिर भी कोशिश करूँगा। वैसे इतनी जल्दी क्या है?"

"दुष्यंत का कुछ पता नहीं, वह हर चीज़ जल्दी में करता है। दुनिया से जाने का फैसला भी, जल्दी कर ले, क्या पता... । हम उसके जीते जी उसे बेगुनाह साबित करना चाहते हैं... ।" आँखों में आँसुओं ने उतरने की कोशिश की थी। ऐसा लगा कि सामने बैठा अग्रवाल शायद उसमें भीग जाए। मैंने तुरंत अपने आप को सँभाला था।...पत्थरों पर पानी के दाग हो सकते हैं...पत्थर नदी के बहाव में कट सकते हैं...मगर पिघलते नहीं...इसलिए तो ये शब्द जुबान पर आये नहीं थे और मैं यूँ ही कह गया, "बस ज़रूरत है। आप चाहेंगे तो फोटो ज़रूर जल्दी मिल जाएगी।"

50

समीर के पिता डॉक्टर साहब को बुजुर्ग होना ही था। मगर सक्रिय थे। गर्मजोशी से स्वागत किया और फिर इधर-उधर की बातें होती रहीं। अरुण से मिलकर विशेष रूप से खुश हुए थे।

"और बताएँ... ।" उन्होंने कहा तो मैंने दुष्यंत की कहानी छेड़ी थी।

"मैं सुन चुका हूँ। समीर ने सुबह फोन पर सब बताया है।"

"तो फिर बिना जाने ही आपने इस मुद्दे को मीडिया में जोर-शोर से उठा दिया?"

"भाई, मैं विरोधी पार्टी का हूँ। राजनीति में हूँ। इस तरह के मुद्दे पर बोलना ज़रूरी हो जाता है... ।"

"फिर चाहे एक बेगुनाह अंदर हो जाए।" मैं हैरान था।

"देखिए, हम तो दोषी पर कार्यवाही करने की माँग कर रहे थे...पुलिस का कहना था कि वो अपराधी है...अगर नहीं है तो छूट जाएगा... ।"

"और अगर इस बीच उसकी जान चली जाए तो... ।"

"कभी-कभी ऐसा हो जाता है। इतने बड़े सिस्टम में क्या किया जा सकता है।"

"जान-बूझकर नहीं हो सकता?"

"अब अगर आप लोग कह रहे हैं तो हो भी सकता है।"

"अंकल, आपका भी तो कोई स्वतंत्र मत होगा?"

"अब हर केस में इतना कहाँ देखा जा सकता है...सुना तो बाद में हमने भी कि...ख़ैर, ये जोगेंद्र और विष्णुदत्त का आपस का लफड़ा है।"

"आपस का लफड़ा मतलब... ।" मैं हैरान हुआ था।

"दोनों एक-दूसरे को नीचा दिखाने के चक्कर में लगे रहते हैं।"

"और आप विष्णुदत्त के साथ खड़े नज़र आते हैं... ।" ये अरुण था।

"नहीं-नहीं, हमने तो सिर्फ गृहमंत्री का विरोध किया, उनका इस्तीफा माँगा...जो हमारा काम है।" वह पहली बार थोड़ा सकपकाये थे।

"अब अगर दुष्यंत निर्दोष साबित हो गया तो आप क्या कार्यवाही करेंगे... ।"

"बेटा, राजनीति में हम जनता के साथ हैं..."

"तो फिर हम अगर इन लोगों के खिलाफ सबूत पेश करें तो आप उनको जनता के बीच ले जा सकते हैं...उनके खिलाफ जन आंदोलन कर सकते हैं।"

"आजकल बेटा आंदोलन कहाँ होता है, नौटंकी होती है। जनता को क्रिकेट और फिल्मी ठुमके से फुर्सत नहीं। असल में सच तो ये है कि सब लोग मस्त हैं। सबको पैसा चाहिए। जनता को भी खरीद कर, भाषण सुनने के लिए बुलाना पड़ता है। हाँ, कोई संवेदनशील मुद्दा आ जाए तो फिर भीड़ इकट्ठी हो जाती है। हम भी ऐसे मुद्दों की तालाश में रहते हैं। फिर चाहे कुछ भी हो। बेटा, मैं तुम लोगों की बात समझ रहा हूँ...मगर इस वक्त कामना के संदर्भ में कुछ भी कहना उलटा पड़ सकता है। जनता की नब्ज तुम लोग नहीं जानते। हम नेता जानते हैं। मीडिया जानती है। ज़िंदा आदमी की क़ीमत कई बार मरते ही कई गुना हो जाती है। यहाँ भावनाओं का खेल है। सच और झूठ तो कहने की बातें हैं। सब जानते हैं कि विष्णुदत्त क्या है मगर हो सकता है जल्द मंत्री बन जाए। उसके पास पैसा है, गुंडों की फौज है, हर वक्त पूरी तरह से लड़ने के लिए तैयार, भ्रमित छात्र युवा हैं। सामान्य जनता के पास इतना वक्त कहाँ।...ऐसा नहीं कि हमारे ज़माने में सब ठीक और अच्छा था। मगर अब उसका

स्वरूप विकराल हो चुका है। हम भी इसी तरह के होते नज़र आ रहे हैं। सही बात करते हैं तो एक वोट नहीं मिलता। अब तुम लोग मुझे बताओ ये जो यूनिवर्सिटी और कॉलेज विष्णुदत्त ने खोल रखी हैं...को ही ले लो, उनका क्या फ़ायदा है...विष्णुदत्त ने इससे जितना पैसा कमाया उसका हिसाब नहीं...मगर जब हज़ारों छात्र बेवकूफ बनते हैं तो देखकर दु:ख होता है।...गधे-घोड़े सब को सिर्फ डिग्री दे दी...पढ़े-लिखे बेरोजगारों की लंबी फौज खड़ी कर रहे हैं...उनमें असंतोष भड़केगा तो उसका फ़ायदा भी यही उठाएंगे...असल में सभी इंजीनियर, डाक्टर बनाना चाहते हैं। सबको मोबाइल, मॉल और मस्ती चाहिए...सपने चाहिए...रोक के देखो...आपको एक भी साथ खड़ा नहीं मिलेगा..."

"आप भी तो एक राजनीतिज्ञ हैं फिर आप ही तो कह रहे थे कि छात्र मुझे मानते हैं। मैं तो सही-सही कहता हूँ, डाँटता भी हूँ, सख्त भी हूँ तो फिर...।"

"तभी तो मैंने आश्चर्य किया था। लेकिन फिर एक बात यह भी बताऊँ कि जिस दिन आप उनसे कुछ करने के लिए कहेंगे, यही हज़ारों फैन आपके लिए रास्तों पर नहीं उतरेंगे...। ये फेसबुक और आरकूट पर बहस तो कर सकते हैं...सड़क पर दो मिनट खड़े नहीं हो सकते...। बुरा मत मानियेगा। एक-दो तो शायद आ भी जाए...बाकी सब पीछे हो जाएँगे। हमारे विधानसभा में भी यही हाल है। सबको कोई मुद्दा चाहिए...जिसमें कुछ फ़ायदा, पैसा या वोट हो...कामना जैसी भी थी, चाहे जिसने जो किया हो, मगर विष्णुदत्त उस हादसे को अपने हक में कर चुका है। इस वक्त अब इस मुद्दे पर विरोध करना मतलब...सर्वनाश।"

"ड्रग्स का मुद्दा? वो तो खत्म नहीं हुआ...उसे तो उठाया जा सकता है..."

"कहाँ खत्म हुआ? हो ही नहीं सकता। राजनेताओं द्वारा आदमी मारे जा सकते हैं मुद्दे नहीं, वो भी तो विष्णुदत्त ने उठाया हुआ है, जोगेन्द्र को टारगेट बनाकर।"

"अपने ही पार्टी के मंत्री पर...।" मैं फिर हैरान था।

"यही तो राजनीति है। जोगेंद्र बहुत पॉवरफुल हो चुका है। उसको कमजोर करना ज़रूरी है...ड्रग्स तो बहाना है। इसकी कमाई तो सबके पास जाती है...।"

"तो इसका मतलब ये हुआ कि कुछ नहीं हो सकता...।" मैंने लंबी साँस लेकर कहा था।

"हो सकता है, क्यूँ नहीं हो सकता...वैसे भी तुम लोग कोई राजनीति या आंदोलन के लिए तो कर नहीं रहे जो महीनों सालों लड़ो...दुष्यंत को तुरंत रीलिफ चाहिए तो कोर्ट में सबूत पेश करो, अच्छा वकील करो, डाक्टरी परामर्श के लिए कोशिश करो...दो-चार पेशी में कुछ न कुछ हो ही जाएगा...तब तक राजनीति और मीडिया भी इस मुद्दे पर शांत हो जाएगी।"

"और जो शैतान नेता है उन्हें खुला छोड़ दें। जिससे वो कल किसी और को शिकार बनाएँ... ।" अरुण बोल तो गया मगर समीर के नेता पिता को बात लग गई थी। फिर भी वो सिर्फ मुस्कुरा दिए थे। यही तो नेता में गुण होता है।

"मैं तो चाहता था अंकल कि एक बार आप मुख्यमंत्री से थोड़ा कह देते।"

"अभी नहीं, कुछ समय बाद, प्रणव... ।"

"मगर तब तक कहीं देर न हो जाए... ।" मेरी ये बात सुनकर भी वह चुप ही रहे। अंत में हम बाहर निकले तो दोपहर सिर पर थी। और मैं अपनी समय की योजना के अनुसार पीछे चल रहा था। अरुण की हताशा और खीझ झलक जाती। मगर अभी मैंने आशा नहीं छोड़ी थी। और मेरे कहने पर अरुण जोगेंद्र नेता के घर की ओर चल चुका था। स्थानीय राजनीति कुछ-कुछ समझ तो रहा था मगर कोशिश करना ज़रूरी था। पहुँचने पर पता चला कि नेता जी उपलब्ध नहीं हैं और दो दिन बाद ही मिल सकेंगे। बड़ा-सा बँगला और भीड़भाड़ थी। ऐसे में अपना नाम और काम बताना व्यर्थ था और हम उलटे पाँव लौटे थे। बीच रास्ते से जीविका से ब्रजबिहारी के घर का पता और नंबर लिया था। उसके घर पहुँचे तो वह सो रहा था। दो कमरे का छोटा-सा मकान। घरवाली ने दरवाजा खोला था। अपने बारे में पूरी जानकारी दी तो अंदर के कमरे तक ले गयी थी। ब्रजबिहारी को जगाया भी था। दोनों पैर में प्लस्तर और एक हाथ में पट्टी। सिर पर घाव लग रहा था। हम दोनों का नाम सुनकर मुस्कुराया था।

"...सालों ने इंतजाम तो पूरा कर दिया था। मगर जब तक ऊपर वाले की मर्जी नहीं तो ये आदमी सब हम को क्या मारेगा?"

मैं उसके हिम्मत की दाद देने की स्थिति में भी नहीं था। बातचीत से ही पता चला कि वो बिहार का है और उसके पिताजी यहाँ आकर बस गए थे। उन्होंने ही यह प्रिंटिंग प्रेस खोल रखी थी। जहाँ चार पेज के छोटे से अखबार के अलावा शादी ब्याह और दूसरे प्रिंटिंग के काम भी होते थे। इसी बीच उसका जवान बेटा भी आ गया था। दाढ़ी बड़ी, आँखें लाल, बाल बिखरे हुए।

"क्या नाम है बेटा?" मैंने प्यार जताते हुए पूछा था।

"छोटे बिहारी।" उसकी आवाज़ में युवा आक्रोश लगा था।

बेटे को देखकर पिता की आँखों में चमक थी।

"दुष्यंत भाई का क्या हाल है?" ब्रज बिहारी ने पूछा था।

"अभी होश नहीं आया, लेकिन पहले से बेहतर है। हाँ, बाकी तो फिर आप सब जानते ही होंगे... ।" मैंने धीमे स्वर में कहा था।

"शेर दिल आदमी है आपका दोस्त। असली मर्द है...किसी के लिए अपनी

जान भी दे सकता है...हम तो बोले थे...फोटू भी छाप दो साले के लौंडे का... मगर पता नहीं किस मिट्टी का शरीफ आदमी है...बोले कि नहीं, हमारा काम है ड्रग्स पैडलर को पकड़वाना, उस गिरोह का भंडा फोड़ करना...इन बच्चों का फोटो छप जाने से बदनामी होगी...अब देखो, उन्हीं बच्चों ने साला यहाँ तक पहुँचा दिया... ।''

''ब्रज भाई...वो फोटो की हार्ड कॉपी मिलेगी?'' मैंने तुरंत पूछा था।

''उसको हमने अपने कंप्यूटर में डाउनलोड कर लिया था...मगर वो कंप्यूटर भी साले तोड़ गए। क्या कीजिएगा... ।''

''वो कंप्यूटर कहाँ पड़ा है... ?''

''वहीं प्रेस में।''

''और वो रिपोर्टिंग?''

''दुष्यंत भाई की? हाँ, मिल तो जाएगी, थोड़ा ढूँढ़ना पड़ेगा, सारा ऑफिस बिखरा गये हैं वे गुंडे...हाँ, मगर उस अखबार की कॉपी जल्दी मिल जाएगी जिस दिन हमने उसका थोड़ा–सा हिस्सा छापा था...पूरा छाप देते तो न जाने क्या होता?''

''वो हमे चाहिए...तुरंत...अभी...कैसे मिलेगा?'' मेरे अंदर अचानक ऊर्जा का संचार हुआ था। उसने मेरी जल्दबाजी को देखा तो समझ गया था। और फिर उसने अपने लड़के को हमारे साथ रवाना किया था।

प्रेस बुरी तरह तहस–नहस कर दी गयी थी। कंप्यूटर टुकड़े–टुकड़े था। मैंने उसके सीपीयू को उसी हालत में उठवाया और कार में रखवाया था। समाचारपत्र की दो कॉपी भी रख ली थी।...मन में उत्साह का संचार हुआ था...और लगा कि मानो बहुत कुछ हासिल हो गया है...अभी हम गाड़ी में बैठे ही थे कि अरुण का मोबाइल बजा था...

''हाँ, डॉ. अवनीश बोलो... ।'' दूसरी तरफ से कुछ कहा गया था।

''क्यूँ, क्या हुआ?'' अरुण ने जैसे ही कहा उसके चेहरे पर लकीरें खिंच रही थीं। उसको देखकर मैं भी किसी अनजान आशंका से भयभीत हुआ था।

''कुछ प्रॉब्लम है, अस्पताल चलना होगा... ।'' मोबाइल काटकर मुझे बताते हुए अरुण ने तेज़ी से गाड़ी अस्पताल की ओर मोड़ दी थी।

51

''दायें हाथ का आपरेशन कर दिए हैं डाक्टर...दुष्यंत हमेशा के लिए... ।'' और शांतिप्रिया भाभी फूट–फूटकर रो पड़ी थी। मानो हमारा ही इंतजार कर रही थी। बात समझ न आयी तो हम डॉक्टर के पास भागे थे। '...पस ज़हर बनकर हाथों में फैल

रहा था।...कलाई से आगे का भाग अलग करना ज़रूरी था। नहीं तो यह शरीर में फैल जाता।' डॉ. की बात सुनकर मैं वहीं बैठ गया था। अरुण दुष्यंत के वार्ड की ओर वापस लपका था। थोड़ी देर बाद मैं लुटा-पीटा सा धीरे-धीरे वहाँ पहुँचा तो दुष्यंत तो अपनी निद्रा में लीन था मगर अरुण बगल में आँखें खोलकर न जाने क्या देख रहा था। उसका चेहरा एकदम अस्तव्यस्त हो रहा था। दुष्यंत एक हाथ से अपंग...सोचकर ही मन फटकर बाहर आ रहा था। मैं वहाँ खड़ा न रह सका तुरंत बाहर आकर बरामदे के किनारे खाली बैंच पर बैठ गया था। एक मन तो किया कि विष्णुदत्त का जाकर गला दबा दूँ। हॉस्टल में ऐसा होता तो शायद कर भी देता। तो फिर क्या यह उम्र का तकाजा है? या फिर कमजोरी? जो भी हो...इतना सब होने के बाद भी... और मैं सोच-सोचकर पागल हो रहा था। मेरे अंदर का आक्रोश पहली बार एक नये रूप में परिभाषित हो रहा था...ये क्या बात हुई...अब तो चाहे जो हो जाए...कुछ कर गुज़रना है। मन के आक्रोश को रास्ता नहीं मिला तो मैंने सिर नीचे करके ज़मीन को बहुत देर तक देखा फिर एक बार बायीं ओर दूसरी बार दायीं ओर...शून्य में...बीच के लोग मेरी नज़रों से बाहर थे।

मौन ने मुझे अपने आगोश में ले लिया था। सुबह से हो रही भागादौड़ी अचानक आकर थम-सी गई थी। लग रहा था सब कुछ समाप्त हुआ।...मगर जान तो अभी भी बाकी थी। सोच-सोचकर मन और उमड़ पड़ता।

"अरुण चाचा, आप लोग कब पहुँच रहे हैं हम लोग इंतजार कर रहे हैं।" इसी बीच जीविका का फोन था। उसको अब तक पता नहीं था। वकील के पास से बोल रही थी। अरुण ने आकर बताया तो मैंने अपने आपको सँभाला था और हम दोनों यंत्रवत उसी ओर बढ़ गए थे। अरुण ने नीता को अस्पताल भाभी के पास तुरंत पहुँचने के लिए कहा था। उनका रो-रोकर बुरा हाल था। उन्हें अब सांत्वना देने की भी हिम्मत नहीं थी। क्या कहते? और हम चुपचाप वहाँ से चल दिए थे।

वकील के घर पहुँचे तो जीविका और काव्याश्री इंतजार ही कर रही थीं। मैंने अपने चेहरे के भाव को छिपाने की कोशिश की थी। थोड़ी देर तक वकील विभूति नारायण की मुख्य बातें सुनकर मैंने धीरे से जेब से पेन ड्राइव निकाला और उसकी ओर बढ़ा दिया था।

"इसमें कुछ लोगों की बातें टेप हैं। कंप्यूटर पर लगाना।" नौजवान वकील सुनकर एक बार समझ न पाया था।...मोटी-मोटी बात मैंने उसे बतायी तो उसे हैरानी हुई थी। दिनभर की हमारी बातें उस पेन ड्राइव रिकार्डर में टेप हो गईं थी। बातें सबने सुनना शुरू की तो सबके चेहरे पर हैरानी थी। हाँ, अरुण अब इससे बड़ी भावना के आक्रोश में होने से किसी भी तरह की प्रतिक्रिया नहीं दे रहा था। बस एक बार मेरी

ओर देखाभर था। बातें सुनते-सुनते विभूति ने कॉलेज के डायरेक्टर की बातों को उपयोग करने की बात रखी थीं...समीर के पिता की बात किसी काम की नहीं थीं, हाँ छात्रों की जनरल बात काम आ सकती है...और डिम्पी का व्यवहार संदिग्ध है...ऐसा उसका भी मत था...। मैंने समाचारपत्र की कॉपी उसे दी थी। विभूति पढ़ने लगा तो मौन एक बार फिर पसरा था। मैंने चारों ओर नज़र दौड़ाई काव्याश्री जीविका के बगल में बैठी थी। देखकर हल्के से मुस्कुराई। जीविका का चेहरा सक्रिय और आँखें सतर्क लग रही थीं।

"देखिए सर, इन सब से यह तो कहा जा सकता है कि कामना ड्रग एडिक्टेड थी मगर यह नहीं क्लेम किया जा सकता कि दुष्यंत का उसकी हत्या या आत्महत्या में कोई हाथ नहीं। यह बिंदु तो उठाया जा सकता है कि आरोपी खुद ड्रग्स को रोकने में प्रयासरत था लेकिन इसका जवाब नहीं मिलता कि उसके पास ड्रग्स कहाँ से आया और फिर लड़की का रेप किसने किया इसका तो कोई सुराग नहीं। जबकि इन्हीं तीन बिंदुओं के ऊपर पुलिस पूछताछ के लिए कस्टडी माँगेगी। आपकी ये सब मेहनत प्वाइंट ऑफ डिस्कशन तो बन सकते हैं, एविडेंस नहीं...फिर इस पर भी विरोधी वकील कह सकता है कि ये सब प्लांटेड हैं...और फिर संबंधित लोग कोर्ट में गवाह के रूप में आते ही मुकर भी सकते हैं...।"

"देखिए, इसे मैं मीडिया में उपयोग करने की सोच रहा हूँ। रात तक कुछ और भी पक्के सबूत शायद मिल सकते हैं। जो भी है आपके सामने है वकील साहब, अब जो कुछ करना है आपने करना है...ढूँढ़िये रास्ता, मगर किसी तरह ज़मानत करा दीजिए, नहीं तो आज तो सिर्फ हाथ काटा है, कल उस बेकसूर की गर्दन भी काट सकते हैं।"

"क्या मतलब ?" वकील से छिपाने का कोई मतलब नहीं था। और मैंने जैसे ही अस्पताल की बात धीरे से कही, जीविका सुनकर मेरी ओर देखने लगी थी...मैंने आँसू से भरी अपनी आँखों को छिपाने की कोशिश की तो वो फफक कर रो पड़ी थी। उसने तुरंत एक बार फिर पूरी कोशिश की कि वह रोये नहीं, इस प्रयास में उसकी हाथ की मुट्ठियाँ बंद हो रही थीं। आँसू रोक लिये गए थे। उसे कहीं अंदर पी लिया था। काव्याश्री ने उसे सँभालने की कोशिश की थी। अरुण तो जैसे क्रोध की ज्वालामुखी पर बैठा था। न कुछ बोलता न प्रतिक्रिया देता।

"हाँ तो वकील साहब, आगे क्या करना है...।" मैं पत्थर हो चुका था।

"ग़लत हुआ है। मैं इस मुद्दे को उठाऊँगा, जबरदस्त ढंग से, कल की गारंटी तो नहीं ले सकता लेकिन अगली हियरिंग में ये ज़मानत रोक नहीं सकते। आप बिलकुल चिंता न करें। मेडिकल जाँच पर तो मैं ईंट बजा दूँगा। कल मैं ह्यूमन राइट

कमीशन में अर्जी लगाता हूँ...रातभर में सब तैयारी हो जाएगी। हाँ, वो फोटो मुझे रात या कल सुबह तक मिल जाएँ तो...।''

''हमारी पूरी कोशिश है...आपको मिल जानी चाहिए।''

बस इतना कहकर हम सब बाहर आए थे। जीविका ने चुप्पी तोड़ी थी।

''मुझे पापा के पास जाना है।''

''हम भी वहीं जा रहे हैं, हमारे साथ ही चलो।''

''नहीं, मैं अपनी स्कूटर में आ जाऊँगी।''

''कल ऑफिस से सुबह कोई ले जाएगा। तुम अभी हमारे साथ चलो।'' अरुण की बात को जीविका मना नहीं कर पायी थी। अस्पताल पहुँचे तो शांतिप्रिया अपनी बेटी को देखकर एक सेकेंड के लिए फफक पड़ी। और फिर तुरंत अपने आप को सँभाल भी लिया था। नीता और वो बाहर बरामदे की कुर्सी पर गमगीन बैठे मिले थे। जीविका बिना कुछ कहे सीधे वार्ड में अंदर अपने पापा के बेड पर पहुँची थी और फिर बहुत देर तक स्टूल पर बैठी रही। उसके हाथ दुष्यंत के कँधे पर थे। मैंने ध्यान से दुष्यंत के चेहरे को देखा, वहाँ कोई पीड़ा नहीं थी। होती भी कैसे? और मैं बाहर आकर बरामदे की खाली बैंच पर बैठ गया था। बरामदे में अपराधी रोगियों के दो-चार संबंधी होंगे। बाकी सुनसान हो रहा था। वार्ड के गेट पर वर्दीधारी किसी को अंदर जाने से रोक रहा था। शायद मिलने का टाइम खत्म हुआ हो। अरुण बड़ी मुश्किल से हर बार मैनेज करता था। और तभी मेरी निगाह एक किनारे बैठे ऊँघते हुए पुलिस वाले पर पड़ी थी। वह इन अपराधी रोगियों की निगरानी के लिए था।...क्या बेवकूफी है...और मेरे चेहरे पर व्यवस्था के खिलाफ नफरत उभरी थी। इस बार मैंने उसे रोका भी न था।

घर जल्दी पहुँचना ज़रूरी था। अरुण ने एक कंप्यूटर इंजीनियर को आने के लिए कहा हुआ था। और उसने आते के साथ काम शुरू कर दिया था। हम पेन ड्राइव की कॉपी वकील के कंप्यूटर पर कर आये थे। अब यहाँ भी उसे डाउनलोड कर रिकार्ड करवाया जा रहा था। टूटे हुए कंप्यूटर के हार्ड-डिस्क से फोटो निकाले की कोशिश शुरू हो गयी थी। इस बीच अरुण बुत बना बैठा रहा। मैंने दुष्यंत की डायरी के उस पन्ने की भी कॉपी करवाई थी...जिसका यह अंश काम का लगा था...'जिस रूप में मैंने कामना को देखा वो मेरे लिए अपनी आँखें फोड़ लेने के लिए काफी था। वो ड्रग्स की इतनी बुरी तरह शिकार दिख रही थी कि उसकी आत्मा भी भ्रमित लगी थी। उसकी बातों में जीवन मस्ती का दूसरा नाम था। वो अपने शरीर को इस तरह से उपयोग होने दे रही थी कि मानो यह उसके स्वयं के लिए सिर्फ उपभोग है। मगर मुझे उससे अधिक दुःख इस बात को लेकर हुआ जब वह मेरे सामने भी सारी

निर्लजता के साथ हँसी और उस लड़के से प्रेम करते रहने के लिए कहा। मैंने उसी वक्त आँख बंद कर ली थी। मेरा मत है कि इस बर्बादी के पीछे भी ड्रग्स, जिसे हमें रोकना होगा, से अधिक माँ-बाप की लापरवाही है जिसे समाज को देखना होगा।'

बहुत देर तक मैं इन पंक्तियों के साथ बाहर बरामदे में घूमता रहा। खाना खाने का मन नहीं था। चाय भी नहीं पी गई थी। बार-बार दुष्यंत का हाथ निगाहों के सामने आता...क्या वजनदार हाथ था। मोबाइल निकालकर देखा तो दो मिस्ड कॉल कविता की और एक जेसिका की थी। जेसिका को कुछ भी बताने का मन नहीं था। क्या बताता? हाँ, कविता को हालचाल के लिए फोन करना ज़रूरी है वरना बाबाऔर माँ को ज़्यादा चिंता हो जाएगी।

"मुझे मालूम है तुम बिज़ी होंगे। काव्याश्री ठीक तो है...चलो कह देना एक बार बात कर ले...पहले तुम माँ-बाबा से बात कर लो फिर मैं कर लूँगी...।" मैंने अपने आप को रोके रखा था तभी बाबा की आवाज़ फोन पर आयी थी,

"मुझे तुम पर गर्व है बेटा। जब तक दुष्यंत ठीक न हो जाये हमारी चिंता मत करना और हाँ काव्याश्री को प्यार कहना, ले तेरी माँ भी बात करना चाहती है...हाँ, प्रणव, तू कैसा है बेटा, देख ऐसी विपत्ति भगवान किसी को न दे...और जो साथ दे वही असली दोस्त है...समझे, अपना ध्यान रखना...और ले ये बहू से बात कर..."

"हाँ, प्रणव...," कविता वापस फोन पर थी।

"मैं आज बहुत टूटा हुआ महसूस कर रहा हूँ कविता...।"

"प्रणव...! प्रणव..! क्या बात है प्रणव...!"

मैंने अपनी आवाज़ को नियंत्रित करने की कोशिश की थी, नाक को एक हाथ से पोंछा तो लगा कि कुछ बहने के लिए तैयार था।

"मैं देखता रह गया कविता और मेरे सामने दुष्यंत का दाहिना हाथ डॉक्टरों ने आपरेट कर अलग कर दिया...।" और मैं आगे कुछ बोल नहीं पाया था। सामने भी एकदम से मौन पसर गया था। मैंने दो बार नाक से साँस को तेज़ अंदर खींचने की कोशिश की थी...।

"अच्छा, मैं रखता हूँ कल कोर्ट के लिए तैयारी करनी है...।" और मैंने मोबाइल काट दिया था। बहुत देर लगी थी अपने को व्यवस्थित करने में और तभी कविता का मैसेज था...। 'भगवान तुम सबकी रक्षा करेंगे।'

समय कम था। मैंने स्वयं को तैयार किया और मिलिंद को फोन लगाया था।

"उस फोन का कुछ पता चला...!"

"हाँ, प्रणव तुम्हारा शक सही है। उस लड़के के मोबाइल से देर रात कामना को फोन हुआ और फिर कई बार राजा को भी। बीच में कुछ देर के लिए रात में वह

कॉलोनी और गर्ल्स हॉस्टल वाले मोबाइल टॉवर के रेंज में भी था। मतलब उसका संबंध इस केस से कहीं न कहीं ज़रूर है।''

''थैंक्स मिलिंद...''

''और दुष्यंत कैसा है... ?''

''अं...बस ठीक ही है...चल रखता हूँ।'' मुझे फोन रखने की जल्दी थी और मैं अंदर की ओर भागा था। अरुण से वकील का नंबर लिया और उसे फोन पर जानकारी देने लगा था।

''एक्सलेंट...ये बहुत काम की इनफार्मेशन है...अच्छा, उस फोटो का क्या हुआ... ।'' विभूति फोन पर पूछ रहा था।

''लगा हुआ है कंप्यूटर इंजीनियर...निकल आना चाहिए, मुझे नहीं लगता उसमें कोई दिक्कत होगी...बस थोड़ा वक्त लग सकता है... ।'' और मैं अंदर की ओर फिर मुड़ा था। अरुण कंप्यूटर वाले के साथ जुटा हुआ था और घटनाएँ तेज़ी से घट रही थीं। समय रफ्तार से गुज़र रहा था। इस वक्त मैं कंप्यूटर इंजीनियर को हार्ड-डिस्क के साथ जूझते देख रहा था। उसे अंत में सफलता मिल ही गयी थी। फोटो देखी तो निर्लज्जता की हद थी। एक नवयुवक व युवती तकरीबन नग्न एक-दूसरे पर लेटे थे और लड़की फोटोग्राफर से कुछ कहती प्रतीत हो रही थी, चेहरे पर मस्ती थी। उस फोटो को लेकर अरुण वकील के घर दौड़ा था। इसे देखकर वकील रातभर में प्रश्न बना पाएगा। और मैंने तभी कमरे में एकांत होते ही एक पत्र लिखा था।

'कल का पता नहीं...मैं एक अमेरिकी नागरिक हूँ। मूलतः भारतीय। आजकल भारत आया हुआ हूँ। अपने दोस्तों से मिलने। लेकिन कल मुझे यहाँ की पुलिस पकड़ ले तो आप को हैरान होने की ज़रूरत नहीं है। मुझे किसी रेप केस में या ड्रग्स के आरोप में फँसाया जा सकता है। मैं दावे से कह सकता हूँ कि इन सब बातों से मेरा कोई संबंध नहीं होगा। लेकिन ऐसा हो सकता है और मीडिया इस पर कहानी बना सकती है...क्योंकि यहाँ की व्यवस्था चरमरा गयी है। आम आदमी सुरक्षित नहीं है। ताकतवर अराजक और मज़बूत मगर बदमाश हो चुका है। वो लोगों का खून चूस रहा है। जब ये मेरे साथ हो सकता है तो आम लोगों के साथ क्या होता होगा। इसलिए मुझे सुरक्षा चाहिए।...प्रणव। कॉपी : अमेरिकी दूतावास/भारत के प्रधानमंत्री और राष्ट्रपति/विभिन्न राष्ट्रीय प्रेस के प्रमुख...आदि-आदि।'

मैं जानता था कि मैं क्या करने जा रहा हूँ।

कंप्यूटर पर इंटरनेट चलाया और उपरोक्त मेल सबको भेज दी थी। फिर एक लंबी साँस ली। याहू ग्रुप साइट खोली तो उस पर दसियों मेल पैंडिंग थे। कुछ एक किसी के जन्मदिन की मुबारक के थे और कुछ साथ के दोस्तों की शादी की

सालगिरह के। बाकी बचे हुए मेल अगले हफ्ते टोरंटों में होने वाली गेट-टुगेदर को लेकर थी। कौन-कौन आएँगे, पर चर्चा थी। कोई मेल अब दुष्यंत के संदर्भ में नहीं था। क्या इन लोगों को बताने का कोई फ़ायदा है? शायद नहीं। और मैंने याहू ग्रुप को धीरे से बंद किया था।...देर रात अरुण लौटा तो सभी उसके साथ थे। शांतिप्रिया भाभी ने घर जाने की कही तो अरुण ने दोटूक मना कर दिया था। नीता ने तुरंत कुछ बनाया और उन्हें खिलाने की कोशिश की थी मगर वह बिना खाये सोने चली गई थीं। हमने थोड़ा-बहुत खाने की कोशिश की थी। मगर भूख भूल चुकी थी। रात मैंने अरुण को अपना पत्र दिखाया तो वह पढ़कर मेरी ओर देखने लगा था...''इससे तुझे कोई बड़ी मुसीबत हो गयी तो... ?''

''मुझे मालूम है कम से कम तुम मेरे लिये अकेले सबसे लड़ोगे...।''

ठीक ही तो कहा था मैंने...खुद देखा था...दिनभर अरुण के छात्रों का घर पर आना-जाना लगा रहता। सुख-दुःख, शादी, बच्चा, नौकरी। कोई सिर्फ सलाह लेने आता तो किसी बच्चे को केजीआई में एडमिशन के लिए सीधे-सीधे पुराने छात्रों की सिफारिश। वो इतना पॉपुलर हो सकता है मेरे लिये अविश्वसनीय था। मगर जीवन के रंग का पता नहीं। उसका घर एक सार्वजनिक स्थल-सा था। जहाँ रौनक लगी रहती। मगर आज वह शाम से ही किसी से नहीं मिला था। अपनी भावनाओं को छिपाने की कोशिश या फिर कुछ और? मनुष्य का स्वभाव एक पहेली है।...देर रात सोया तो भी नींद कहाँ, पूरी रात कल की अनिश्चितता सामने आ खड़ी होती।...भविष्य के गर्भ में कुछ अच्छा भी हो सकता है...इसी आस में तो सभी ज़िंदा हैं...।

52

कोर्ट में गहमागहमी थी। चारों ओर भीड़। काले कोट में केस की फाइल हाथ में दबाए वकील, साथ में पीछे भागते मुवक्किल के चेहरे पर चिंता? परेशानी? आक्रोश... ? शायद ये शब्द ठीक न हो। यहाँ भी अलग-अलग रंग-रूप थे। हर कोई अपने पक्ष में न्याय की उम्मीद करता।...और जिसने अन्याय किया हो? वो भी करता तो न्याय की बात ही है।...इसी स्थान पर फैसला होता है एक इंसान के भविष्य का, जीवन का, संपत्ति, रिश्तों, विश्वास का। फैसला करेगा जज और पक्ष रखेंगे दो वकील। आदमी तो यहाँ कहीं भी नहीं। वो तो मूकदर्शक है। मैं बहुत देर तक लोगों को आता-जाता देख रहा था। साथ अरुण, जीविका और काव्याश्री थी तो शांतिप्रिया भाभी अस्पताल में। काव्याश्री के लिए तो यह एक अजूबी दुनिया होगी। आजकल

उसे रोज नये अनुभव हो रहे होंगे मगर उसे पढ़कर समझा पाने के लिए वक्त नहीं था। युवा वकील विभूति गंभीर था। बार-बार कागज को सँभालता और फिर एक साथी के साथ अंदर-बाहर हो रहा था। दोपहर तक नंबर आएगा, ऐसा पता चला था। मगर कोर्ट रूम छोड़कर कहीं जा भी तो नहीं सकते, चूक गए तो मुश्किल... । इंतजार तो करना ही होगा। कुछ लोग तो पूरी उम्र इंतजार करते हैं। कई बार पीढ़ियाँ न्याय के लिए भटकती रह जाती हैं। क्या दुनिया है ? हम ही ने कानून बनाए, हम ही तोड़ते हैं, हम ही सज़ा देते-लेते हैं...आदमी भी कमाल का है, खुद ही ग़लत-सही की परिभाषा भी गढ़ता है... ।

और हमारा केस सुनवाई के लिए पुकारा गया था...अंदर का नजारा अकल्पनीय था...इतनी भीड़ कि कुछ समझ नहीं आ रहा था...जज महोदय की दोनों ओर बैठे उनके मातहत अधिकारी के सामने भी लोग झुँड बनाकर खड़े थे...पता नहीं ऐसे में कैसे सुनाई होती होगी और जज साहब के लिए समझ पाना... !! वो तो पक्का एक मुश्किल काम होता होगा...बहरहाल, किसी तरह जज के सामने वाले झुंड में शामिल होकर हम भी बहस सुनने लगे थे... ।

...सरकारी वकील जोर-शोर से बिंदु को उठा रहा था...''आरोपी को थोड़ा होश बीच में जरूर आया था मगर अभी पुलिस पूछताछ नहीं कर पाई है योर आनर। आरोपी को ज़मानत देना ठीक नहीं। पाँच दिन की जूडिशियल कस्टडी में रखा जाए। जैसे ही होश आएगा श्रीमान की इजाजत से पूछताछ की जा सकेगी।''

तभी हमारा वकील बोल पड़ा था...''किसलिए ? जिससे कि उसकी जान चली जाए। श्रीमान, मेरे मुवक्किल दुष्यंत राठौर को जाने किस अपराध की सज़ा मिली कि उसको कल अपना हाथ गँवाना पड़ा। बिना किसी गुनाह के एक तो उसे पकड़े हुए हैं ऊपर से छोड़ नहीं रहे। जब होश ही नहीं तो कस्टडी में रखकर फ़ायदा ?''

''...और छोड़ने से फ़ायदा ? बाहर पब्लिक का सेटिमेंट देखिए। एक दिन नहीं जीने देगी, इतना घृणित अपराध किया है अपराधी ने। एक मासूम लड़की को आत्महत्या के लिए उकसाना, इसके लिए भारतीय समाज कभी माफ नहीं करता। एक ऐसा अपराधी जो ड्रग्स बाँटता फिरता है, को समाज में खुले में घूमने का कोई हक नहीं। ड्रग्स का ज़हर हमारे युवाओं को अंदर से खोखला कर रहा है। हम चाहते हैं कि ऐसे अपराधी से समाज को बचाया जाए।'' ये सरकारी वकील था।

''...पहली बात तो मेरे मुवक्किल को उस काम के लिए अपराधी घोषित किया जा रहा है जो उसने किया ही नहीं। मैं जानना चाहता हूँ कि कामना की मौत के लिए दुष्यंत को अपराधी साबित करने का क्या सबूत है ? सिर्फ एक फोन कॉल और कुछ एक समाचारपत्र व चैनल जो सनसनी फैलाते हैं। अगर मीडिया ट्रायल ही अंतिम है

तो श्रीमान इस न्यायालय का अस्तित्व संदेह में पड़ जाता है। मेरा निवेदन है कि हमें कुछ बिंदुओं पर गौर की आवश्यकता है। सबसे पहले मेरे मुवक्किल ने जब इस लड़की को ऐसी हालात में देखा तो रोकने की कोशिश की, समझाया, नहीं मानी तो डराने के लिए फोटो भी खींची।'' विभूति ने फोटो व डायरी के पन्नों के साथ सफाई दी थी।

''...इसी फोटो का भय दिखाकर तो उसे ब्लैकमेल करने की कोशिश की जिससे एक होनहार लड़की ने डरकर आत्महत्या कर ली...।'' विरोधी वकील की दलील थी।

''मेरे दोस्त वकील को बीच में बोलने की आदत है। अगर मेरे मुवक्किल की नीयत ख़राब होती तो वो उसको कई बार फोन करता, धमकाता। मगर उसने क्या पहले कभी फोन किया है? नहीं। सोचने वाली बात तो यह है कि रात में एक फोन करने मात्र से कोई छात्रा गर्ल्स हॉस्टल से बाहर कैसे निकल सकती है... ? ख़ैर, इस बिंदु पर मैं बाद में आऊँगा फिलहाल मेरे मुवक्किल के लेख को पढ़ने की कोशिश कीजिए। उसमें कहीं भी उस युवती के चरित्र पर लाँछन नहीं है। उलटे ड्रग्स के बढ़ते हुए प्रभाव को रोकने की कोशिश है। समाज के ठेकेदारों की ओर इशारा है।'' और उसने समाचारपत्र की कटिंग जज को सौंप दी थी।

''मैं नहीं जानता कि हमारे युवा वकील किस अनजान छोटे-मोटे घर से छपने वाले पेपर का जिक्र कर रहे हैं।''

''ऐसा तो कोई ज़रूरी नहीं कि बड़ा और नामी झूठ नहीं बोल सकता और छोटा अखबार सच नहीं बोल सकता। फिर भी आपको आपत्ति है तो कॉलेज के डायरेक्टर जो कि एक प्रतिष्ठित व्यक्ति हैं कि एक पूर्व छात्र से बातचीत का टेप सुनाना चाहूँगा जिसमें उन्होंने दुष्यंत राठौर की उस शाम के काम की तारीफ की है।''

''योर आनर, इस तरह की आवाज़ और बातचीत आराम से टेप और प्लांट की जा सकती है।''

''तो मीडिया में दिखाई जाने वाली स्टोरी, बातें कुक्ड नहीं हो सकतीं? उसकी क्या गारंटी है? हर बात पर शक करना लाज़िमी नहीं। यह नहीं हो सकता कि आप जो भी बोलें सब सत्य और हम जो भी बोलें सब झूठ। क्योंकि जज साहब इनके पास भी कोई प्रमाण नहीं है। सबूत नहीं है...।'' इस बात पर सरकारी वकील चुप हो गया था। हमारे वकील का पक्ष भारी लग रहा था। और उसने आगे बोलना जारी रखा।

''...मैं पूछना चाहता हूँ कि वारदात के समय मेरा मुवक्किल कहाँ था? मोबाइल कंपनी से पूछा जाए। असल में वो वहाँ था ही नहीं। घर पर था। मैं कोर्ट से दरख़ास्त करूँगा कि इस बात का नोटिस लिया जाये। मैं कोर्ट से निवेदन करूँगा कि वो

मोबाइल कंपनियों को आदेश दें कि वारदात के क्षेत्र वाले मोबाइल टॉवर में उस रात जितने भी मोबाइल नंबर आए थे उनकी सूची कोर्ट में पेश की जाए। विशेष रूप से उन नंबरों की जो उस क्षेत्र के न होकर दूसरे क्षेत्र से उसी वक्त आये थे। मृतका कामना की सिर्फ एक कॉल पर ही पुलिस क्यूँ अटकी हुई है? उससे पहले और बाद के नंबरों की भी जाँच की जानी चाहिए। किस–किस से बात की गयी? कोर्ट भावनाओं की कद्र करती है, करनी चाहिए। हम सब मानव हैं लेकिन कानून इसमें बहने की इजाजत नहीं देता। कामना के चरित्र के बारे में कुछ साथ के छात्र–छात्राओं से जानकारी इकट्ठा की गयी है, डायरेक्टर के कथन पर भी गौर किया जाए। इस बारे में पुलिस जानकारी इकट्ठा कर सकती है। दुर्भाग्यवश कामना का जीवन–चरित्र व आचरण एक खुली किताब रहा है। मेरे दोस्त वकील व पुलिस को इसमें ज़्यादा मेहनत करने की आवश्यकता नहीं पड़ेगी। कामना की मौत का सदमा समाज और हर भले इंसान को होगा लेकिन भावनाओं में बहकर एक निर्दोष की जान लेने से क्या वो वापस आ जाएगी? जहाँ तक रही बात मेरे मुवक्किल के ड्रग्स के साथ पकड़े जाने की तो मैं पूछना चाहता हूँ कि क्या इसके पूर्व कोई सबूत या जानकारी पुलिस के पास थी? अगर है तो कोर्ट को बताई जाए जिस तरह से उसके पास से लाखों–करोड़ों के ड्रग्स की बात पुलिस सबूत में पेश कर रही है, उस आदमी के आर्थिक परिस्थिति का अंदाज है उसे? कई बार दोनों वक्त का भरपेट खाना नहीं बनता। क्या इस बात को इग्नोर किया जाना चाहिए? मैं कोर्ट से दरख्वास्त करूँगा कि उसके बैंक खातों को चैक कर बताया जाये कि क्या उसमें कभी इस तरह के पैसों का कोई भी लेन–देन हुआ? मेरा मुवक्किल एक शरीफ, ईमानदार, मेहनतकश और जिम्मेवार नागरिक है। तभी तो मृतका की ख़बर सबसे पहले उसी ने पुलिस को दी...अगर वह ग़लत होता तो थाने क्यूँ जाता... ? बस उससे ये ग़लती हो गयी कि समाज सुधारने का जुनून पाल बैठा। और मेरे सरकारी वकील उसी पर शक करते हैं। जहाँ तक रही बात बलात्कार की तो मेडिकल रिपोर्ट के अनुसार लड़की के साथ कोई चार–पाँच लोगों ने यह दुष्कर्म किया है। ये कौन लोग हैं पुलिस को पता लगाना चाहिए... ।''

''मैं कोर्ट को बताना चाहूँगा कि इसी दुष्यंत ठेकेदार की लेबर वहाँ रहती है और इस संदर्भ में भी उससे पूछताछ ज़रूरी है।''

''नहीं ग़लत। उनमें से अधिकांश औरते हैं जो खेतों में काम करती हैं और रात अपने–अपने घर, पीछे गाँवों में चली जाती हैं। मैं माननीय कोर्ट से दरख्वास्त करूँगा कि वह इस बात के लिए पुलिस पर दबाव डाले कि मेरे मुवक्किल दुष्यंत के हमलावरों को पकड़ा जाए। इसका कोई जवाब है कि कौन दिन–दहाड़े मारकर भाग गया?...मैं एक बार फिर बिना किसी ठोस सबूत के मेरे मुवक्किल को और अधिक

कस्टडी में न रखने की और ज़मानत पर रिहा करने का निवेदन करता हूँ। मेरा मुवक्किल कमजोर, अब शारीरिक रूप से अपंग और बेहोशी की हालत में है। उसका बेहतर इलाज ज़रूरी है। वह जाँच के काम में कोई प्रभाव डालने की स्थिति में भी नहीं हैं।''

''मेरे फाज़िल दोस्त युवा वकील ने अच्छे बिंदु उठाये हैं। आधे से अधिक के जवाब मगर आरोपी ही दे सकता है इसलिए तो उससे पूछताछ ज़रूरी है...इसी कारण से एक हफ्ते की कस्टडी का निवेदन करता हूँ।''

और फिर इसी बात को स्वीकार करते हुए माननीय जज ने दो दिन की जूडिशियल कस्टडी और दे दी थी। लेकिन हमारे वकील द्वारा माँगी गयी जानकारी दो दिन बाद प्रस्तुत करने का कहकर एक संपूर्ण मोड़ दे दिया था। वरना निर्णय सुनकर तो हम एक बार तो हताश हो गए थे।...डॉक्टरी विशेष निगरानी और हाथ कट जाने की विस्तृत रिपोर्ट भी माँगी गई थी। पता नहीं यह हमारी पहली जीत थी या मन को समझाने का एक बहाना। मगर वकील की कोशिश में कमी न थी...लेकिन अगर कोई माने ही नहीं तो क्या किया जा सकता है...।

53

बहुत सारे तार अचानक अपने-अपने यंत्रों से जुड़ने लगे थे। देर शाम घर पहुँचे तो दिमाग़ में कई बातों का करंट बह रहा था। यही तो कमाल है, कुछ सेकेंड में ही दिमाग़ ने बहुत कुछ सोच लेना होता है, एक एक्शन गडबड़ और सब खेल ख़राब। यहाँ यह तो समझ में आ ही रहा था कि मेरे लिखने का असर होगा। हिन्दुस्तान में विदेशी, वो भी अमेरिकी!! इनकी यूँ ही भारत में अनदेखी नहीं की जाती। मेल का तत्काल असर था। दूतावास से मेल आया था। यहाँ के स्थानीय पुलिस प्रशासन से भी फोन था। सुरक्षा संबंधी तुरंत पूछताछ हुई थी। कई चैनल से भी फोन था। और इस बीच विष्णुदत्त का सीधे फोन आना मेरे लिये आश्चर्य से कम नहीं था।

''प्रणव दा कब आये? हमें तो बताया नहीं...।''

किसने बताया होगा या किससे पता चला होगा। एक मिनट में सोचने की कोशिश की थी। राजेश, कॉलेज का कोई साथी, वकील के घर से या फिर अग्रवाल पेपरवाला। यह बात इस वक्त किसी को भी परेशान कर सकती है। मगर फिर मैं विष्णुदत्त को उस समय से जानता हूँ जब हमने जीवन की शुरुआत की थी।

''मुझे क्या पता कि तुम यहाँ हो!'' मैंने भी बात चला दी थी।

''अच्छा!! कमाल है...! छोटे आदमी की ख़बर कौन रखता है, क्यूँ दा...?''

"हम को तो यहाँ का कुछ पता ही नहीं...तुमसे कभी संपर्क भी नहीं रहा...न तुमने कभी रखा।"

"अब का करें दादा, पेट के लिए काम में...कभी एक पैर विराटनगर तो दूसरा दिल्ली में, भागा-भागी ऐसी कि कुछ होश ही नहीं रहता...।"

"साँस लेने के लिए तो समय है न... ?" मैंने छेड़ा था।

"रे बुड़बक, तू तो बिलकुल नहीं बदला, चल छोड़ मज़ाक सीधे घर चला आ। बता कहाँ रुका है? हम गाड़ी भिजवाते हैं। किसी होटल में रुका होगा?"

...इस सवाल के जवाब में कई जानकारी छुपी थी। ज़्यादा कुछ बताने की आवश्यकता क्या है? हाँ, सीधे-सीधे मना करने पर शक हो सकता है। लेकिन आज ही चले जाना समय की बर्बादी होगी। और अगर उसे सब कुछ पता है तो उसका वार उसी की तरह से मारना चाहिए।

"नहीं-नहीं, बाद में देखेंगे, आज नहीं...।"

"जैसी तेरी मर्जी और किस-किस से मुलाकात हो गयी?"

"अभी तो सिर्फ अरुण और राजेश से हुई है...।"

"कौन अरुण? क्या अपने साथ था?"

"हाँ-हाँ...।"

"का बताएँ प्रणव दा, इतने साल हो गए कि थोड़ा भूलने लगा हूँ।"

"होता है होता है, चलो गनीमत हैं मुझे नहीं भूले।"

"तू भुलने वाली चीज़ कहाँ है मेरे दोस्त...।"

"और दुष्यंत?" मैंने जान-बूझकर कहा था।

"उसका नाम नहीं लेना, ऐसी सब की नाक कटवायी कि का बतायें...अब तुम ही बताओ प्रणव दा, इस उम्र में कोई ये सब करता है...शर्म आती है... इतना अपना सबका नाम डुबा दिया...अब का करें, संगत का असर तो पड़ता ही है न...।"

"क्या मतलब?"

"अरे वो जोगेंद्र नेता के चक्कर में फँस गया है, हमारा दुश्मन नंबर एक के लिए काम करता है, लंबी कहानी है, मिलने पर बताऊँगा...।"

"ठीक है, देखता हूँ...।"

मैंने सामान्य रूप से शांत होकर कहा था। कुछ महसूस ही नहीं होने दिया। उससे मिलने का कोई फ़ायदा नहीं, सहायता माँगने या समझाने का कोई औचित्य नहीं। उससे जिक्र करना मतलब भारी भूल। वो उलझा देगा। उसने फोन भी तो इसीलिए किया है। कितना शातिर है। हाँ, कुछ हलचल हुई है, यह इस बात का प्रमाण है। अब हमें और अधिक सतर्क रहना होगा। तैयारी के लिए भी वक्त चाहिए।

कल का दिन मात्र बचा है। कोर्ट में परसों फिर पेश होना है। ज़मानत के लिए और तैयारी चाहिए। नवयुवक वकील की तेज़-तर्रार दलील से उम्मीद बँधी थी। उसने किसी को नहीं बक्शा था।...मेरा दिमाग तेज़ी से चल रहा था। परसों कोर्ट में जिरह से पहले मीडिया में हमारा पक्ष ज़रूरी है। इसका प्रभाव पड़ेगा। ऐसे में सरकारी मशीनरी भी कुछ ग़लत करने से डरती है। तभी तो मीडिया का ध्यान आकर्षित करने के लिए कल की प्रेस कान्फ्रेंस तक जीविका को तैयार करना था। उसके आत्मविश्वास के परीक्षा की घड़ी थी और वह समझ रही थी...'मैं और अरुण अंकल तो रहेंगे ही, चिंता मत करना, कोई तुमसे ग़लत पूछे तो परेशान मत होना...जो सही है वही कहना...पूरा मीडिया वहाँ होगा, कुछ को हमारे साथ करने की कल तक कोशिश भी होगी...बस खुलकर बोलना...।'

सेरिल निरंतर संपर्क में थी। आश्चर्य इस बात का था कि किसी और दोस्त का फोन सामान्य पूछताछ के लिए भी नहीं आया था। स्थानीय दोस्तों का अतापता तक नहीं था। रजत ने तो एक बार भी नहीं पूछा था। उस रात दोस्ती का जश्न मनाने वाले पूरी तरह नदारद थे। यूँ तो उनसे उम्मीद भी नहीं थी। हाँ, लेकिन समीर और रवि का फोन न आना अप्रत्याशित था जबकि मैं कल सुबह उन्हें विशेष रूप से फोन पर विनती कर चुका था। उमेश का भी तो बस एक बार फोन आया था। मैं भी ज़्यादा बात क्या करता? उसने ज़रूर एक लंबी साँस ली थी। मानो कह रहा हो कि वो मजबूर है, काश! कुछ कर पाता।

मैंने मुँह को कई बार ठंडे पानी से धोया फिर चाय पी थी। दिमाग को स्थिर कर महत्त्वपूर्ण बातें नोट कर रहा था। मन में सकारात्मक ऊर्जा आ रही थी। ध्यान केंद्रित हो रहा था। इसके बाद रवि और समीर से एक बार फिर कुछ करने के लिए कहूँगा, दिमाग सक्रिय और कल की प्रेस कान्फ्रेंस की तैयारी में जुटा था कि तभी एक एसएमएस ने ध्यान बांटा था...'तुरंत हवा महल पहुँचो...अरुण को भी लाना...ज़रूरी बात करनी है।' मिलिंद के इस मैसेज को पढ़कर थोड़ी बेचैनी स्वाभाविक थी। बात जानने के लिए तुरंत मोबाइल मिलाया तो वो स्विच ऑफ था। घर के फोन से पता चला कि साहब वॉक पर बाहर गए हैं। ज़्यादा सोचने की जगह वहाँ तुरंत जाना ही उचित लगा था। और हम भागे थे। कॉलेज कैम्पस पहुँचे तब तक अँधेरा हो चुका था। थोड़ा पास जाकर देखने में ही दिखाई देता। मिलिंद हवामहल की सीढ़ियों पर ऊपर-नीचे हो रहा था। न जाने क्यूँ मेरा मन किसी नयी ख़बर से भयाक्रांत हो रहा था। झिंगुरों की आवाज़ आ रही थी। चारों ओर दूर खड़े हॉस्टल की लाइट दिखाई दे रही थी।

"और क्या हाल है?" मैंने हाथ मिलाया था। पीछे-पीछे अरुण भी पहुँचा था।

वे एक-दूसरे से बड़ी औपचारिकता में मिल रहे थे।

"और कैसे याद किया?" मैंने नीचे सीढ़ी पर बैठते हुए पूछा था।

"...तुमने प्रणव अच्छा ध्यान आकर्षित किया है...सरकार में तुम्हारे पत्र से हलचल हुई है...।" वह धीरे-धीरे बोल रहा था।

"वो तो होनी ही थी, अमेरिकी नागरिक हूँ...।"

"बिलकुल। मुझे इसकी उम्मीद नहीं थी...कल की प्रेस कान्फ्रेंस में क्या धमाका करने जा रहे हो...।"

"कल ही देख लेना...।" मैंने थोड़ा लहजे में कहा था।

"क्यों, यही पूछने बुलाया था क्या... ?" अरुण अचानक बोल पड़ा था।

"वैसे तुम यहाँ कैसे?" मैंने बात बदली थी।

"मैं यहाँ अकसर शाम की सैर के लिए आ जाता हूँ। खुली जगह, शुद्ध हवा शहर में नहीं बची। कॉलोनी के पास गाड़ी खड़ी करवा देता हूँ और फिर हॉस्टल तक पैदल आना-जाना...पाँच-छह किलोमीटर चलना हो जाता है।"

"क्यूँ, आज तुम्हें डर नहीं लग रहा, हमसे मिलने में...।" अरुण एक बार फिर तीखा था।

"हाँ, लगता है, इसलिए सावधानी रख रहा हूँ...जानता हूँ...तुम्हारा गुस्सा जायज है। ख़ैर, ये बता दूँ कि हमारी ख़बर के हिसाब से यह बात पक्की है कि कॉलेज के छात्र डिम्पी ने ही राजा के कहने पर कामना को ओवरडोज़ दिया। रेप हो सकता है नशे में किया हो, मरी वो ओवरडोज़ से ही है।...अब डिम्पी के कारण का पता लगाना अभी बाकी है, हो सकता है कामना सब के लिए मुसीबत बन गयी हो और उसी बहाने दुष्यंत के साथ-साथ उसकी लड़की जीविका को भी फँसाकर उसकी जगह खुद प्रेसिडेंट बनना, डिम्पी की चाहत हो, जिसे राजा ने हवा दी हो। कुछ और भी हो सकता है। दावे से कुछ कह नहीं सकते। लेकिन डिम्पी और विष्णुदत्त का लड़का राजा निरंतर संपर्क में हैं, दोनों दोस्त भी हैं। आज कोर्ट में पेशी से इन दोनों के बीच भी हलचल हुई है। मुद्दा वकील ने ठीक पकड़ा है...ऐसे में ज़मानत मिलनी चाहिए।"

"काश! ऐसा ही हो।"

"हाँ...आगे, दुष्यंत पर अटैक क्यूँ हुआ या करवाया गया...पता चलना बाकी है। मगर यह पक्का है कि पुलिस बाद में पहुँची है...और एसीपी पांडे ने ड्रग्स की स्टोरी प्लांट की है। ये पुलिस ऑफिसर विष्णुदत्त का खास है।"

"बस या और भी कुछ... ?" अरुण व्यग्र हो रहा था।

"एक ज़रूरी सूचना तुम्हारे लिए...।" मिलिंद ने जेब से एक रिकार्डर निकाला

और अरुण को देखकर कहने लगा, ''विष्णुदत्त के मोबाइल की रिकॉर्डिंग है। सुनो, वो पुलिस कमिश्नर को क्या कह रहा है, मैंने उसका नंबर ऑब्जर्वेशन में चुपचाप लगाया हुआ है, बहुत-सी बातें उसी से मैंने उठायी हैं...मगर ये अधिक महत्त्वपूर्ण थीं, सो मैं खुद भागा चला आया...।''

'हाँ, कमिश्नर साहब क्या चल रहा है... ?' जानी-पहचानी आवाज़ थी।

'ठीक है नेता जी...।'

'ई अमेरिकी कौन आ गया है, बड़ी-बड़ी बातें कर रहा है...लॉ एंड आर्डर को चैलेंज कर रहा है...आपको बदनाम कर रहा है। सुना है कल प्रेस कान्फ्रेंस भी करने वाला है...आगे कुछ पता चला...।'

'ज़्यादा नहीं, यहीं आपके कॉलेज से पढ़ा है, आप तो जानते होंगे...।'

'अरे, यही तो मुसीबत है साला याद नहीं पड़ रहा...ख़ैर, काहे नहीं रगड़ देते...।'

'नहीं सर, ये ठीक न होगा...ऊपर से मैसेज है, उसको सुरक्षा देने के लिए...।'

'साला हिन्दुस्तानी लोग को जो मर्जी हो जाए मगर विदेशी का साला बाल नहीं टूटना चाहिए...का बताएँ।''

'...ये तो अब सब आप लोग...ख़ैर, बताएँ कैसे याद किया... ?'

'ये केजीआई इंस्टिच्यूट जानते हैं...।'

'पता नहीं सर...।'

'अरे है माडर्न मार्केट के पीछे एक कोचिंग इंस्टिच्यूट। इसका मालिक कोई केजी सर है असल नाम उसका अरुण है...ये भाई, उस दुष्यंत बलात्कारी का दोस्त है, सुना है ये भी गड़बड़ है, और अपने संस्थान में ड्रग्स का धँधा चलाता है...इसी के साथ तो वो आपका अमेरिकन घूम रहा है। कल सुबह-सुबह कोचिंग में रेड करवाइए और उससे पूछताछ कीजिए।...गिरफ्तार कर लीजिए...उसके नंबर से भी तो उस बलात्कारी के नंबर पर बात हुई है...यह क्या कम है पूछताछ के लिए...वैसे उसके नंबर रिकार्डिंग में लगवाइए...कोई न कोई और भी सूत्र मिलेगा।'

'आपने ऊपर तो कह दिया होगा...।'

'इतनी-सी बात के लिए ऊपर! एक मास्टर के लिए...वो भी साला जो ग़लत काम करता है...तो आप काहे के लिए हैं... ? और फिर हम बोल रहे हैं, इससे सरकार और आपकी छवि बनेगी की ड्रग्स और कामना कांड में छानबीन चल रही है, मीडिया को भी शाम को बुलाकर बताइए...मुख्यमंत्री भी खुश होंगे और पब्लिक भी...वो डुप्लीकेट अमेरिकन की हवा भी फुस्स होगी। रेड के लिए वो एसीपी पांडे को

भिजवाइगा...सब ठीक कर देगा...ठीक?''

'जी नेता जी, बिलकुल ठीक।'

'और उस बलात्कारी को होश आया कि नहीं...।'

'अभी तक तो नहीं आया है। डॉक्टर की टीम लगी तो है...वैसे आपने उसका नाम बलात्कारी मीडिया में पॉपुलर करवा दिया...अब तो कोर्ट ने भी उसके जल्दी इलाज के लिए कहा है...।' कमिश्नर हँसा था।

'लगता है, ये कोर्ट से बच जाएगा...आप लोग कोई सबूत तो इकट्ठा कर नहीं पाये अब तक...उसने तो छूटना ही है...मैंने आपसे कहा था ढंग से ढूँढ़वाइयेगा। उस लड़की ने मरने से पहले दुष्यंत बलात्कारी को फोन किया है तो कोई न कोई चिट्ठी भी लिखकर गयी होगी...बड़ी परेशान थी इस बलात्कारी से।'

'नेता जी, आप कह रहे हैं तो ज़रूर होगा, आपके कहने पर ही तो बहुत ढूँढ़वाया था, हॉस्टल के कमरे और वारदात की जगह पर, मगर कुछ नहीं मिला था।'

'और मिलेगा भी नहीं, और फिर जब वो छूट जाएगा तो आप लोग पुलिस प्रशासन और सरकार की बदनामी करवाओगे...। जोगेंद्र बाबू, आपके गृहमंत्री उस दिन हमको ठीक ही कह रहे थे...ऐसी ज़िंदा लाश मर जाए तो ज़्यादा अच्छा है...न रहेगा बांस न बजेगी बाँसुरी...शायद हम ही ग़लत थे...समझे कमिश्नर साहब...।'

'जी समझ रहा हूँ।'

'जयहिन्द।'

'जयहिन्द।'

सुनकर मेरा दिमाग सन्न हो गया था। मिलिंद अरुण की ओर देख रहा था। और तभी अगली कॉल की रिकार्डिंग सुनाई दी थी, 'का सीएमओ साहब, काहे सरकार की छवि ख़राब करने पर लगे हैं...आप क्या जवाब देंगे। काहे हाथ काट दिये...हम को भी अब मीडिया परेशान करेगा।'

'नेता जी, हम तो पूरी कोशिश कर रहे हैं...अगर हम हाथ अलग नहीं करते तो वो तो मर जाता।'

'तो ठीक होता, मरने के सौ बहाने, होश में न ला पाने का कोई बहाना है आपके पास?'

'नहीं'

'तो फिर आप कैसे डॉक्टर हैं?'

'आप ही तो कहे थे कि अपराधी महत्त्वपूर्ण है। इसकी गवाही सरकार के लिए ज़रूरी है...इसलिए तो हम आपरेशन के लिए तुरंत मान गए थे।'

'अब जब वो बोलता ही नहीं तो क्या कीजिएगा...? ये मीडिया वाले,

न्यायाधीश महोदय, कोई मेडिकल कॉलेज में तो पढ़े नहीं कि ज्ञान हो कि आप कितनी मेहनत कर रहे हैं...वो तो हम जानते हैं...देखिए, बहुत हुआ, अब भगवान ही नहीं चाहता तो आप क्या कर सकते हैं...साला केस तो बंद होगा...माथा ख़राब किए हुए है ये बेहोश बलात्कारी... ।' रिकार्डर में कॉल बंद हुई थी। मैंने अपने सिर को दोनों हाथों से पकड़ लिया था। तभी आगे फिर आवाज़ आई थी।

'रे पांडे का कर रहा है... ?'

'...पाय लागूँ नेताजी... !'

'वो केजीआई पर रेड होना है। हम कमिश्नर को बोल दिए हैं। सिर्फ हमारा पांडे जाएगा...बड़ा टर्र-टर्र करता है ये छोरा बचपन से...तुम्हारे नाम एक और सक्सेस स्टोरी जानी चाहिए...बहुत दिनों से पुलिस कुछ कर नहीं रही थी...अब तुम जाओगे तो फिर मुर्दे भी बोलने लगते हैं...वैसे पक्की ख़बर है, साला ये इंस्टिच्यूट वाला भी इन्वाल्व है, छोड़ना नहीं है एसीपी, समझे... ।'

'आप चिंता न करें नेता जी... ।'

'जयहिन्द।' सुनकर मेरे तो हाथ-पाँव फूल गए थे।

''ये आदमी है या शैतान ?'' अरुण चीख रहा था। ''...ऐसे कैसे सब इसके हिसाब से होगा...और तुम सब लोग किसलिए बैठे हो... ।''

''देख अरुण, चीखने-चिल्लाने से कुछ नहीं होगा...शांति से सोचना होगा... ।'' मिलिंद ने समझाने की कोशिश की थी।

''क्यूँ, उसके बाप की जागीर है क्या... ।''

''हाँ है... । तुम्हारे मना करने से कुछ नहीं हो जाता...तुमसे रोकते बनता है तो तुम रोक लो... ।'' मिलिंद झुँझलाया तो सुनते ही अरुण चुप हुआ था। हवा महल में पहली बार मौन पसर गया था।

''दुष्यंत को फँसाकर भी विष्णुदत्त उसे पहले क्यूँ नहीं मरने देना चाहता था एक पहेली है और अब उसका ऐसा कहना...शायद दुष्यंत के होश में आने के बाद ही समझ आये...बहरहाल, मैं कुछ कर सकता हूँ...तो बताओ...विष्णुदत्त से बात करने का कोई फ़ायदा नहीं...मुख्यमंत्री को भी निवेदन करूँगा तो वो...क्या कह सकते हैं... ।'' मिलिंद पहली बार चिंतित लगा था।

''नहीं-नहीं, तुम परेशान मत हो...वो क्यों तुम्हारी बात सुनने लगे। कोई फ़ायदा नहीं...तुम निकलो, लेट हो रहे हो...मैं देखता हूँ...थैंक यू।'' अरुण ने चुप्पी तोड़ी थी। अब तक वह शाँत और गंभीर हो चुका था।

''तुम लोग अपना ध्यान रखना।'' मिलिंद ने जाते-जाते कहा था। मैं अँधेरे में दूर तक उसे जाते देख रहा था। हवामहल में आज हवा जाने क्यूँ बंद-सी लग रही

थी। मेरी निगाह सामने हॉस्टल में पहुँची थी। हॉस्टल की इमारतें मुझे खंडहर होती प्रतीत हुई थीं। अचानक लगा कि उसमें कामना की आत्मा भटक रही है और फिर सिसक रही है। किसी किनारे में छिपकर।...और तभी विष्णुदत्त की अट्टहास सुनाई दी थी। एक प्रेत आत्मा। पीछे–पीछे कई थे राजा, डिम्पी और न जाने हॉस्टल से ही कुछ और लड़के...सब कामना को ढूँढ़ रहे थे...ये क्या ? उन्होंने दुष्यंत को मार दिया, फिर अरुण भी...और फिर मेरा नंबर था...बाद में जीविका को पकड़कर नोचते कि मैं अचानक उठ खड़ा हुआ था...।

''प्रणव, चलो घर चलते हैं।'' अरुण की आवाज़ कान में पड़ी थी।

सातवाँ खंड

54

हमारा ध्यान बंट चुका था। मैंने ऐसा सोचा भी न था। विष्णुदत्त की समय और शब्दों के साथ खेलने की शक्ति, कमाल है। अब आज की राजनीति में यही तो है। मेरा सारा प्लान चौपट हो चुका था। अगर अरुण को छापे में गिरफ्तार कर लिया गया तो फिर उसके लिए लड़ो, नये सिरे से, झूठ है तो भी क्या हुआ, चिल्लाते रहो। वकील, कोर्ट इन सब में भी टाइम लगता है...जमानत! वो भी ड्रग्स के केस में बड़ा मुश्किल है। सोचते ही मैं डिफेंसिव हो गया था। सारा फोकस बदल गया था।

"...अब तो अग्रिम जमानत का भी वक्त नहीं है। हाँ, अंडरग्राउड हो सकते हो...।" घर पहुँचकर यह मेरा पहला मत था।

"ये क्या बात हुई भाई साहब, क्यूँ छिपेंगे ? क्या गुनाह किया है इन्होंने... ? आने दो उन लोगों को, जब कुछ मिलेगा ही नहीं तो क्या करेंगे ?" नीता भाभी गुस्से में लगी थीं।

"यही तो मुश्किल है भाभी, मैं देख रहा हूँ यहाँ कुछ भी हो सकता है। वो प्रशासन में हैं...बेशक बाद में आप लड़ते रहो...मगर एक बार तो मुसीबत हो गयी।"

"ऐसे कैसे सही को ग़लत कह देंगे, हमारे सैकड़ों छात्र होते हैं। उनके सामने इतनी हिम्मत।" नीता भाभी उत्तेजित थीं।

"वो तो ठीक है मगर यहाँ की पुलिस देखकर लगता है कि...अब मुझे दुष्यंत की ज़्यादा चिंता हो रही है।" मेरी इस बात पर अरुण भी चिंतित लगा था।

"पापा, हम कुछ ज़्यादा डिफेंसिव नहीं हैं...मैं देख रही हूँ सामने वाला जैसा चाह रहा है, बोल रहा है, कर रहा है...और हम बस उसके हिसाब से प्रतिक्रिया कर रहे हैं...हमें भी आक्रामक रुख अपनाना चाहिए...हम क्यूँ नहीं धमकाते डॉक्टर को कि अगर कुछ ग़लत हुआ तो हम छोड़ेंगे नहीं...उसी तरह से अंकल आपको भी पुलिस के साथ लड़ना होगा...ऐसे कैसे कोई कुछ भी कर सकता है...।" काव्याश्री आज पहली बार बोली थी। सुनकर सब स्तब्ध थे।

''ठीक तो कह रही है बिटिया, बहुत हुआ, जो होना है वो तो होकर रहेगा, ऐसे घड़ी-घड़ी डरने से क्या फ़ायदा...अरुण, मैं किसी भी तरह तुम्हें कमजोर नहीं देखना चाहती।'' नीता भाभी की आवाज़ तेज़ थी। जीविका चुपचाप सुन रही थी। उसके चेहरे को पढ़ पाना मुश्किल था। अरुण के चेहरे का आक्रोश आसानी से समझा जा सकता था। उसने आँख बंद की तो कुछ देर के लिए सब चुप हो गए थे। कुछ देर ठहरकर उसने विभूति वकील को फोन लगाया था।

''दुष्यंत की जान खतरे में है...मेरा तो ख्याल है कि तुम सीएमओ को जरा वकील की भाषा में अच्छे से डरा दो और कोर्ट का आदेश भी बता दो...अभी तुरंत, ज़रूरी है।'' पता नहीं वकील ने उधर से क्या कहा था। मगर अरुण चुप होकर फोन बंद कर चुका था। और फिर दो मिनट में ही अगली कॉल की थी।

''हाँ, अवनीश...बेटा, कल मैं नाराज होकर बेवजह तुमसे ग़लत बोल गया, तुमने दुष्यंत के हाथ का आपरेशन करके ठीक किया था, नहीं तो ज़हर शरीर में फैल जाता और मौत हो सकती थी...और ऐसा कुछ लोग चाहते भी थे।'' उसने एक लंबी साँस ली थी। दूसरी तरफ से कुछ बोला गया था।

''...अब तुम्हें मेरे लिये एक काम करना होगा, दो रात और कल का दिन किसी तरह से दुष्यंत की निकलवा दो...अपनी निगरानी में या फिर दोस्तों को जैसे मर्जी बोलकर, मैं जानता हूँ तुम कुछ न कुछ कर लोगे...वरना अस्पताल में ही वो उसको... ।'' और वह यकायक चुप हुआ था। अंतिम शब्दों में दर्द था। उसने दो-चार फोन और भी किए थे। और कुछ लोगों को तुरंत घर आने के लिए कहा था। कमरे में शांति तो थी लेकिन बेचैनी दिल के अंदर कहीं तंग करने लगी थी।

धीरे-धीरे लोगों का आना शुरू हुआ था। उनमें से अधिकांश छात्र नेता और कुछ अरुण के इंस्टिच्यूट के थे। जैसे-जैसे लड़कों की संख्या बढ़ती गई हम घर वाले पीछे होते चले गए और फिर अरुण ने जब संक्षिप्त में बताया तो कुछ देर के लिए तो सन्नाटा पसर गया था फिर धीरे-धीरे बातों ने रफ्तार पकड़ी थी। मैं अधिकांश को नहीं जानता था मगर लोगों की बातें ध्यान से सुन रहा था... ।

''सर देखिए, एक बार वो अंदर आ गए तो कुछ भी बरामद किया हुआ दिखा देंगे। इसलिए उन्हें अंदर घुसने ही नहीं देना चाहिए...मैं तो कहता हूँ भिड़ जाओ, ऐसी गुंडागर्दी सहने से क्या फ़ायदा... ।''

''कौन रोकेगा ? और कैसे ?''

''हम स्टाफ वाले। लड़कों को भी हंगामा करने दो... ।''

''मगर पुलिस को रोकना गैर-कानूनी है।''

''मगर फिर वो भी तो गैर-कानूनी काम कर रहे हैं।''

"और कोई रास्ता नहीं है सर। ये तो आप भी मानते हो...युद्ध में सब जायज है और फिर यह तो आत्मरक्षा है, ज़िंदा ही नहीं रहे तो फिर क्या फ़ायदा... ।"

"हम उन्हें तलाशी लेकर जाने देंगे।" ये टूआईसी होना चाहिए।

"नहीं माने तो... ? जबरदस्ती घुस गए तो... ?" पहले वाला लड़का था।

"कैसे नहीं, हम लोग भी तकरीबन बीस का स्टाफ है, अपने चाहने वाले कुछ मीडिया में भी हैं उन्हें बुला लेंगे, कुछ तुम लोगों की तरह पुराने लड़के भी आ जाएँगे... ।"

"कोचिंग के बच्चों की कल छुट्टी कर देते हैं।" कोई पता नहीं क्यूँ बोल गया।

"क्यूँ? उन्हें जीवन में लड़ना पता होना चाहिए। अगर परीक्षा भवन में उनके ही कमरे में अन्य लड़कों को कोई प्रोफेसर नकल करा रहे हैं तो छात्र नहीं टोकेंगे तो हक खोयेंगे। जिन्हें आगे शान से जीना है उन्हें आज चोट खानी होगी।"

"बिलकुल ठीक है, मगर छात्रों को पहले से सच पता होना चाहिए। कोई भी पेरेंट्स इस बात का इल्जाम न लगाएँ...फिर भी कोई अगर पढ़ने आता है तो मैं डरकर कोचिंग बंद नहीं कर सकता...डरपोक लोग मुझे भी पसंद नहीं।" अंतिम शब्द अरुण के थे।

'ये ठीक है।' सभी ने कहा और मैसेज बनाया गया था... ।

'प्रिय छात्रो/अभिभावको...

केजीआई ने कभी भी विचारधारा, सिद्धांत और अनुशासन से समझौता नहीं किया। हम छात्र नहीं सजग और योग्य नागरिक पैदा करते हैं। मुझे और आप सभी को अपनी संस्था पर गर्व है। होना भी चाहिए। मगर कुछ लोगों को यह मंजूर नहीं। वो हमें ग़लत साबित करने पर तुले हैं। कल या आने वाले दिनों में कुछ एक सिरफिरों द्वारा हमारे ऊपर किसी भी तरह का झूठा इल्जाम लगाया जा सकता है। झूठी पुलिस कार्यवाही भी की जा सकती है। हमने इसका विरोध करने की सोची है। अगर आपको लगता है कि हम कोई भी गैर-कानूनी काम कर सकते हैं या फिर आपको सत्य की लड़ाई लड़ने से डर लगता है तो आप कृपया न जाएँ। न अपने बच्चों को भेजें। और अगर जाएँ तो परिस्थिति का सामना करें। यह जीवन में कभी भी किसी के साथ भी हो सकता है। यह सिर्फ मेरे नहीं आपके प्यारे संस्थान की इज्जत का सवाल है। और हाँ, वैसे तो मुझे हर छात्र पर विश्वास है लेकिन अगर कोई जाने-अनजाने में किसी के बहकावे में आकर कोई ग़लत चीज़ लाता है और पकड़ा जाता है तो वो तो फँसेगा ही मुझे व्यक्तिगत तौर पर भी दुःख होगा। परेशान होने व डरने की बात नहीं, सतर्क और सावधान होने की बात है।...केजी सर।'

मेल व एसएमएस भेज दिया गया था। एक मैसेज ट्विटर, आर्कुट, फेसबुक के 'केजी फैन क्लब' पर भी डाल दिया गया था।

'केजीआई को बदनाम करने के लिए कुछ लोग लगे हुए हैं। क्या किया जाना चाहिए? क्या आप केजी सर के साथ हैं?'

प्रतिक्रिया में आशा से अधिक मैसेज आने लगे थे। देर रात घंटियां बजने लगी थीं। अरुण ने अपना मोबाइल बंद कर रखा था। कुछ ज़्यादा विस्तार से बताने की सभी स्टाफ को मनाही थी। एक अभिभावक ने बहस की तो स्टाफ ने साफ कर दिया था कि आप बच्चे को मत भेजियेगा। दूसरे ने सुना तो पूछताछ शुरू कर दी, 'क्या, कैसे, कौन और फिर ऐसे कैसे कर सकते हैं, मैं भी आऊँगा, देखता हूँ, कैसे ग़लत काम करते हैं और दो-चार को और लाऊँगा।'

सुबह-सुबह पच्चीस-पचास पेरेंट्स और कुछ दो-चार मीडिया वाले भी आ गए थे। केजीआई अपने समय से खुली थी। आज सारा स्टाफ नहीं आया था। छात्रों की उपस्थिति कम थी। अरुण को इस बात का पता था। अतिरिक्त प्राइवेट सिक्योरिटी गार्ड को बुलवा लिया गया था। मैं शांतिप्रिया भाभी के साथ प्रिज़नर वार्ड के बाहर था। आज वहाँ हर किसी को देखकर शक उत्पन्न होता। किया तो कुछ नहीं जा सकता लेकिन एक-दो बार डॉक्टर ऑन ड्यूटी से बात कर ली थी और बरामदे में बैठकर न जाने किस चीज का इंतजार करने लगा था। मन यूँ भी अरुण के इंस्च्यूट की तरफ लगा हुआ था। जहाँ आज जीविका के साथ काव्याश्री भी गई हुई थी। न जाने क्यूँ आज कुछ भी ठीक-सा नहीं लग रहा था।

अरुण हमेशा की तरह अपनी कक्षा में पढ़ा रहा था। उधर कुछ एक अभिभावक ऑफिस में बहस कर रहे थे, "यह किस तरह का मैसेज है। आपकी संस्था के पीछे कौन पड़ेगा? ऐसी बेतुकी अफवाहें फैलाने से अच्छा है कि आप सरकार और पुलिस में कम्प्लेंट करो। सरकार कार्यवाही करेगी। यहाँ बच्चों के भविष्य का सवाल है, एक-एक दिन क़ीमती है..."

स्टाफ ने समझाने की कोशिश की लेकिन सब केजी सर से मिलने की ज़िद्द करने लगे थे...चपरासी ने टूआईसी को बताया था। उसने सुना तो चेहरे पर पहले क्रोध आया था। मगर फिर वह स्वयं केबिन से निकलकर सामने ऑफिस में गया था।

"...देखिए, आप लोग बहस न करें, विश्वास करें और अगर नहीं कर सकते तो मैं और कुछ नहीं कर सकता लेकिन स्पष्ट कर दूँ कि केजी सर क्लास के बीच में से बिलकुल नहीं आते, चाहे कुछ हो जाए...हमें आपसे अधिक बच्चों की चिंता है लेकिन आपको हमारी चिंता नहीं। और फिर आपको कह तो चुके हैं कि बच्चे को

चाहे तो ले जाएँ...लेकिन एक बार अपने बच्चों से भी तो पूछ लो कि वो क्या चाहते हैं...।''

कुछ अभिभावक फिर भी बहस करने लगे हुए थे। टूआईसी ने इस पर नाराजगी जाहिर की थी। इसी बीच चपरासी ने आकर ख़बर दी तो वह गेट की ओर दौड़ा था। वहाँ हलचल थी। जैसा अंदेशा था, एसीपी पांडे एक जीप में चार पुलिस वालों के साथ पहुँचा हुआ था। कुछ लोगों को वहाँ पहले से इकट्ठे देखा तो थोड़ा हैरान लगा था। अंदर जाने लगा तो गार्ड ने रोका था।

''क्यूँ भाई ?''

''हमारे यहाँ तलाशी के बाद ही अंदर जा सकते हैं, सिक्योरिटी गार्ड तलाशी लो।'' टूआईसी ने पहुँचकर तुरंत कहा था।

''ज़्यादा होशियार हो गए हो, पुलिस की तलाशी लोगे ?''

''हम आपको अंदर जाने से तो रोक नहीं रहे। आप पुलिस में हो तो आपको तलाशी करवाने में तो बिल्कुल भी ऐतराज नहीं होना चाहिए।''

पांडे ने थोड़ी धक्का-मुक्की की तो भीड़ उमड़ पड़ी थी। वो चुपचाप लौट गया था। टूआईसी को एक मिनट के लिए तो खुशी हुई फिर अंदेशा हुआ था। अभी दस-पन्द्रह मिनट ही बीते होंगे और पांडे लौटा था पुलिस वैन के साथ। अबकी बार थोड़ी-सी पूछताछ करते ही उसने लॉठी चलाने के लिए कह दिया था। मीडिया में रिकॉर्डिंग हो रही थी मगर पांडे बेफिक्र होकर चिल्ला रहा था। ''...सरकारी काम में दखल देते हो, अंदर कर दूँगा।''

जबरन कुछ लोगों को पीटकर वह अंदर घुसा तो पीछे-पीछे कई पुलिस वाले भी घुस गए थे। इस चक्कर में स्टाफ के कई लोगों को चोटें आयी थीं। भगदड़ में टूआईसी के अँगूठे से खून निकल आया था। फिर भी वह एसीपी पांडे के पीछे-पीछे भागा। पुलिस बिल्डिंग में फैल गई थी। पांडे ढूँढ़ता-ढूँढ़ता अरुण की क्लास में पहुँचा तो टूआईसी भी पीछे था। वह कक्षा में जिस तरह घुसा अरुण देखकर हतप्रभ हुआ था। पांडे बिना रुके अरुण के नजदीक पहुँचा और थाने चलने को कहने लगा।

''क्लास खत्म होने के बाद भी बात हो सकती है। आप मेरे ऑफिस में इंतजार कीजिए...।'' उसने टूआईसी को साथ ले जाने का इशारा किया था।

''पढ़ने-पढ़ाने की नौटंकी बहुत हुई मास्टर, बंद करो ये नाटक, तुम्हें इसी वक्त थाने चलना होगा।''

''मगर ऐसा क्या गुनाह हो गया मुझसे, यह तो बताना होगा ?'' यह पूछा मात्र था कि एसीपी पांडे ने एक हाथ से पकड़कर अरुण को ले जाने की कोशिश की थी। अरुण के प्रतिरोध करने पर अभी उसने तमाचा मारने के लिए हाथ उठायाभर था कि

अरुण ने उसका हाथ पकड़ लिया था। यह सब देख सामने बैठी एक छात्रा ने भी खड़े होकर इसका विरोध किया था।

"तुम लोग चुप रहो।" पांडे चिल्लाया था और उसने अगली कोशिश में अरुण को एक जोरदार तमाचा घुमाकर लगाया था।

"सरकारी काम में दखलअंदाजी करता है...सबसे पहला गुनाह तो यही है...बाकी और थाने में बताऊँगा। तुम्हारे इंस्टिच्यूट में जितना गैर-कानूनी काम और ड्रग्स बच्चों को दी जाती है, वो सब हमारे कब्जे में है...।" दूसरा तमाचा लगाया तो अरुण दूर जाकर पहली पंक्ति के टेबल से टकराया था। यह सब कुछ मिनट में ही हो गया था। यह देख सबसे पहले वही लड़की पांडे के पास आकर उलझ गयी थी, 'ये क्या तरीका है?' उसे भी पांडे ने पहले तो दूर हट जाने को कहा, नहीं मानी तो तमाचा जड़ दिया था। मासूम लड़की के मुँह से खून निकल आया था। इसके बाद तो अचानक पूरी क्लास पांडे पर टूट पड़ी थी। सत्तर-अस्सी की क्लास होगी। भीड़ देख पांडे बाहर भागा था मगर छात्रों ने उसे घेर लिया था। बुरी तरह घिरता देख उसने हवा में फायर कर दिया तो भगदड़ मच गयी थी। मगर कुछ बच्चे अभी भी उस पर टूटे पड़े थे। उसकी कमीज के बटन टूट गए थे। किसी तरह वह बचकर सीढ़ियों तक पहुँचने में सफल तो ज़रूर हुआ था। लेकिन तब तक आवाज़ सुनकर दूसरी क्लास के बच्चे भी आ गए थे। 'सर को तमाचा मारा है', बात चारों ओर फैल रही थी। सीढ़ियों पर पांडे कइयों को रौंदता हुआ नीचे पहुँचने में सफल हुआ था। छात्रों के बीच अफरातफरी मच गयी थी। कुछ एक को चोट भी आई थी। मगर मारो-मारो की आवाज़ सुनकर जो पुलिस वाला जहाँ मिला उसकी पिटाई शुरू कर दी थी। पुलिस वाले तगड़े और अनुभवी थे। अंत में वे सब किसी तरह भागने में सफल हुए थे।

अरुण बेहद गुस्से में था। सभी लड़कों में आक्रोश था। मगर भीड़ अराजक हो रही थी। 'मारो सालों को, छोड़ेंगे नहीं...चलो पकड़ते हैं...' जैसी बातें फैल रही थीं। अरुण ने सबसे पहले घायल बच्चों को अस्पताल ले जाने के लिए कहा था। और नीचे पहुँचा तो छात्रों ने उसे चारों ओर से घेर लिया था। सब में जोश था। क्रोध बढ़ रहा था। हर कोई आवेश और आवेग में लग रहा था। अरुण ने चबा-चबाकर बोलना शुरू किया था...।

"बच्चो, इसे जीवन की परीक्षा कह सकते हैं। शान से जीने के लिए इसमें पास होना ज़रूरी है। अगर इसमें फेल हो गए तो बाकी परीक्षा में पास होने का कोई फ़ायदा नहीं। हम सच की खातिर लड़ेंगे, अंत तक लड़ेंगे। जिसने हमारे साथ जबरदस्ती, बिना वजह ग़लत करने की कोशिश की है, उन्हें छोड़ देना शैतान को

खुला छोड़ने के समान होगा। वह अगली बार हमारे लिये बड़ी मुसीबत बनकर आएगा। मैं इसी वक्त पुलिस स्टेशन जाकर उसके खिलाफ कार्यवाही की माँग करूँगा। आप लोग अब घर जा सकते हैं और जिन्हें चोट लगी है उन्हें अस्पताल लेकर हमारे प्रोफेसर जाएँगे। अंत में आज बस मैं यही कहूँगा...युद्ध के मैदान में जंग छिड़ी हो तो बाँसुरी नहीं बजायी जाती, जीवन संघर्ष का दूसरा नाम है...वहीं अंत में जीवित बचेगा जो अपनी रक्षा करना जानता है... ।''

भीड़ ने केजी सर ज़िंदाबाद के नारे लगाना शुरू कर दिया था। अरुण एक-दो स्टाफ के साथ कार में पुलिस स्टेशन की ओर जाने के लिए आगे बढ़ा तो कुछ बच्चे बाइक पर केजी सर के पीछे-पीछे चल दिए थे।

55

घटनाएँ तेज़ी से घट रही थीं। जीविका से मुझे पता चला तो मैं परेशान हुआ था। और पुलिस स्टेशन का नाम पूछकर तुरंत ऑटो से निकल पड़ा। पीछे शांति भाभी को समझा दिया था। थाने पहुँचा तो वहाँ चारों ओर छात्र ही छात्र नज़र आ रहे थे। पुलिस स्टेशन में हलचल थी। पुलिस भी सक्रिय लग रही थी। वकील विभूति पहुँच चुका था। अंदर चार-पाँच लोग थानेदार के पास गए हुए थे। मैंने जाने की कोशिश की तो रोक दिया गया था। गेट पर पुलिस और छात्रों में बहस चल रही थी। पुलिस की कई दंगा वाहन पहुँच चुकी थीं। अतिरिक्त फोर्स खड़ी थी। बात फैल रही थी, इंस्टिच्यूट के पुराने लड़के भी पहुँच रहे थे। सच बात सुनी और जख्मी लड़कों को देखा तो आक्रोश बढ़ रहा था। पाँच-सात सौ की भीड़ इकट्ठा हो गई थी और नारे लगने लगे थे। अंदर की बातें छन-छनकर आ रही थी। अरुण को गिरफ्तार कर लिया गया है, यह तो पता चल चुका था मगर आरोप कौन से हैं, समझ नहीं पड़ रहे थे। उसका मोबाइल ऑफ था। जीविका अंदर थी और फोन उठा नहीं रही थी। काव्याश्री कहाँ है? सोच-सोचकर अब चिंता होने लगी थी। और मैं भीड़ में घुस गया था। अचानक किसी अनिष्ट की आशंका से घबराहट हुई थी।...क्यूँ भेज दिया था?...मैं अपने आप से पूछने लगा था। कहीं कोई चोट न लग गयी हो...और चिंता बढ़ी थी। ढूँढ़ते-ढूँढ़ते किनारे एक पेड़ के पास वह कुछ छात्रों के साथ खड़ी मिली थी, मुझे देखते ही आपदेखी सुनाने लगी।

''...ये सब क्या है? रियली में टू मच। ये तो हद ही हो जाएगी अगर पुलिस बेकसूर अरुण अंकल को गिरफ्तार कर लेती है...वह तो खुद कम्प्लेंट लिखाने आए थे।'' मैंने उसे गौर से देखा। चेहरे पर आक्रोश था।

विभूति थाने से बाहर निकला तो साथ जीविका थी। भीड़ ने उन्हें घेर लिया था। मीडिया के कैमरे ज़्यादा धक्का-मुक्की करने लग पड़े थे।

"क्या केजी सर को गिरफ्तार कर लिया गया है?"

"कौन-कौन सी धाराएँ हैं?"

"क्या इंस्टिच्यूट में कुछ मिला था... ?"

"देखिए, सब्र कीजिए आपके बेतुके सवालों का जवाब मैं नहीं दूँगा। मीडिया से ज़्यादा ज़रूरी पहले मुझे अपने छात्रों को बताना होगा...तो दोस्तो, आज मुझे गर्व हो रहा है कि मैं केजी सर का छात्र रह चुका हूँ। उन्होंने पुलिस ज्यादती का न केवल विरोध किया बल्कि रिपोर्ट दर्ज कराने भी पहुँचे। प्रशासन की हद देखिए...उनकी सुनने की जगह उन्हीं को गिरफ्तार कर लिया गया और धाराएँ लगाई हैं...पुलिस के काम में हस्तक्षेप, पुलिस पर हमला और दंगा भड़काना आदि। केजी सर ने उसी वक्त विरोध किया और कहा कि मैं इसे स्वीकार नहीं करता और अपनी रिपोर्ट दर्ज कराने पर अड़ गए। पुलिस ने रिपोर्ट दर्ज करने से इनकार किया तो हम उसकी लिखित कॉपी की रिसिप्ट माँगने लगे। बीच में इंस्पेक्टर ने केजी सर को निजी ज़मानत पर रिहा करने की पेशकश भी की। मुझे आश्चर्य हुआ यह देखकर कि सर ने मना कर दिया और फिर यह सुनकर तो मैं फिर कुछ बोलने लायक नहीं रहा जब सर ने कहा कि..."जब मैंने कोई गुनाह किया ही नहीं है तो ज़मानत कैसी? जब तक आप उस एसीपी पांडे के खिलाफ रिपोर्ट नहीं लिखते मैं यहाँ से नहीं जाऊँगा। मैं जमानत भी नहीं लूँगा। आप बेशक मुझे हवालात में रख सकते हैं।' और उन्होंने मुझे आप लोगों के पास भेज दिया और कहा कि जब तक सच के लिए लड़ाई साथ मिलकर नहीं लड़ेंगे, झूठ का शासन चलता रहेगा।"

इतना सुनते ही एक बार फिर केजी सर ज़िंदाबाद के नारे लगने लगे थे।

"दोस्तो, हमें इसी वक्त पुलिस कमिश्नर ऑफिस चलकर रिपोर्ट दर्ज न करने की कम्प्लेंट करनी होगी। हम सब पुलिस कमिश्नर ऑफिस जा रहे हैं। आप में से जो भी चाहे तो साथ चल सकता है।" जीविका की यह बात सुनकर भीड़ में हलचल होने लगी थी। जीविका ने मुझे देखा और पास आकर कहने लगी, "आपको चाचा याद कर रहे थे। चाची को बुलाकर एक बार मिलवा दीजिएगा। मैं पुलिस कमिश्नर ऑफिस जा रही हूँ...और काव्याश्री तुम भी यहीं रुको... ।" उसे मैंने जाते हुए देखा था। वह मुझे आगे बढ़ते हुए लगी थी। उसके पीछे-पीछे नौजवानों की टोली थी।

टूआईसी मोबाइल पर लड़कों को इकट्ठा कर रहा था। फैंस क्लब पर लिखने के लिए और एसएमएस करने के लिए कई फोन किए थे। जब थोड़ा फ्री हुआ तो मेरी ओर मुड़ा था, "सर ने तो आज कमाल कर दिया। अड़ गए। कहने लगे एसीपी पांडे

को भी गिरफ्तार करो। इंस्पेक्टर पुलिस अंदाज़ में धमकाने लगा लेकिन बात बिगड़ती देख पुलिस कमिश्नर से बात करने का बहाना ढूँढ़ने लगा। यह देखकर सर इंस्पेक्टर से कहने लगे '...आप यहाँ किस बात की तनख्वाह लेते हैं, आपको पुलिस अफसर किसने बनाया ?' मजा आ गया। सर अब छोड़ेंगे नहीं। मैं उन्हें अच्छी तरह जानता हूँ।'' बोलकर वह भी निकल गया था।

छात्रों के बीच पुलिस के खिलाफ कार्यवाही की माँग बढ़ गई थी। पुलिस कमिश्नर ऑफिस में तूफान आ गया था। लेकिन सबको गेट पर ही रोक दिया गया था। पुलिस कमिश्नर मिलने में टाल-मटोल करता रहा। बहुत देर बाद दो लोगों को बातचीत के लिए अंदर बुलाया गया तो जीविका और टूआईसी व विभूति के साथ एक स्थानीय छात्र नेता भी अंदर घुस गया था। एसीपी प्रशासन से मुलाकात करवाई गई तो जीविका पुलिस कमिश्नर से मिलने के लिए अड़ गईं। बहस होती रही। एसीपी नया आईपीएस था। गर्मी खाने लगा तो जीविका ने गुस्से में कहा था, ''हमें आपसे बात ही नहीं करनी, पहले बात करने की ट्रेनिंग लेकर आइए।'' और वे चारों बाहर आ गए थे। जीविका को गुस्सा चढ़ रहा था। छात्रों की भीड़ के लिए आगे क्या किया जाए समझ पाना मुश्किल हो रहा था। जीविका ने तुरंत फैसला किया था, ''हम सब अभी गृहमंत्री से मिलने चलते हैं। थाने में जितने साथी हैं सबको वहीं बुलवा लो और भी लोगों को इकट्ठा करो, ये ऐसे नहीं मानेंगे...।'' जीविका अब पूरे कमान में थी। विभूति की गाड़ी में बैठकर गृहमंत्री के आवास की ओर चल पड़ी थी। रास्ते में उसने अपने कॉलेज के मित्रों को फोन किया था। भीड़ पहले गृहमंत्री के आवास के बाहर इकट्ठा हुई थी। जीविका ने गृहमंत्री से मिलने का समय माँगा तो वहाँ कोई सही जवाब देने वाला भी नहीं था। भीड़ ने नारे और शोर मचाना शुरू कर दिया था। लड़के गेट की ओर बढ़ने लगे तो पुलिस ने पहले रोका और फिर खदेड़ा तो भीड़ तितर-बितर होकर चौराहे पर पहुँची थी। उसके आगे मुख्यमंत्री का आवास था। सामने बैरीकेट्स लगे थे। वहाँ लड़के इकट्ठा होने लगे थे। सबने मिलकर जमकर प्रदर्शन किया था। नारे लगाये थे। मगर बैरीकेट्स तो दो सौ मीटर दूर था। अंदर तक कहाँ आवाज़ जानी थी ? वैसे भी यहाँ तो रोज धरने-प्रदर्शन प्रायोजित होते रहते। उधर, स्थानीय टीवी पर ख़बर ज़रूर आने लगी थी मगर बड़ी संक्षिप्त और असंतुलित। बार-बार पुलिस और छात्र की लड़ाई दिखाई जाती। मीडिया के लिए यह कोई बड़ा सनसनीखेज नया मसाला अभी नहीं था। प्रशासन अभी तक सोया हुआ था। और अंत में हारकर दोपहर बाद उसी चौराहे पर किनारे तंबू लगाकर आंदोलन छेड़ने की बात होने लगी थी। शहर के कुछ छात्र नेता भी जुट गए थे। धीरे-धीरे चार-पाँच सौ की भीड़ इकट्ठा हो गई होगी। अरुण को चाहने वाले इंस्टिच्यूट

में पुराने छात्र के अलावा उनमें शहर के आमजन भी थे जिनके बच्चे पढ़ चुके या पढ़ रहे थे। कुछ कौतूहलता में, कुछ आत्मीयता में तो कुछ व्यक्तिगत संबंध की खातिर वहाँ थे।

नीता भाभी थाने पहुँची तो जोश में थी। डर का नामोनिशान न था। रोने–धोने का तो सवाल ही नहीं। तुरंत अरुण से मिलने को आतुर लगी। कुछ छात्र अभी भी थाने में इकट्ठा थे। उन्हीं में से एक को देखकर कहने लगी, ''बेटा चौरसिया, कैसे हो ? सर, कल ही कह रहे थे कि हफ्ते से चौरसिया का पान नहीं खाया। अब क्या बताएँ, बस ऐसे उलझे हुए हैं कि...'' लड़के ने नीता भाभी के पैर छुये और कहने लगा, ''सर से ही तो मिलने आया हूँ, पान भी साथ लाया हूँ।'' सुनकर वह मुस्कुराई थी और फिर मैंने भी नीता भाभी के साथ थाने में अरुण से मुलाकात करनी चाही तो पुलिसिया रोब ने रोका था। स्थानीय स्तर पर संपर्क ज़्यादा काम आता है और चौरसिया ने दो–चार फोन किए और मिल–मिलाकर हमें अरुण से मिलने का इंतजाम करवा दिया था। मैं, काव्याश्री, नीता भाभी और चौरसिया अंदर पहुँचे तो उसने अरुण के पैर छुये और फिर जाने क्यों रूआँसा हो गया। अरुण एक बैंच में बैठा हुआ शांत लग रहा था।

''अरे मैंने कोई अपराध थोड़े न किया है। ग़लत बात का विरोध किया है। जो तुम लोगों को पढ़ाया वही तो करके दिखा रहा हूँ। भावुक होना तो मनुष्यता की निशानी है लेकिन अगर कमजोर कर दे तो ज़हर है। तुम जैसे युवा कमजोर हो गए तो समाज और देश का क्या होगा ? अब हम जैसे बड़े–बूढ़े तो लड़ेंगे नहीं...तुम लोगों को ही आगे आना होगा, नहीं तो लूट लेंगे ये सब।'' चौरसिया चुप हुआ तो अरुण ने मेरी ओर देखकर कहा था, ''विभूति को मैंने कहा है कि मैं अभी होश में हूँ और मेरे हाथ–पैर चल रहे हैं, मेरी छोड़ो और दुष्यंत के केस के लिए कल की तैयारी करो...अब तुम्हें सब अकेले देखना होगा...।''

''तू चिंता मत कर...।'' मैं कह तो गया मगर मुझे उसके आत्मविश्वास को देखकर हर्ष और सचमुच गर्व हो रहा था।

''नीता तुम परेशान तो नहीं हो ?'' अरुण भाभी से पूछ रहा था।

''बिलकुल नहीं, सवाल ही नहीं। एक फिल्मी डायलॉग बोलूँ...जब तक आप बाइज़्ज़त बरी होकर नहीं आते मैं तमाम उम्र आपका इंतजार कर सकती हूँ।'' और बोलते हुए खुद ही हँस पड़ी थी। आँखों में आँसू उतर आये थे।

''काव्याश्री सोच रही होगी ये सब क्या है...अटपटा लग रहा होगा...बहरहाल, मैंने कुछ लिखा है उसे इंटरनेट पर डाल देना शायद तुम्हें भी पसंद आए...।'' अरुण ने काव्याश्री के सिर पर हाथ रखकर प्यार किया था।

"आज मुझे आपको देखकर गर्व हो रहा है अंकल...।" काव्याश्री की बात सुनकर वह मुस्कुराया था। और हम थाने के बाहर एक नये जोश के साथ आये थे। उसका लिखा बाहर आकर पढ़ा तो वो दिलदिमाग को हिलाने के लिए काफी था...।

'...मैंने ग़लत काम का विरोध किया है। इसी संदर्भ में पूछना चाहूँगा कि क्या आज आप अपने परिवार के साथ अपने घर में भी सुरक्षित हैं? नहीं। जब रक्षक ही भक्षक बन जाए तो आत्मरक्षा के लिए हर व्यक्ति को शस्त्र उठाने का आदेश शास्त्र में भी है। यह देश पहले बाहर से आज अपने ही लोगों द्वारा गुलाम बना लिया गया है। हमारे अपने ही हमें जैसा चाहते हैं बेवकूफ बनाते रहते हैं। शासन हथियाने मात्र के लिए राजनीति रह गयी है। इनके रास्ते में जो भी आता है वे उसे हटा देते हैं। हर बात पर आम जनता को गुमराह करते हैं मीडिया इनके साथ है और हम आसानी से इनकी बातों में आ जाते हैं...ये हमें दस दिन भूखे रखते हैं फिर एक बार एक टुकड़ा डाल देते हैं और हम खुश हो जाते हैं...हमें हकीकत को जानना और समझना होगा...इनकी हर चाल को बेनकाब करना होगा...ये हर विरोध करने वाले को तरह-तरह से तंग करते हैं...मरवा भी देते हैं और हम सच नहीं जान पाते...अगर आज आप सोच रहे हो कि इस केस में आपका तो कुछ नहीं, ये तो एक मास्टर का मामला है, एक इंस्टिच्यूट का केस है, आप तो सुरक्षित हो तो आप मूर्ख हो...ऐसा कल आपके साथ भी हो सकता है...बहरहाल, जब तक एसीपी पांडे गिरफ्तार नहीं होता और पुलिस कमिश्नर जिसने ऐसा घृणित कार्य करने का आदेश दिया, पर कार्यवाही नहीं होती तब तक मैं विरोध करना जारी रखूँगा। कुछ नेताओं की इसमें प्रमुख भागीदारी है। उस पर यह सरकार क्या कार्रवाई करेगी जो खुद उसके दम पर चलती है मगर हम उनका नंगा सच दुनिया को बताकर छोड़ेंगे। जानता हूँ यह मुश्किल कार्य है लेकिन किसी को कही से शुरुआत तो करनी होगी। ये भी जानता हूँ कि व्यवस्था सड़ चुकी है मगर ज़िंदा रहने के लिए शरीर के अंग को भी आपरेट करना पड़ता है तो फिर समाज में आपरेशन सफाई क्यूँ नहीं? क्रांति और विद्रोह शब्द ऐतिहासिक हैं। इतिहास के पन्नो को देखें तो हर युग में इन शब्दों के साथ युवा पीढ़ी का नाम ही आता है आज अगर परिवर्तन लाना है तो पहल आपको करनी होगी...।'

मैं एक बार फिर जोश में था। थाने से निकलकर हम आंदोलन वाले स्थान पर पहुँचे थे। ठीकठाक भीड़ थी। मीडिया भी था। बहुत देर तक पूछताछ होती रही और मैं बोलता रहा, "...अगर हम थोड़ा-सा भी चूक जाते तो केजी सर इस वक्त जेल के पीछे एक ड्रग्स गिरोह के सदस्य के रूप में बंद होते और आपके सामने रिपोर्ट पेश होती। कल दुष्यंत का नाम आया था, आज केजी सर हैं, कल मैं भी हो सकता हूँ...अधिकांश को लगता है कि ऐसा आज के युग में नहीं हो सकता...कम से कम

आप लोगों के, मीडिया के रहते...मगर फिर इसी देश में...कई महान लोग संदिग्ध अवस्था में देश-विदेश में मृत मिले। हमने हर बार एक चुप्पी ओढ़ ली फिर धीरे से भुला दिया। केजी सर और दुष्यंत जैसे आम जन तो न जाने कब-कब कहाँ-कहाँ, कैसे-कैसे शिकार होते होंगे...सबकी अपनी कहानी है मगर अंत एक ही है...उस व्यक्ति का सर्वनाश...केजी सर ने कहा है कि वो इसके विरोध में अंत तक लड़ेंगे। उन्होंने ज़मानत लेने से इंकार कर दिया, वो कहते हैं कि जब मैं बेकसूर हूँ तो ज़मानत क्यूँ लूँ... ।'' उसके बाद कई तरह के सवाल शुरू होते इसके पहले मैंने अपना पक्ष रखा था।

''मैं मूलत: भारतीय हूँ मगर आज की तारीख में अमेरिकी। यहाँ के हालत देखकर ही मैंने अपनी सुरक्षा के लिए गुहार लगायी।...मैं दुष्यंत का दोस्त हूँ, बीस साल पुराना। यहाँ आया तो पाया कि उसके साथ ग़लत हुआ है तो साथ देने की सोची। वैसे भी जब तक यह साबित नहीं हो जाता तब तक आप ये इल्जाम नहीं लगा सकते कि वो अपराधी है। मगर ऐसा हुआ। वैसे तो पुलिस के पास कोई ठोस सबूत नहीं हैं...लेकिन स्वयं को निर्दोष प्रमाणित करने में कितना मुश्किल होती है हम सब जानते हैं। ऐसे में आप भी बिना खोजबीन के बात को तोड़-मरोड़ देते हैं और तिल का ताड़ बन जाता है। कृपया इस केस में आप सही रिपोर्टिंग करेंगे ऐसी उम्मीद है।...केजी सर को एक साजिश के तहत फँसाने की कोशिश की गयी। जब उन्होंने इसका विरोध किया तो उन्हें ही गिरफ्तार कर लिया गया। ये सब सैकड़ों छात्रों के सामने हुआ। अब आप बताइये इसमें एक आम आदमी क्या करेगा?'' इसके बाद साजिश के ऊपर कई सवाल शुरू हो गए थे। मेरा इतना ही कहना था कि ''यह आपको पता लगाना चाहिए। इसके तार कामना कांड के नाम पर कुछ बेगुनाहों को फँसाने से जुड़े हैं, इसीलिए...अब मैं दुष्यंत की बेटी से आग्रह करूँगा कि वो कुछ कहे... ।''

जीविका ने एक मिनट के लिए भीड़ पर नज़र डाली और फिर कहना शुरू किया...''मीडिया के सम्मानीय बंधुओं...मैं आपको अपना दोस्त इसलिए संबोधित नहीं कर सकती कि मैं आप लोगों द्वारा एक अपराधी की बेटी और कुछ एक के द्वारा शायद ड्रग्स के धँधे में शामिल भी, घोषित की जा चुकी हूँ। मैं अपना गुनाह कबूल करने आई हूँ। हाँ, किया है। लेकिन फिर ढूँढ़ती हूँ कि मैंने किस को ड्रग्स दिया, कोई एक तो मिले...इन दिनों मैंने बहुत ढूँढ़ा मगर कोई नहीं मिला। अगर आपको मिला हो तो मुझसे ज़रूर मिलवाना, हिसाब-किताब करना चाहूँगी। कितना माल दिया कितना पैसा लिया... ? सच पूछिये तो आपको कोई नहीं मिलेगा... । आप एक बता दीजिए मैं खुद हवालात में चली जाऊँगी। और रही बात मेरे पिता की तो उन्हें आपने

बलात्कारी बना दिया। मैं सिर्फ ये बताना चाहती हूँ कि मेरी माँ, उनकी पत्नी, उनके बेकसूर होने का जीता-जागता प्रमाण है कि जिस शख़्स ने जवानी में एक अबला नारी का बलात्कार नहीं होने दिया और उससे शादी तक की वो इस उम्र में अपनी बेटी की दोस्त के साथ यह कैसे कर सकता है? ये बातें मेरी माँ ने मुझसे कही हैं...अपनी बेटी से...।" कहते-कहते जीविका की आँखों में आँसू थे।

"...ख़ैर, आप इस आँसुओं पर मत जाना, नहीं तो कहने वाले कह देंगे कि ये भी नाटक है। झूठ को सच बताते-बताते लोगों का सच से भी विश्वास उठ गया है। अब कुछ गंभीर सवाल मैं आपसे पूछना चाहती हूँ, जिसे आपने नहीं उठाया, कि अगर मेरे पिता ने उस लड़की के साथ कुछ किया होता तो वो खुद क्यूँ पुलिस स्टेशन जाते...पुलिस इस बात का पता क्यूँ नहीं लगाती कि वो कौन लोग हैं जो दुष्यंत राठौर को मारकर भाग गए... ? पुलिस कहती है कि उस दौरान कई कॉल मेरे पिता के फोन से किए गए तो वही फोन क्या पहले कभी किए गए थे? अगर हाँ तो रिकार्ड बताएँ...ये सवाल अदालत में भी पूछे जा रहे हैं लेकिन आप लोगों ने फैसला पहले ही सुनाना शुरू कर दिया तो आपसे भी पूछ रही हूँ...अंत में, क्या नशे में बर्बाद हो रहे व्यक्ति को समझाने, सँभालने की कोशिश अपराध है? अगर हाँ तो ये काम मेरे पिता ने किया है। अब मैं कुछ सवाल मीडिया के माध्यम से प्रशासन से करूँगी कि वो इस बात का जवाब दे कि विष्णुदत्त नेता जी के लड़के का कामना के साथ संबंध था या नहीं? हादसे वाली रात उसका खास दोस्त डिम्पी वहाँ था या नहीं? कामना मेरी दोस्त रही है, मेरी हृदय से उसको श्रद्धांजलि। लेकिन समाज क्या किसी एक मृतक के कारण दसियों बेकसूरों को जीने का हक नहीं देगा? मोमबत्ती जलाकर न्याय की दुहाई देने वाले बताएँ कि बीमार और भ्रमित लड़की को ठीक रास्ते पर लाने के वक्त वे कहाँ थे? माँ-बाप कहाँ थे जिन्होंने उसे पैसे देकर छोड़ रखा था? क्या उन्होंने उसे बिना ड्रग्स के पागलों की तरह व्यवहार करते नहीं देखा? और हमारा पुलिस प्रशासन आम आदमी को पकड़कर उन्हें अपराधी घोषित कर रहा है, केस ख़राब किया जा रहा है, समाज को भ्रमित किया जा रहा है।"

बाद में दुष्यंत की डायरी के कुछ पन्नों की कॉपी बाँटी गयी थी जिसमें राजा व कामना के संबंधों व ड्रग्स को रोकने की कोशिश का वर्णन था और साथ में ये पंक्तियाँ भी थीं...'कामना मर गयी या मार दी गयीं, पता नहीं, मगर जाने-अनजाने उसके माँ-बाप इसके दोषी हैं। मैं उसके हत्यारों का पता लगाने की कोशिश कर रहा हूँ...मगर मुझे लग रहा है कि मुझे ही फँसाया जा सकता है...मैं इस बात से भयभीत नहीं हूँ मगर इस बात से दुखी हूँ कि एक फूल-सी बच्ची को बचाया नहीं जा सका।'

जीविका छा गई थी। सामने बैठे मीडिया में हलचल थी। लग रहा था कि इसका अच्छा प्रचार-प्रसार मिलेगा।

शाम होते-होते लोगों का छँटना शुरू हो गया था। शरीफ-पढ़ने वाले बच्चों को घर जाना होता है और अधिकांश अगले दिन आने का बोलकर जा चुके थे। अंत में कुछ पुराने छात्र रह गए थे। सड़क किनारे तंबू लगा दिया गया था। टूआईसी अभी भी सक्रिय था। लेकिन मुझे थकावट लगने लगी थी। वहीं एक बोतल पानी से मुँह पर छींटे मारकर रूमाल से पोंछ लिया था। और आगे क्या करना है, सोचने लगा था। प्रशासन की तरफ से कोई पहल नहीं थी। मन में शंका उत्पन्न होने लगी थी कि क्या इन दो-चार सौ लड़के-लड़कियों की भीड़ से कुछ हो पाएगा...क्या सरकार नोटिस लेगी...मेरा शक आधारहीन नहीं था। चारों ओर के हालात तो यही बता रहे थे...किसी को किसी से मतलब नहीं...आम आदमी की परवाह नहीं...।

इस बीच एक ख़बर ने सब को हिला दिया था। जीविका को एसएमएस मिला कि डिम्पी रोड एक्सिडेंट में मारा गया। सुबह-सुबह। शहर से सत्तर किलोमीटर दूर। दिल्ली रोड पर। उस तरफ क्या करने जा रहा था? किसी को भी पता नहीं। और ये ख़बर कॉलेज के छात्रों के बीच मोबाइल पर चल पड़ी थी। बहुत देर हमारे बीच भी यही चर्चा चलती रही और धीरे-धीरे शक यकीन में बदलता जा रहा था कि उसे मरवाया गया है। हे राम! देर शाम जीविका के कुछ दोस्त हॉस्टल से मिलने आये तो उनमें भी इस बात को लेकर आक्रोश था। रात होते-होते गिने-चुने लोग ही रह गए थे और मैं चिंतित ज़मीन पर बैठा हुआ था। चौरसिया, छात्र नेता मनीष दुबे और सम्मति के साथ टूआईसी आगे की रणनीति बनाने में लगे हुए थे। उनकी फोन पर बातचीत जारी थी। और तभी डेयरी वाला सर्वेश्वर दयाल भी दो लोगों के साथ खुली जीप में पहुँचा था। गुस्से में था। पता चला कि मीडिया में ख़बर तो है मगर उस तरह नहीं जिस तरह से हमारा पक्ष सीधा, स्पष्ट और सही था। मीडिया में कहीं न कहीं अरुण और छात्रों पर भी शंका प्रकट हो जाती। पुलिस कार्यवाही पर भी टिप्पणी थी मगर बचाव भी था।

"इन मीडिया वालों को समझाने का एक तरीका मुझे सूझा है...हर बड़े चैनल के स्टूडियों में पाँच-पाँच, दस-दस भैंसें भेजता हूँ...कोई पूछेगा तो कह दूँगा कि ये भी तो भैंस के समान ही हैं, इनके आगे कितना भी बीन बजाओ इनको समझ ही नहीं आता...तब जाकर शायद इनके अकल में बात घुसे।" मैं सुनकर भी चुप ही रहा था। इस बीच राजेश ढूँढ़ता-ढूँढ़ता वहाँ पहुँचा था।

"ये सब क्या हो गया यार...।" और वह मेरे मुँह की ओर ताकता हुआ चुप बैठ गया। इस वक्त मैं स्वयं भ्रमित था। अब क्या किया जाए? समझ से बाहर था। हाँ,

कल के समाचारपत्र का इंतजार था। पीछे-पीछे विभूति अपने पिता के साथ आया तो बताने लगा कि शाम विष्णुदत्त का फोन उसके पिता को आया था। नाराजगी दिखा रहा था। पिता को हल्की-सी धमकी दी तो वे उखड़ गए और कह दिया कि '...पूरी ज़िंदगी मैंने अपराधियों का केस हैंडल किया है जो तुझसे करते बनता है कर ले।'

"आपके लड़के ने कमाल कर दिया, क्या बहस की...।" मैंने बड़ाई की थी।

"अरुण सर का छात्र है तो अच्छा ही होगा।" लक्ष्मीनारायण आज बदले हुए लग रहे थे। साथ खड़ा विभूति मुस्कुरा रहा था।

"मेरा खयाल है आज की वारदात का भी कल असर होगा। मेरे हिसाब से जो बिंदु विभूति ने उठाए हैं कल दुष्यंत की जमानत हो जानी चाहिए...अब कुछ दम रहा नहीं।" लक्ष्मीनारायण की बातों से मुझे राहत मिली थी।

"मगर अरुण का क्या होगा... ?" मैंने चिंता जाहिर की थी।

"केजी सर का कोई नहीं जानता...क्या करेंगे ये तो हमें भी देखना है।" ये विभूति था उसकी आँखों में चमक और एक बड़ी उम्मीद थी।

"आप चिंता मत करना हम सब हैं...।" कहकर लक्ष्मीनारायण जा चुके थे। साथ विभूति भी। कल की तैयारी करनी थी। हम अब घेरा बनाकर बैठ गए थे।

"कल कुछ हंगामा करना पड़ेगा सर...ये सरकार उसके बिना नहीं मानती।"

"वो कैसे ?"

"वो हम पर छोड़ दें।" ये सम्मति था।

"मैं नहीं चाहता कि सड़कों पर खून-ख़राबा हो या बसों को आग लगाई जाए...या फिर कॉलेज बंद किए जाएँ।"

"बिना खून-पसीने के विरोध खेल बन जाता है, जीवन में हर बात की क़ीमत चुकानी पड़ती है।" मनीष गुस्से में लग रहा था।

"आजकल की सरकार और नेता बहुत ढीठ हैं...इन्हें कोई फर्क नहीं पड़ता...वैसे मैं तो सोच रहा हूँ कि शहर की दूध सप्लाई बंद करवा दूँ...।" दयाल था।

इसी बीच एक लालबत्ती जिप्सी आकर पास रुकी थी।

"कैसे बैठे हो तुम लोग ?" अंदर बैठा पुलिस अधिकारी था।

"क्यों ? कोई दिक्कत है क्या ?" मनीष ने तीखे स्वर में कहा था।

"ज़्यादा होशियारी नहीं, समझे, थोड़ी देर में निकलो।"

"नहीं तो.. ? अंदर कर देगा... ? कर दो। धरने पर बैठे हैं।" सम्मति बोलता हुआ खड़ा हो गया था। पीछे-पीछे मनीष, दयाल, टूआईसी और जीविका उठी तो उसके दोस्त भी खड़े होने लगे थे। देखकर कुछ वायरलैस पर बोलता हुआ पुलिस वाला

निकल गया था। मगर पीछे सबके चेहरे पर क्रोध छोड़ गया था। लड़के तंबू के आसपास चहलकदमी करने लगे थे। काव्याश्री और जीविका एक बार फिर तंबू में एक किनारे बैठकर कुछ बातें करने लगी थीं। मैंने उठकर देखा तो सड़क सुनसान थी। वीआईपी एरिया में बाहर रातें जल्दी हो जाती हैं, अंदर तो खेल अँधेरे में ही खेला जाता है। मैं वापस राजेश के पास आकर चुप बैठ गया था। बगल से काव्याश्री की आवाज़ थी, वह जीविका से कह रही थी, ''कहीं हम अँधेरे में तो नहीं चल रहे...।''

''चलते रहने से कहीं तो पहुँचेंगे, खड़े रहने से तो कुछ नहीं होगा...।'' जीविका थी। मैं युवा वर्ग के जोश को देख रहा था और अपने दिन याद करता।

''अब क्या करना है भाई...।'' चौरसिया था।

''मेरा तो ख्याल है रात यहाँ रुकने का कोई फ़ायदा नहीं। कल सुबह ज़्यादा से ज़्यादा की तादाद में कोर्ट पहुँचते हैं फिर देखते हैं क्या करना है...केजी सर के एक्शन पर सब निर्भर है...सभी पुराने-नये छात्रों से कह दो कि अपने-अपने दोस्तों को एसएमएस भेजें। इस कांड के बारे में इंटरनेट पर जमकर लिखा जाए। हर छात्र ई-मेल करे। मेल की बाढ़ आ जानी चाहिए। अगर समाचारपत्र भी नहीं लिखते हैं, न सही, मगर इलेक्ट्रॉनिक सोशल साइट्स को कैसे रोकेंगे, सभी फोटोग्राफ्स, सुबह के हादसे वाले भी उस पर डाल दो। क्यूँ जीविका...।''

सभी को बात ठीक लगी थी और हम सब वहाँ से निकल आए थे। जैसा कि आशंका थी सुबह के समाचारपत्र में छात्रों और पुलिस की झड़प की खबरें थी। किसी में थोड़ी ज़्यादा कहीं अंदर के पन्नों पर छोटी-सी। लेकिन किसी से भी यह नहीं लगता कि पुलिस ने अत्याचार किया है। दूसरी ओर विष्णुदत्त के विश्वविद्यालय में होने वाले डांस प्रोग्राम की जानकारी को प्रमुखता से छापा गया था। मुंबई से कोई आइटम गर्ल और दो टीवी सितारे आ रहे थे। अधिकांश पेपरों में हमारी प्रेस कान्फ्रेंस पूरी तरह से नदारद थी। कइयों के सिर फूट गए, छात्र सड़कों पर पागलों की तरह चिल्ला रहे थे मगर मीडिया चुप था। हाँ, पुलिस कमिश्नर का वक्तव्य छपा था, 'किसी को भी कानून अपने हाथ में नहीं लेने दिया जाएगा, पुलिस के साथ ग़लत व्यवहार करने वाले असामाजिक तत्वों को बख्शा नहीं जाएगा।' पढ़कर मेरे चेहरे पर क्रोध आना स्वाभाविक था। लेकिन उससे फर्क क्या पड़ता है?

शांतिप्रिया भाभी कल रात अस्पताल से लौटी नहीं थी। और नीता भाभी उनके लिए चाय-नाश्ता बनाकर अस्पताल के लिए निकल रही थीं। मुझे कोर्ट जाना था। दो-दो केस थे। सुबह-सुबह ही घर पर पहले टूआईसी फिर चौरसिया और धीरे-धीरे कई इकट्ठा हो गए थे। इंस्टिच्यूट आज भी बंद करना पड़ा था। सभी कोर्ट जाने का ज़िद्द कर रहे थे।

56

कोर्ट में छात्रों की भीड़ इकट्ठा होने लगी थी। संख्या सैकड़ों में होगी। एसएमएस का असर था। उधर, पता चला कि दुष्यंत का केस दोपहर एक बजे तक ही सुना जा पाएगा। इधर अरुण के केस से संबंधित थाने के इलाका मजिस्ट्रेट के कमरे के बाहर बैंच पर मैं इस नये घटनाक्रम के लिए चिंतित था। अरुण का ऐसी राह पकड़ना मेरी समझ से बाहर था। लेकिन मैं उसके साथ था। जीविका, काव्याश्री सभी तो थे। नीता भाभी भी अस्पताल से वहाँ पहुँच चुकी थीं। तकरीबन एक घंटे बाद अरुण वहाँ लाया गया था। चेहरे पर कोई लकीर नहीं। चिंता की जगह एक चिंतन का चेहरा दिख रहा था। छात्रों ने घेरने की कोशिश की थी। पुलिस वाले परेशान हुए थे। इधर छात्रों का शोर बढ़ने लगा तो कोर्ट में अरुण को तुरंत पेश करवाने का इंतजाम हुआ था।

"बतायें वकील साहब क्या आरोप है इन पर।" अरुण कोर्ट में एकदम शांत खड़ा था। सरकारी वकील ने बोलना शुरू किया, "आरोपी पर धारा 153, 186, 189 और 323 का मुकदमा दर्ज किया गया है। जांच अभी जारी है इसलिए तीन दिन का पुलिस रिमांड दिया जाये।"

"मगर आरोपी ने किया क्या है, विस्तार से बताएँ... ?"

"श्रीमान, कर्मठ पुलिस अधिकारी एसीपी पांडे अपनी सरकारी ड्यूटी पर थे और उन्हें आरोपी के इंस्टिच्यूट में तलाशी और पूछताछ का आदेश था। पूछताछ का संबंध कुछ एक अपराध व अपराधी से था। सबसे पहले पुलिस को गेट पर रोका गया, हाथापाई की गयी। पुलिस ने आरोपी को थाने चलने के लिए कहा तो इन्होंने जाने से मना किया, धक्का-मुक्की की और छात्रों को भड़काया। जिसके कारण छात्र पुलिस पर टूट पड़े और पुलिस को वहाँ से भागना पड़ा। पुलिस को चोटें भी आईं हैं, ये है मेडिकल रिपोर्ट।" मजिस्ट्रेट साहब ने सरसरी निगाह से पेश किए गए कागजों को देखा और फिर एक नजर अरुण पर डाली थी।

"आपकी तरफ से कोई वकील नहीं है ?"

"जी नहीं..."

"तो बताइए आप क्या कहना चाहते हैं ?" मजिस्ट्रेट के चेहरे पर कोई भावना नहीं उभरी थी। अरुण ने बड़े आदर-भाव के साथ जज को देखा, थोड़ी देर रुका फिर बोलना शुरू किया, "श्रीमान मैं अपना पक्ष स्वयं रखूँगा। और बात को ज़्यादा न फैलाते हुए सीधे और संक्षिप्त में कहूँगा। सरकारी वकील साहब के इस बात से असहमती रखता हूँ कि मैंने पुलिस को गेट पर रोका। मैं एक शिक्षक हूँ और उस

वक्त कक्षा में पढ़ा रहा था। ये सच है कि मेरे आदेशानुसार हर किसी को सामान्य जांच के बाद ही अंदर आने दिया जाता है और इसके लिए पुलिस को एतराज नहीं होना चाहिए। मगर उन्होंने किया। वे जबरन घुसे जबकि उन्हें रोका नहीं जा रहा था। बहरहाल, एसीपी पांडे ने कक्षा के अंदर छात्रों के सामने मुझे जलील करते हुए थाने चलने को कहा। मेरे इस निवेदन को भी ठुकराते हुए कि कक्षा के बाद मैं चलने के लिए तैयार हूँ। मेरे इतनाभर पूछने पर कि आरोप क्या हैं, सुनकर वह भड़क उठे और मुझे खींचकर ले जाने लगे। मेरे द्वारा विरोध करने पर उन्होंने मुझे तमाचा मारा। जिसके कारण मैं सामने के टेबल से टकरा गया। यह चोट उसी की देन है। जहाँ तक रही बात छात्रों के विरोध की तो मैंने उन्हें शान से जीने के लिए ग़लत बात का विरोध करना सिखाया है। बिना किसी कसूर के मेरे साथ हो रहे दुर्व्यवहार को देखकर उन्होंने भी विरोध किया। जिस पर एसीपी महोदय ने फायर तक किया।''

''वो तो आत्मरक्षा में ज़रूरी हो जाता है।'' सरकारी वकील बोल पड़ा था।

''मगर इसकी आवश्यकता ही क्यूँ पड़ी वकील साहब, बहरहाल, ये कोर्ट में आये हुए आप ही के छात्र हैं?'' जज साहब पूछ रहे थे।

''जी हाँ। मगर न तो मैं नेता हूँ, न ही कोई राजनीति व वोट का चक्कर है। धर्म की कट्टरता व शिक्षा का तो सवाल ही नहीं। न ही यह कोई शक्ति प्रदर्शन है मैं अदालत पर कोई प्रभाव डालना भी नहीं चाहता। यह उनका अपना प्रेम व विश्वास है मेरे ऊपर और फिर मैंने तो स्वयं थाने में जमानत लेने से इंकार किया है...।''

''आरोपी पकड़ा कैसे गया...?'' जज के चेहरे पर अब भाव उभर रहे थे।

''मैं स्वयं थाने गया था पुलिस के खिलाफ रिपोर्ट लिखाने, पर वहाँ तो माजरा ही कुछ और था। मेरे खिलाफ इतनी धाराएँ लगा दी गयी थीं, जिन्हें मैं जानता तक नहीं और न ही मेरा कोई कसूर था। इसलिए मैंने थानेदार की इस बात को भी अस्वीकार कर दिया कि मुझे निजी मुचलके पर छोड़ा जा सकता है...।''

''तो ये बात है, अब बताइए वकील साहब, आप क्या कहना चाहते हैं?''

''श्रीमान, कामना केस की जांच-पड़ताल और कुछ अन्य अपराधों के संबंध में पूछताछ के लिए आरोपी को पुलिस रिमांड में तीन दिन के लिए दिया जाए।''

''मगर क्यूँ? कोई कारण तो होना चाहिए, बिना किसी ठोस सबूत के आप इस तरह से कैसे कह सकते हैं...अच्छा तो प्रोफेसर साहब अगर मैं भी आपको निजी मुचलके पर रिहा करने का आदेश दूँ तो आपको ऐतराज नहीं होना चाहिए और आप पुलिस पूछताछ में सहयोग करते रहेंगे।''

''मैं पुलिस पूछताछ में तो सदैव सहयोग करूँगा, जिम्मेदार नागरिक हूँ, अहसास है मुझे इस बात का, मगर मैं ज़मानत क्यूँ लूँ? किसी भी क़ीमत पर नहीं। मैं ज़मानत

पर हस्ताक्षर करके स्वयं को अपराधी कहलाने के प्रथम पायदान पर खड़ा नहीं होना चाहता।'' अरुण के चेहरे पर निडरता थी। जज दो मिनट के लिए रुका और उसने ध्यान से अरुण को देखा था। उसकी अनुभवी आँखें कुछ पढ़ रही थीं।

''वकील साहब कोई ठोस सबूत न होने के कारण आरोपी को पुलिस कस्टडी में नहीं दिया जा सकता। तुरंत चालान प्रस्तुत कीजिए तब तक के लिए आरोपी को जूडिशियल कस्टडी में जेल भेजा जाता है।...ठीक है प्रोफेसर अरुण...कोर्ट आपके विचारों से इत्तफ़ाक़ रखती है मगर न्याय व व्यवस्था की अपनी मर्यादाएँ हैं।'' मजिस्ट्रेट खड़ा होकर मुस्कुराया, मुड़ा और फिर पीछे केबिन में घुसकर ओझल हो गया। अरुण भी मुस्कुराया था। यह मेरे लिये अविश्वसनीय था। बाकी लोगों के बीच हलचल और बातचीत शुरू हो गयी थी।

धीरे-धीरे बात बाहर फैल गयी थी। हर एक ने इसे अपने ढंग से लिया था। छात्रों के बीच अरुण का विरोध दिखाना और स्वयं जेल चले जाना अतिरिक्त ऊर्जा से भर देने के लिए काफी था। उसका आदर्श आचरण प्रेरणा का स्रोत बनने लगा और युवा वर्ग आगे बढ़ने के लिए खुद को तैयार करने लग पड़ा था। मीडिया पर भी अब प्रैशर था। एक ख़बर बन रही थी और अरुण चर्चा में था। भीड़ की गर्माहट को महसूस किया जा सकता था और लड़कों में जोश था। किसी-किसी में यही क्रोध के रूप में प्रकट होता। और यहीं से विद्रोह की भावना जाग्रत होती।

अरुण के जेल जाते ही भीड़ छँट गई थी और हम दुष्यंत के कोर्ट की ओर लपके थे। उधर, वरिष्ठ जज सरकारी वकील से पूछ बैठा...'किसलिए चाहिए आपको आगे की कस्टडी... ? क्या आपका आरोपी भाग सकता है ?...क्या वो बोल सकता है ? क्या वो पुलिस पूछताछ में व्यवधान डाल सकता है ? इसका कोई आपराधिक रिकार्ड आप नहीं दिखा पाये...बेहोशी की हालत में...उसके पास ड्रग्स पाया जाना...उसको गुनाहगार नहीं साबित करता...किससे लिया ? वो कहाँ हैं... ? कोई ठोस सबूत नहीं आप दिखा पाए'...और जज की इन बातों के आगे सब फीका था कि 'होश आते ही आप पूछताछ कर सकते हैं पहले ठीक तो हो जाने दीजिए।' अंत में दुष्यंत को कोर्ट से ज़मानत दे दी गयी थी। और वो पल अचानक मेरे जीवन का एक महत्त्वपूर्ण क्षण बन गया था। अनायास ही आँखों में आँसू थे। जीविका ने लंबी साँस ली थी और काव्याश्री ने उसके कँधे पर हल्के से हाथ रखा था। बाहर निकला तो विभूति को मैंने गले लगा लिया था। शाम तक हम दुष्यंत को, कोर्ट की कार्यवाही पूरी करके, प्राइवेट नर्सिंग होम ले जाने में सफल हुए थे। लेकिन यह तो एक मोड़ मात्र था। थोड़ी तसल्ली ज़रूर हुई थी लेकिन जीवन का संघर्ष अभी जारी था। जहाँ हमारा रोल अब न के बराबर था। यूँ तो इंसान के हाथ में कुछ नहीं। लेकिन शहर के तमाम वरिष्ठ

डॉक्टरों की सेवाएं ली जा रही थीं। प्राइवेट अस्पताल में बेहतर देखरेख थी मगर मृत्यु से युद्ध तो दुष्यंत को ही जीतना था।

57

प्राइवेट अस्पताल की वातानुकूलित कैंटीन की एक किनारे की टेबल पर मैं एकदम अकेला था। डॉक्टरों से विस्तार में बात हुई थी। 'अभी तक डरने जैसी कोई बात नहीं, बाकी सब ईश्वर के हाथ में है।' कहा गया था। आईसीयू में दुष्यंत को पहुँचाकर मैंने राहत की साँस ली थी। शांतिप्रिया भाभी तो बराबर साथ थीं। उनके चेहरे पर पहली बार शांति उभरती दिखी थी। जीविका पापा को अस्पताल में पहुँचाकर तुरंत जेल में अरुण से मिलने निकल गयी थी। काव्याश्री उसके साथ साये की तरह रहती। मैंने उसे इतना सक्रिय कभी नहीं देखा था। कई बार लगता कि मानो वे दोनों एक-दूसरे की बहन होने का रोल अदा कर रही हैं। घर के अकेले बच्चे का अकेलापन अब अधिक समझ आ रहा था। नीता भाभी भी उन दोनों के साथ गई हुई थीं। काश! अरुण के साथ ये न होता तो हम आज खुशियाँ मनाते।...अभी कहाँ?...और कैसे? दुष्यंत के होश आते ही उससे पूछताछ शुरू हो जाएगी। '...आप उसकी चिंता न करें', विभूति ने कहा तो है। मगर सत्य तो यही है कि केस लंबा चलेगा। ख़ैर, फिर जीवन इसी का नाम है। हाँ, अरुण ने जो रूप मुझे दिखाया था वो अप्रत्याशित और अद्‌भुत था। हॉस्टल में कुछ करने के लिए छटपटाने वाला अरुण को जैसे राह मिल गई थी। मेरा मन पहले की अपेक्षा शांत और विचार भी धीरे-धीरे चलकर आ रहे थे कि...'कामना कांड के आरोपी को ज़मानत' ब्रेकिंग न्यूज़ पर निगाह गयी थी। जोर-जोर से शब्द सामने लगे टीवी स्क्रीन पर प्रहार कर रहे थे। नज़र व ध्यान का जाना स्वाभाविक है। यह दाग पता नहीं कब जाएगा? चैनल पर कुछ लोगों से राय पूछी जा रही थी। '...आरोपी को फाँसी पर लटका देना चाहिए...' एक महिला चीखते हुए बोल रही थी। मीडिया की सत्ता का कुप्रभाव मैं पहली बार झेल रहा था। और मैं इस बात से उलझकर रह गया था कि इसका इलाज क्या है? तभी राजेश के फोन ने एकाग्रता भंग की थी।

"कहाँ है तू इस वक्त?"

"क्यूँ क्या हुआ?"

"मैं अस्पताल आया हुआ हूँ।"

"नीचे कैंटीन में हूँ, यहीं आ जा...।" थोड़ी देर में राजेश मेरे सामने था। मैंने धीरे से मुस्कुराते हुए उसे देखा था। चाय मँगवायी गई थी।

"आज तू थोड़ा रिलेक्स्ड लग रहा है। ठीक भी है, बात कुछ आगे तो बढ़ी...। प्रणव तुझे याद है, हॉस्टल में जब दुष्यंत को एक बार चोट लगी थी तो वो अस्पताल में भर्ती हुआ था...वो, बस स्टैंड पर एक लड़की को जब कुछ लड़के छेड़ रहे थे...तब..."

"हाँ-हाँ।"

"पता नहीं उस रात की याद आ गयी। कितना कुछ बदल गया तब से अब तक के बीच में...? तब हम दसियों लड़के अस्पताल में साथ-साथ थे, हर मुसीबत हँसते-हँसते झेल जाते थे, पता ही नहीं चलता था, मगर अब...साथ ढूँढ़ना मुश्किल होता है। अब देखो...मैं ही कौन-सा आ पाया...।"

"नहीं, कोई बात नहीं। बड़े हो जाने पर दूसरी जिम्मेदारियाँ भी तो निभानी पड़ती हैं।"

"सब बहाने हैं। कमजोर लोगों के। वहाँ भी मैंने कौन से तीर मारे? बीवी-बच्चे और छोटी-सी नौकरी ये तो सभी करते हैं...मगर जो दूसरों के लिए करते हैं उनकी बात ही कुछ और होती है...अरुण से जेल में मिलकर आ रहा हूँ...बंदे को देखकर मज़ा आ गया...विश्वास ही नहीं होता कि अपना वही अरुण है...सैकड़ों लड़के-लड़कियाँ, उसके चाहने वाले सड़कों पर उतरे हुए हैं...ऐसे ही दो-चार और हो जाएँ तो मज़ाल है कहीं कोई गड़बड़ी हो जाए...।"

"मगर मीडिया तो कुछ खास दिखा नहीं रहा...।"

"नहीं। आ रहा है। सिटी चैनल देखो।"

"अभी कुछ देर पहले देखा था। उसे देखकर, अगर मैं अरुण को न जानता होता तो मेरे मन में अरुण को लेकर शंका भी हो सकती थी...।"

"चलो, इससे होता क्या है?"

"नहीं, ऐसा नहीं है। कुछ न जानना ज़्यादा ठीक है, ग़लत जानने से...।"

"अब क्या कर सकते हैं...जानते तो हो सब...ख़ैर, तुम्हें क्या लगता है अरुण जल्दी छूट जाएगा...?" आज राजेश गंभीर लग रहा था।

"छूट तो जाएगा क्योंकि बहुत सारे विटनेस हैं उसके साथ।"

"ठीक बात है, कोई आम आदमी होता तो पता ही नहीं चलता और वो बेचारा बुरी तरह फँस गया होता...।"

"और क्या, अब दुष्यंत को ही देख लो वो तो अभी भी फँसा हुआ है...।"

"बिलकुल ठीक। वैसे एक बात कहूँ, मुझे उसको लेकर अब ज़्यादा चिंता हो रही है। दाहिना हाथ...अब क्या कैसे करेगा...?" राजेश ने मेरी दुखती रग पर हाथ रखा था और एकाएक मौन पसर गया था। चाय खत्म करके भी हम दोनों चुप ही

बैठे रहे। यह नया सवाल बड़ा होकर विकराल बनता जा रहा था। इस बीच कैंटीन वाले ने एक बार फिर सिटी चैनल को लगाया तो उस पर किसी होटल में होने वाली मॉडलिंग प्रतियोगिता दिखाई जा रही थी। लड़कियाँ अपना अर्द्धनग्न शरीर बड़े आत्मविश्वास से दिखा रही थीं। सैकड़ों निगाहें घूर रही थीं। कैमरे का फ्लैश शरीर पर चमक रहा था, बीच में एक ब्रेकिंग न्यूज़ थी, 'एक पत्नी की सनसनीखेज हत्या।' पति को शक था कि उसकी पत्नी के नाजायज संबंध हैं...आदि-आदि। मैंने अपनी निगाहें हटा ली थीं।

"एक बात कहूँ। मेरे दिमाग में एक आइडिया आया है। क्यूँ न बैच के कुछ लोग मिलकर पैसा इकट्ठा करें और दुष्यंत एक समाचारपत्र निकाले। कुछ एक के पास पैसों की कमी नहीं है। आज एक सही मीडिया की बहुत ज़रूरत है। जिसमें कोई विज्ञापन न हो। असली खबर तो फिर दुष्यंत दे ही देगा... ।" राजेश यूँ ही बोल तो गया मगर मेरा ध्यान आकर्षित हुआ था।...आइडिया बुरा तो नहीं। और दिमाग अचानक सक्रिय हुआ था। इसी बीच चैनल पर केजीआई के बारे में ख़बर थी और साथ में कई लोगों की टिप्पणियाँ। आधी-अधूरी, बेसिर-पैर कीं...और मेरा मन कुछ नये के लिए तैयार हो रहा था।

देर रात अस्पताल से घर पहुँचा तो काव्याश्री आज खुश लग रही थी। जीविका और वह तभी-तभी पहुँचे थे और मेरा बेसब्री से इंतज़ार कर रहे थे। उनके पास बताने के लिए बहुत कुछ लग रहा था। दुष्यंत की जमानत और अरुण के आत्मविश्वास ने उनमें नया जोश भर दिया था।

"...आज तो दीदी ने कमाल कर दिया...क्या माहौल को कंट्रोल किया है...पता है हम लोगों ने क्या फैसला किया है?...उसी धरने के मंच से रोज दिनभर कई लोग बोलेंगे, इसमें केजी सर के पुराने छात्र कई सरकारी अधिकारी, डॉक्टर, इंजीनियर और व्यवसायी भी हैं। जैसे कि आज उस चौरसिया पान वाले ने क्या कमाल का बोला। भीड़ पर असर पड़ रहा है, कल कुछ बड़े अधिकारी भी आ रहे हैं। एक टीवी कलाकार भी आ रहा है मुंबई से, सुबह की फ्लाइट से...पता है पापा, कई पुराने छात्रों ने विरोध में अपने-अपने विभाग प्रमुख को पत्र लिखकर लंबी छुट्टी माँगी है जिससे खुलकर इस विरोध प्रदर्शन में आ सकें... ।"

"आइडिया तो अच्छा है तो फिर ये सड़कों पर छिटफुट तोड़-फोड़ ओर दो-चार कॉलेज में मारापीटी की ख़बर क्यूँ आ रही है... ।"

"मैंने सम्मति और मनीष को समझाया था मगर वो नहीं माने, गर्मी है, क्या किया जा सकता है, मुझे तो पता चला है कि जोगेंद्र नेता जी के गुंडों ने भी हमारे लड़कों के साथ मिलकर तोड़-फोड़ की है...वो भी चाहते हैं कि विष्णुदत्त बदनाम

हो...मेरे पास भी आये थे, घटनास्थल पर...अभी तो मैंने टूआईसी को चुप रहने के लिए ही कहा है... ।'' जीविका ने सफाई दी थी।

''वो तो ठीक है मगर सिर्फ भाषणबाजी से कुछ होगा... ?'' मेरी शंका आधारहीन नहीं थी।

''...इसमें आम आदमी की सक्रिय भागीदारी है...छोटे स्तर से ही सही, लेकिन पुलिस और प्रशासन की बदनामी तेज़ी से फैल रही है...हाँ, इस बीच एक अच्छी ख़बर यह है कि लक्ष्मीनारायण वकील ने हाईकोर्ट में एक जनहित याचिका दायर की थी, पुलिस अत्याचार के मुद्दे को लेकर उसमें छात्रों और केजीआई पर की गयी कार्रवाई मुख्य मुद्दा है। कई फोटोग्राफ्स, रिकार्डिंग जो छात्रों ने मोबाइल पर उस दौरान कर ली थी, सबूत के तौर पर पेश की जा रही है, वो आज स्वीकार कर ली गई...इस पर सुनवाई जल्द होगी...इसमें लक्ष्मी नारायण छोड़ेंगे नहीं, विभूति का ऐसा कहना था... ।''

''अच्छा!'' मैंने खुशी के साथ आश्चर्य प्रकट किया था।

''इसे जूडिशियल एक्टिविजम कहना चाहिए। इंडिया में देखकर अच्छा लगा पापा... ।'' काव्याश्री के चेहरे पर आँखें अधिक सक्रिय थी। शांतिप्रिया और नीता भाभी बच्चों की बातें ध्यान से सुन रही थीं। बातचीत का सिलसिला जारी था...बहुत दिनों बाद हमने कुछ थोड़ा-बहुत खाना खाया होगा। अरुण को सब याद करते मगर उसमें दुःख नहीं, गर्व उभरता। अगले दिन सुबह-सुबह घटनास्थल पर पहुँचे तो भाषणबाजी चल रही थी। भीड़ आज पहले की अपेक्षा अधिक थी। पुराने छात्र अच्छी संख्या में दिखाई दे रहे थे। कइयों का पूरा परिवार था। कुछ लोग टीवी कलाकार को देखने भी पहुँचे हुए थे। सुबह के समाचारपत्र में भी अरुण अपनी जगह बनाने में सफल हुआ था। थोड़ी देर वहाँ रुककर मैं अरुण से जेल में जाकर मिला तो वह शांत और गंभीर था।

''...जानता हूँ ये लड़ाई लंबी चलेगी, अंजाम क्या होगा पता नहीं, लेकिन दिल में तसल्ली तो रहेगी कि मैंने ग़लत बात का विरोध किया। और फिर प्रणव, आज मेरे दोनों बच्चे बड़े हो चुके हैं, अगर इस उम्र में आकर भी मैं समाज की जवाबदारी न निभाऊँ तो फिर सिर्फ घर में बैठकर बहस करने या परेशान होने का क्या फ़ायदा? हो सकता है इसका तत्काल फ़ायदा न हो मगर ग़लत बात के विरोध का सिलसिला तो चलेगा। क्रांति हो या परिवर्तन, कहीं से तो शुरुआत करनी होती है... ।'' देखते ही देखते उसका कद मेरे सामने ऊँचा होता जा रहा था और मैं उसकी बातों में डूबकर वापस अस्पताल में पहुँचा तो वहाँ पता चला कि दुष्यंत की हालत में पहले से सुधार है।

58

आंदोलन ने गति पकड़ रखी थी। छात्रों का आक्रोश विष्णुदत्त के कॉलेज की गलियारों में भी पहुँचने लगा था। अरुण का जेल जाना, सूखे घास में चिंगारी लगाने के लिए काफी था। इसकी आग ने समाज को गर्म किया था। मीडिया में हलचल बढ़ी थी। रोज दसियों वक्ता मंच से आकर बोलते। कई लेख समाचारपत्रों में छपने के लिए भेजे जा रहे थे। कुछ एक छपने भी लगे थे। दिल्ली के समाचारपत्रों में भी ख़बर छपी थी। केंद्रीय सरकार को पत्र लिखकर मामले में हस्तक्षेप की माँग की जा रही थी। राज्य सरकार के करीबन सौ अधिकारियों ने मुख्यमंत्री को पत्र लिखा था। अरुण का रोल मॉडल वकील विभूति और डेयरी मालिक सर्वेश्वर दयाल की तरह कइयों को प्रेरित करने वाला था। ऊपर से हाईकोर्ट में जनहित याचिका पर बहस होने से सरकार सतर्क हुई थी और आनन-फानन में अरुण का चालान तीसरे दिन पेश किया गया था। सरकारी वकील की तरफ से कोई प्रतिरोध न था। मजिस्ट्रेट ने अरुण को बाइज्जत बरी होने का आदेश दिया तो चारों ओर छात्रों में खुशी की लहर दौड़ पड़ी थी।

''ये तो ठीक है कि मुझे छोड़ दिया गया मगर असली आरोपियों का तो कुछ नहीं बिगड़ा।'' अरुण जेल से बाहर आते के साथ बोल पड़ा था। वहाँ सैकड़ों छात्र इकट्ठा हो गए थे।

''आप चिंता न करें, ये आंदोलन अभी नहीं रुकेगा। हाईकोर्ट में जनहित याचिका की सुनवाई हो रही है। कुछ न कुछ ज़रूर होगा।'' ये विभूति था। देर शाम अरुण छूटकर सीधे अस्पताल आया तो दुष्यंत को अब तक होश तो नहीं आया था मगर पहले से बेहतर था। डॉक्टर आशा में थे। अरुण बहुत देर तक दुष्यंत के सामने चुप बैठा रहा था। लगा कि मौन में बात कर रहा हो। शायद दुष्यंत भी अरुण का ही इंतजार कर रहा था तभी तो देर रात अस्पताल से घर ख़बर आई कि दुष्यंत को होश आ गया है मगर अभी कुछ बोलने की स्थिति में नहीं है। बातचीत करने में वक्त लगेगा। उसी समय हम सब अस्पताल की ओर दौड़े थे। सबसे पहले शांति भाभी और जीविका को आईसीयू में भेजा गया था। और फिर मैं और अरुण अंदर पहुँचे तो एक पल के लिए यकीन नहीं हुआ था। दुष्यंत की आँखों को धीरे से खुलते और फिर बंद होते मैंने देखा तो आँसू आ गए थे। उसने यकीनन मुझे देख लिया होगा और फिर अपने शारीरिक हालात को भी महसूस किया होगा। पता नहीं इतने बड़े सदमे को वो कैसे लेगा? लेकिन मैं उसे झेलते हुए शायद न देख पाऊँ और तुरंत आईसीयू से बाहर क्या निकला, चुपचाप चलता चला गया था...यही कारण

था जो मैंने भारी मन से अगले दिन वापसी की इजाजत ली थी। दुष्यंत से बिना मिले...।

अरुण बहुत देर तक एयरपोर्ट पर मुझसे गले मिलता रहा।

''अमेरिका जाने से पहले एक बार आने की कोशिश करूँगा...।''

''दुष्यंत को अच्छा लगेगा...।'' अरुण की आँखों में आँसू थे।

मात्र पाँच-छह दिनों में काव्याश्री एक पूरा इतिहास अपने अंदर समेटकर दादा-दादी और माँ के पास जा रही थी। उसे बहुत कुछ सुनाना था। वह उत्साहित थी। घर पहुँचे तो सब खुश हुए थे। और फिर मैं जो सोया तो फिर समीर के फोन पर ही उठा था, ''तूने तो यार समय आने पर कुछ किया ही नहीं।'' मैंने उसे झिड़का था।

''नहीं यार, बस टाइम ही नहीं मिला। पापा बता रहे थे कि तुम लोगों ने पूरा शहर हिला दिया था...मज़ा आ गया...काश! मैं भी कुछ ऐसा कर पाता...पैसा कमा-कमाकर बोर हो गया हूँ, सब बेकार है...।''

''अच्छा, तुम्हें पैसे का इतना ही है तो अच्छे काम में लगाओगे? बिना शर्त?''

''हाँ-हाँ बोलो...।''

''मैं चाहता हूँ कि दुष्यंत के लिए एक प्रेस खड़ी की जाए और एक पूरी तरह से निष्पक्ष व स्वतंत्र समाचारपत्र छापा जाए...इस देश को एक सच्चे अखबार की ज़रूरत है, बाद में पैसा इकट्ठा होने पर एक चैनल भी खोला जा सकता है...मैंने तो सोच लिया है, बाहर रहकर कुछ कर नहीं पाया, संतोष नहीं है, अब करना चाहता हूँ...करूँगा। तुम भी चाहो तो पैसा दान कर सकते हो...। कोई भी व्यक्ति, जिसका पैसा काला धन नहीं है, इसमें दान दे सकता है...मगर यह होगा बिना शर्त। बाकी ख़र्च के हिसाब से अखबार की क़ीमत होगी। यह अलग तरह का अखबार होगा, इसमें कोई विज्ञापन नहीं होगा। इसलिए जिसे चाहिए वो सच्ची ख़बर पढ़ने के लिए दस रुपये भी ख़र्च कर सकता है। दस अखबार खरीदने की जगह एक यही संपूर्ण होगा, हर तरह से...।'' सुनकर समीर खुश हुआ था। और उसने बढ़-चढ़कर हिस्सा लेने की हामी भरी थी।

हिन्दुस्तान में रिश्तेदारों से मिलने-मिलाने के दौरान दोस्तों से भी निरंतर संपर्क में था। याहू ग्रुप पर अरुण और दुष्यंत की लंबी ख़बर लगायी गई थी। दोनों एक बार फिर चर्चा में थे। नये पेपर के लिए कई सुझाव और पैसे भी आना शुरू हो गये थे। दुष्यंत तेज़ी से ठीक हो रहा था। उधर, ब्रज बिहारी के साथ-साथ छोटे बिहारी प्रेस को व्यवस्थित करने में तन-मन से जुटा था। उसे जीवन में कुछ नया करना था और अब वह नये संपादक दुष्यंत राठौर के लिए खुद को तैयार कर रहा था। साथ में कुछ

और भी युवा पूरे जोश में थे। अरुण और नीता भाभी का पूरा सहयोग था। कई बार मुझे दुष्यंत से बात करने की इच्छा होती मगर फिर अभी डॉक्टरों ने मना किया था। अरुण पल-पल की ख़बर देता...और फिर जब उस दिन हाईकोर्ट के आदेश पर एसीपी पांडे गिरफ्तार और पुलिस कमिश्नर का तबादला हुआ तो अरुण की आवाज़ की खुशी को मैं टेलीफोन पर महसूस कर सकता था।

"और विष्णुदत्त?" इस प्रश्न पर दूसरी तरफ मौन था। मेरी ज़ुबान पर भी अब कड़वाहट आ रही थी।

काव्याश्री जीविका के संपर्क में थी...उसी से पता चला कि पीछे कॉलेज के छात्रों ने जीविका के पक्ष में मोर्चा खोल दिया था। लुक ऑफ्टर डायरेक्टर ने फिर बहाना बनाया था। उसने अंतिम शस्त्र के रूप में सरकार से मिलने के लिए कहा तो जीविका, श्रवण एजुकेशन सेक्रेटरी के पास पहुँच गयी थी। सुना है पहले तो वह आराम से मिला नहीं। मगर जीविका को मना करना अब आसान न था। जीविका के साथ गए दोस्तों ने सारी बात बतायी तो वही श्रवण उस दिन बदला हुआ था, "ये कॉलेज वाले खुद कुछ नहीं करते, बेवजह छात्रों को गुमराह करते हैं...।"

"अब आप भी हमें टरकाइये मत। अभी कॉलेज फोन कीजिए और जीविका को कॉलेज का प्रेसिडेंट बनाए जाने की घोषणा करवाइए। वरना बताएँ कि हमारा हक हमें क्यूँ नहीं मिल सकता?" साथ गये छात्र पूरे फार्म में थे।

श्रवण ने जीविका की तरफ देखा और धीरे से डायरेक्टर को फोन लगाया था,

"...इसमें सरकार क्या करेगी? कुछ तो आप लोग भी कर लिया करो। दिनभर दूसरो को जवाबदार ठहराते रहते हो, आप लोग छात्रों को क्या पढ़ाओगे?"

डायरेक्टर समझ गया था और तुरंत आदेश जारी कर दिया था। जब बात पक्की हो गयी तो जीविका का फोन मेरे पास आया था।

"ताऊ जी, आप मेरी ओथ टेकिंग सरमनी में नहीं आएँगे?"

विस्तार से सुना तो मुझे बेहद खुशी हुई थी। फोन पर अपने चेहरे के भाव नहीं दिखा सकता था। मगर मेरे मौन को शायद वह समझ रही थी।

"...पता है ताऊ जी, सेरिल आंटी भी आ रही हैं।" मैंने उसके शब्दों को सुनकर भाव को पढ़ने की कोशिश की थी।...क्या यहाँ खुशी है या आक्रोश को शांत करने की एक प्रक्रिया। यह एक बेटी का स्वाभिमान भी तो हो सकता है।

"मुझे पता है आप क्या सोच रहे हैं?" कहते ही उसकी आवाज़ कहीं न कहीं भर गयी थी। और मैं अपने आपको रोक न सका था। इस उम्र में आँखों में गीलापन आ ही जाता है।

"आपने तो पापा को हमेशा के लिए जिता दिया। मेरा मन है कि आप ज़रूर

आएँ। यह आपका भी सपना था। मन करता है बार-बार पीछे मुड़कर देखने का। और आपके द्वारा मैं बहुत कुछ बेहतर ढंग से समझ पाती हूँ...।''

मैं उसकी प्रेम-शक्ति, इच्छाशक्ति व नेतृत्व शक्ति का पहले ही कायल था, मगर आज तो भावनाओं को व्यक्त करने के लिए शब्द भी नहीं मिल रहे थे।

''मुझे खुशी है कि तुमने अपने आप को और अपनी माँ को बहुत अच्छी तरह से सँभाला है।'' मैंने विषय बदला था।

''सोचती हूँ कि आप लोग नहीं होते तो क्या होता...।''

''तो क्या होता?...कोई और होता...अच्छों के साथ कोई न कोई ज़रूर आता है। वरना संसार कैसे चलता...।''

''मैं जानती हूँ ताऊ जी, तभी मैंने फैसला किया है कि मैं पढ़ाई के बाद भविष्य में राजनीति को ही अपना पेशा चुनूँगी। अच्छे लोगों को भी राजनीति में आना चाहिए। मुझे आपसे मिलकर बहुत बल मिलता है...तो आप आएँगे या नहीं?''

''ऐसा हो सकता है कि मैं न आऊँ?''

''इच्छा है कि तायी जी और काव्याश्री भी आएँ...।''

''हाँ-हाँ, बिलकुल। सब आएँगे...।'' इन आत्मीय संबंधों को मैं कैसे मना करता।

59

विराटनगर पहुँचने की जल्दी सबसे ज़्यादा काव्याश्री को थी। उत्सुकता कविता में भी थी। मेरी आँख तो बस किसी एक को चलते-फिरते देखने के लिए आतुर थीं। एयरपोर्ट पर अरुण-नीता और जीविका थे। जीविका हम से मिली और फिर काव्याश्री के साथ ऐसे गले लगी कि कविता देखकर हैरान थी। और फिर अधिकारपूर्वक अनुमति लेकर दोनों एक दोस्त की गाड़ी में आगे निकल गये थे।

''दुष्यंत इस वक्त कहाँ है?'' मैंने रास्ते में पूछ लिया था।

''अभी सब हमारे घर पर ही रहते हैं और हम सीधे वहीं चल रहे हैं...समझे।'' मैं अरुण की बात सुनकर मुस्कुराया था। इस बार शहर अपना-सा लग रहा था। घर के बाहर ही टूआईसी मिल गया था। देखकर बड़ा खुश हुआ।

''काव्याश्री नहीं आई?''

''जीविका के साथ आ रही है।'' बोलते हुए अरुण अंदर की ओर बढ़ा था। मेरे कदम भारी हो रहे थे। जैसे ही हॉल में दाखिल हुआ एक शख्स व्हीलचेयर पर सामने बैठा दिखा था। बाल लंबे और चेहरे पर खिचड़ी दाढ़ी, शायद उसकी आँखें गेट पर

ही थीं इसलिए तो टकराई थीं। बगल में बैठी शांतिप्रिया भाभी देखते के साथ खड़ी हुई थी और फिर नमस्कार करके कविता की ओर बढ़ी थी।

''दुष्यंत...।'' धीरे से आवाज़ लगाता हुआ मैं उसके नजदीक जा रहा था। प्लॉस्टर में बंधा हुआ उसका दाहिना हाथ एक थैलीनुमा चीज़ में गर्दन से लटका हुआ था। वह लगातार मेरी ओर देख रहा था। उसकी आँखों में ग़ज़ब की तेज़ी थी और तभी बाहर हल्ला हुआ था। शायद काव्याश्री जीविका के साथ पहुँच चुकी थी और लोगों से मिल रही थी। इतने में तेज़ी से वह कमरे में घुसी थी।

''काव्याश्री...।'' अचानक भारी-भरकम आवाज़ हॉल में गूँजी थी। यह जानी-पहचानी बरसों बाद सुनी थी।

''जी अंकल...!!'' काव्याश्री ने चौंककर जवाब दिया था। मैंने देखा दुष्यंत बायें हाथ से उसे अपने नजदीक आने को कह रहा था। काव्याश्री दौड़ते हुए मुझे पीछे छोड़कर उससे जा लिपटी थी और वह उसे सिर पर हाथ फेरकर प्यार कर रहा था। अगले ही पल काव्याश्री ने एक मिनट के लिए अपने आप को थोड़ा दूर किया और दुष्यंत को देखते हुए कहने लगी, ''माई ग्रेट अंकल...दुष्यंत सिंह राठौर...।'' और एक बार फिर वह उसके सीने से चिपट गई थी। मैं देखकर वहीं ठहर गया था और कविता की आँखों में आँसू देख सकता था। वापस दुष्यंत तक निगाह पहुँची तो वह मुझे ही देख रहा था। नज़रों के मिलते ही वर्षों की दूरी मिनटों में समाप्त हुई थी।

चाय-नाश्ते के साथ-साथ गप्पों का दौर शुरू हुआ था। इसी बीच मिलिंद पत्नी सहित वहाँ पहुँचा था। पीछे-पीछे राजेश भी सपरिवार था। और फिर ठहाकों व मज़ाक का सिलसिला चल निकला था।

''अरे आईजी साहब, चड्ढा के चक्कर में आपके गृहमंत्री जोगेंद्र जी क्या त्यागपत्र देंगे?''

''पता नहीं...वैसे चड्ढा कौन उनका लड़का है, ऐसे चमचे और गुर्गे तो नेताओं के सैकड़ों होते हैं।''

''तो कहीं अगला नंबर तेरा तो नहीं है?'' अरुण ने छेड़ा था।

''क्या पता चलता है? कुछ भी हो सकता है... ? तूने उस एसीपी और कमिश्नर की छुट्टी तो करवा ही दी।''

''अरे ये तो मोहरे थे, खिलाड़ी तो बच निकला...मैं तो कहता हूँ कि साले बेवकूफ होते हैं जो नेताओं के चक्कर में पड़ते हैं, उसने इनको पहचानने से भी मना कर दिया होगा।''

''नहीं-नहीं, ज़रूरी नहीं। बाद में कई बार ये उन्हें बचा भी ले जाते हैं और फिर मिलकर और अधिक तबाही मचाते हैं...।'' मिलिंद सफाई दे रहा था।

"अच्छा ये बताओ कि ये विष्णुदत्त उसी पार्टी का होकर भी क्यूँ गृहमंत्री के पीछे पड़ा रहता है? जब भी हम टीवी देखते हैं तो उसकी बातों से साफ लगता कि उसके मुताबिक गृहमंत्री का काम ठीक नहीं।"

"अरे बड़ा सिम्पल है विष्णुदत्त को मंत्री की पोस्ट तब तक नहीं मिलेगी जब तक मुख्यमंत्री नहीं चाहेंगे और जोगेंद्र मुख्यमंत्री का पक्का विरोधी ठहरा। उसी को बैलेंस करने के लिए तो विष्णुदत्त को वह अब तक मोहरा बनाते रहे। अब उसका फल भी तो देना है। फिर कैबिनेट में संतुलन के लिए मुख्यमंत्री को अपना एक धाकड़ मंत्री चाहिए, सो विष्णुदत्त यही बनने के चक्कर में लगा रहता है।" मिलिंद तो बोल गया मगर अरुण के चेहरे से विष्णुदत्त के प्रति घृणा टपक रही थी।

"लेकिन इस बार चड्ढा की गिरफ्तारी के बाद चुप क्यूँ रहे?"

"इस केस में अब ज़्यादा होशियारी दिखाने पर विष्णुदत्त का लड़का फँसेगा, असली सूत्रधार तो वही है। अपने बेटे को बचाने के चक्कर में चुप हो गया और क्या...हो सकता है दोनों ग्रुप के बीच मूक समझौता हो गया हो...।"

"लेकिन ये विरोधी पार्टी के नेता, समीर के पिताजी, डॉक्टर साहब क्यूँ हमेशा विष्णुदत्त की लय में बोलते नज़र आते हैं? जैसे ही कुछ हुआ नहीं कि हर बार फट से जोगेंद्र के इस्तीफे की माँग कर डाली।"

"अंदर से डॉक्टर साहब और विष्णुदत्त मिले हुए हैं...तुम्हें जानकर हैरानी होगी कि अपने समीर के पास विष्णुदत्त का बहुत-सा काला धन लगा हुआ है। वो इसको सफेद करता रहता है। करोड़ों में...।"

यह मेरे लिये अविश्वसनीय था। डॉक्टर साहब से मिलने पर हुई बातें, विष्णुदत्त का हमारे बारे में जानना, समीर की उत्सुकता, एक ही बार में नज़र के सामने से गुज़र गयी थी और मैं इतना ही कह पाया था, "अच्छा...!!"

और तभी हॉल में सेरिल आई तो साथ ही प्रयाग भी था। सभी शिष्टतावश खड़े हो गए थे। सबको नमस्कार करते हुए वह दुष्यंत की ओर बढ़ी थी। सेरिल ने दुष्यंत को फूलों का गुलदस्ता दिया तो प्रयाग ने घुटनों के बल बैठते हुए दुष्यंत को व्हीलचेयर पर बैठे हुए ध्यान से देखा और फिर कहा था, "हीरो कभी हारते नहीं...।"

"दुष्यंत..., जीविका की बधाई।" कहते हुए सेरिल की आवाज़ भर्राई थी। दुष्यंत ने प्रयाग के कँधे पर अपना बायाँ हाथ रखा और आँखों से धन्यवाद दिया था और फिर सेरिल की तरफ देखकर मुस्कुराभर दिया था।

"पापा को अभी बोलने की थोड़ी मनाही है।" कहते हुए जीविका सेरिल से मिली थी। और फिर हम सब बारी-बारी से मिले थे।

"प्रणव, जीविका ने तुम्हारा सपना भी पूरा किया। क्यूँ? पिता नहीं तो बेटी को

प्रेसिडेंट तुमने बनवा ही दिया। तुम्हें ऐसा नहीं लगता कि पिछले कुछ दिनों में हम सब ने बहुत कुछ देखा और सुना। जिस तरह से तुम लोगों ने मिलकर एक इतिहास रचा उसने हमारे हॉस्टल लाइफ को फिर से वापस ला खड़ा किया है।...मैं सोच भी नहीं सकती थी कि हमारे बीच प्रणव दा जैसे भी दोस्त हैं जो दोस्ती के मिसाल हैं और अंत में अरुण के बारे में सुनकर तो मैं हैरान हूँ। नौकरी में, पैसे कमाने में हम सब कई तरह से सफल हो सकते हैं लेकिन एक ऐसा काम जो समाज में हलचल पैदा कर दे, अरुण ने कर दिखाया। मैं ऐसे विरले व्यक्तित्व का दोस्त कहलाये जाने पर फ़ख़्र महसूस करती हूँ...।'' सुनकर सबने तालियाँ बजाई थीं। मैंने देखा दुष्यंत भी बायें हाथ को अपने जाँघों पर मार रहा था। उसके चेहरे पर खुशी थी।

''क्या ख़ाक किया मैंने...साला असली अपराधी तो खुला घूम रहा है...उसे तो कुछ नहीं हुआ...उलटा साला कल के कार्यक्रम का मुख्य अतिथि बन बैठा। शिक्षामंत्री बनने के चक्कर में है और बन भी जाएगा। कमाल का दिमाग होता है इन राजनेताओं के पास...मन तो करता है कि सारेआम बाज़ार में...।'' अरुण और मैं किनारे बैठे थे।

''उससे क्या होगा...कुछ नहीं...बात तो तब है जब जनता उसका बहिष्कार करे। ख़ैर, हम अपनी बेटी की जीत में जा रहे हैं, हमें उससे क्या, वैसे हुआ क्या उस केस का...।'' सेरिल को उत्सुकता थी।

''होना क्या था, चड्ढा और चार मैस ब्वॉयज पकड़े गए। चूंकि दुष्यंत की गवाही थी। नहीं तो सच पता लगाना तो बहुत मुश्किल काम है। होश आने पर दुष्यंत ने सच-सच बता दिया था कि उसे चड्ढा ने बुलाया था और चड्ढा के आदमियों ने मारा था। बुलाया यह कहकर था कि कामना की मौत में विष्णुदत्त के लड़के राजा का सबूत देंगे। हॉस्टल में किन-किन लड़कों से मिलकर वह किस तरह दादागिरी करता है, विस्तार में बताएँगे। जबकि उद्देश्य कुछ और था। राजा और कामना की नग्न फोटो माँग रहे थे। और फिर इस बात का पता चलते ही कि दुष्यंत को मालूम चल चुका है कि चड्ढा हॉस्टल के लड़कों व मैस ब्वॉयज के द्वारा ड्रग्स का धँधा करता है, उसे मारने की कोशिश की गयी। अगर दुष्यंत को कुछ हो जाता तो शक विष्णुदत्त के आदमियों पर ही जाता क्योंकि दुष्यंत उन्हीं के बारे में बोलता फिर रहा था। ख़ैर, बाद में पुलिस पूछताछ में पता चला कि डिम्पी द्वारा कामना को ओवरडोज़ देकर मारने के बाद, उसके जाते ही मैस ब्वॉयज ने रेप किया था। कामना के ड्रग्स और उन्मुक्त स्वभाव को देखकर ये लोग कई दिनों से फिराक में थे। फिर भी देखना चड्ढा कुछ दिनों में ही छूट जाएगा। जोगेंद्र को कमजोर मत समझो। वो अपने आदमी चड्ढा को निकाल ले जाएगा। जहाँ तक रही बात विष्णुदत्त और उसके लड़के राजा की तो ये दोनों बाप-बेटे ज़्यादा तेज़ निकले...डिम्पी और कामना दोनों तो मर चुके हैं...अब

कौन किसका नाम लेगा ? वैसे तो दुष्यंत को ड्रग्स के साथ फँसाने का काम तब भी विष्णुदत्त ने एसीपी पांडे के द्वारा करवाया था जिससे मामला उलझ जाए। ड्रग्स के द्वारा दुष्यंत और चड्ढा में संबंध दिखाया जा सकता था और फिर दोनों में झगड़ा तो हुआ ही था...इस तरह से कामना, ड्रग्स, चड्ढा, दुष्यंत सब आपस में लिंक हो जाते और एक कहानी बन सकती थी। इस तरह से अंत में बदनामी जोगेंद्र ग्रुप की ही होनी थी। मगर पांडे कुछ बोलने को तैयार नहीं। विष्णुदत्त चड्ढा की बात को लेकर ही तो जोगेंद्र को ब्लैकमेल भी करता रहा और दुष्यंत को मरने नहीं दे रहा था। बाद में तो जैसे ही उसको पता चला कि डिम्पी और राजा का नाम आने लगा है तो उसने भी दुष्यंत को मरवाने की कोशिश तो की ही थी। ख़ैर, जब हमारे इंस्टिच्यूट में रेड के बारे में कुछ पत्रकारों ने उससे पूछा कि लोग आपका नाम भी लेते हैं तो कहता है कि नेताओं को तो जानकारी मिलती रहती है और हम पुलिस वालों को बताते रहते हैं, जनता के आदमी हैं जनता के लिए काम करते हैं...अब सही-ग़लत तो पुलिस को देखना चाहिए...। साला हरामी...देखो कैसे शब्दों से खेल गया, रीयली यार ग़ज़ब हैं ये लोग।''

''ओफ! इतनी गंदी राजनीति, इसे तो आम आदमी को समझना ही मुश्किल है। ख़ैर, चलिये गुस्सा थूकिये भाई साहब, ऊपरवाला है न ? आप लोग सब सुरक्षित हैं और क्या चाहिए। वैसे ऐसे नेताओं के लिए जनता भी जवाबदार है...।'' कविता ने लंबी साँस ली थी।

''और मीडिया का तो बुरा हाल है...वो, उसका क्या हुआ अरुण, जो तुम लोग नया अखबार चालू करने वाले थे ? जबरदस्त आइडिया है।'' सेरिल थी।

''हाँ, काम चल रहा है। वैसे दुष्यंत पुराने फारमेट का पेपर अधिक संख्या में कल से ही शुरू कर रहा है। लोग लगे हैं। बाद में कुछ और मशीन जुड़ जाएगी...।''

''मैंने और प्रयाग ने अपनी सैलरी का दस प्रतिशत देना तय किया है जिनके बच्चे बड़े हो चुके हैं वे सब सहयोग कर सकते हैं...मगर इतने से काम चलेगा ?''

''देखो, देने को चोर-डकैत विज्ञापन के नाम पर जो माँगों दे देंगे मगर फिर अपना उद्देश्य नहीं पूरा होगा। मेरे कुछ पुराने छात्रों ने भी बढ़-चढ़कर हिस्सा लिया है। मेरा ख्याल है कम पड़ना नहीं चाहिए। एक बार पेपर चल निकला तो आम आदमी का पैसा आने लगेगा जो हमें चाहिए। चाहे जो हो जाए इन व्यापारी और नेताओं से तो हम नहीं लेंगे...।''

''वैसे ये ज़रूर चलेगा। लाखों में नहीं तो हज़ारों में ही सही। लेकिन अखबार की वैल्यू होगी। इसे इंटरनेट पर भी डाल सकते हैं, वो सस्ता ही पड़ेगा...।'' मिलिंद बोल रहा था।

“हाँ, उसका इंतजाम भी हो गया है... ।” अरुण सबको संतुष्ट कर रहा था। और तभी मेरा मोबाइल बजा था।

“हाँ, समीर बोलो... ।” मैंने पूछा तो कमरे में शांति पसर गई थी।

“पहुँच गए विराटनगर... ?” दूसरी तरफ से कहा गया था।

“हाँ।”

“अच्छा बताओ, कैसे और कितने पैसे भिजवाने हैं...उस प्रेस के लिए।”

“अ...अ...अभी ज़रूरत नहीं है पैसों की समीर...जब होगी तो बता देंगे...ठीक है...और सुनाओ सब ठीक है न...मैं तेरे से बाद में बात करता हूँ।” मैंने टरकाते हुए फोन रखा तो सभी मेरी ओर देख रहे थे। शायद समझ भी रहे थे। थोड़ी देर के लिए सब चुप हुए थे। और फिर अचानक कविता बोल पड़ी थी, “केजी सर, मेरा एक अनुरोध है। आप एक विश्वविद्यालय खोलिये। आपको इस लाइन का अनुभव भी है। असल में अच्छे कॉलेज की देश और समाज को बहुत आवश्यकता है। सच, जब एक इंस्टिच्यूट ने इतना कमाल कर दिया तो फिर विश्वविद्यालय की तो बात ही कुछ और होगी। आपका नाम भी होगा और बच्चो का भला भी।” कविता की बातें मेरे लिये नई नहीं थीं। वह मुझसे रास्ते में जिक्र कर चुकी थी।

श्रीमती मिलिंद अब तक चुप थी। इस पर वह भी अचानक बोली, “आप यकीन नहीं करेंगी, यही बात मैं मिलिंद से कर चुकी हूँ...सच, आप ये काम करें...हमेशा के लिए अमर हो जाएँगे... ।”

“मैं भी तेरे साथ काम करना चाहूँगा...सब कुछ छोड़कर...सच थक चुका हूँ। ये राजनीतिज्ञों की नौकरी करते-करते... ।” मिलिंद थोड़ा रुका फिर आगे बोलता चला गया, “...मैं परसों उमेश से बात कर रहा था...वो तो इतना प्रभावित हुआ कि बातों-बातों में ही कह गया कि वो भी तैयार है, विदेश की प्रोफेसरी छोड़ने को, तेरे साथ काम करने के लिए...देख मेरी बात मान...आइडिया बुरा नहीं है...तुम कमाल कर सकते हो... ।”

“चलो देखेंगे। यह इतना आसान नहीं।” अरुण ने टरकाया था।

“देखेंगे नहीं, करना है, सच...दावे के साथ कह सकता हूँ। ये तेरे लिये मुश्किल नहीं होगा।” मैं बीच में बोल पड़ा था।

“क्या बात हो रही है... ।” सेरिल थोड़ी देर के लिए अंदर कमरे में गई थी। मैंने जब उसे बताया तो सुनकर उछल पड़ी, “ओह ग्रेट आइडिया। पैसे कमाने के लिए तो तमाम कॉलेज खुल रहे हैं, प्रोफेशनल कोर्सेस के नाम पर लूट मची है, सब मालामाल होने के नुस्खे सीखते-सिखाते हैं...आदमी और नागरिक बनाना तो कोई सोचता ही नहीं, तभी तो ये हाल है सोसायटी का...सच ये तो अद्‌भुत होगा,

अरुण तुम एक ऐतिहासिक काम कर जाओगे...और यकीनन तुम कर सकते हो... फिर एक नहीं, कई दुष्यंत और अरुण-प्रणव पैदा होंगे तो विष्णुदत्त कहाँ टिक पायेगा...।''

''अंकल, एक नया शांति निकेतन, नये रूप में, और नये उद्देश्य के साथ, मैं भी उसमें पढ़ना या पढ़ाना चाहूँगी।'' काव्याश्री ने तो अधिकारपूर्वक अरुण का हाथ पकड़ लिया था।

''ओके।'' बच्चों को अरुण कैसे मना करता।

60

वीएनआईटी का ऑडिटोरियम हॉल खचाखच भरा हुआ था। आगे की पंक्ति में सबसे किनारे व्हीलचेयर पर दुष्यंत फिर शांतिप्रिया, कविता, सेरिल, नीता, अरुण फिर मैं, प्रयाग और बगल में मिलिंद, श्रवण, आकाश और फिर शहर के कुछ गणमान्य व्यक्ति। श्रवण तो आत्मीयता से मिला मगर आकाश पूरा घमंड में लग रहा था। कॉलेज के प्रोफेसर भी अग्रिम पंक्ति में थे। राजेश दूसरी पंक्ति में था। पीछे कॉलेज के लड़के-लड़कियाँ। उन्हीं के बीच शायद काव्याश्री भी थी। शोर तो स्वाभाविक था। जीविका उसी तरह, साधारण सूट, माथे पर काली बिंदी और पीछे एक चोटी, वो भी कस कर। चेहरे पर मेकअप तो नहीं था मगर चेहरा दमक रहा था। मीडिया पूरी तादाद में था। यकीनन बुलाया गया होगा। मुख्य अतिथि विष्णुदत्त का भी प्रभाव होगा। उसे तो ज़्यादा से ज़्यादा कवरेज चाहिए। तभी तो छत्तीसो कैमरे लगे थे। इन्हीं के बीच छोटे बिहारी के साथ एक कैमरामैन, दुष्यंत की नयी टीम उपस्थित थी। मुख्यातिथि को आने में अभी वक्त था। कॉलेज के लुकिंग ऑफ्टर डायरेक्टर प्रो. मुदगिल उत्साहित थे और लोगों को आखिरी समय तक काम समझा रहे थे। उन्हें हमारी तरफ देखने की फुर्सत भी नहीं थी। अचानक वह बाहर की ओर भागे तो लगा शायद मुख्य अतिथि का आगमन हो चुका है। सारे फोटोग्राफर भी बाहर भागे थे। कुछ ही देर में विष्णुदत्त अंदर की ओर आते हुए दिखा था। वैसा ही तो है...वही चाल...बस चेहरा थोड़ा भर गया था...क्या चमक है...थोड़ा पेट निकला है...लेकिन कुर्ता-पायजामा में दिखाई कम देता है।...ऊपर से हल्के काले रंग की हॉफ जैकेट। बाल हल्के-हल्के से सफेद, परिपक्वता प्रदर्शन के लिए थे। घुसते के साथ सामने की ओर देखकर उसने दोनों हाथ ऊँचे किए फिर हाथ जोड़कर सबको प्रणाम किया। पीछे-पीछे भीड़ थी। उसकी निगाह हम तक पहुँची या नहीं, पता नहीं ? मगर हममें से कोई खड़ा नहीं हुआ था। हाँ, श्रवण व आकाश खड़े हुए और आगे बढ़कर

नमस्कार भी किया था। मिलिंद आधा-अधूरा खड़ा भर हुआ था। ऊपर पहुँचकर विष्णुदत्त ने चारों ओर सबको देखकर हल्की-सी मुस्कुराहट बिखेरी थी। मेरी ओर भी नज़र आई, रुकी और फिर आगे सरकी थी। लगा कि पहचानकर मुस्कुरा रहा है। मगर ध्यान से देखा तो उसी तरह के भाव आगे बढ़ती नज़र के साथ भी थे। तो ये नेता लोग सभी के साथ इसी तरह से करते हैं।

मंच पर अब तमाम तरह की पारंपरिक रस्म-अदायमी हो रही थी। मुख्य अतिथि को डायरेक्टर ने फूलों से स्वागत किया तो कैमरे की लाइटें चमक उठी थीं। कुछ देर तक वह कैमरे वालों की तरफ देखकर मुस्कुराते हुए खड़े रहा। कुछ फोटोग्राफर ने 'एक मिनट प्लीज़' कहा तो विष्णुदत्त ने बड़प्पन दिखते हुए, 'बाद में' कहा था। अगली बारी स्वागत भाषण की थी। डायरेक्टर ने बड़े आदर के साथ कहना शुरू किया था, ''दोस्तो और छात्रों। हमारे लिये ये गर्व का विषय है कि हमारे बीच एक ऐसे शख्स मुख्य अतिथि बनकर आये हैं जिनका शिक्षा के क्षेत्र में राष्ट्रीय-अंतर्राष्ट्रीय स्तर पर एक बड़ा नाम है। शिक्षाविद् कहें या प्रसिद्ध लोकप्रिय नेता। इस संस्थान के लिए यह गौरव की बात है कि वो इसी कॉलेज से पढ़े हुए हैं। हम में से कई पुराने प्रोफेसर जानते हैं कि वह शुरू से कुशाग्र बुद्धि के और राजनीति में सक्रिय थे। हर क्षेत्र में आगे रहते। जैसा कि आप जानते हैं कि वो कितने व्यस्त हैं मगर कॉलेज के लिए हमेशा वक्त निकाल लेते हैं। इस बार भी मेरे एक निवेदन से उन्होंने अपने सारे कार्यक्रम रद्द कर दिए। वरना उन्हें दिल्ली में केंद्रीय शिक्षामंत्री के साथ आने वाले समय में शिक्षा का रोल मॉडल पर चर्चा के लिए बुलाया गया था। ऐसे महत्त्वपूर्ण व्यक्ति को हमारे बीच पाकर मैं स्वयं को धन्य महसूस करता हूँ और इस कॉलेज व छात्रों की तरफ से आपका स्वागत करता हूँ, अभिनंदन करता हूँ।''

मुझे सुनकर तकलीफ हो रही थी। अरुण की भावना उसके चेहरे पर थी। दुष्यंत को पढ़ पाना मुश्किल था। उधर, जीविका शांतचित्त लग रही थी। कार्यक्रम में आगे की कार्यवाही जारी थी। और फिर जीविका को शपथ के लिए आमंत्रित किया गया था। वह आत्मविश्वास से उठी, सामने बैठे दर्शकों को हल्का-सा झुककर प्रणाम किया और डायस की ओर जाते-जाते मंचासीन अतिथियों को भी प्रणाम करते हुए आगे बढ़ी थी। अंततः उसने प्रेसिडेंट के रूप में शपथ ली थी। जोरदार तालियाँ बजी थीं। मंच पर आगे शिष्टाचार निभाया जा रहा था। अब बारी थी जीविका के बोलने की और वह मुख्य अतिथि से पूर्व दो शब्द बोलने के लिए डायस पर थी।

''मेरे आदरणीय पिता एवं माता, उपस्थित सम्मानीय प्रोफेसरगण, परिवार के

अन्य सदस्य एवं सभी अतिथिगण। दोस्तों, आज मुझे इस बात की बेहद खुशी है कि मैं आप लोगों का प्रतिनिधित्व करने के लिए चुनी गयी। इस महान कॉलेज के सैकड़ों छात्रों की दिल की बातों को बोलने के लिए दो शब्द कम हैं। इसलिए अतिथिगण का थोड़ा वक्त लूँगी और उसके लिए माफी चाहूँगी।

पिछले कुछ दिनों में हमने अपने दो साथियों को खोया है। यह मेरी व्यक्तिगत क्षति भी थी। कामना मेरी सहेली थी, एक मासूम लड़की, जबकि डिम्पी मेरा अच्छा दोस्त था, एक आदर्श प्रतिद्वंद्वी। हम इस दुःख से उबर नहीं पाए हैं और उबरना भी नहीं चाहते। मैं पूछती हूँ कि कॉलेज प्रशासन ने इन्हें इतनी जल्दी कैसे भुला दिया?...जबकि कामना मरी नहीं, मारी गयी, किस बुरी तरह से हमने देखा और सुना।...वो कौन लोग हैं जो उसका खून चूसते रहे? उसके शरीर और आत्मा से खेलते रहे? और एक दिन बोझ समझकर दूध में से मक्खी की तरह निकालकर फेंक दिया। वो कौन लोग हैं जो डिम्पी की महत्त्वाकाँक्षाओं को भड़काते रहे? और मौका मिलने पर उस जगह ले जाकर सड़क दुर्घटना में मौत दिखा दी जहाँ डिम्पी कभी जाता ही नहीं था। कमाल का षड्यंत्र है और हत्यारे के हाथ सचमुच लंबे हैं...इस मौके पर मैं श्रीमान विष्णुदत्त जी से पूछना चाहूँगी कि इनके हत्यारे अब तक पकड़े क्यूँ नहीं गए? आप तो सरकार में हैं, आपने कैंडल मार्च का नेतृत्व भी किया था। बड़ी-बड़ी बातें की थीं। उन सब बातों का क्या हुआ?'' एक मिनट के लिए जीविका रुकी थी। उसने पहले चारों ओर देखा फिर मंच की ओर देखकर चेहरे से अपना आक्रोश प्रकट किया था। डायरेक्टर बैठे-बैठे आगे-पीछे हो रहा था। विष्णुदत्त ध्यान से सुन रहा था। अब तो सिर भी हिलाने लगा था। उसके लिए यह यकीनन अप्रत्याशित होगा और वह अपनी बारी आने पर जवाब देने का सोच रहा होगा। हॉल में पूरी तरह शांति पसर गई थी। सब एकटक देखने लगे थे। नहीं, सुन रहे थे। मैं जीविका के मंचीय प्रवाह और छात्रों की नब्ज पकड़ने से प्रभावित हुआ था। आवाज़ में ग़ज़ब का उतार-चढ़ाव था।

''...क्या यह मान लिया जाए कि वो सिर्फ राजनीति के दांव-पेच थे?...अगर यही सत्य है तो अब हम अपनी भावनाओं और ज़िंदगी से किसी को खेलने नहीं देंगे। हम जानते हैं, उन केसों का क्या हुआ और आगे क्या हो सकता है? मगर ऐसा भी हम होने नहीं देंगे। हमारे आदरणीय डायरेक्टर डॉ. शर्मा इस दिशा में अच्छी पहल कर रहे थे। मगर उन्हें हटा दिया गया और हम छात्र देखते रह गए। हमें डॉ. मुदगिल के डायरेक्टर पद को लुक-ऑफ्टर करने से कोई तकलीफ नहीं है लेकिन अब हम इस पवित्र स्थल को राजनीति का अखाड़ा और छात्रों को नेताओं का मोहरा नहीं बनने देंगे। हम अपने दोस्तों के असली हत्यारों को समाज के सामने लाकर ही दम लेंगे।

हम जानते हैं कि वो हत्यारे कौन हैं और बहुत जल्द दुनिया भी जान जाएगी।'' अचानक पीछे से जोरदार तालियाँ बजी थी। और फिर एक मिनट में ही फिर शांति थी। अर्थात छात्र जीविका को सुनना चाहते थे। जीविका ने आगे धीरे से बोलना शुरू किया था, ''दुःख इस बात का है कि मीडिया को दिखाई नहीं दिया। हमें यकीन है अब वो आगे हमें निराश नहीं करेंगे।

...हमारे मुदगिल सर ने अभी-अभी श्रीमान विष्णुदत्त जी के लिए बहुत कुछ कहा। इसने जाने-अनजाने ही अतीत की यादें ताज़ा करा दीं।...हॉस्टल के पन्नों में से निकलकर अब कई कहानियाँ बाहर आने के लिए बेताब हैं। यहाँ इससे अधिक प्रसंगवश...क्या हो सकता है कि मेरे पिता इसी कॉलेज में प्रेसिडेंट का चुनाव हार गए थे। संयोगवश विष्णुदत्त उन दिनों उनके साथी थे। शायद विष्णुदत्त जी भूल रहे होंगे मगर इतिहास के पन्ने दफन ज़रूर हो सकते हैं, नष्ट नहीं होते। दुष्यंत राठौर, मेरे पिता चुनाव हार गए थे...यह आज उतना महत्त्वपूर्ण नहीं है...लेकिन हराये गए थे षड्यंत्र के द्वारा, आज भी संदर्भित हैं... ऐसा ही कुछ मेरे साथ भी होता लेकिन भाग्यवश मैं ऊपर वाले के आशीर्वाद और आप लोगों के स्नेह से बच गयी और आपके सामने खड़ी हूँ। मन में सवाल उठता है कि क्या यही हमारी राजनीति का सार है... ? अगर हाँ तो इसे बदलना होगा। और हम बदल कर रहेंगे।...किसी पर संदेह करना हम युवाओं की आदत नहीं, लेकिन डिम्पी और कामना की भटकती आत्माएँ हमें किसी की बातों पर विश्वास करने की छोड़ो, सुनने की इजाजत भी नहीं दे रही। विष्णुदत्त जी, सत्य को प्रमाण की आवश्यकता नहीं और हमारे मौन को हमारी कमजोरी न समझा जाए। हम उम्र में छोटे सही मगर हमें अब और मूर्ख न बनाया जाये। अनुभव कम है तो क्या हुआ हमें गुमराह करने की कोशिश न की जाए।...दोस्तो, हम सब कुछ जानकर अब अनजान नहीं बन सकते। और फिर आखिरकार कब तक और क्यूँ ? यही कारण है जो मैं, जीविका राठौर, श्रीमान विष्णुदत्त जी को अपने इस महत्त्वपूर्ण कार्यक्रम का मुख्य अतिथि स्वीकार नहीं करती और आगे के कार्यक्रम का बहिष्कार करती हूँ। हम वीएनआईटी के छात्र भविष्य में भी आपके हर उस कार्यक्रम का हरसंभव विरोध करेंगे। जहाँ आप बतौर मुख्य अतिथि पहुँचेंगे...। दोस्तो, अगर आप मेरी बातों से इत्तिफाक रखते हैं तो मुझे आपको कुछ भी कहने की आवश्यकता नहीं कि इस वक्त हमको क्या करना चाहिए ? यह आपको सुनिश्चित करना है कि आप ऐसा नेता चाहते हैं या नहीं... ? और अगर नहीं तो उनका विरोध आम जनता के सामने खुलेआम होना चाहिए।...मेरे पिता ने समाज के हित में अपना हाथ गँवाया लेकिन इज्जत नहीं गँवाई। मैं भी अपनी जान गँवा सकती हूँ लेकिन आप सभी का सिर शर्म से झुकने नहीं दूँगी। आज के बाद अगर मुझे कुछ होता है

तो मान लेना कि मेरा भी वही हत्यारा है जो कामना और डिम्पी का रह चुका है। मगर तुम दोस्तों, रुकना नहीं, उलटे और तेज़ी से आगे बढ़ना, परिवर्तन की इस हवा को तूफान बना देना, उन सभी पेड़ों को उखाड़ फेंकना जो हवा को प्रदूषित कर रहे हैं...जयहिन्द।''

जीविका मंच को छोड़कर नीचे उतरने लगी तभी हाल में पीछे से आवाज़ आई थी,'जीविका अब तुम रुकना नहीं, हम सब तुम्हारे साथ हैं।' धीरे-धीरे आवाज़ में आवाज़ जुड़ रही थी और यह क्रम चल निकला था। जीविका ने हाथ हिलाकर तो पीछे की भीड़ में उन्माद पैदा कर दिया था और वह सामने बैठे लोगों को नमस्कार करती हुई पूरे आत्मविश्वास के साथ बाहर निकल गई। अरुण तुरंत उठ खड़ा हुआ था और ताली बजाता हुआ बाहर की ओर पीछे-पीछे लपका और तभी देखता हूँ राजेश भी तेज़ी में पीछे से आया और बाहर निकलने लगा। दोनों की चाल में ऊर्जा थी। उसके बाद तो फिर नीता, सेरिल और फिर कविता, प्रयाग सभी बाहर जाने लगे थे। लड़कों की सीटी और हूटिंग तेज़ हुई थी। पीछे मुड़कर मैंने देखा अधिकांश छात्र उठ खड़े हुए थे। और धीरे-धीरे पीछे से भी हॉल खाली होने लगा था। मैं आगे बैठे बचे हुए लोगों के चेहरे को पढ़ रहा था। मीडिया फोटो खींचने में लगा था। मुदगिल सर इधर-उधर भाग रहे थे। विष्णुदत्त भी शायद निकल जाता मगर गेट पर भारी भीड़ थी और वह बुरी तरह फँस गया था। उसे न तो मुस्कुराते बन रहा था न रोते। और तभी मैंने देखा मिलिंद भी उठा और हौले-हौले कदमों से बाहर निकला था। उसके पीछे श्रवण था। आकाश अभी भी बैठा था। मैंने इस बार उठकर चारों ओर नज़र डाली, हॉल तकरीबन खाली हो चुका था। दूर मुझे वही तीनों लड़कियाँ शोभना, स्मृति, कंचन बाहर जाते हुए दिखी थीं और हाथ ऊपर करके जोर से नारे भी लगा रही थीं। और वो लड़के... ? मन में जिज्ञासा हुई थी, नज़रें पीछे के गेट पर जमा भीड़ में कुछ ढूँढ़ रही थीं...तभी कोई मुझे हाथ हिलाता दिखाई दिया था...हाँ, ये वही तो है...तीसरा छात्र जो हॉस्टल में मिला था।

मैं दुष्यंत के पास पहुँचकर उसे व्हीलचेयर समेत बाहर ले जाने लगा तो उसने बायें हाथ से इशारे से मुझे रोका था। एक मिनट के लिए उसने मुँह नीचे किया मानो कुछ सोच रहा हो। और फिर अचानक धीरे-धीरे व्हील चेयर से खड़ा हुआ था। यह मेरे लिये अप्रत्याशित था। उसने अपनी शक्ति को समेटा था और उसके चेहरे के भाव में वही दुष्यंत उभरा था जिसे मैं कभी देखा करता था। उसने एक नज़र मंच पर डाली और फिर मुझे देखते हुए धीरे से अपने पैर आगे बढ़ाये थे। शांतिप्रिया भाभी साये की तरह उसके साथ थी और हम तीनों बाहर के लिए निकल पड़े थे। पीछे मीडिया ने विष्णुदत्त को घेर लिया था और बाहर जीविका को।

"नो कमेंट्स" कहकर वह सिर्फ मुस्कुरा रही थी। काव्याश्री बड़े अभिमान के साथ उसके बगल में खड़ी थी। सेरिल उसे दूर से निहार रही थी।

"हाँ, बोलो...।" जीविका देर शाम सोकर उठी तो मोबाइल पर किसी से बात कर रही थी...।

"नहीं। दोनों को मना कर दो। न तो मैं जोगेंद्र मंत्री से मिलना पसंद करूँगी, न ही विरोधी पार्टी के डॉक्टर साहब से...। समझो, अगर नया घर बनाना है तो शुरुआत नींव से करनी होगी...पुराने को जड़ से उखाड़ फेंकना होगा।...हाँ, हमें जल्द से जल्द डॉ. शर्मा से मिलना होगा, सबसे पहले हमें उन्हें किसी भी क़ीमत पर कॉलेज का डायरेक्टर वापस बनाना है...।"

मैंने बगल में बैठे अरुण की ओर देखा, वह मुस्कुरा रहा था। बीच में बैठा दुष्यंत गंभीर ज़रूर था मगर आज उसे पढ़ा जा सकता था...।

●●●